Invenção e crítica

Sobre a obra de
Davi Arrigucci Jr.

Invenção e crítica

Sobre a obra de
Davi Arrigucci Jr.

Marta Kawano, Milton Hatoum e Samuel Titan Jr.
(organizadores)

com a colaboração de
Paulo Pasta, Rodrigo Lacerda e Raul Loureiro

Copyright © 2021 by dos autores

*Grafia atualizada segundo o Acordo Ortográfico
da Língua Portuguesa de 1990, que entrou em vigor
no Brasil em 2009.*

CAPA E PROJETO GRÁFICO
Raul Loureiro
IMAGEM DE CAPA
Paulo Pasta, *sem título*, 2017, óleo sobre tela, 80 × 100 cm.
TRATAMENTO DAS IMAGENS DE MIOLO
Bete Savioli
Eduardo Monezi (p. 464)
REVISÃO
Huendel Viana
Aminah Haman

Dados Internacionais de Catalogação na Publicação (CIP)
(Câmara Brasileira do Livro, SP, Brasil)

Invenção e crítica : sobre a obra de Davi Arrigucci Jr. /
Marta Kawano, Milton Hatoum, Samuel Titan Jr. (orgs.) ;
com colaboração de Paulo Pasta, Rodrigo Lacerda
e Raul Loureiro — 1ª ed. — São Paulo: Companhia das
Letras, 2021.

Bibliografia
ISBN 978-65-5921-316-0

1. Arrigucci Jr., Davi 2. Crítica literária 3. Literatura –
História e crítica 4. Literatura brasileira – História e crítica
I. Kawano, Marta II. Hatoum, Milton III. Titan Jr., Samuel
IV. Pasta, Paulo V. Lacerda, Rodrigo VI. Loureiro, Raul.

21-77529   CDD-869.909

Índice para catálogo sistemático:
1. Crítica literária : Literatura brasileira   869.909

Cibele Maria Dias — Bibliotecária — CRB-8/9427

[2021]
Todos os direitos desta edição reservados à
EDITORA SCHWARCZ S.A.
Rua Bandeira Paulista, 702, cj. 32
04532-002 — São Paulo — SP
Telefone: (11) 3707-3500
www.companhiadasletras.com.br
www.blogdacompanhia.com.br
facebook.com/companhiadasletras
instagram.com/companhiadasletras
twitter.com/cialetras

Sumário

Apresentação/ SAMUEL TITAN JR. 7

O CRÍTICO E O PROFESSOR
Críticos/ ANTONIO CANDIDO 17
O caçador de enigmas/ MILTON HATOUM 23
A leitura compartilhada/ FÁBIO DE SOUZA ANDRADE 33
No curso da vida/ JOSÉ MIGUEL WISNIK 41

OS LIVROS
Arguição/ ALFREDO BOSI 71
As duas mortes do poeta/ SERGIO MICELI 77
O escorpião e o carrossel/ JÚLIO PIMENTEL PINTO 85
Coração partido/ FRANKLIN LEOPOLDO E SILVA 93
Mimese e mito: poética e imaginação crítica
    em Davi Arrigucci Jr./ MÁRCIO SUZUKI 113

MATÉRIA AFIM
Dança de parâmetros/ ROBERTO SCHWARZ 135
Os Silenos de Alcebíades/ L. F. B. FRANKLIN DE MATTOS 143
John Ford e os heróis da transição no imaginário
    do western/ ISMAIL XAVIER 167
Borges-Bibliotecário/ JORGE SCHWARTZ 195
Duas irmãs/ VILMA ARÊAS 203
Notas para um leitor do mundo italiano/
    MARIA BETÂNIA AMOROSO 217
Do mosto ao vinho: variações sobre o conceito
    de *experiência*/ MARCUS VINICIUS MAZZARI 229
A canção de Siruiz/ MURILO MARCONDES DE MOURA 247
Poema tirado de um quadro de Brueghel/ BETINA BISCHOF 263
A escassa fórmula e a prolixidade do real:
    Borges e Berkeley/ MARTA KAWANO 299
Rua dona Veridiana, 2017/ MAURO RESTIFFE 323
O direito ao Romance/ SAMUEL TITAN JR. 331
Resumo de aula: "A causa secreta", de Machado de Assis/
    ANA PAULA PACHECO 357
Crítica como arte/ MARCOS FLAMÍNIO PERES 369
O corpo e os dias — Sobre um livro de Max Martins/
    ELIANE ROBERT MORAES 375

NO CALOR DA HORA
A resenha encalacrada e outros assuntos/
ANTÔNIO CARLOS DE BRITO (CACASO) 389
Crítico à vista/ JOSÉ GUILHERME MERQUIOR 399
Quem é o narrador/ SILVIANO SANTIAGO 403
Crítica de passagem/ BEATRIZ SARLO 407
Recorte e minúcia/ FLORA SÜSSEKIND 411
Bandeira, Murilo e as artes plásticas/ PAULO PASTA 417
Coração partido: ensaios de primeira linha sobre
a poesia de Drummond/ MODESTO CARONE 425
A intangível perdiz/ BENTO PRADO JR. 429

INÉDITOS E RECOBRADOS
Thirteen Ways of Looking at a Blackbird/ WALLACE STEVENS 434
Treze modos de olhar para um pássaro-preto/ WALLACE STEVENS
com tradução de DAVI ARRIGUCCI JR. 435
O valor oculto na simplicidade/ entrevista de Davi Arrigucci Jr. a
AUGUSTO MASSI e JOÃO MOURA JR. 441
Querido Davi: Cartas de Julio Cortázar/ LAURA HOSIASSON 463
Profunda empatia: Carta de Sebastião Uchoa Leite/
OS ORGANIZADORES 473
Viagem/ DAVI ARRIGUCCI JR. 477
O que significa isso?/ DAVI ARRIGUCCI JR. 479
Receita de cozinheiro/ DAVI ARRIGUCCI JR. 487
Da exatidão misteriosíssima do ser/ DAVI ARRIGUCCI JR. 491

DÚZIA DE TREZE
Cacaso, Davi e os "versinhos fazendeiros"/ OS ORGANIZADORES 495
Carta a Davi Arrigucci Jr./ CACASO 499
Silvano/ DAVI ARRIGUCCI JR. 501
Versinhos fazendeiros/ CACASO 507

Bibliografia resumida 523

Apresentação

Samuel Titan Jr.

O leitor de *A ilha do tesouro* certamente recorda o violento entrevero entre dois piratas que rebenta em pleno salão da estalagem Almirante Benbow, no segundo capítulo do romance de Robert Louis Stevenson. Um dos piratas, personagem formidável, cujo nome ninguém sabe ("Pode me chamar de capitão"), vive ali há já algum tempo; quando não vigia a enseada com auxílio de uma luneta, instala-se a uma das mesas, embriaga-se com rum e larga "a cantar velhas canções do mar, terríveis, desvairadas"; volta e meia, paga uma rodada e força a clientela trêmula a ouvir suas histórias e a fazer coro à cantoria. O outro pirata chega sem aviso e o surpreende voltando de uma de suas rondas matinais; o capitão, por sua vez, não tarda a reconhecê-lo ("Black Dog!"). O intruso ordena a Jim Hawkins, jovem herói e narrador do livro, que se afaste, e por alguns instantes não se escuta nada de distinto. Mas o capitão não tarda a elevar a voz, numa negativa que se repete quatro vezes; começa uma furiosa altercação, e logo se ouve "um fragor de aço seguido de um grito de dor"; vertendo sangue pelo ombro esquerdo, Black Dog bate em retirada, com o outro no encalço, ambos de sabre em punho. O narrador prossegue assim:

> Junto à porta, o capitão desferiu contra o fugitivo um último e tremendo golpe, que certamente o teria partido ao meio, não fosse interceptado pela grossa tabuleta da Almirante Benbow. Ainda hoje pode-se ver o talho na parte de baixo da moldura.

Muita coisa nas admiráveis páginas iniciais de *A ilha do tesouro* mereceria comentário, mas, para o gasto da conversa, fiquemos com um detalhe, a saber, a frase discretamente enigmática ao final do trecho: "Ainda hoje pode-se ver o talho na parte de baixo da moldura".

Enigmática não porque alguma coisa pareça propriamente se furtar ao entendimento; notemos, porém, que ela não contribui para o avanço do enredo, coisa rara num livro de grande economia narrativa; e, coisa igualmente rara, notemos que ela transporta o leitor, breve, mas vertiginosamente, para um momento posterior à ação ("ainda hoje"). São poucos, no romance de Stevenson, os momentos em que o tempo da narrativa se descola do tempo das peripécias, com destaque para o primeiro parágrafo — quando, "neste ano da graça de 17**", Jim Hawkins toma da pluma para começar a relatar suas aventuras pretéritas — e para as últimas linhas do último capítulo do romance — quando se lê que a voz aguda do capitão Flint "ainda ressoa" nos ouvidos do narrador. Mas, nesses dois casos, situados nos extremos do livro, essa remissão ao momento da redação serve a um fim bem definido: vincular o texto à figura de Hawkins, que confere a autenticidade da experiência vivida à matéria ficcional.

A frase que nos interessa não serve ao mesmo propósito? Esse talho de sabre que "ainda hoje" todos podem ver à entrada da dita estalagem — não se poderia dizer que, feitas as contas, não é outra coisa senão mais um artifício retórico, entre outros, a serviço da *autenticação* do relato ficcional, isto é, mais um exemplo daquilo que Roland Barthes, num ensaio famoso, chamou de "efeito de real"? Para o crítico francês, não era outra a função (subsidiária, aliás) do detalhe concreto, supostamente "realista", na trama semiótica do texto literário. Uma leitura dessas está longe de ser absurda. Mas será ela capaz de dar conta do fascínio que, salvo engano, a frase e, sobretudo, a tabuleta talhada teimam em exercer? Pois tampouco é absurdo suspeitar que, em vez de capturar as razões do fascínio, esse gênero de leitura corre o risco de *dissolvê-lo*. Lida à maneira de Barthes, a marca deixada pelo sabre do capitão vai se perfilar, obediente, junto a outros estratagemas retóricos bem conhecidos: já não aponta para além do texto, para toda aquela vida indômita e trepidante — estávamos entre piratas, ora essa! — que pareceu palpitar dentro e fora das páginas de *A ilha do tesouro*; já não promete "aquela inacabável aventura" (para pilhar uma bela fórmula às primeiras linhas de *Dom Quixote*) que por um momento pareceu ao alcance de nossas mãos.

Mas talvez nem tudo esteja perdido. Relida a frase, pode-se e deve-se fazer uma distinção importante: mais que um detalhe inerte a serviço da "ilusão referencial", como (para citar o exemplo já clássico de Barthes) o barômetro da sra. Aubain nas páginas iniciais de *Um coração simples*, de Flaubert, a tabuleta da estalagem em *A ilha do tesouro* é, desde sempre, um *signo*. Essa sua natureza semiótica é, aliás, sublinhada por outro detalhe fugidio, mas importante: a *moldura* que a cinge, que a separa e distingue das meras *coisas* ao redor. Ora, é justamente nessa moldura, nesse elemento de demarcação entre o signo e o mundo, que vem deixar sua marca o golpe do capitão, na forma desse talho que não se deixa analisar cabalmente como linguagem: um e outro, golpe e talho, são da ordem da ação, do puro *ato*. Sigamos nessa direção: ao abrir uma brecha na moldura da tabuleta, não é a própria separação estrita entre o signo e o mundo que, à sua maneira violenta, a lâmina do sabre vem contestar? Se, doravante, o talho passa a integrar e a singularizar esse signo específico que é a tabuleta da estalagem Almirante Benbow, ele não o faz à custa de uma transfiguração semiótica (como silhueta de sabre pintada ou escavada na madeira, por exemplo), e sim à bruta, retirando o signo de seu isolamento esplêndido e arrastando-o sem o menor sinal de boas maneiras para o meio do mundo, para o universo da ação.

Sejam quais forem seus limites, penso que há pelo menos um mérito de método nesta maneira de ler essa passagem de *A ilha do tesouro*: em vez de dissolver (no sentido da certeira locução inglesa *to explain away*) o fascínio suscitado pelo texto, ela se empenha em levar a sério esse fascínio, em estudar analiticamente os meios verbais pelos quais ele se produz, agora a fim de adensá-lo, de fazê-lo reverberar duradouramente — como a voz do capitão Flint, que "ainda hoje" ressoa nos ouvidos de Jim Hawkins. Por essa via, um detalhe pode se reapresentar ao leitor sob luz inteiramente diferente: nossa tabuleta ferida a sabre é um *emblema* do romance inteiro em seu ímpeto de, sendo sempre pura ficção, ir além do círculo encantado que ele mesmo desenha — em seu desejo, digamos, de arriscar-se além dos limites da linguagem e da literatura para içar velas e fazer-se ao mar.

Evoco essa passagem não só porque me parece sugerir muita coisa sobre esse e outros livros do escritor escocês, mas sobretudo porque me parece igualmente servir de emblema de certa *experiência da literatura* que está no centro da vida e dos escritos de Davi Arrigucci Jr. Eu me refiro, antes de mais nada, ao primado que, ao longo dos mais de cinquenta anos que vem dedicando à decifração de obras e autores, Davi sempre reservou para a *leitura*, entendida desde sempre como uma forma de *experiência*, como ele mesmo o diz no texto--chave que é o epílogo de *Enigma e comentário*:

> Quando se lê um poema ou uma narrativa, pode-se ter uma experiência direta daquilo que é a poesia ou a ficção; o simples ato de ler tem o dom de nos carregar de imediato para dentro dos segredos da literatura.

Essa noção nutre, mais que um *método*, certa *atitude* diante do texto literário, à qual certamente não é estranha a influência precoce e profunda dos grandes mestres, espanhóis como alemães, da estilística. Para Davi, o bom leitor é antes de mais nada um perseguidor, um caçador sutil, no rastro de sinais e nuanças que lhe revelem o segredo da articulação interna dos textos literários e das regras que presidem, em cada caso, à construção da forma. Essa busca não se deixa ofuscar, porém, pela miragem de uma descrição exaustiva e sistemática. A descrição e a análise críticas não têm como ser exaustivas, seja porque "algo sempre escapa" ao desejo (declara Davi nas primeiras páginas de *O guardador de segredos*), seja porque o texto não se oferece como um objeto à mercê de um procedimento objetivo, propriamente científico. Lê-se em *Grande sertão: veredas* que "o real não está no início nem no fim, ele se mostra pra gente é no meio da travessia". Pois bem: a obra de arte literária só se dá no âmbito da leitura, ou seja, nos termos de Davi, no âmbito de uma experiência que é sempre um encontro subjetivo, visceral, histórico — e que é, portanto, o penhor último de todo esforço crítico.

Essa atitude crítica e humana talvez esteja na raiz de um movimento que atravessa toda a produção de Davi. Um movimento, digamos, pendular, que alimenta o ímpeto com que o crítico se lança (ou se entrega, como preferirem) à investigação da *forma do texto* em Cortázar ou Bandeira, Borges ou Guimarães Rosa, Braga ou Murilo Mendes, apenas para, tendo chegado ao coração do texto, ver-se devolvido *pelo próprio texto* para fora, para o meio do mundo, como dizíamos mais acima a propósito de *A ilha do tesouro*. Mas todo cuidado é pouco nessa hora crucial, pois esse "meio do mundo", que obviamente não se deixa nomear nos termos da pura análise estilística, retórica ou linguística, tampouco se deixa nomear em termos anteriores à obra, provenientes de uma disciplina constituída qualquer, seja ela a sociologia ou a semiótica. Saímos à descoberta da forma, e agora é a forma que nos conduz à redescoberta do mundo. A obra não espelha, não reflete nem reencontra o que já sabíamos estar lá — ela descobre, ela nos põe a descoberto, ela repõe em nós aquilo que Cortázar chamou de "sentimento de não estar de todo" ali onde julgávamos estar. É a essa altura que, nos grandes escritos críticos de Davi, despontam termos como o "desejo" (em *O escorpião encalacrado*), a "experiência histórica" (nos ensaios de *Enigma e comentário* ou de *O guardador de segredos*), o trio formado por "humildade, paixão e morte" (no livro homônimo sobre Manuel Bandeira), ou ainda esse "mundo" que dá título a "O mundo misturado", formidável ensaio de interpretação do romance de Guimarães Rosa. Não, reiteremos, como chaves que expliquem e esgotem as obras, mas como termos que as obras nos convidam a revisitar à luz e à sombra que elas projetam.

Esses "movimentos de um leitor" — título, vale lembrar, de seu belo ensaio sobre Antonio Candido — indicam, ao menos parcialmente, a via pela qual o crítico evitou, com ganhos, muitas das clivagens críticas que marcaram sua geração: forma versus consciência, estrutura versus história... Ao eleger como "perspectiva" pessoal uma noção de literatura como "transposição simbólica da experiência" (cito sempre o epílogo a *Enigma e comentário*), Davi foi criando para si e para seus leitores um modo de absorver e transformar o melhor do que encontrava nos campos muitas vezes rivais da crítica literária — e um modo de entrever, no cerne dos signos em rotação, no movimento rítmico das imagens, o rosto inesperado, por vezes fantasmagórico, do eu e da história. Mímese e mistério, fundidos no enigma da obra, a pedir por decifração.

Para dar conta da tarefa que foi formulando para si nesses termos, Davi inventou — encontrou — um estilo personalíssimo de conduzir o diálogo com as obras e com seus interlocutores. Em primeiro lugar, nas aulas, inesquecíveis para as várias gerações de estudantes que tiveram a sorte de frequentá-las na Universidade de São Paulo: Davi tinha o dom de, em poucos minutos, converter o texto proposto — fosse um trecho de romance, fosse um poema ou um mero verso — no centro das atenções, no objeto de um esforço de compreensão permeável às impressões de todos, sem prejuízo de ser minuciosamente preparado em casa por ele. Na voz e nos gestos do professor — que volta e meia se valia do talento nato de contador de histórias —, a noção de círculo hermenêutico deixava de ser abstrata para ganhar contornos quase corporais, num vaivém discretamente coreografado entre passagens difíceis e interpretações possíveis. Quando o jogo emperrava — pois essas aulas eram, no melhor sentido do termo, um jogo —, em geral devido à falta de repertório dos assistentes, vinha o infalível bordão, zombeteiro e convidativo ao mesmo tempo, reafirmando a centralidade da leitura: "Não leram tal livro? Não leram tal autor? Ah, mas como não leram...". De maneira semelhante, seus escritos críticos passaram desde cedo ao largo não só dos gêneros acadêmicos como, mais precisamente, da generalização acadêmica, a começar pela tese de doutorado sobre Cortázar, pensada e escrita como ensaio votado à tarefa vertiginosa de capturar o singular; ora, o singular, sendo inefável por definição, imanta a leitura ao mesmo tempo que escapa à rede verbal da crítica, e exige do intérprete, renovadamente, que se trance uma nova trama, e mais outra, e assim por diante. No curso dessa perseguição infinita, dessa outra "inacabável aventura", o ensaio crítico assume uma forma que afinal o vai aparentando menos ao discurso teórico e mais, quase mimeticamente, à própria trama simbólica do poema ou da narrativa — à forma literária, portanto, o que explica o título do livro, *Invenção e crítica*, que o leitor tem em mãos. Ou, para dizê-lo nos termos de Sainte-Beuve, que Davi gosta de citar por escrito ou de viva voz: "A crítica, tal como a entendo e tal como gostaria de praticá-la, é uma invenção e uma criação perpétua".

Este livro celebra e interroga essas e outras muitas faces da vida e da carreira de Davi: o leitor arguto; o professor sem igual; o estudioso que revelou tantos veios profundos da literatura brasileira e das letras hispano-americanas; o escritor notável, para quem a crítica é uma forma de imaginação exata; e, não por último, o amigo precioso. Para levar a cabo — e apenas imperfeitamente — a tarefa, juntaram esforços alguns de seus mestres, colegas, contemporâneos, alunos e alunas, amigos e amores. Ora em textos inéditos, ora em textos publicados aqui e acolá, uns e outros reunidos por Milton Hatoum, Marta Kawano e por mim mesmo. Ao final do volume, o leitor encontrará uma brevíssima seleta de dispersos de Davi, que, de resto, ainda pedem por edição à altura: fragmentos de sua correspondência com Julio Cortázar e Sebastião Uchoa Leite; uma tradução de Wallace Stevens, uma entrevista, um perfil do colega e amigo João Luiz Lafetá; uma singular "receita de cozinheiro", seguida de dois relatos na fronteira tênue entre ensaio e ficção; e, por último, uma colaboração quase inédita entre Davi e Cacaso, que nos devolve, pelos caminhos da memória e da poesia, a São João da Boa Vista, onde tudo começou.

O crítico
e o professor

Críticos

Antonio Candido

Quando pensamos na atividade de um crítico, como estou pensando na de Davi Arrigucci Jr., somos levados quase sempre a pensar na própria crítica, em especial a brasileira. Costumo dizer que o Brasil sempre teve boa crítica, depois de um início muito modesto no começo do século XIX, momento no qual se orientou pelo nacionalismo suscitado pela Independência. Os seus primeiros trabalhos pareciam obedecer, sobretudo, a um intuito patriótico, visando a demonstrar a capacidade do brasileiro de produzir uma literatura com timbre próprio. As tarefas fundadoras consistiam em definir um cânon literário, publicar os textos que o formavam e tentar organizá-los, o que levou inclusive a um uso importante das antologias (não raro salvadoras de textos), designadas por títulos variados: Parnaso, Florilégio, Mosaico. Elas se completavam pelas primeiras visões rudimentares de conjunto — Bosquejos, Resumos, Panoramas —, assim como por repertórios biográficos, às vezes quase ficcionais. Foi trabalho para uma geração, da qual Joaquim Norberto pode ser considerado paradigma.

E a onda foi crescendo, até o momento de maturidade com a *História da literatura brasileira* de Sílvio Romero, em 1888. De lá para cá, a crítica, em suas diferentes modalidades, foi dando conta relativamente bem do recado, apesar de faltar-lhe o apoio dos estudos superiores de língua e literatura, bem como das humanidades em geral, que aqui só foram efetivamente instauradas em nossos dias. Isso teve consequências que contribuíram para definir o seu perfil, as quais eu procurarei indicar com base na minha própria experiência, isto é, a de alguém que não teve preparo específico.

No tempo em que me formei intelectualmente, os anos de 1930 e 1940, a crítica brasileira era sobretudo de cunho jornalístico, segundo a tradição herdada dos franceses. Mas na França havia uma dualidade que diferençava dois ramos: a crítica universitária, de teor sobretudo histórico ou erudito, e a crítica cotidiana, praticada no jornal e destinada a comentar sobretudo a produção do momento, sendo por isso mais próxima do ensaísmo. Ora, no Brasil só havia esta, porque a falta de ensino superior das letras e das humanidades em geral a empurrava para a imprensa periódica.

Esta circunstância acabou gerando, mais perto de nosso tempo, um modo meio ambíguo, mas produtivo, cujo influxo a geração de Davi ainda sentiu, consistente em certa mistura do espírito sistemático (que amadureceria na universidade) com as inspirações mais fluidas do ensaio. Na minha geração, muitos ainda se formaram como críticos na imprensa, à maneira dos predecessores, e só aos poucos foram entrando para o domínio mais exigente e complexo das elaborações sistemáticas. Mas ao longo desse processo tudo foi mudando, e hoje a produção crítica mais significativa é feita nas universidades por especialistas preparados para ela, enquanto a crítica de jornal ficou episódica e de menor vulto. Creio que o balanço é positivo, porque o que se pode chamar de movimento crítico das universidades, apoiado na generalização do regime de bolsas e financiamentos, tem permitido submeter a literatura do Brasil a investigações que geram retificações e produzem descobertas. As perdas são compensadas pelos lucros.

Registro que quando comecei a carreira em 1941, numa revista de estudantes e jovens licenciados da nossa Faculdade de Filosofia da Universidade de São Paulo (USP), a crítica na imprensa era viva e em geral de muito boa qualidade, marcada por certos pontos de referência, como a atuação dos encarregados de seções específicas. Eles eram designados algumas vezes como "críticos titulares", em teoria porta-vozes do jornal. Cabia-lhes publicar, sempre no mesmo dia da semana, um artigo disposto horizontalmente na parte inferior da página, chamado por isso "rodapé" (no passado, "folhetim", designação que alguns ainda preferiam), com um título geral constante, abaixo do qual vinha ou não o que especificava o artigo do dia.

O rodapé podia tratar eventualmente de temas gerais, mas a sua finalidade era comentar a produção do momento, devendo ter tamanho suficiente para ir além da mera notícia. Em geral umas seis folhas datilografadas de tamanho ofício, no fim das quais uma nota em corpo menor informava o endereço do crítico: "Remessa de livros para a rua tal, número tal, tal cidade". Desse modo, ficava registrada a função do titular.

Críticos titulares foram, por exemplo, Alceu Amoroso Lima e Álvaro Lins no Rio, Plínio Barreto em São Paulo, Oscar Mendes em Belo Horizonte. Pouco depois surgiu na imprensa de Curitiba o jovem Wilson Martins, que seria provavelmente um caso único, pois, ainda que tenha sido com possíveis interrupções que ignoro, deu conta assiduamente da produção literária durante mais de sessenta anos, mesmo quando deixou de ser crítico titular.

Havia também nos jornais a crítica feita com frequência, mas sem periodicidade obrigatória, por intelectuais de valor, alguns dos quais foram titulares por algum tempo: Afonso Arinos de Melo Franco, Augusto Meyer, Barreto Filho, Lúcia Miguel Pereira, Mário de Andrade, Sérgio Buarque de Holanda, Sérgio Milliet. Foi um grande momento da crítica brasileira.

A atividade do crítico titular, que tomo como paradigma, podia ser considerada de alto risco, como já tenho escrito com certo senso de humor, porque era uma espécie de aventura testada a cada semana, na medida em que ele devia escrever sobre novidades produzidas frequentemente por estreantes, que precisava analisar e avaliar sem elementos informativos, de modo que era como se estivesse pondo constantemente em jogo a sua reputação. Isso fazia do seu trabalho algo bem diferente daquele realizado pelos que só escreviam quando queriam, sobre autores consagrados, como viria a ser o caso da crítica universitária, levada de certo modo a se afastar do presente imediato, porque até alguns decênios atrás, aqui e no estrangeiro, estava tácita ou mesmo expressamente estabelecido que só autores mortos e consagrados deviam ser objeto de cursos e trabalhos. Conta-se que, depois da Segunda Guerra Mundial, uma professora da Sorbonne causou certo escândalo ao dar um curso sobre Guillaume Apollinaire, porque havia apenas trinta anos que ele tinha morrido... Em nossa Faculdade de Filosofia da USP, os autores do modernismo só começaram a aparecer como matéria de cursos nos anos 1960, mesmo assim com parcimônia. Mas a situação mudou, e parece que houve uma inversão, pois os jovens da universidade preferem escrever sobre autores recentes, chegando ao desinteresse em relação aos do passado, o que é ruim.

Quando eu era encarregado da seção de livros da nossa revista *Clima* (1941-4), e depois crítico da *Folha da Manhã* (1943-5) e do *Diário de São Paulo* (1945-7), a literatura brasileira estava numa fase de ouro (quem sabe a sua fase de ouro), que foi mais ou menos de 1920 a 1960. Tive de resenhar novidades devidas a veteranos consagrados, como a primeira edição dos poemas reunidos de Mário de Andrade, *Poesias*; como *Fogo Morto*, de José Lins do Rego; *Terras do sem fim*, de Jorge Amado; *Infância*, de Graciliano Ramos. Mas também livros de desconhecidos, dos quais nunca ouvira falar e a respeito dos quais não tinha qualquer ponto de referência, como *Pedra do sono*, de João Cabral de Melo Neto; *Perto do coração selvagem*, de Clarice Lispector (que me pareceu um pseudônimo); *Sagarana*, de João Guimarães Rosa. Neste caso, o risco de errar era maior, pois como não havia tempo para colher dados ou amadurecer a leitura, o êxito ou o malogro profissional dependiam da capacidade de análise rápida e de percepção imediata do valor. Já o crítico que, mesmo escrevendo em jornal, não era encarregado de seção, estava dispensado de focalizar as novidades e podia escrever sobre o que quisesse, de maneira que não se arriscava.

Retomando uma sugestão que deixei no caminho, penso que a crítica universitária brasileira teve, como traço próprio, certa tendência para combinar o modo ensaístico com o modo erudito. Uma das razões deve ter sido porque, como vimos, no Brasil o jornalismo crítico precedeu de muito a crítica universitária, para a qual funcionava às vezes como ponto de partida, mesmo porque vários críticos de jornal (inclusive eu) se tornaram professores de literatura, levando para o ensino traços do seu tirocínio. Neste processo, houve naturalmente vantagens e desvantagens.

Sem querer aprofundar a questão, lembro que talvez haja sido bom o fato dessa combinação ter amenizado o corte professoral e seu perigo de pedantismo, conferindo, por outro lado, maior consistência ao ensaísmo, nem sempre livre de superficialidade. Podia ser também vantajosa a obrigação do crítico titular de escrever sobre vários tipos de livros, pois isto favorecia certo pluralismo, que pode resultar em largueza de vistas, ao atenuar os dogmatismos gerados algumas vezes pelas teorias, às quais costumam amarrar-se os professores. De fato, é sabido que os que adotam de maneira mais ou menos exclusiva determinada orientação teórica tendem a só falar das obras que permitam comprová-las, o que pode levar à estreiteza dos dogmatismos. Já o crítico formado no enquadramento mais livre da imprensa periódica tendia a não ser dogmático, pois era obrigado, pelas injunções do ofício, a variar os instrumentos de análise, para ser capaz de abranger a variedade das obras, que iam aparecendo dia a dia, e esta variação favorecia a visão compreensiva. A minha impressão é que na crítica universitária brasileira houve incorporação favorável do que há de positivo na tradição do jornalismo crítico, que remonta a patriarcas como José Veríssimo desde o fim do século XIX. Mas é preciso reconhecer que esta tendência teve lados negativos, entre os quais o atraso da erudição e dos trabalhos de investigação histórica, que só aos poucos estão sendo devidamente cultivados.

Davi é um crítico de excepcional valor, que se formou e atuou na universidade, mas incorporou ao seu modo as virtudes do ensaio, sem os traços negativos que este possa ter. Talvez seja possível dizer que fecundou de maneira muito pessoal a fórmula brasileira que sugeri, graças a uma acentuada imaginação crítica, associada à informação extensa e profunda, que fazem dele um leitor privilegiado. E também graças a certa versatilidade positiva, devida ao conhecimento das artes e de muitos domínios do saber. Quanto ao saber, o dele chega a espantar pela vastidão e densidade — e a manifestação desse espanto é uma forma de homenagem.

O caçador de enigmas

Milton Hatoum

We shall return at twilight from the lecture
Pleased that the irrational is rational...
Wallace Stevens, *It Must Give Pleasure*

É preciso ensaiar caminhos até o núcleo do labirinto.
Davi Arrigucci Jr., *O escorpião encalacrado*

Na década de 1970, circulavam rumores nos ateliês da Faculdade de Arquitetura e Urbanismo da Universidade de São Paulo de que um jovem professor de literatura encantava os alunos do curso de Letras nas salas da antiga Colmeia.

A FAU era uma salada de sonhos artísticos e profissionais numa época de pesadelos políticos. Havia estudantes interessados em fotografia, cinema, artes plásticas, teatro, música, literatura, dança, desenho industrial e até mesmo em arquitetura e urbanismo, mas esses eram a imensa minoria.

Eu escapava das aulas de cálculo estrutural e hidráulica para assistir às aulas do jovem professor Davi Arrigucci Jr., pois gostava de literatura e queria aprender os fundamentos de teoria literária.

As aulas de Davi eram e são, de fato, fascinantes. Na nossa primeira conversa, quando lhe disse que era de Manaus, ele citou e comentou um livro, *A pesca na Amazônia*. Achei isso curioso: os professores de literatura certamente haviam lido os ensaios críticos de José Veríssimo, mas não aquele livro. Algum tempo depois, quando nos tornamos amigos, soube que entendia muito de culinária e vinho, que tinha sido caçador e pescador na juventude, e falava sobre esses assuntos com a mesma paixão que comentava livros.

Em 1979 li a coleção de ensaios *Achados e perdidos*, mas já havia lido *O escorpião encalacrado*, livro que foi um marco na minha geração e na nossa crítica literária. Nesse livro, além da análise específica da obra do grande escritor argentino Julio Cortázar, me impressionaram os comentários em profundidade sobre a literatura hispano-americana, abrangendo um arco temporal longo, que vai dos romances naturalistas—*las novelas de la tierra*—até a obra de Cortázar, com ênfase nas narrativas de outros grandes escritores de língua espanhola—Juan Rulfo, Felisberto Hernández e Jorge Luis Borges, cujas obras Davi voltaria a analisar em vários ensaios posteriores.

O fascínio que o professor exercia em sala de aula espelhava--se na leitura dos ensaios sobre Cortázar. E havia várias novidades. Penso que ninguém antes comentara as narrativas fantásticas da escritora chilena María Luisa Bombal, desconhecida por aqui. E poucos conheciam os contos de Felisberto Hernández, um autor caro a Cortázar, como Davi ressaltou no posfácio à edição brasileira de uma seleção de contos do escritor uruguaio.[1]

Havia um paralelismo entre a linguagem do ensaísta e a fala do professor nos cursos de teoria literária. Em ambas prevalecia a linguagem clara, sem maneirismos, pontuada pela leitura de uma vasta bibliografia. Nas aulas de teoria, Davi falava sobre gêneros, foco narrativo e outras questões centrais da ficção, não apenas com exemplos de textos teóricos, mas também com análises cerradas de romances, contos e poemas. As citações de escritores e críticos brasileiros e estrangeiros se multiplicavam em cada aula, mas sem nenhum pedantismo, pois eram usadas de modo didático e coerente na interpretação dos textos. Nesse sentido, era fundamental ler os livros de literatura *antes* de serem analisados. Essa perfeita combinação da teoria com a leitura crítica respondia pela sequência de aulas sobre foco narrativo, em que personagens de romances de Graciliano Ramos, Virginia Woolf, William Faulkner e outros eram mostrados por um ângulo da narração que tende a ser interno, expressando a vida mental das personagens. A leitura do capítulo "A meia marrom" (do livro *Mimesis*, de Erich Auerbach), de ensaios de Henry James, de Jean Pouillon, Percy Lubbock e tantos outros era usada na análise do foco narrativo e do uso de cenas e panoramas, elementos decisivos para a narração. Ainda nesse curso, li livros importantes da literatura brasileira: *O amanuense Belmiro*, *O Quinze* e *Os ratos*, os dois últimos analisados por Davi no livro *Outros achados e perdidos*.

---

1. Felisberto Hernández, *O cavalo perdido e outras histórias*, trad. e pref. de Davi Arrigucci Jr. (São Paulo: Cosac Naify, 2006).

Numa época em que os debates entre a crítica de viés formalista e a sociológica estavam acirrados, *O escorpião encalacrado* significou uma abertura e uma alternativa para posições tão polarizadas e, não poucas vezes, beligerantes. Na verdade, não se tratava de uma postura conciliadora, e sim de uma visão crítica que sabiamente integrava *ao mesmo tempo* aspectos formais e histórico-sociais, entranhados na obra literária. Nesse sentido, a obra ensaística de Davi não se deixou prender a nenhuma chave conceitual pronta. Essa perspectiva crítica contempla a invenção da linguagem — com seus jogos verbais, seu caráter lúdico e simbólico, o risco do jogo imaginário, a ambiguidade entre o real e o imaginário pela via do fantástico — e também o contexto social e histórico. A forma não é (ou nem sempre é) condicionada pelas relações sociais; por outro lado, a linguagem, mesmo que não seja desvinculada dessas relações, adquire certa autonomia. O histórico está sedimentado na forma, costuma lembrar Davi, citando Adorno.

É nessa confluência difícil que se situa o trabalho ensaístico do nosso crítico. O ensaio é um modo de interpretação que se relaciona com a experiência histórica, que é também individual, pois os dados externos ou biográficos de um autor, sem serem determinantes, dão pistas à construção do ensaio, esse gênero maleável, poroso e difícil de ser definido. E foi no ensaio que Davi realizou plenamente seu trabalho.

PROVÍNCIA E METRÓPOLE

A vida numa cidade pequena, apesar do relativo isolamento, tem lá seus prazeres e vantagens, que não são poucos. Na década de 1950 — talvez mais do que hoje - , um jovem da província podia ter uma boa formação educacional numa escola de qualidade, em que não faltavam bons professores e bibliotecas razoáveis. Na província, o mundo natural não se dissociou por completo do pequeno mundo urbano. As praças, ruas e bairros formam uma espécie de grande palco exposto aos olhos de todos. Os "causos" contados por narradores orais, os fatos miúdos do cotidiano e os *faits divers*, a leitura de bons livros sob a orientação dos mestres da província, tudo isso adquire força e significado, e certamente serviu de lastro à experiência de vida e de leitura de Davi. O jovem professor que eu conheci na USP já tinha pleno domínio dessa dupla experiência, formada em São João da Boa Vista e aprofundada na metrópole onde vive desde a juventude. Aliás, a experiência, conceito tão caro a Walter Benjamin — um dos autores centrais dos cursos e ensaios de Davi —, aparece também no centro das preocupações éticas e estéticas do trabalho do crítico.

A passagem da experiência individual e histórica à linguagem é fundamental para um poeta e escritor, e não será menos relevante para o crítico-escritor. Não poucas vezes essa passagem é sinuosa ou oculta, e só se deixa ver através da análise cerrada e específica do objeto verbal — "a penetração na matéria, o que, na verdade, implica algo maior: a experiência histórica como visão da realidade".[2] Nessa análise cerrada, extremamente bem fundamentada e escrita, reside a complexidade dos ensaios de Davi. É difícil falar da forma desses ensaios, nem é esse o objetivo deste breve e modesto depoimento; mas em todos eles, o que se percebe é um esforço de estilo, uma linguagem muito pessoal, que atrai o leitor desde o primeiro lance, para depois enredá-lo na análise do texto.

Ao ler *O escorpião encalacrado*, tive a impressão de que esse texto crítico *parecia* literário, pois muitas passagens davam ao leitor o prazer e a descoberta de uma grande ficção. É como se o crítico tivesse depurado uma extensa bibliografia, para depois usá-la livremente na análise de uma obra. Pois, como se sabe, a erudição não basta. Às vezes ela se perde num emaranhado de citações e torna-se pomposa, podendo ofuscar por completo as tentativas de análise e interpretação crítica. O mais difícil é transformar a leitura vasta e erudita em texto comunicável, acessível, sem perder o alvo crítico, revelando outras possibilidades de leitura e de relações significativas que escapam ao leitor. Claro que as citações existem e não são poucas, como se vê nos livros sobre Bandeira, Cortázar e outros. Em todos eles, Davi encontrou no ensaio a forma crítica por excelência.

É claro que a formação intelectual de um crítico depende de sua trajetória pessoal, de sua experiência acumulada e dos livros que leu.

---

2. Davi Arrigucci Jr., *O guardador de segredos* (São Paulo: Companhia das Letras, 2010), p. 173.

Em várias entrevistas Davi mencionou textos e autores que lhe foram importantes, e dentre estes, a obra de Antonio Candido. No denso ensaio "Movimentos de um leitor", Davi analisou a importância decisiva da leitura (ou de certo modo particular de ler) de Candido, a mobilidade do espírito, a intuição poderosa do leitor, a relevância do gosto literário (relativizado posteriormente pelo crítico) e da tradição da literatura brasileira, a substituição de falsas dicotomias (forma--conteúdo) por uma visão integradora de elementos internos e externos que condicionam a obra, até chegar à fórmula que desarma e supera a contenda acirrada entre a crítica formalista e a sociológica.[3]

No prefácio a *O escorpião encalacrado*, Candido ressalta que o autor

> procede em espiral e trabalha num movimento contínuo entre texto e contexto, pois vai e volta entre o caso concreto e o problema geral, entre a obra de Cortázar e o nosso ciclo de cultura. Por vezes, o surrealismo (ou um certo surrealismo), o realismo pitoresco, as tendências fantásticas da ficção latino-americana são tratados como objetos autônomos de estudo.

Ressalta também os fatos paralelos, mas essenciais à compreensão da obra cortazariana (o jazz, a fotografia, a montagem), e os três núcleos principais estudados na sua ficção:

> o da destruição anunciada, o da destruição visada, o da destruição arriscada, que leva ao limite do discurso. Diante de um objeto extremamente móvel, só se pode louvar Davi Arrigucci Jr. por ter adotado uma aproximação crítica igualmente móvel, sinuosa e elástica.[4]

Candido assinala dois pontos fundamentais do estudo sobre Cortázar. O primeiro é uma espécie de metavisão, de visão além dos limites do texto, rumo à reflexão crítica e estética sobre a poética

---

3. Davi Arrigucci Jr., *Outros achados e perdidos* (São Paulo: Companhia das Letras, 1999), pp. 244-5.
4. Antonio Candido, "Prefácio", in *O escorpião encalacrado: A poética da destruição em Julio Cortázar* (São Paulo: Companhia das Letras, 1995), p. 10.

da destruição em geral. O segundo é a criação estilística do autor, "funcionando como desvendamento crítico da melhor qualidade".[5]

Penso que muita coisa do que Davi escreveu sobre o autor da *Formação* pode se ajustar a seu próprio trabalho, pois não são poucas as afinidades com o método desenvolvido por Candido, método que Davi aplicou em suas análises, usando uma linguagem e uma perspectiva crítica muito pessoal, que inclui escolhas literárias quase sempre diferentes. Esse método crítico é a um só tempo estético e histórico, sendo que "a perspectiva estética não se confunde com qualquer formalismo redutor, e procura dar conta da obra como realidade própria, sem, contudo, perder de vista a realidade humana, psíquica e social, com que a primeira se relaciona, sem a ela tampouco se reduzir".[6]

De obras que exercem no leitor um fascínio do difícil, como as de Guimarães Rosa, Borges, Cortázar, Sebastião Uchoa Leite e Drummond, a obras aparentemente mais simples, mas no fundo de grande complexidade, como a poesia de Bandeira e as crônicas de Rubem Braga, o foco central das análises é a relação entre literatura e experiência histórica, relação nem sempre explícita, e às vezes bastante camuflada pela linguagem e suas artimanhas. O desafio é desentranhar e revelar a experiência histórica na poesia ou ficção, pois isso exige a leitura do texto vinculada ao conhecimento do contexto. E ainda aqui, é a forma e a estrutura do poema ou da narrativa que devem ser esmiuçadas a partir da própria experiência do leitor-crítico.

Dois exemplos notáveis, entre tantos ensaios, são as análises do poema "Áporo", de Drummond, e do conto "Biografia de Tadeu Isidoro Cruz", de Borges.

O poema "Áporo", difícil e desconcertante, é analisado minuciosamente no livro *Coração partido*, sobre a poesia reflexiva de Drummond.[7] Nele, o crítico mostra que o fundamento do trabalho do grande poeta é a reflexão: um lirismo mesclado de drama e pen-

---

5. Ibidem, p. 11.

6. Cf. "Movimentos de um leitor: ensaio e imaginação crítica em Antonio Candido", in *Dentro do texto, dentro da vida: Ensaios sobre Antonio Candido*, org. de Maria Angela D'Incao e Eloísa Faria Scarabôtolo (São Paulo: Companhia das Letras, 1992), p. 190. Recolhido em *Outros achados e perdidos*, op. cit., p. 244.

7. Davi Arrigucci Jr., *Coração partido: Uma análise da poesia reflexiva de Drummond* (São Paulo: Cosac Naify, 2002).

samento. O título do ensaio ("Sem saída") já revela a dificuldade de lidar com o soneto e insinua que o leitor se encontra dentro de um labirinto verbal. Sair desse labirinto é o desafio da leitura crítica. Ou, como se lê no livro sobre Cortázar: "é preciso ensaiar caminhos até o núcleo do labirinto".[8] Nesse poema drummondiano, "a matriz reflexiva traz espelhado nas voltas internas da subjetividade o sentimento do mundo presente, que imprime outra direção, atualizando-a, à narrativa exemplar do inseto".[9]

BORGES NO CENTRO DO LABIRINTO

Bem antes de publicar o ensaio "Borges e Quevedo: a tradição do nada", Davi já revelava um interesse profundo pela obra do escritor argentino, como se lê em *O escorpião encalacrado*. Nesse livro, além de situar a obra borgiana na tradição do fantástico, de que participariam o próprio Cortázar, há uma análise cerrada do poema "El ajedrez", que, de algum modo, influenciou um poema de Cortázar. Desde então, as afinidades do nosso crítico com a obra de Borges cresceram e se multiplicaram. Ao escrever ensaios e resenhas que são na verdade ficções, reiterou a maleabilidade própria do ensaio, enquanto gênero aberto à aventura e ao risco, movido pela imaginação e por uma erudição literária e filosófica.

Nesse sentido, penso que os ensaios de Davi têm algo do narrador intelectual borgiano, um exigente e sagaz leitor-perquiridor, empenhado na busca de um sentido oculto no texto de ficção, um enigma que, no limite, é impossível decifrar. Para tanto, percorre caminhos que se bifurcam e depois se encontram, como no famoso conto de Borges, em que só no fim o leitor sabe o que está por detrás do verdadeiro significado do nome do personagem assassinado (Albert), cujas implicações históricas não são menos importantes que a discussão intelectual e a perplexidade metafísica dos personagens.[10]

---

8. Idem, *O escorpião encalacrado*, op. cit., p. 32.
9. Idem, *Coração partido*, op. cit., p. 86.
10. Jorge Luis Borges, "El jardín de senderos que se bifurcan" (1941), in *Ficciones, Obras completas I* (Barcelona: Emecé, 1996).

O percurso sinuoso dessa busca, próprio do ensaio, é o que interessa ao crítico-escritor. Nesse percurso paciente por meandros da história e do mito, há descobertas e insights/intuições que são, ainda, atributos do leitor e de sua capacidade crítica na busca por uma interpretação de "ecos tortuosos no meio do caminho".[11]

Em um artigo publicado em 1999, Davi observou que uma grande parte da crítica tende a considerar Borges apenas um "construtor de objetos verbais para quem as conjeturas e os elegantes paradoxos dão forma tão somente a dúvidas conhecidas, derivadas das categorias da metafísica e da epistemologia, e não a perplexidades reais, fundadas na experiência humana". E assinala que é preciso lê-lo "noutra direção mais inclusiva e difícil, que seja capaz de buscar a unidade orgânica entre a articulação interna de sua obra com o conteúdo de verdade humana que ela envolve e que é, até o cerne da matéria, histórico".[12]

É nessa outra direção, mais inclusiva e difícil, que Davi interpreta "Biografia de Tadeu Isidoro Cruz". Nesse conto de poucas páginas, cujo longo arco temporal vai de 1829 a 1874, os índices históricos não são poucos. Mas para o narrador só interessa uma noite dessa história: o que é indispensável para que essa noite seja entendida. Entender essa noite significa entender "o momento crucial do enredo, [que] é também o momento de revelação da identidade".[13]

O ensaio esclarece a complexidade da história argentina, cujas lutas internas, antes e depois da independência, são mencionadas de um modo objetivo, "com um discurso que lembra o dos historiadores".[14]

Mas a compreensão profunda do conto transcende as referências históricas, e é nesse sentido que o ensaio tenta "compreender e analisar a história imanente à forma literária: a leitura interna dos textos integrada ao conhecimento do texto".[15] Ou, como disse Davi nesse artigo, referindo-se à obra de Borges, mas que pode servir a qualquer ensaio que escreveu: a leitura crítica deve ser capaz de

---

11. Davi Arrigucci Jr., *Coração partido*, op. cit., p. 105.
12. Idem, "Borges e a experiência histórica", *Folha de S.Paulo*, Mais!, 12 dez. 1999.
13. Cf. Davi Arrigucci Jr., *Enigma e comentário: Ensaios sobre literatura e experiência* (São Paulo: Companhia das Letras, 1987), p. 210.
14. Ibidem, p. 212.
15. Idem, "Borges e a experiência histórica", op. cit.

buscar a unidade orgânica entre a articulação interna de sua obra com o conteúdo de verdade humana que ela envolve e que é, até o cerne da matéria, histórico. A qualidade do todo depende da sedimentação formal de uma experiência histórica configurada em obra de arte. As implicações disto são muitas.

Muitas e complexas, e dependem da sagacidade do leitor crítico de juntar elementos internos e externos da obra, e de dar a ver, em sua configuração formal, as relações simbólicas mais significativas, vinculadas ao contexto. Nesse sentido, a análise explora vários ângulos do conto: o confronto, na vida do *gaucho*, entre o campo e a cidade, confronto que remete à luta político-ideológica entre unitários e federalistas. Um embate mais amplo, entre civilização e barbárie, presente no *Facundo*, de Sarmiento. Conforme diz o crítico,

> esse conflito básico tende a dicotomizar todas as formas da vida argentina, inclusive da vida cultural e literária. Por certo, essa dicotomia onipresente está longe de exprimir toda a realidade, mais misturada e complexa do que pode parecer à primeira vista, mas encontra correspondência, no plano da vida mental, em certas leituras ideológicas, nascidas de necessidades históricas reais do momento e veiculadas pela literatura da época. Borges as integra ao seu texto, como versões da realidade.[16]

A oposição do campo à cidade serve à organização do espaço da história e à caracterização do personagem central; mas, de algum modo, está implicada também no ato final, que sela o destino de Tadeu Isidoro Cruz. Ironicamente, este se identifica a Martín Fierro, cujo destino de perseguido espelha o do pai do protagonista, formando assim uma cadeia que tende à recorrência circular do mito.[17] Assim, a análise de Davi desvela as camadas literárias de uma narrativa centrada num personagem cuja biografia se confunde com o protótipo do gaúcho bárbaro: o desertor Martín Fierro, figura ambígua de herói e traidor... inscrito na

---

16. Cf. Davi Arrigucci Jr., "Da fama e da infâmia (Borges no contexto literário latino-americano)", in *Enigma e comentário*, op. cit., pp. 215-6.
17. Ibidem, p. 211.

história argentina.[18] A história de um traidor e herói, tema que Borges explorou em outros contos, tem sua origem na leitura de uma obra literária, leitura que implica uma poética, uma espécie de tradução de um texto anterior, de que é uma *versão conjetural* dentre outras versões possíveis.[19]

Nem sempre um grande crítico e ensaísta é um grande professor. Davi reúne essas duas qualidades, que, desde o princípio, seus leitores e alunos logo perceberam. Mas é preciso ressaltar também seu trabalho de tradutor e ficcionista, pois traduziu poemas de Wallace Stevens, o prefácio da novela *O Negro do Narciso*, a *Prosa do observatório*, de Cortázar, vários contos de Felisberto Hernández, relatos e contos de Borges, além de publicar duas excelentes narrativas ficcionais, *Ugolino e a perdiz* e *O rocambole*, em que a memória e a imaginação transcendem a experiência da infância e juventude na cidade pequena, ponto de partida para o que viria depois.

À liberdade e à aventura do ensaio corresponde também uma postura independente na vida acadêmica, às vezes austera e competitiva demais, e não raramente imobilizada pela burocracia. Aventura da linguagem escrita, do ensaio crítico movido pela indagação e pelo desejo de compreender e desvelar enigmas; mas também aventura da linguagem oral, pontuada por uma memória surpreendente, na sala de aula e nos encontros com amigos, em que a conversa nunca é jogada fora. Aventura que é ainda a confluência de um vasto saber com uma linguagem marcada por um estilo que une plasticidade e elaboração formal, em que, aos poucos e com paciência, o narrador crítico cerca e depois analisa sob vários ângulos o objeto de estudo, como um perspicaz e sedutor caçador de enigmas.

18. Ibidem, p. 217.
19. Ibidem, p. 218.

A leitura compartilhada[1]

Fábio de Souza Andrade

Em Davi Arrigucci Jr., a capacidade de intérprete, a generosidade do professor e o brilho do conferencista são tão evidentes quanto difíceis de colocar em fórmula. Se "todo objeto é enigma, todo pensamento, comentário", como disse Antônio Carlos de Brito (Cacaso) ao festejar o título bem achado de um de seus livros de ensaios, compreender a força de sua obra talvez dependa da recomposição de alguns dos encontros felizes, momentos-chave que pontuam uma trajetória que lhe garante o merecido lugar de um dos mais importantes ensaístas e críticos literários brasileiros, contemporâneos ou não.

Quis o acaso objetivo que os anos de sua graduação em Letras, na USP, no prédio da Maria Antônia, onde ingressou em 1961, fossem anos de urgência. Na infância paulista, interiorana, em São João da Boa Vista, à sombra de excelentes bibliotecas e em casa de apaixonados leitores, além de um repertório robusto, já forjara as bases emocionais da atitude hermenêutica que se firmaria como sua: uma adesão simpática ao texto, paciente e minuciosa na mobilização de múltiplos saberes que, "maleável e móvel na abordagem do texto", em expressão sua, busca iluminar, na concretude do estilo, a passagem do externo ao interno, da matéria da vida à forma literária.

A percepção precoce da "leitura como uma forma de felicidade", abertura para mundos e vozes possíveis que a literatura abriga e expressa com beleza e contundência únicas, levou-o ao plano de escrever, mas o estudo das línguas e da filologia fez passar à frente a vocação inequívoca de ensaísta. Crítico escritor, contudo, Davi jamais

---

1. Parte deste texto foi lida como saudação a Davi Arrigucci Jr. na cerimônia de outorga do título de professor emérito da Faculdade de Filosofia, Letras e Ciências Humanas da Universidade de São Paulo, em 19 de maio de 2011.

dividiu a crítica — arte, quando bem exercida — da criação (e a prosa de ficção volta, hoje, ao primeiro plano de suas preocupações, com a publicação de *Ugolino e a perdiz*, de 2003, e *O rocambole*, de 2005).

O apreço pela natureza arisca e elusiva, resistente à legibilidade imediata, das verdades que a literatura porta e o respeito pelo "claro enigma" que é seu fundamento são decisivos para compreender a integridade e coerência de sua trajetória e projeto críticos. Explicam tanto a sua afinidade máxima com a poesia quanto sua preferência pela narrativa que combina matrizes variadas, espelho partido da experiência contemporânea. O itinerário de leitor, não fosse ele o tradutor e intérprete apaixonado de Jorge Luis Borges, multiplica as passagens comunicantes entre autores aparentemente distantes, compondo junções tão inesperadas quanto reveladoras (Borges, John Ford, Guimarães Rosa ou Bandeira, Cézanne e Benjamin), assim emulando na escrita crítica a capacidade que tem a imagem literária de reorganizar a visão do todo a partir de semelhanças insuspeitas. O seu é um labirinto poroso, que respira a preocupação com os impasses do presente.

A convicção de que, para o olhar treinado, todas as portas são legítimas, e de que é preciso habitar os autores, fazer-se discípulo deles, acumulando pistas e variando o ângulo de aproximação, antes do salto interpretativo, determina tanto sua estratégia de exposição oral, seu estilo ensaístico, quanto sua relação com os alunos e sua notável capacidade de formar. Sem perder de vista as amplas questões, seguro na hierarquização e escolha das de fato decisivas, sua escrita mergulha no miúdo e nas asperezas complexas do texto. Aos poucos e mansamente, com longas digressões nada ao sabor do acaso, modulando e valorizando os detalhes expressivos, realçando neles o essencial, Davi alcança uma familiaridade com o objeto, seus segredos e pressupostos, que, reveladora, contamina ouvintes, leitores e alunos.

O teor variado de seu interesse, estabelecendo primeiras pontes entre o alto modernismo brasileiro e a produção hispano-americana recente — Borges e Julio Cortázar, por certo, mas também Vargas Llosa, Juan Rulfo, Roa Bastos e Felisberto Hernández —, se espelha em sua apreensão da literatura brasileira. Da mesma maneira que mergulhou na poesia essencial dos grandes, produzindo novidades decisivas em territórios exaustivamente mapeados, soube e quis voltar idêntica atenção a contemporâneos quase ignorados pela crítica, como Roberto Piva ou Sebastião Uchoa Leite, que figuram com destaque em *O guardador de segredos*. Dedicou a estes a mesma paciência com o objeto, a composição cuidadosa de um quadro histórico e cultural abrangente, aproximação atenta à precipitação da matéria em forma. Por gosto, quase sempre ancorado na leitura cerrada de uma obra em especial — poema breve, novela exemplar, romance complexo —, mas sem descuidar das reverberações na obra como um todo.

É uma das razões que levaram autores tão diversos como Orides Fontela, Antonio Callado, Ferreira Gullar ou Roberto Piva, o próprio Cortázar, ou Milton Hatoum, a se sentirem plenamente lidos em seus ensaios e passarem de objeto de estudo a amigos pessoais. Um inegável e desejado efeito colateral da sua escrita crítica é o de criar intimidade com os autores estudados, prontamente compartilhada por seus leitores. Nada de conivência complacente, mas interlocução estreita da qual se sabe poder esperar a cobrança exigente, capaz de reconhecer razões e desrazões, realizações e falhas.

O brilho do professor também se beneficia dessa intimidade que não é, apesar da aparência, natural e espontânea, mas produzida com método e determinação. Os que foram seus alunos ou tiveram a boa sorte de ouvi-lo em conferências logo reconhecem na escrita burilada dos ensaios a mesma exposição gradativa, versão pessoal da maiêutica, que leva pela mão os que escutam — interlocutor solitário ou auditório tomado — aos bastidores da criação e, no mesmo movimento, aos fundamentos do pensamento crítico.

São famosos os seus primeiros cursos no Departamento de Teoria Literária, ainda muito jovem, como o que, em plena maré montante do formalismo, enfrentou o conceito de estrutura nas ciências humanas e na literatura (de Lévi-Strauss a Althusser, de Barthes a Todorov), como também o são os muito posteriores, para auditórios repletos, em que analisou a poesia do sublime oculto bandeiriano ou a mescla de gêneros na prosa de Rosa. Em comum, o fato de que sempre soube se guardar de um mimetismo direto do pensamento em voga ou do risco de servir-se da literatura como pretexto ou exemplo, modo de reafirmação do que já se conhece. Sempre buscou fazer a teoria, recente ou remota, responder e reagir a um repertório e questões locais.

Nas aulas, como nos textos, o efeito final era de espanto (o "como não pensei nisso!"), criando a ilusão, generosa e aliciante, de ser uma produção coletiva, trabalho compartilhado, como a "luz-balão" do poema de João Cabral. Assim, o esforço de atualização teórica e a vasta erudição se introduziam sem estardalhaço, nada afetados, sempre a serviço da melhor apreensão do objeto e da formação de quem o lê ou o escuta. E, insisto, não é nada negligenciável esse aspecto de sua vida intelectual, a do formador, evidente não apenas entre seus pares na universidade — os muitos orientandos, entre os quais me incluo, que discutiram cada passo de sua trajetória acadêmica diretamente com ele —, mas também na disponibilidade para o diálogo com artistas e intelectuais, jornalistas e pensadores, de ramos diversos da cena cultural brasileira.

Não há pontos obscuros ou sem nó em seu percurso intelectual, avesso à renegação de passagens ou a viradas dramáticas. O que o caracteriza é, antes, um adensamento coerente, pela variedade de autores percorridos, pela presença contínua de certas afinidades eletivas, por uma contínua preocupação, quase obsessiva, em mente: a do acerto de contas entre a literatura (a brasileira, em particular) e a experiência moderna.

O crítico, como o leitor, pode ser feliz, mas não deve se comprazer na tranquilidade. Se o apreço juvenil pelo romanesco ainda sobrevive, sob forma de simpatia irônica com uma ponta de nostalgia, como a base da descoberta do literário (*O rocambole* está aí para prová-lo, assim como a verificação da importância das matrizes populares, das formas orais na novidade formal de *Grande sertão: veredas*), o foco de sua atenção nunca deixou de ser a natureza problemática e compósita da experiência brasileira da modernidade, em sua desigualdade complexa.

As relações entre forma literária e processo social, experiência moderna e literatura, o esforço de compreensão e participação, a urgência de, no caos contemporâneo, tomar partido, estão no coração de seu projeto crítico. A leitura é uma forma de felicidade, mas não de acomodação; contemporâneo é aquele que mergulha e participa nas obscuridades do seu tempo.

Da história desse método pessoal, seguramente o próprio Davi é ciente e cioso. Passa pela lição da estilística, do romanista que aprendeu lendo Dámaso Alonso, Auerbach e Spitzer; pela impregnação dos *new critics*; pelas leituras precoces do grande ensaísmo brasileiro do século xx (Álvaro Lins, Otto Maria Carpeaux, Augusto Meyer); pela descoberta do mundo da teoria crítica, Benjamin e Adorno, em especial; enfim, por uma disposição de leitor onívoro da teoria e da criação contemporâneas, reforçada na convivência com grandes professores e colegas, numa universidade que vivia um cotidiano menos sufocado pelo gigantismo e comportava o debate constante e a presença pública mais incisiva. A clareza meridiana do projeto intelectual e da escrita ensaística do seu orientador e professor por excelência, Antonio Candido, tem um papel decisivo nesse modo próprio de se aproximar da literatura, que corresponde a um ecletismo teórico responsável, recusando o dogmatismo e a rigidez de uma armadura conceitual inflexível em nome de uma resposta adequada a cada texto.

Mesmo vivamente interessado em Borges, fez da prosa ficcional de Cortázar (aparentemente mais impregnado dos impasses históricos do dia) o tema de sua tese de doutoramento, *O escorpião encalacrado: A poética da destruição em Julio Cortázar*, defendida em 1972, já sob a orientação de Antonio Candido. É a seu convite que troca a assistência na cátedra de Espanhol pela de Teoria Literária e Literatura Comparada, na qual permanecerá como Professor Titular até sua aposentadoria, em 1996. Publicado em livro, em 1973, o estudo que se abre para um esforço de compreensão da prosa experimental do argentino no quadro mais vasto latino-americano valeu-lhe a proximidade do autor até sua morte.

Sem jamais descuidar da crítica a quente, reuniu escritos variados em *Achados e perdidos* (1979), contemplado com o Prêmio Jabuti; *Enigma e comentário: Ensaios sobre literatura e experiência* (1987), Prêmio APCA; e *Outros achados e perdidos* (1999). Esse amplo arco de interesses reaparece em seu mais recente livro de ensaios, *O guardador de segredos* (2010).

Mas é em *Humildade, paixão e morte: A poesia de Manuel Bandeira* (1990), sua tese de livre-docência, que a maturidade de um leitor e seu método se revelam integralmente. Exímio intérprete de poesia e do modernismo brasileiro, a partir da leitura cerrada e do comentário expandido de brevíssimos poemas que sintetizam a totalidade das obras, voltou a se provar indispensável à fortuna crítica de Murilo Mendes, em *O cacto e as ruínas* (1997), e à de Drummond, em *Coração partido* (2002).

Tanto na tradução como na crítica, ora apresentando novos autores (alguns, desconhecidos do público brasileiro, como Felisberto Hernández), ora velhas obsessões sob novo ângulo (Borges e Cortázar), quanto na retomada do projeto de escrever ficção, seguem vivos em Davi Arrigucci Jr. o mesmo rigor e precisão, o gosto pela palavra exata, a vocação entusiasmada.

Tudo que acima se disse poderia ser demonstrado à farta em qualquer um dos muitos ensaios e volumes que perfazem a trajetória do crítico até aqui. Tome-se, por exemplo, o mais recente, a coletânea *O guardador de segredos: Ensaios* (2010), onze anos separada de outra, uma prima-irmã, *Outros achados e perdidos* (1999). Nela, assoma ao primeiro plano, contra o variado do conjunto, a organicidade inequívoca que a personalidade forte do crítico lhe confere, esteja ele às voltas com prosador estreante, poeta consagrado ou escritores sobre os quais pesa o rótulo de difíceis e malditos.

São três (e meia) as partes do livro: "Poesia e segredo", dedicada à poesia brasileira moderna e contemporânea; "Prosa do sertão e da cidade", voltada a narradores latino-americanos e brasileiros, dispostos lado a lado e tuteando-se; "Imaginação e crítica", em que perfis de críticos exemplares (Gilda de Mello e Souza, Marlyse Meyer e Antonio Candido) suscitam questões de método analítico, retomadas e desenvolvidas numa longa entrevista. A coda fica por conta de um longo ensaio sobre o cinema de Alfred Hitchcock, ancorado numa leitura das imagens grotescas e do universo mesclado, sublime e sórdido, que a narrativa de suspense suscita em *Frenzy* (1972), filme da fase final do irônico e rotundo inglês.

Os pontos altos, e os há, muitos, cada leitor encontrará os seus. Os que preferem reencontrar o estudioso íntimo do alto modernismo brasileiro certamente escolherão ensaios como aquele que se detém sobre o "Drummond meditativo", retomada e desenvolvimento da tese central de *Coração partido* (2002), no qual a natureza reflexiva da lírica do poeta mineiro é contrastada com a de Manuel Bandeira e apanhada em ato na análise de poemas do primeiro Drummond.

Da mesma família é o ensaio sobre Guimarães Rosa, "Sertão: mar e rios de histórias", que se liga a outro texto, célebre e anterior, "O mundo misturado", em que a familiaridade de Arrigucci com *Grande sertão: veredas* torna a dizer com precisão a matéria e a forma rosianas, feitas de encontros múltiplos (de estilos e matrizes literárias, de experiência humana e tempos históricos), traduzindo em imagens a convivência inextricável do moderno com o arcaico na formação brasileira.

Dizer, no caso, não é uma palavra fortuita. Concebido como uma fala acadêmica, improviso medido, o texto alterna uma atenção especial à estrutura maior com o exame dos pormenores significativos, ganhando forma ao sabor do momento (mesmo caso do artigo dedicado à obra de Juan Rulfo, em paralelo curioso com a de Rosa, também primeiro esboçado oralmente, durante uma entrevista). Trata-se do traço conversacional da crítica em Arrigucci, que faz questão de levar em conta e aproximar o interlocutor silencioso, o leitor, com evidentes repercussões sobre o estilo de sua escrita.

Em "João Cabral: o trabalho de arte", a leitura de "Tecendo a manhã" recolhe da poética cabralina o princípio formal unanimemente reconhecido de sua poesia — a lucidez geométrica que se converte em máquina verbal de comoção contida e conhecimento exato do mundo —, mas a partir da análise de um objeto singular e de um ponto de vista incomum, se não à contracorrente: a importância da experiência biográfica do poeta, a convivência infantil com o trabalho nos canaviais, como elemento deflagrador do processo poético. Aprende o leitor, portanto, sobre a atividade crítica, fugindo dos lugares-comuns e respeitando a autoridade final do próprio poema, verdade esquiva e resistente a todas as explicações externas e esquemas facilitadores.

Mas é quando desafiada a definir a importância de obras difíceis, fora de esquadro ou esquecidas, que a força persuasiva da escrita crítica de Arrigucci talvez se apresente mais diretamente. O contista uruguaio Felisberto Hernández, com seu olho apurado para as esquisitices da alma e das coisas colhidas numa vida comum, transfigurada pelo sonho e pelos deslocamentos de lirismo e pulsões eróticas mal resolvidas, propicia-lhe uma destas ocasiões, temperada pelo acaso de livros colhidos em sebos e visitas a livrarias montevideanas.

Dois poetas de naturezas opostas, o dionisíaco delirante Roberto Piva e o irônico hermético Sebastião Uchoa Leite, ambos seus amigos, ambos mortos recentemente, mobilizam todos os recursos de exímio leitor de poesia que é Arrigucci no empenho de apontar onde começa a novidade, onde ela entronca na, ou escapa da tradição. Trata-se tanto de encontrar uma metáfora crítica eloquente (como a da poesia à espreita e em fuga de Sebastião Uchoa Leite, traduzida na figura do basilisco, criatura mítica e acídia, dominada pelo olho único), como de desfazer e qualificar filiações equívocas, como a de Piva ao surrealismo, que encobre a motivação própria que o poeta paulistano confere a procedimentos comuns, premido por uma circunstância própria e apenas sua, um tempo e um contexto que encontram forma em sua fúria imagética.

Enfim, como bem notaram Murilo Marcondes de Moura e Viviana Bosi, em ótimas resenhas de *O guardador de segredos*, o impacto maior do volume é o reencontro de um estilo analítico-interpretativo singular, inconfundível, cuja história e método cabe sempre reexaminar, para compreender a importância e o gosto que tanto a leitura desses ensaios quanto o conjunto da obra crítica de Davi Arrigucci oferecem. Guardar, longe de acumular com avareza, garantindo exclusividade aos *happy few*, é cuidar para que os segredos, defendidos da banalização, alcancem o outro.

No curso da vida

José Miguel Wisnik

O jovem Davi Arrigucci Jr., com seus 23 para 24 anos de idade, dava aulas de terno e gravata, e não se ouvia dele nenhuma palavra em português. Haquira Osakabe, que tinha sido professor no colégio público em que eu estudava, em São Vicente, que viera cursar a USP um ano antes de mim e que depois ensinaria na Unicamp, já tinha avisado que o mais novo dos professores do curso de Letras, fazendo parte da cadeira de Espanhol, era absoluto no domínio da matéria, cristalino na exposição e brilhante na abordagem dos textos literários. Levava à risca o figurino, que ainda era praxe entre professores naquela altura de 1967 e 1968 (salvo no caso de Roberto Schwarz), e que vigorou talvez até a eclosão dos conflitos de rua na Maria Antonia, em outubro daquele ano extasiante e traumático, em que acabamos transferidos em condições precárias para a Cidade Universitária.

Durante os últimos anos de funcionamento no prédio da Vila Buarque, a vida na faculdade era feita de aulas mas também dos festivais da canção que proliferavam em volta dela; dos teatros — Arena, Oficina, Tuca, Tusp; dos cinemas em transe no auge do Cinema Novo; das manifestações de rua do movimento estudantil. A universidade em que se formou a minha geração foi, naqueles dois anos cruciais, a combinação de tudo isso. Algumas aulas, no avesso silencioso e concentrado do mundo que explodia lá fora, não eram menos vibrantes do que o contexto cultural e político que as rodeava. Era o caso, em especial, daquela introdução à literatura espanhola, enunciada com extrema propriedade, num castelhano castiço, por um Davi Arrigucci Jr. *al primo canto*, que os alunos tinham o privilégio de ouvir em salas pequenas, com suas cerradas análises de poemas ao longo de um generoso número de horas semanais. Era no mesmo espanhol que o professor respondia a perguntas, resolvia dúvidas pós-aula e fazia indicações de leitura. O período em que ocupou essa discreta ribalta hispânica (que mal deixava entrever o rapaz de São João da Boa Vista que — saberíamos depois — gostava também de caçadas e pescarias, comidas e bebidas) foi fundamental para aqueles que, ao serem introduzidos ao âmbito da poesia espanhola, tiveram a oportunidade excepcional de serem apresentados, por ele, à própria literatura e aos meandros da análise e interpretação de textos, com luxo de detalhes e muito tempo disponível.

Sob a sombra luminosa de Antonio Candido, cujo método, no que diz respeito à abordagem do texto em sala de aula e à atitude crítica a um tempo pedagógica e ensaística, ele absorveu como ninguém, Davi infundiu à estilística espanhola, em especial a de Dámaso Alonso, uma rigorosa interpretação pessoal, aplicando-a ao exame da poesia de Quevedo, Gustavo Adolfo Bécquer, Antonio Machado, García Lorca. Guiados por ele, a mera paráfrase, primeira etapa do "trabalho prévio", voltada para o entendimento literal do texto, nos parecia já um desvelamento cabal, pelo alto teor de esclarecimento que resultava do poema depurado de equívocos primários de leitura, livre das zonas de sombra motivadas por déficits de compreensão semântica e entendido na articulação implacável de seus nexos sintáticos. Fazendo um recuo estratégico antes de lançar-se ao salto analítico-interpretativo, a paráfrase cuidadosa mostrava-se uma operação transparente e indispensável à inteligência do objeto que, límpido para a análise, já parecia resplender inteiro. Encontro a explicitação dessa *démarche* de leitura no altamente revelador (sobre o objeto e sobre o sujeito que o escreve) ensaio de Davi sobre o método crítico de Antonio Candido: "Muitas vezes, na paráfrase, manobrada com senso estratégico, clareza de objetivos e justa proporção, já se arma o arco completo da leitura [...]".[1] (Não atenuo aqui, neste relato entremeado de lembranças pessoais e textuais, a sensação intensa daqueles anos de formação e o entusiasmo correspondente, quando aprender ganhava a dimensão e o sabor autênticos das primeiras descobertas.)

---

1. Davi Arrigucci Jr., "Movimentos de um leitor: ensaio e imaginação crítica em Antonio Candido", in *Dentro do texto, dentro da vida: Ensaios sobre Antonio Candido*, org. de Maria Angela D'Incao e Eloísa Faria Scarabôtolo (São Paulo: Companhia das Letras, 1992), p. 183.

O "trabalho prévio" supunha dois procedimentos: a compreensão literal do texto e o comentário contextualizador, que preparava a perspectiva histórica a ser recuperada ao final da leitura. Com um mapeamento nítido de cada passo, para efeito didático, mas sem cair em esquematismos, Davi começava então a análise e a interpretação propriamente ditas, destinadas a se entrelaçar no *círculo hermenêutico* em que o particular e o geral, remetidos continuamente um ao outro na trama do texto, irradiavam seus pontos de contato e de ricochete, e graças ao qual o poema faiscava em cada detalhe sem deixar de ser o todo. A descrição do processo encontra-se na mesma página do já citado ensaio sobre Antonio Candido, em que se diz que a leitura literária procede por uma aproximação em que o objeto é "parafraseado em toda a sua dimensão e por muitos ângulos", de maneira a não se descolar da "vivacidade do concreto, antes de ser submetido ao crivo da análise", no decorrer da qual é "decomposto e revolvido em suas partes, até reintegrar-se na visão interpretativa".

Foi desse modo que estudamos, pelo que me lembro, um soneto de Quevedo ("Miré los muros de la patria mía"), evidenciado em sua *"estructura de embudo"*, isto é, enquanto expediente de *afunilamento* através do qual a perspectiva do mundo vai se estreitando cada vez mais para o sujeito lírico até esvaziar-se por completo: a mirada ampla sobre os antigos e já desmoronados *muros da pátria* se retrai passo a passo na visão do *campo* decaído, da *casa* solitária, da própria *espada* junto ao corpo vencido pelo tempo e, finalmente, na visão de todas as coisas minadas pelo nada (*"no allé cosa em que poner los ojos/ que no fuese recuerdo de la muerte"*). A estrutura em funil (*estrutura*, nesse caso, como princípio organizador do texto, na perspectiva singularizadora da estilística, e não na generalizante do estruturalismo), através do qual as imagens do espaço vão se encolhendo progressivamente até o esvaziamento total, fazia ver o soneto como se lido por um prisma geométrico inerente a ele, operando numa escala interna engenhosa e surpreendente, perfeitamente reconhecível depois de mostrada, mas nada evidente à primeira vista.

A obra de Bécquer, romântico tardio, dava ocasião, por sua vez, a que se examinassem as muitas formas de estrutura paralelística em poesia. Olhada em perspectiva, a análise das progressões semânticas no poema de Quevedo e dos paralelismos na poesia de Bécquer poderia ser comparada à prática de escalas e arpejos no estudo de piano clássico (a que eu me dedicava ainda, na época), contribuindo para a consolidação técnica antes de se entrar num repertório diversificado. Não é sempre que se tem oportunidade, aliás, em qualquer campo de estudo, de *começar do começo*, fazendo um caminho eminentemente didático, apresentado, no entanto, no mais alto nível.

Com os poemas de Antonio Machado entrávamos já numa zona mais intrincada, nebulosa e desafiadora para a leitura. Como se passássemos, então, seguindo com a comparação musical, dos exercícios técnicos clássicos para a imprevisibilidade das melodias escapadiças e dos acordes difíceis de cifrar. Até hoje a atmosfera de um poema como "A José María Palacio" me transporta para os meandros da leitura de Davi na Maria Antonia. Nele, a voz poética endereça ao amigo distante (cujo nome está no título do poema) reiteradas indagações sobre a presença ou não dos presságios que dão notícia da chegada da primavera, num lugar remoto "*del alto Duero*", "*donde está su tierra*". Entre esses signos luminosos, cujos augúrios o eu lírico persegue com secreta ansiedade, insinua-se a nota obscura e quase despercebida de "*furtivos cazadores*" trazendo ocultos, "*bajo las capas luengas*", seus pios de perdiz ("*los reclamos de la perdiz*"). Nesse cruzamento, entre o anúncio da primavera e a alusão surda a uma temporada de caça que se inicia, entrava em cena a vocação do professor e crítico como leitor de nuances e de enigmas, como o decifrador que reconhece "na ambiguidade pertinaz um atributo essencial" da literatura, e o enigma, nela, como "semente que jamais perde a força de germinação".

Essas palavras dele mesmo, que se encontram no epílogo de *Enigma e comentário: Ensaios sobre literatura e experiência*,[2] escrito vinte anos depois, descrevem a minha sensação daquela leitura remota — verdadeira experiência, no sentido de uma travessia da qual não saímos os mesmos. O verso "*hay ciruelos em flor?*", por exemplo, continua irradiando um sortilégio indefinível, e os "*reclamos de la perdiz*" ocultos sob as capas longas dos caçadores continuam emitindo sinais daquilo que se aprendeu ali: na literatura, como na

---

2. Idem, "Enigma e comentário (Epílogo)", in *Enigma e comentário: Ensaios sobre literatura e experiência* (São Paulo: Companhia das Letras, 1987), pp. 234-5.

vida, detalhes obscuros e disfarçados fazem ver a face do conhecido como inteiramente outra. Em consonância curiosa com aquilo que o ensaísta comentaria mais tarde sobre a própria natureza do enigma, o conteúdo explícito do que a análise interpretativa revelava me foge à memória, mas, ao reler o poema, hoje, permanece vivo o sentimento da revelação, que reside menos na resposta do que na própria pergunta suspensa sobre o sentido (*"esta inminencia de una revelación, que no se produce, es, quizá, el hecho estético"*, diz Borges, citado nesse ponto por Davi). Em chave adorniana, à qual ele recorrerá em outro momento, "resolver o enigma equivale a denunciar a razão de sua insolubilidade".[3]

Assim também "Otro viaje", de Antonio Machado, que narra liricamente a experiência de uma viagem solitária, insone, de trem, pelos "campos de Jaén", dentro da qual se insinua a lembrança de outra viagem perdida, na companhia apenas aludida de alguém, continua reverberando no "poder encantatório do som e do ritmo" despertado por aquela leitura distante. Aqui, é o enigma do tempo, da morte e da distância, apenas aludido, que dança na "ambivalência do canto e do encanto". No mesmo epílogo de *Enigma e comentário*, Davi Arrigucci Jr. afirmaria, através de Northrop Frye, o modo como se entranham um no outro, na poesia, *charm* e *riddle*, encanto rítmico-sonoro e imagem enigmática, "fascínio e pensamento".[4]

O professor sabia que a aproximação às complexidades implicadas na leitura de textos poéticos, embora claríssima, tinha que ser defendida a cada passo contra o retorno do senso comum e do clichê, manifesto em perguntas dos alunos que, de maneira não consciente, queriam reduzir o entendimento do poema à zona confortável do já conhecido. Era nessas horas que a sua voz se encrespava levemente numa região um pouco mais aguda, conotando menos irritação e impaciência que firmeza enfática, quando respondia, por exemplo, a uma aluna insistente, alongando sutilmente a primeira palavra: "*Sí, señorita, pero todavía no es ese el problema que estamos planteando!*".

---

3. Epígrafe de "Enigma e comentário (Epílogo)", op. cit., a citação volta na "Abertura" de *Humildade, paixão e morte: A poesia de Manuel Bandeira* (São Paulo: Companhia das Letras, 1990), p. 15.
4. Ibidem.

A frase, que ainda ecoa passados cinquenta anos, virou o bordão sugestivo, o mote e o refrão, muitas vezes relembrado humoradamente entre nós, daquele primeiro ano de curso de literatura.

Foi enquanto fazia esses cursos que enveredei pela composição de canções, sendo que a primeira delas, cantada por Alaíde Costa no Festival Universitário da TV Tupi, em 1968, trazia, não por acaso, o título "Outra viagem" (a canção foi gravada por Ná Ozzetti trinta anos depois, em seu CD *Estopim*). Olhada à distância, me parece claro que havia na canção, mesmo que em ambiente brasileiro, um lirismo tocado pelas dimensões cambiantes, misteriosas, algo obscuras, reveladas e despertadas pelo curso de literatura espanhola. A escolha do título, tomado diretamente de "Otro viaje", foi, de todo modo, uma referência intencional, mesmo que cifrada, às impressões trazidas pela poesia de Antonio Machado. E, na sequência, veio o impacto da poesia de García Lorca, cuja "Canción de jinete" — capsular, elíptica e imensa — exigia do seu intérprete todos os recursos já utilizados (progressões escalares e paralelismos, "imagens visionárias" e poder encantatório do som e do ritmo), além da capacidade, redobrada ao extremo, de lidar com o inaferrável *duende* da poesia ("*Qué perfume de flor de cuchillo!*"). Como diz Fernando Pessoa a propósito de *Mensagem*, o entendimento dos símbolos poéticos pede do leitor a abertura a pelo menos cinco canais do espírito: a *simpatia* (capacidade de vibrar com o poema), a *intuição* (percepção do que vibra, nele, de não verbal e inconsciente), a *inteligência* (discernimento analítico e interpretativo dos conteúdos e das formas), a *compreensão* (entendimento abrangente do poema no grande repertório dos fatos do mundo e na floresta dos signos) e a *conversação do santo anjo da guarda* — expressão nebulosa (senão cabulosa), provocativa ou iniciática, a depender do leitor, que pode ser interpretada (me ocorre agora) à luz do ensaio lorquiano "Teoría y juego del duende".[5]

A memória se confunde na passagem da Maria Antonia para os barracões da Cidade Universitária, onde começou o ano letivo

---

5. Fernando Pessoa, "Mensagem — Nota preliminar", in *Obra poética*, org., intr. e notas de Maria Aliete Galhoz (Rio de Janeiro: Nova Aguilar, 2001), p. 69. Federico García Lorca. "Teoría y juego del duende", in *Obras completas*, tomo I. 19. ed. (Madri: Aguilar, 1974), pp. 1067-79.

de 1969. A análise do conto "El sur", de Jorge Luis Borges, às vezes me vem à lembrança sob a luminosidade mais fechada do prédio da Maria Antonia ou mais aberta dos módulos pré-fabricados e provisórios da Cidade Universitária. A apostila de capa creme, com a marca da pequena ampulheta, símbolo da faculdade, associada na memória ao conto de Borges, me leva a crer que Davi já possa ter dado, talvez, um curso sobre narrativa hispano-americana em 1968, ainda na Maria Antonia. Ou não: esses detalhes interessam menos do que o fato de que a memória se confunde ao misturar-se com os próprios acontecimentos, que se precipitavam no redemunho que arrastaria tudo para os conflitos de rua da esquerda uspiana com a direita mackenzista, em outubro, rematados pelo fechamento imediato do prédio e pelo AI-5, em dezembro de 1968.

O conto fantástico argentino, que enveredava na direção de uma metaliteratura que punha em causa as operações ficcionais e seus efeitos, criava uma espécie de contraponto onírico e labiríntico ao estado convulsionado da história presente, sem se descolar dela. Aquele princípio hermenêutico, já experimentado na leitura da poesia espanhola, de que detalhes obscuros e disfarçados fazem ver a face do conhecido a uma luz inesperada, ganhava em Borges, com sua "invenção de 'pormenores lacônicos de longa projeção'",[6] e depois em Julio Cortázar, um caráter sistemático e abrangente.

Em "El sur",[7] um personagem-leitor e certamente alter ego do autor, Juan Dahlmann, ansioso por compulsar o recém-adquirido exemplar de *As mil e uma noites* que tem em mãos, resvala a testa, ao subir apressadamente certa escada escura, na "aresta de um batente recém-pintado que alguém se esquecera de fechar". O ferimento produzido pelo golpe no escuro, inadvertidamente sentido, no momento, como o roçar de um pássaro ou de um morcego, tem consequências tremendas, já que conduz o sujeito a um estado de estupor infeccioso, hospitalar, infernal, do qual se bifurcam duas linhas narrativas sibi-

---

6. Davi Arrigucci Jr., "Questões sobre Antonio Candido", in *O guardador de segredos* (São Paulo: Companhia das Letras, 2010), p. 218. Davi cita Jorge Luis Borges, "A postulação da realidade", in *Discussão*, trad. de Josely Vianna Baptista (São Paulo: Companhia das Letras, 2008), p. 77.

7. Jorge Luis Borges, "O sul", in *Ficções*, trad. de Davi Arrigucci Jr. (São Paulo: Companhia das Letras, 2007), pp. 160-8.

linamente misturadas: a morte obscura do personagem, no quarto da clínica, em decorrência do traumatismo traiçoeiro provocado pelo desejo incontrolado de ler e, *ao mesmo tempo*, a viagem que empreende, em algum plano fantástico, inseminada ainda pelas leituras obsessivas, a um pago do Sul argentino onde se envolve num duelo em que a morte o espera a céu aberto — inepto que é para as armas.

Numa manobra de "ambiguidade pertinaz", em que um *sendero* bifurcado esconde o outro, *a morte e a morte* de Juan Dahlmann (de infecção generalizada e de uma punhalada virtual no pampa) se dão, misturadas, numa encruzilhada traiçoeira entre os universos das letras e das armas, do delírio agônico e do rasgo gauchesco, da agonia de câmara e da abertura intempestiva aos espaços épicos. O conto envolve detalhes diabolicamente orquestrados que fazem com que a própria narrativa nos induza a lê-la e a relê-la numa chave reversível. Hoje tenho mais condições de entender, de reconstituir ou mesmo de imaginar o que estava sendo *planteado* ali, e que supunha uma reflexão ficcional sobre a própria literatura, em que o gênero fantástico acusava uma pendulação no limite indecidível do verossímil com o inverossímil — pondo em causa toda representação. Às vezes fala mais alto do que tudo, na memória, a sensação do golpe resvaladiço na cabeça (que passa por uma carícia atroz do destino e do acaso), e um cheiro de tinta que rescende ainda da evocação do batente recém-pintado. Às vezes esse cheiro de tinta fresca se confunde com o do corredor de um dormitório em Roma, que dividimos Davi e eu, muitos anos depois, e que me nauseou fisicamente quando da realização do seminário La Riflessione Brasiliana/O Pensamento Brasileiro, para o qual fomos convidados pela Universidade La Sapienza e pelo Centro de Estudos Brasileiros da Embaixada do Brasil.

Mas a literatura hispano-americana foi a grande ponte, para Davi Arrigucci Jr., entre o ensino de espanhol e o de teoria literária e literatura comparada, área em que passou a atuar. Nesta, já fora da redoma de uma língua específica, Davi pôde florescer inteiro: tudo que ele sabia de crítica e teoria literária para muito além da estilística espanhola — incluindo estilística alemã (Leo Spitzer e Erich Auerbach), *new criticism*, formalismo russo, estruturalismo, crítica marxista lukacsiana, teoria crítica frankfurtiana, além dos pensadores fora dos eixos classificatórios, dos historiadores, antropólogos e filósofos —, aplicado às literaturas brasileira e estrangeira (com ênfase, àquela altura, na literatura hispano-americana), estava liberado e podia vir à tona para uma audiência mais ampla. Aliás, vivamente impressionado por aquele jovem crítico que parecia surgir pronto como um rebento direto da cabeça de Júpiter, o catedrático de espanhol Julio García Morejón enunciara em algum evento acadêmico a frase mirabolante, mas certeira: *"Creo, Davi, que un día vas a reventar de tanto saber"*. Frase irmã de outra, do mesmo Morejón, durante uma defesa de tese: *"Yo sabía, Davi, que no dejarías piedra sobre piedra"*. A verdade, no entanto, a julgar por tudo que já mostrava e pelo que continuaria demonstrando a seguir, é que Davi estaria realmente *a punto de reventar*, se permanecesse restrito aos limites — estreitos para o arco dos seus interesses — do ensino da literatura em língua espanhola.

Em teoria literária, o trabalho cerrado com o texto, o *close-reading*, do qual ele foi desde sempre um virtuose, continuava dando o tom de seus cursos. Mas o *comentário* ganhava uma zona de ação muito mais alargada, impressionante pelo alcance e pela densidade cerrada das interconexões, mais o fato de que não se perdia jamais do texto em análise, por mais longe que voasse. Essa disposição pode ser aferida em *O escorpião encalacrado*, livro extraordinário no panorama da crítica literária brasileira, que ele já escrevia enquanto ministrava o curso em ebulição sobre Julio Cortázar, em 1969, e que veio a ser publicado quatro anos depois.[8] O projeto cortazariano de uma narrativa que encena a sua própria impossibilidade, nas raias da autodestruição, é abordado por meio de sucessivas espirais interpretativas que vão de dentro para fora e de fora para dentro do texto, ao modo de um dueto jazzístico entre o crítico e seu objeto em movimento. As leituras dos contos "Lejana", "El perseguidor", "Las babas del diablo" e do romance desmontável *Rayuela* se fazem permear de considerações amplas e incisivas sobre a crise da representação na arte moderna, a linhagem da destruição na tradição romântico-radical e surrealista, e seus destinos na malha fina da narrativa hispano-americana, conduzidas, com estonteantes abran-

---

8. Davi Arrigucci Jr., *O escorpião encalacrado: A poética da destruição em Julio Cortázar* (São Paulo: Perspectiva, 1973). (Edição utilizada aqui: 2. ed. São Paulo: Companhia das Letras, 1995.)

gência, minúcia e precisão, até o umbral da "encruzilhada em que se tocam e se separam Borges e Cortázar".[9]

O meu grupo de seminário, no curso de Davi em 1969, ficou encarregado da leitura de "Las babas del diablo", conto do livro *Las armas secretas* que havia inspirado o argumento do filme *Blow-Up*, de Antonioni, em cartaz nas telas de São Paulo por aquela época. Davi recebia os grupos de estudantes para discussões preparatórias, em seu apartamento da esquina da rua Dona Veridiana com a Jaguaribe, em Santa Cecília, e generosamente nos estimulava a descobrir em "Las babas del diablo", sem nos dar a chave, algo da solução surpreendente que encontraríamos formulada, depois, em *O escorpião encalacrado*. O que era uma tarefa praticamente impossível, embora fascinante como exercício de confronto com uma literatura ardilosa e sedutora que, mais que nunca, exigia que atentássemos para "particularidades aparentemente secundárias" que subvertem a impressão inicial do texto.[10]

No conto, um fotógrafo-flâneur vagabundando por Paris, nos intervalos de um trabalho de tradução, se depara num desvão da ilha Saint-Louis com a cena em que uma mulher parece empenhada em seduzir um garoto, sentados ambos sobre um muro numa pequena praça à beira do Sena. A intrusão fotográfica, intervindo à distância sobre a aparente situação de enredamento sexual em curso, acaba por fazer ver a presença de um terceiro, um homem oculto dentro de um carro e a princípio fora da cena — obsceno e sinistro aproveitador para o gozo do qual a mulher estaria cumprindo a função vicária de atrair e arrastar o rapaz. A armadilha, maquinada como uma sub--reptícia teia de aranha cujos fios invisíveis, conhecidos popularmente como *hilos de la Virgen*, são convertidos aqui em *babas del diablo*, é flagrada inadvertidamente pela presença da máquina fotográfica que vinha sendo clicada ao sabor casual das situações de rua, mas que encontra ali seu ponto de inflexão. (Davi compara a foto crucial, aquela que surpreende um feixe de relações inesperadas na trama do instante, com o próprio gênero conto, enquanto recorte curto e decisivo de uma situação — o que dobra reflexivamente a narrativa em

9. Ibidem, p. 151.
10. Ibidem, p. 227.

curso, em "Las babas del diablo", sobre si mesma.) Da debandada em que escapam a mulher e o garoto, fugindo cada qual por seu lado ao olhar do fotógrafo, sobra, exposto, um enredamento mais insidioso: é que a mirada do fotógrafo-voyeur, que ocupa a posição de narrador, se cruza com a do outro que se camuflava no carro, o sórdido *payaso enharinado*, que, flagrado pela câmera, parece vir em sua direção, como num fantástico zoom (ideia que Antonioni explorou a seu modo, numa trama diversa e mais policial, em *Blow-Up*).

A paráfrase que acabo de fazer anuncia, mas não pega ainda a questão-chave que Davi estava *planteando*. Mais que a cena representada ao vivo, a narração no conto se dá a posteriori, no estúdio em que o narrador-fotógrafo estampa o negativo revelado e ampliado, e tenta supostamente relatar o acontecido, em sua máquina de escrever. A narrativa padece, no entanto (se atentarmos para as "particularidades aparentemente secundárias"), de uma estranheza enigmática, como se só as máquinas testemunhassem, possuídas por uma esquisita imobilidade vazia, aberta às nuvens que passam ao acaso, uma experiência à qual *o narrador falta*. O nosso grupo de seminário não atinava, perplexo e aceso, nem com o fato nem com as razões pelas quais o sujeito narrador (oscilante entre a primeira e a terceira pessoa) *está* ali e ao mesmo tempo *não está*. Para isso, teríamos que estar em condições de executar a mesma *pirueta* crítica operada pela leitura de Davi, ao identificar na narrativa de Cortázar o movimento do *escorpião encalacrado*, em que a história se conta da perspectiva inviável de um narrador que foi morto, vítima da trama em que se meteu por acaso, isto é, um assassinado que está subentendido pelas máquinas da imagem e da escrita, cujas palavras continuam se escrevendo, mas in absentia, como *memória póstuma de um ninguém* ("o narrador está morto: é ele a vítima, ironicamente escolhida para narrar a história que não se sabe como narrar").[11]

A morte elíptica advém do confronto com a figura desse *outro*, o homem fora da cena que — queira-o ou não o fotógrafo narrador — é seu *duplo* fatídico e que, desmascarado, o coloca na condição dúbia de espião e vítima, testemunha ocular e alvo, mirador e ponto de

11. Ibidem, p. 258.

mira. A essa posição ambivalente corresponde, podemos acrescentar, a palavra grega *katáskopos*, cujo duplo sentido antitético corresponde justamente ao de alguém *que é ao mesmo tempo sujeito e objeto da arma mortífera da visão* (segundo a leitura que faz Jaa Torrano da posição de Penteu em *As Bacantes*, de Eurípedes, assistindo oculto aos ritos báquicos, da qual sai estraçalhado). *Katáskopos* significa, em sentido ativo "o espião que observa e em sentido passivo o alvo que se tem em mira: 'mirado espião'".[12] À dúvida sobre o fato de que o suposto assassinato parece se dar a posteriori, no estúdio, e não a céu aberto, em presença realista do assassino, lembro de Davi ter comparado a situação com uma narrativa de Horacio Quiroga, numa dessas cenas características do gênero fantástico, em que uma figura sai da moldura de um quadro e esgana aquele que a vê. É a própria fotografia, assim, que teria se investido fantasticamente do poder mortífero. O narrador morto-vivo, que não se revela no enunciado, mas que se indicia na enunciação, coloca em questão por isso mesmo, na leitura de Davi Arrigucci Jr., os meios narrativos e seus enquadramentos, sua moldura representacional, cujo ponto cego implica a impossibilidade de captar um real não semiotizável que, ou está à distância e apenas simulado, ou engole aquele que se aproxima, sugando-o para dentro do buraco negro.

Se a narrativa vive da sua impossibilidade, note-se que, no processo da leitura, é também o círculo hermenêutico que morde o próprio rabo, entrando em parafuso ou em colapso, pois é como se a paráfrase, isto é, o entendimento literal do conto, exigisse de antemão a interpretação deste, e como se a interpretação do labirinto enunciativo tivesse que decidir o entendimento literal do conto em seu primeiro grau. Para fazer o seminário tivemos que nos haver, bem ou mal, com essa problemática de fundo. Bem entendido, tratava-se de um procedimento pedagógico ousado, no qual o professor ensaísta, apostando no poder cifrador da literatura, não hesitava em nos lançar para dentro do jogo, para nos vermos embaraçados com a teia, para sermos capturados por ela e começarmos a mirar, quem sabe, nos alvos invisíveis.

---

12. Jaa Torrano, "O mito de Dioniso", introdução a Eurípedes, *Bacas*, ed. bilíngue, estudo e trad. de Jaa Torrano (São Paulo: Hucitec, 1995), p. 34.

O capítulo de *O escorpião encalacrado* referente a "Las babas del diablo" ("A destruição visada") extrai um corolário teórico dessa análise-interpretação, sem perder de vista a candidiana *paixão do concreto*. No conto de Cortázar, diferentemente de uma narrativa policial, "a história é [...] contada não para nos revelar o assassino do narrador, mas para [...] justificar a impossibilidade de ser contada". Geralmente, no gênero policial, diz Davi, "o que não parece ser verdadeiro é o que é (o assassino nunca é quem parece ser)" — a narrativa policial transforma "em norma genérica o paradoxo de ser a revelação da verdade inverossímil". Em "'Las babas del diablo', ao contrário, não só a verdade é inverossímil, mas a própria norma de representação verossímil da realidade é posta em xeque, denunciada como falsa, *através da máxima inverossimilhança* [...], *que é o fantástico*" (grifo meu).[13]

É desse ângulo, talvez, que a metafísica pode ser entendida, de acordo com a boutade borgiana, como "um ramo da literatura fantástica". Mais precisamente, "El sur" e "Las babas del diablo" podem ser lidos como duas escritas da morte, isto é, duas representações do impossível, e, com isso, da impossibilidade de representar, não obstante a riqueza feérica das situações narradas. A originalíssima narrativa *porteña*, então na crista da onda, fazia uma crítica da representação sem abdicar da engenhosa carpintaria do narrável, que Borges extrairia do repertório da narrativa universal e Cortázar de um repertório existencial problematizado pela impossibilidade de capturá-lo. Não deixa de ser um indicador da diferença de enfoque entre os dois escritores o fato de que, em "El sur", a morte do personagem resulta paradoxalmente num ganho, pois engendra a realização fantástica do que lhe é impossível — uma vida à altura da ficção —, enquanto em "Las babas del diablo", ao contrário, a morte do narrador submete a narrativa a um sinal de menos, pois lhe tira do chão os pés do narrável.

É de se perguntar, hoje, sobre o alcance e a magnitude da obra de Cortázar, passadas essas décadas, em contraponto com a dimensão que a leitura de Davi Arrigucci Jr. lhe dá. É certo que o escritor continuou representando, na experiência de tantos leitores jovens,

---

13. Davi Arrigucci Jr., *O escorpião encalacrado*, op. cit., pp. 258-9.

um fascinante lugar de iniciação à aventura literária, mas não é certo que sua fortuna crítica tenha vindo num fôlego crescente. Lembro que, na arguição da tese de Davi, que resultou n'*O escorpião encalacrado*, Haroldo de Campos, que fazia parte da banca, apostava (entre comentários altamente positivos sobre a tese e sobre o autor estudado) que o tempo faria com que Davi atinasse para a superioridade de Borges sobre Cortázar, invertendo o juízo defendido explícita ou implicitamente, àquela altura, pelo jovem crítico. A questão ganha uma renovada pertinência (e imagino que Davi concordaria hoje com a avaliação de Haroldo), a ser retomada, no entanto, num plano distante das idas e vindas da moda literária e para além do ranqueamento superficial entre escritores (ao modo do interesse sensacionalista do mercado cultural), discussão para a qual *O escorpião encalacrado* continua oferecendo preciosos e consistentes subsídios.

A propósito, durante esse período do início dos anos 1970, Davi e Haroldo de Campos mantiveram uma animada amizade intelectual, apoiada no gosto de ambos pelas boas comidas (muitas vezes preparadas pelo professor ensaísta), regada a vinhos e abrilhantada por conversas literárias memoráveis, para as quais fomos atraídos os alunos pós-graduandos em teoria literária que tinham se tornado, também, amigos e interlocutores do professor ensaísta. Os simpósios guardavam, pelo menos para mim, a promessa, infelizmente passageira, de que uma convivência baseada na paixão pela literatura e no alto repertório podia ser sustentada com proveito, atravessando as divergências que marcavam as relações entre "formalistas" e "sociologistas" da PUC e da USP, respectivamente. De todo modo, tudo isso fazia parte de um tempo estimulante e extinto em que a existência de polêmicas literárias e, nesse caso, mais que isso, de conversação literária, significava que havia vida literária.

Se *O escorpião encalacrado*, escrito ainda na casa dos vinte anos, é uma excepcional obra de juventude, informada, imaginosa e de grande amplitude, *Humildade, paixão e morte: A poesia de Manuel Bandeira* é um livro maduro, que altera decisivamente a leitura de um poeta cuja leveza profunda torna difícil a sua apreensão crítica. Tratava-se de reconhecer, em definitivo, *o poeta maior* naquele que se autodefiniu em algum momento como um "poeta menor", e cuja dicção combina essas escalas incomensuráveis de maneira límpida e difícil de explicar. José Paulo Paes formulou a contradição, em epigrama, num trocadilho engenhoso e cheio de humor em que inverte ludicamente a avaliação: aplicada ao poeta Manuel Bandeira e repetida em eco, a palavra "menor" vira "enorme"[14] Pode-se dizer que o livro de Davi realiza a longa, erudita e luminosa demonstração circunstanciada dessa operação, mas pelo seu avesso dialético. Atendendo às exigências de rigor da crítica literária, Davi equacionou a condição singular de Bandeira vinculando-a, num lance interpretativo de longo alcance, à tradição do *sermo humilis* (discurso humilde), cuja dicção remonta, segundo Erich Auerbach, à revolução mental do cristianismo, tendo no franciscanismo a sua expressão mais plena. De acordo com essa concepção, tudo o que é grande, por maior que seja, destina-se ao pequeno. O enorme mora no menor, o imensurável no humilde. Ao fazer caber o grande no pequeno, de maneira límpida e concreta, ocultando o complexo no simples e convertendo, bem a seu modo, toda a espiritualidade ao âmbito animado da matéria, o dito "poeta menor" é enorme. Feita de "pequeninos nadas", inundada de repente por clarões de alumbramento e de paixão, e defrontada transparentemente com a morte, a poesia bandeiriana experimenta uma "sensação de universo" que não deixa nunca de beber no "estilo humilde", em que "o infinitamente grande se revela no interior do infinitamente pequeno" (como na leitura do poema "Maçã", que abre o livro).[15]

Para atravessar e dar conta desse insight, o livro se divide em três partes, privilegiando, cada uma delas, uma entrada no universo bandeiriano (humildade, paixão e morte), multiplicadas cada uma por três poemas exemplares, e submetidos, cada um deles, a uma leitura intensiva.[16] Esse modo de abraçar a matéria não deixa de corresponder ao intuito pedagógico e cristalino do professor. Mas o horizonte do professor (a cadência didática da exposição) está em sintonia com o horizonte do ensaísta (a abrangência exploratória da

---

14. José Paulo Paes, "Epitáfio", in *Um por todos: Poesia reunida* (São Paulo: Brasiliense, 1986), p. 38.
15. Davi Arrigucci Jr., *Humildade, paixão e morte*, op. cit., p. 16.
16. Um dentre os nove textos exemplares de Manuel Bandeira escolhidos para a demonstração é, na verdade, não um poema, mas uma reflexão poética em prosa, o *Itinerário de Pasárgada*.

leitura) e este, com o movimento entre o grande e o pequeno identificado na obra do poeta: organizado em trípticos que se articulam internamente, numa afirmação implícita da unidade encadeada em cada parte, o livro perfaz o desígnio do círculo hermenêutico, nosso conhecido, cujo movimento reversível entre o particular e o geral, a análise e a interpretação, é visto também como o movimento entre o pequeno ("o detalhe da formação linguística da obra") e o grande ("o máximo raio de ação de seus significados").[17] O método emula, assim, a singularidade da obra poética de Bandeira, e entra numa espécie de reverberação isomórfica com ela, em que a totalização crítica retorna sempre à dimensão do universal concreto contida em cada parte.

A "Abertura" de *Humildade, paixão e morte* deixa claras essas intenções. As três partes do livro correspondem a três faces da obra de Bandeira, que na verdade não se separam, mas que geram três ensaios independentes e entrelaçados, mobilizados todos, por sua vez, pelas "três operações fundamentais da abordagem crítica" aplicadas aos poemas, isto é, a análise, a interpretação e o comentário expandido, abrindo-se, este último, para "toda sorte de materiais: aproximações entre poesia e pintura ou entre poesia e música; elementos da biografia e da vida literária; referências à tradição literária, ao contexto histórico-social etc.".[18] O comentário ganha assim um papel abrangente de articulador entre os elementos analíticos e interpretativos, como um tecido dando conta, a cada passo, da trama de elementos culturais e da história social envolvidos na poesia, e levando ao auge a realização de um expediente de leitura que vinha sendo praticado desde sempre pelo professor.

Pode-se submeter também o próprio livro à prova das "três operações fundamentais da abordagem crítica" que ele efetua, vendo-o de uma perspectiva analítica pelo modo como está construído; de uma perspectiva interpretativa pelo itinerário autoral e pessoal do qual faz parte; e de uma perspectiva do comentário pela sua relação com a época e o contexto em que foi escrito, em confronto com as questões que se colocam hoje no panorama da crítica.

17. Davi Arrigucci Jr., *Humildade, paixão e morte*, op. cit., p. 16.
18. Ibidem, p. 17.

O primeiro passo já foi indicado, com a descrição das linhas que regem o princípio triádico do livro. O segundo pode ser identificado, a meu ver, na secreta relação de oposição complementar que une e separa *Humildade, paixão e morte* de *O escorpião encalacrado*. Parece-me que há, no desenho entre eles, um destino intelectual sendo tramado em surdina por essas escolhas tácitas, nem sempre conscientes, que traçam um desígnio pessoal. A voragem da destruição cortazariana, que marca o primeiro livro, é rebatida pela aceitação afirmativa da existência, consumada em suas manifestações mais simples num límpido apego ao vivido, só possível para aqueles que experimentaram e exprimiram o desapego mais radical e mais profundo, como acontece na poesia bandeiriana.

Os dois livros em questão compõem, assim, uma figuração opositiva e complementar entre o privilégio dado à *negação das formas existentes pelas potências ocultas que vêm miná-las*, princípio que rege o livro sobre Cortázar, e a *afirmação da substância da vida em seu estado de sóbrio esplendor concreto*, à qual Davi Arrigucci Jr. chega através da obra de Manuel Bandeira. Uma tradição simbólica, a astrológica, vê nesse balanço a temática opositiva e complementar contida na relação entre Escorpião e Touro. Podemos reconhecer o cerne desse movimento na epígrafe de *Humildade, paixão e morte*, extraída do *Miroir de la tauromachie*, de Michel Leiris: "[...] *le beau n'existant qu'en fonction de ce qui se détruit et de ce qui se régénère*". A frase pode ser lida como uma alusão ao itinerário de Manuel Bandeira, que reverte o poder da morte em sóbria e luminosa afirmação material da vida. Mas pode ser lida, também, como cifra não necessariamente consciente do itinerário do crítico, em seu corpo a corpo com a arte, passando da "linhagem da destruição", dionisíaca, à afirmação apolínea que se extrai dela: o cerne do "belo" residindo no movimento de destruição e regeneração. Coerente com essas duas disposições de espírito, que descobre nos dois escritores, o primeiro livro se estrutura como espiral inquieta e sem paradeiro, e o segundo como estrutura estabilizada que se apoia solidamente sobre sua organização triádica.

O comentário, por sua vez, tem que considerar os efeitos do tempo, os deslocamentos de contexto operados no processo, e o que há neles de implacável. O primeiro efeito, ao se reler *Humildade, paixão e morte*, é o de se constatar a presença, ali, de um tipo de trama crítica que só terá sido possível num momento privilegiado dos estudos literários, que vai dos meados dos anos 1970 ao final dos anos 1980, entre os quais o livro foi concebido e escrito. Ao atravessar a poesia de Bandeira com um sopro totalizante que arrasta consigo uma impressionante massa de dados sensíveis à literatura, à arte e à sociedade, o livro transita com naturalidade da sílaba ao cosmo, da célula rítmica ao alumbramento, passando ao mesmo tempo por toda uma história sociocultural brasileira que emite sinais daquilo que "poderia ter sido e não foi" — o mundo letrado e popular que esplende na poesia de Bandeira com uma espécie de inocência altamente requintada pela mais madura experiência, uma promessa de felicidade que se desprende e se depreende, apesar de tudo, da experiência de humanidade brasileira. Há em Bandeira, como um traço incontornável de sua altíssima singularidade, uma ironia transcendida e recolhida por uma espécie de ternura estilizada, que se distingue da agulhada oblíqua de longo alcance de Machado e da análise dura, penetrante e torturada de Drummond (para juntarmos aqui esses escritores imensos que um país mal letrado foi capaz de produzir).

A atmosfera que o livro de Davi respira precede a dissipação do ambiente crítico-literário pelos expedientes do mercado cultural pautado intensivamente por itens de vendagem, moda, comportamento e polêmica de superfície, que àquela altura começavam a se acelerar, acompanhando uma tendência mundial, mas se prevalecendo, no nosso caso, do baixo letramento médio do país. As características mais integradas da vida literária, à época da produção do livro (que pareciam naturais e que se percebem como excepcionais a posteriori), se combinaram com um momento especialmente favorável dos estudos literários na USP. À condição material garantida por bolsas concedidas pelas instituições de fomento à pesquisa em humanidades, a partir dos anos 1970, se juntou uma abertura crítica e plural à marcante movimentação da reflexão literária no período, em âmbito internacional. A abertura às correntes teóricas e críticas em voga (que se observava nos seminários de Antonio Candido com seus orientandos, no curso de Alfredo Bosi sobre Jorge de Lima ou nos livros-teses de João Luiz Lafetá), sem deslumbramento mas também sem prevenções, capaz de acolher as novidades da análise formal sem se perder nelas, evitando tanto a panaceia formalista como o ecletismo, contribuem, com certeza, para o resultado a que se chega no trabalho de Davi Arrigucci Jr.[19]

Os "Agradecimentos" que abrem o livro sobre Bandeira são autenticamente significativos, por sua vez, de um ambiente intelectual colaborativo e estimulante, quando o autor se refere aos alunos, colegas, parceiras e parceiros de trabalho e de vida, que participaram, com sua escuta interessada, da longa ruminação que resultou no texto. Sou testemunha (e posso dizer que participante) do fato de que essa página não tem nada de protocolar.

Entre todos os interlocutores, Davi destaca Roberto Schwarz que, "Bandeira de cá, Machado de lá", veio acompanhando a "intimidade do trabalho com amizade e crítica", dizia ele, "há pelo menos quinze anos".[20] Tínhamos aí reunidos os dois grandes continuadores de Antonio Candido, cujas diferenças evidentes podem ser conferidas com riqueza e detalhamento conceitual nos ensaios que ambos dedicam ao mestre: o já citado "Movimentos de um leitor", de Davi

---

19. Os cursos de Antonio Candido, bem como seus seminários com orientandos, nos anos 1970, procuravam dar uma visão abrangente das concepções teóricas e dos métodos críticos: de Aristóteles a Taine, da estilística, da crítica temática e do *new criticism*, do formalismo, do estruturalismo e da crítica sociológica, chegando um pouco à então recente crítica gerativa de Julia Kristeva e ao desconstrucionismo de Jacques Derrida. Num dos seminários, Antonio Candido propôs que testássemos diferentes métodos críticos na leitura de poemas de João Cabral. A proposta não era um exercício de diletantismo, evidentemente, nem de irresponsabilidade eclética. Sendo sua a posição do leitor como aberta a algo não predeterminado ou sobredeterminado, tenho certeza de que acreditava na multiplicidade do ângulo de leituras pedido pela poesia, e que tinha efetivo interesse em testar comparativamente o rendimento de várias correntes críticas. Acreditava-se, à época, que a formalização estruturalista poderia contribuir positivamente para o ensino de literatura. Ao mesmo tempo, pela prudência, talvez, com que evitasse exagerar na sua própria formação de sociólogo, pela importância de marcar diferencialmente a sua condição de fundador da cadeira de Teoria Literária, e por sua tendência indefectível ao equilíbrio e à discrição, Antonio Candido não fazia praça de sua própria formulação original e principal de uma abordagem estético-social da literatura, que ficava a meu ver implícita na prática pedagógica. O curso de Alfredo Bosi abria um leque amplo indo do estruturalismo à estilística contextual de Riffaterre, da análise das tensões subjacentes entre acento prosódico e métrica do verso à interpretação dos sonhos em Freud, da *Semântica estrutural* de Greimas ao ensaio sobre lírica e sociedade de Adorno. De maneira semelhante à experiência já citada de Antonio Candido, cada item da bibliografia proposta vinha relacionado com a leitura de um poema específico de Jorge de Lima que parecesse solicitar a especificidade daquele viés crítico.

20. Davi Arrigucci Jr., *Humildade, paixão e morte*, op. cit., p. 11.

Arrigucci Jr., e "Pressupostos, salvo engano, de 'Dialética da malandragem'" (1979), de Roberto Schwarz.[21] Como se pudessem ser observadas em duas lâminas laboratoriais, as duas avaliações, feitas pelos dois críticos, do seu modelo comum, têm focos diversos e mesmo contrários, embora não necessariamente excludentes (só excludentes a depender da chave mais restritiva que o leitor lhes aplique). Davi põe ênfase na "sinuosa mobilidade do espírito" que caracteriza o lugar do crítico como leitor em Antonio Candido, para o qual a literatura envolve "um caminho de aprendizagem das fissuras do ser, de sondagem do outro", abalando "certezas e equilíbrios precariamente construídos sobre a rotina e a acomodação", resultando numa força liberadora "capaz de [...] abrir espaço para a perplexidade humana".[22] Encarece a independência e o desassombro com que o jovem Antonio Candido faz uma "releitura brilhante e inusitada" de Nietzsche, em 1946, marcando com isso uma atitude de afirmação da "dura ética de combate à rotina, à autocomplacência, à mornidão das posições adquiridas e à aceitação do meramente dado", afirmação, ainda, dos "liames da filosofia com a vida" e de uma "tarefa de transmutação de valores paralela e complementar à de Marx".[23] Identifica a importância para Candido, crítico de formação sociológica e opção política socialista, da problemática marxista e da contribuição dos críticos marxistas, mantendo, no entanto, "uma clara distância com relação a eles", diz, "como se pode observar pelas referências a Lukács".[24]

Incidindo exatamente sobre esse ponto, e encaixando-se nele de maneira simetricamente oposta, Roberto Schwarz caracteriza "Dialética da malandragem" como a primeira realização de verdade, na crítica brasileira, da "dialética da forma literária e processo social", ideal máximo da crítica materialista, embora "vazada numa terminologia e mesmo em noções de outra órbita".[25] É uma questão que permeia a relação de Roberto Schwarz com seu mestre: por que

---

21. Roberto Schwarz, "Pressupostos, salvo engano, de 'Dialética da malandragem'", in *Que horas são?*. 2. ed. (São Paulo: Companhia das Letras, 1987), pp. 129-55.
22. Davi Arrigucci Jr., "Movimentos de um leitor", op. cit., p. 203.
23. Ibidem, p. 187.
24. Ibidem, p. 196.
25. Roberto Schwarz, "Pressupostos, salvo engano, de 'Dialética da malandragem'", op. cit., p. 154.

este não avançou numa afirmação da correlação dialética da historicidade da forma com a realidade socioeconômica, pondo-a na base de tudo? Ou, em outras palavras: por que esse acabado crítico dialético que é Antonio Candido, girando ainda numa órbita culturalista (ali onde "a dialética não prossegue"), não dá o bote explicativo que reconheça na história "o chão prioritário de *tudo*, sobre o qual se deva interpretar inclusive o que lhe pretenda escapar"?[26] Creio que se pode reconhecer nessa formulação de passagem — mesmo que se tratando da discussão de uma questão específica de "Dialética da malandragem" (a zona cinzenta entre folclore e literatura) — o grande pressuposto crítico geral do próprio Roberto, na sua versão a mais lapidar — a exigência da volta completa da leitura crítica sobre o objeto, enquadrando-o na história social.

Trava-se aí um balanço delicado entre duas modulações complementares que, segundo uma formulação de Arrigucci, compõem a atividade crítica: a *explicação*, que situa o texto, e a *compreensão*, que nunca esgota o texto.[27] No caso de Davi, a tônica explícita está em se abrir, com a literatura, para as fissuras não explicadas do ser, que residem no enigma e no caráter aberto da experiência ("o miolo da crítica", diz ele, "não é a explicação", embora essa seja fundamental, "mas a compreensão do que não é explicável");[28] no caso de Roberto, a tônica está em construir o cerco interpretativo que coloque a literatura e a cultura, em sua complexidade, sob o crivo da história social (a palavra "cerco" procura corresponder, aqui, à ideia, enunciada por Roberto, de uma totalização interpretativa que não deixe escapar o objeto por nenhum lado, ali mesmo onde ele tente fugir à totalização). Nesse jogo simétrico, os dois críticos pendulariam — um, da explicação para a compreensão, outro da compreensão para a explicação. Em outras palavras, se admitirmos o grau de simplificação que a rapidez impõe, em Davi o foco estético-estilístico do ensaio crítico atravessa a experiência do texto como a do leitor interrogante que pergunta pela chave do enigma — enigma que o crítico busca, em última análise,

26. Ibidem, p. 151.
27. Ver Davi Arrigucci Jr., "Em busca do sentido (Entrevista)", in *O guardador de segredos* (São Paulo: Companhia das Letras, 2010), pp. 219-38.
28. Ibidem, p. 224.

potencializar e preservar (como se ecoasse o drummondiano "trouxeste a chave?" de "Procura da poesia");[29] em Roberto, o texto, com sua complexidade própria, é colocado no foco da análise crítica que, armada do salto dialético a se completar com o bote materialista, tem na chave histórica e socioeconômica a sua instância última e o "chão prioritário de *tudo*".

Enfatizo, com a palavra "bote", o caráter de um salto sobre a presa, que essa assumida operação redutora de grande porte, que é a obra crítica de Roberto Schwarz, propõe-se a realizar — e digo isso sem ver na redução crítica um traço diminuidor do seu alcance, mas um lance de risco que lhe é inerente, capaz de iluminar poderosamente, contra as resistências, modos complexos e sutis da literatura ela mesma e de sua relação com a sociedade e com a nervura das classes e ideologias. Trata-se, antes de tudo, de uma *redução estrutural* fundada na escolha e efetuada no mais alto nível crítico, a não ser confundida com o reducionismo sociologista e mecânico. Sua prosa prodigiosamente cerrada é capaz de captar, como ninguém, a trama social que se imprime na historicidade singular da forma literária, tendo como exemplos, entre muitos, a análise das relações entre ritmo da frase, volubilidade e desfaçatez em *Memórias póstumas de Brás Cubas*,[30] assim como a identificação da tremenda carga de forças sociais contraditórias implicada no contexto cultural e político brasileiro entre 1964 e 1969,[31] ou na linguagem direta de um pequeno poema de Oswald de Andrade.[32]

O pressuposto da interpretação esgotante da arte segundo o crivo histórico-social resulta problemático, por sua vez, se considerarmos, entre tantos outros vieses, que não só toda interpretação, mas toda designação, quanto mais a literária, implica *algo que escapa* para um *lugar fora das ideias*, onde reside a dimensão menos redutível da *experiência*. As distorções e omissões que a empreitada da redução totalizante de cunho histórico-social possam acarretar (e

29. Ibidem, p. 221.
30. Roberto Schwarz, *Um mestre na periferia do capitalismo: Machado de Assis* (São Paulo: Duas Cidades, 1990).
31. Idem, "Cultura e política, 1964-69", in *O pai de família e outros estudos* (Rio de Janeiro: Paz e Terra, 1978), pp. 61-92
32. Idem, "A carroça, o bonde e o poeta modernista", in *Que horas são?*, op. cit., pp. 11-28.

que a meu ver comparecem nas leituras polêmicas da poesia concreta e do tropicalismo, e mesmo na interpretação magistral e revolucionadora de Machado de Assis) devem ser encaradas como parte do jogo crítico sujeito ao debate — quando a atmosfera admite o debate. No vértice das duas perspectivas, Antonio Candido, como aquela instância que paira enigmaticamente — ou sabiamente — sobre os contrários, parece chancelar os dois lados sem se reduzir a um deles (aberto aos enigmas reversíveis e subterrâneos da literatura, como Davi, o autor de "O homem dos avessos" especifica em detalhe, nos casos paradigmáticos, a sua relação com a sociedade, como Roberto; dando o salto dialético, como este, parece evitar, no entanto, o que há de redutor no bote materialista).

Voltando ao nosso ponto: as diferenças entre os dois críticos não impediam, a julgar pelo depoimento de Davi Arrigucci Jr. nos agradecimentos constantes do livro, a conversação próxima e a favor do melhor resultado crítico ao longo da elaboração de *Humildade, paixão e morte* (lembrando que, no mesmo ano deste, Roberto publicava *Um mestre na periferia do capitalismo*).[33] Essa atitude só é possível, entre críticos-escritores, quando o trabalho intelectual não se resume a brandir alguns princípios e partir diretamente para a consecução dos objetivos, mas assume, em vez disso, a resistência problemática e desafiadora do objeto.

Em Davi Arrigucci Jr., resumindo, constitui-se uma relação inquiridora da literatura como experiência, fundada num repertório de grande amplitude, movida por procedimentos de leitura tanto abertos como rigorosos, intensamente colados aos movimentos internos do texto literário, vivido como uma espécie de palimpsesto cerrado de relações interna e externamente motivadas. É essa posição, de tal modo autônoma e estética, finamente atenta às minúcias textuais, mesmo que interessada no social, que parece ter ficado mais difícil de sustentar no panorama atual da crítica e da cultura, e a trajetória posterior de Davi parece acusar de alguma forma esse golpe.

Na sequência, passo ao comentário de circunstâncias mais difusas e menos localizáveis textualmente, que, peço, sejam tomadas como uma impressão pessoal do estado atual de coisas, que o leitor

---

33. Idem, *Um mestre na periferia do capitalismo*, op. cit.

reconhecerá ou não, mas que prefiro falar a calar. Tocar em fantasmagorias é, às vezes, a única forma de dissipá-las.

Nessa condição, se visualizarmos Davi tendo como referência, por um lado, aqueles grandes totalizadores da crítica que parecem conter a literatura inteira (Auerbach, Frye, Candido, Bosi), aos quais ele remontaria por tradição e vocação, mas dos quais já se distancia por geração, e uma universidade especializante empenhada, por outro lado, na acumulação documental, sem antena para o enigma como cerne da indagação crítica e sem paixão notável pela literatura, diríamos que ele soa como uma espécie de estrela tardia de um céu que não existe mais.

As mudanças climáticas no ambiente crítico-acadêmico, que fazem com que as condições relativamente favoráveis do contexto em que ele apareceu e pôde vigorar se convertam em condições relativamente desfavoráveis e, no limite, inóspitas, estão ligadas à presença importante de correntes polêmicas da crítica cultural que marcam alterações significativas no modo de se encarar a literatura. A relativização do privilégio de centralidade da literatura na vida cultural, e mesmo o bombardeio contra este, levados a efeito pelos estudos culturais, bem como a crítica da posição de classe do leitor supostamente universalista, cuja visada fetichizaria o texto literário, somada à ênfase dessacralizadora nas condições materiais da produção, trabalhando contra os resquícios de encantamento que ainda sobrariam na arte, pesam sobre o *close-reading* e o círculo hermenêutico como uma nuvem que tende a fazer vê-los como anacrônicos e quase beletristas.[34]

Trata-se, pode-se dizer, de um movimento de convocação ao real, cobrando seu preço da literatura, da arte, de seus autores, mediadores e intérpretes, presente na posição marcada pelo desconstrucionismo e pelos estudos culturais, por um lado (posição dominantemente de fora da USP e mesmo antiuspiana), e o marxismo redobrado pela militância crítica, por outro (vindo dominantemente de dentro da USP).

---

34. O tema é tratado de maneira esclarecedora por Leyla Perrone-Moisés no capítulo "O ensino da literatura", in *Mutações da literatura no século XXI* (São Paulo: Companhia das Letras, 2016), pp. 70-82.

As críticas que se levantam, no contexto dos estudos culturais, contra a velha e boa análise literária (que quase não se pratica mais em lugar algum), empalidecem, no entanto, a meu ver, quando confrontadas com o rigor penetrante e o alcance das citadas leituras de Davi Arrigucci Jr., e principalmente quando comprometidas com a prática de tresleituras atropeladas do texto literário, de cujas propriedades muitas vezes se perdeu a noção. Arrisco dizer que, quando afastada da leitura intensiva de seus objetos em sua articulação interna e no "máximo raio de ação de seus significados", a crítica cultural está sujeita, no limite, a replicar um insuspeitado analfabetismo funcional de alto coturno, incapaz de articular os múltiplos níveis de entendimento que vão da paráfrase à compreensão dos conjuntos.

Por outro lado, a obra portentosa de Roberto Schwarz, quando levantada explícita ou implicitamente contra a de Davi Arrigucci Jr., em detrimento da grandeza deste, por seus seguidores mais sectários, arrisca seus proponentes a repetir a fábula do pulo do gato — aquele salto irrepetível que sempre escapa à lição e no qual se esconde o desafio secreto do repetidor na sua relação com o mestre, com o outro e consigo mesmo. Em outras palavras: bote materialista sem salto dialético, além de rasurar o valor de diferença contido na experiência (risco em alguma medida já contido no modelo), converte o que há de mais fecundo na operação crítica levada a efeito por Roberto Schwarz em normatividade deslocada, domesticação da potência das contradições e achatamento da paisagem intelectual, reduzindo a leitura de poesia, sem radar para a lírica, a um mal disfarçado tribunal de classe (no horizonte do qual só se poderia entrever o horizonte de um socialismo engessado).

Sem querer apontar causas, e buscando mais levantar possibilidades de compreensão do que explicar, sinto que, no processo dessa mudança geral de contexto, o ensaísmo de Davi Arrigucci Jr. acusa certa retração em relação ao notável patamar conquistado por ele mesmo, embora sempre praticando uma crítica do mais alto nível. *O cacto e as ruínas*,[35] que contém um ensaio sobre "O cacto" de Manuel Bandeira e outro sobre a poesia siciliana de Murilo Mendes,

---

35. Davi Arrigucci Jr., *O cacto e as ruínas* (São Paulo: Duas Cidades, 1997).

pode ser considerado ainda um adendo esplêndido a *Humildade, paixão e morte*. Em *Coração partido: Uma análise da poesia reflexiva de Drummond*[36] e *O guardador de segredos* temos excelentes aulas de literatura, mas é como se a aventura ensaística de amplas consequências, que mobilizava originalmente o professor ensaísta, cedesse lugar a um ensaísmo mais professoral no alcance e no tom. Para além dos fatores externos apontados, talvez se colha aí o efeito e o custo de uma perda de contato com o impulso deslocador e inquieto que alimentou originalmente o interesse crítico de Davi Arrigucci Jr., o da "linhagem destrutiva" em contraponto interno com a tendência à estabilização.

Independentemente disso, *O guardador de segredos* guarda segredos de suma importância, entre os quais duas primorosas entrevistas, sendo uma delas ainda um depoimento atualizado e esclarecedor sobre Antonio Candido, e outra, em especial, um balanço abrangente e luminoso sobre sua visão da literatura e do leitor ("Em busca do sentido"). Sabemos que Davi acumulou um domínio exaustivo de uma obra como *Grande sertão: veredas*. "Sertão: mar e rios de histórias", palestra transcrita no mesmo *O guardador*, exibe os sinais disso; o outro texto de sua autoria sobre o assunto ("O mundo misturado") remonta ainda ao já citado e longínquo seminário em Roma sobre O Pensamento Brasileiro, em 1994.[37] Faz tempo ele promete um livro em que abordaria conjuntamente Guimarães Rosa, Jorge Luis Borges (autor em quem não parou de pensar)[38] e o cinema de John Ford (o sertão, o pampa e as pradarias do velho oeste norte--americano; o Brasil, a América hispânica e a América anglo-saxã, em seus enfrentamentos cruzados, imagino, com os grandes territórios exteriores e interiores).[39] Todos os que o admiram aguardam o desdobramento atual desse projeto como retomada e aprofundamento das possibilidades abertas por sua trajetória singular, e como

---

36. Idem, *Coração partido: Uma análise da poesia reflexiva de Drummond* (São Paulo: Cosac Naify, 2002).

37. Idem, "O mundo misturado: Romance e experiência em Guimarães Rosa". *Novos Estudos Cebrap*, São Paulo, n. 40, nov. 1994, pp. 7-29.

38. Ver idem, "Quando dois são três ou mais (Borges, Bioy, Bustos Domecq)", in *O guardador de segredos*, op. cit., pp. 148-67.

39. Sobre John Ford, ver idem, "Entre a lenda e a história". *Folha de S.Paulo*, Mais!, 7 maio 1995.

um alento, além do mais, para o minado ambiente intelectual em que padecemos e lutamos.

Pós-escrito: Em 1997, participamos, Davi e eu, de uma banca de exame de qualificação envolvendo um projeto sobre "Ungaretti e o Brasil". A certa altura falava-se da tradução feita pelo poeta, que lecionou na USP nos anos 1930, de um mito bororo sobre a criação da água. Nele, entre outras peripécias, o herói vive a situação melindrosa em que um pássaro defeca sobre seus ombros. "Os excrementos [...] resistiram a todas as tentativas de retirá-los, e, em vez disso, cresceram até atingir as dimensões de um *bokwadd'i* (gigantesca árvore comumente chamada, no Brasil, de *jataí, jatobá* ou *jatubá*)." Giuseppe Ungaretti via nesse mito "uma fantasia de potência rabelaiseana", capaz de "mesclar a comicidade à tragédia", e de levar à constatação de que, seja em Dante, seja no selvagem, "a poesia, quando existe, é poesia, e não se diferencia em popular e culta senão pelos modos, pelo estilo".[40]

Caminhávamos juntos pela saída do prédio de Letras que passa na frente da atual Biblioteca (que tenho a impressão de que ainda não existia) e chegávamos à calçada, perto do estacionamento, quando ocorreu o insólito. Aves nada pequenas voavam baixo sobre a Universidade de São Paulo, o que já não é comum. Uma delas veio rasante na direção de Davi e o contemplou de repente, na mais intempestiva das ações, com uma rajada excrementícia perfeita, que ficou reluzindo no peito como uma faixa transversal indo do ombro à cintura, de alto a baixo e de um lado para o outro do corpo. O nosso estupor não foi maior pelo ataque em si do que pela sua precisão cirúrgica, límpida, que não atingia nada que não fosse o desenho exato do traçado sobre a camisa.

O acontecimento era espantoso e íntimo, só nós dois o testemunhamos (hesitei muito tempo em contá-lo aqui), mas ao mesmo tempo se dava a céu aberto e no espaço eminentemente público

---

40. Lucia Wataghin, "Ungaretti e o Brasil", Relatório apresentado para exame de qualificação na área de pós-graduação, nível de doutorado, em teoria literária e literatura comparada. FFLCH-USP, 1997. Traduzi as citações, que estão em italiano no Relatório.

da universidade. Uma funcionária ajudou delicadamente a reparar o dano, limpando o estrago. A dificuldade ainda maior, que torna quase impossível, ou temerário, narrá-lo, é que é escandalosamente inverossímil, embora real. A um tempo verdadeiro e implausível, nos transportava diretamente para o terreno do fantástico — um estranho registro de gênero fantástico em ato. Como aprendemos com Davi, o fantástico é um efeito de verdade inverossímil que subverte a verossimilhança da realidade. Estávamos, assim, encalacrados dentro do enigma — como se este resolvesse falar por si mesmo, sem mais comentários.

Embora não tenhamos conversado mais sobre o incidente, que passou por fortuito, impossível negar a sobra de literatura e vida que se infundia nele, o nexo quase xamânico entre bororos, Ungaretti e o intérprete de Cortázar, traçado pelo olho de lince e pela descarga certeira de um pássaro. Como ler essa adivinha, esse *riddle*? Um aviso, um chamado, uma sagração? Uma senha de destruição e regeneração? O retorno do *katáskopos*? O recado do morro caindo do céu, também para mim? A verdade é que todo esse excesso de significações paira sobre o mais puro acaso inexplicável — e que o verdadeiro enigma é este.

O acontecido faz jus, eu diria, ao apelido que nos dávamos a certa altura, de brincadeira, mas com certo fundamento enviesado, como a dupla caipira Aristotélico e Neoplatônico (*Telico* e *Tonico*), na qual ele é evidentemente o Aristotélico, e eu o Neoplatônico. Verossímil ou verdadeiro? Inverossímil e verdadeiro. Às vezes, é claro, penso que sonhei isso tudo. Só Davi pode garantir que não.

Os livros

Arguição[1]

Alfredo Bosi

Davi,

arguir em meia hora o autor de um livro que demorou quinze anos para fazê-lo, eis um ato temerário. Mas que fazer? A instituição exige, em nome da gravidade, que sejamos levianos. Então sejamos docemente levianos.

Esta obra sobre Manuel Bandeira ocupou-o no período de sedimentação da sua pessoa de escritor e de crítico, que a tese sobre Julio Cortázar já mostrara em plena maturação. Como apreciar devidamente o projeto e a sua consecução?

Tento fazer uma leitura sintética da sua tese. Uma triangulação do círculo, no máximo.

I

Em primeiro lugar, você fez uma escolha de objeto extremamente feliz. O seu tema é a história de uma poesia mediante a construção de uma poética. Enquanto história, enquanto narração, esse percurso pôde participar, metaforicamente, da estrutura do mito. A tríade humildade-paixão-morte muito naturalmente evoca a tríade arquetípica do pensamento cristão: vida, paixão e morte. Mas, visto que o seu interesse verte do poema já formado para o processo interno da sua formação, e deste processo reverte para o poema, o tema do ensaio não será tão somente a história da poesia de Bandeira através

1. Arguição feita pelo professor Alfredo Bosi, quando do concurso em que Davi Arrigucci Jr. tornou-se livre-docente em teoria literária e literatura comparada, realizado entre os dias 1º e 3 de agosto de 1990.

da sua poética, mas também, e a mesmo título de importância, a história de uma poética (a do *sermo humilis*) ilustrada pela análise de um determinado corpus poético.

Creio que dessa reiterada passagem de um foco de atenção para o outro é que advém a riqueza e a complexidade da sua obra, cujo interesse é sempre duplo, poético em si e metalinguístico. As análises, por um lado, colhem a beleza do sentimento transformado em imagens (colhem a poesia mesma, na acepção crociana) e, por outro lado, rastreiam uma possível racionalidade ou, pelo menos, uma possível coerência intelectual do trabalho estético de Bandeira, pelo qual um dado de sentimento e de memória (experiência) se cristalizou em certas imagens, com este léxico, e não com outro, com estas conotações, e não com outras, com tais e tais ritmos etc. Imagem alumbrada e escolha sábia, poesia e poética, se interpenetram na sua visão de Bandeira e na sua concepção geral de literatura de modo que, lendo o livro, vamos conhecendo um poeta na sua expressão e no fazer-se intelectual (lato sensu, histórico) dessa mesma expressão.

Este contraponto de poesia e poética, fazendo convergir sensibilidade e inteligência, é resultado de uma visão ideologicamente progressista da crítica literária, que tem o mérito de nada perder do essencial: nem a beleza da intuição (madrugada do conhecimento) nem a consciência dos procedimentos. É nesse sentido que comecei reconhecendo a felicidade do seu tema assim como o vejo, internamente articulado.

(Se oportuno, fazer considerações sobre o ideal de um discurso crítico que fundiria instâncias romântico-modernas e instâncias ilustradas.)

II

Em segundo lugar, a tese é também afortunada pela abordagem e pelo método. Este vem explicado nas páginas da "Abertura", nas quais você formula claramente as três operações do seu andamento: o comentário, a análise e a interpretação. Nos ensaios tudo isso aparece ordenado e superiormente exemplificado com nove análises soberbas, que são nove aulas sobre a lírica de Bandeira e nove aulas de teoria literária.

Graças à fidelidade e à diligência com que você aplicou o seu método, todas as suas leituras perfazem aquele círculo filológico de que nos fala Leo Spitzer, aquele contínuo ir e vir do particular ao universal. Embora você não cite, na tese, as teorias de Ricoeur e de Gadamer, vejo também a realização de um círculo hermenêutico no seu modo de proceder, na medida em que as suas interpretações se movem naquele universo de valores e de sentido que definem o lugar histórico da lírica de Bandeira em nossa literatura e na literatura universal: um lugar amplo, densamente povoado, para o qual confluem romantismo, simbolismo (parnasianismo? Creio que menos, apenas resíduos ironizados) e as vanguardas do início do século xx. Nesse universo se encontram viveiros de significados e de mitos literários que formam a tela necessária àquela operação de "compreensão" ao mesmo tempo histórica e subjetiva que a abordagem hermenêutica exige. Digo isso de passagem, tentando qualificar de maneira abrangente o seu método, mas está claro que as suas referências a Dilthey, a Cassirer, a Benjamin, a Spitzer, a Auerbach e a Argan já deixam entrever as linhas de força da sua interpretação, que não isola nunca o poema da atmosfera cultural e especificamente literária na qual, no entanto, ele é um evento singular e privilegiado.

O rendimento do método e das suas técnicas analíticas é, na tese, absolutamente notável. E aqui confesso ser árduo fazer-lhe plenamente justiça e escolher, tal o número e tal o valor dos achados que o seu trabalho contém. Devo, porém, dar realce à relação constitutiva entre o oculto e o sublime com que você iluminou essa obra-prima do lirismo em nossa língua que é o poema "Maçã"; só me cabe dizer que o ensaio é digno do poema de Bandeira, e você entenderá o alcance do elogio. De resto, o seu livro tem uma unidade profunda de vistas, e a descoberta inicial do sublime oculto vai sustendo as outras análises que se detêm na incorporação do cotidiano pelo Bandeira modernista e se estendem depois à poesia amorosa, à poesia da finitude, à poesia da morte em um crescendo de profundidade e dramaticidade.

A sua tese é narrativa, é lírica e é dramática.

O seu comentário a cada poema, mesmo quando possa parecer numeroso e digressivo, é sempre pertinente e, se abre janelas para o vasto mundo das sugestões extraliterárias, nunca deixa de voltar aos trilhos da análise do texto em causa. Daí, o sentimento de equilíbrio e de proporção que a tese transmite na sua sólida partição ternária: nove ensaios em grupos de três, percorrendo em ordem os temas da humildade, da paixão e da morte. Os temas da morte já estão latentes nos temas da paixão, e os da paixão nos da humildade: reversibilidade sinfônica.

Enfim, uma palavra sobre a elocução ou, mais propriamente, sobre a dicção do livro. Reporto-me ao que já observei em louvor do seu memorial. Neste *A poesia de Manuel Bandeira*, como nos seus outros livros, combinam-se o saber teórico e crítico e o sabor do estilo. Nenhum pedantismo, nenhuma trivialidade, o justo meio entre o uso técnico dos conhecimentos estilísticos e a abertura do horizonte a dimensões existenciais e históricas. É admirável que essa aliança se mantenha sem desfalecimento ao longo dos nove ensaios: na arguição que lhe fiz por ocasião de sua defesa de doutoramento, empreguei a notação musical de andamento, *adágio sostenuto*, para dizer o tempo e o modo da sua prosa; é com satisfação e encantamento que a posso repetir aqui e agora confirmando a mim mesmo como leitor e a você como escritor.

Embora os exemplos sejam literalmente inumeráveis, dada a constância da qualidade textual, gostaria de apontar como singularmente belos três passos da tese:

(a) o último parágrafo da página 106, em que, a propósito do ritmo e da pontuação das frases do "Poema tirado de uma notícia de jornal", você alça a sua análise estilística ao nível da decifração de um destino (aqui tocamos a verdade do poema através da observação da sua respiração linguística superficial);

(b) um segundo exemplo de sua mestria de leitor está na descrição da música do poema "Alumbramento": "O ritmo é então o de ondas que vêm em crescendo para [...] estrofes" (p. 140);

(c) e ainda na análise riquíssima de "Profundamente", entre as páginas 208 e 209, a passagem que conduz à caracterização da "presença sobre a ausência"; caracterização que resulta do uso ficcional do tempo pretérito, e leva à inteligência do "sentimento do tempo" em Manuel Bandeira como sincronia.

Nos trechos citados há uma ponte de dupla mão ante o procedimento formal posto em relevo (ritmo lá, uso dos tempos aqui) e o significado totalizante do poema. Exemplos que seria fácil multiplicar, e que lamento não ter o tempo necessário para ler aqui, mas aproveito a ocasião propícia para recomendar aos presentes que o façam, lembrando que o livro está prestes a sair.

III

(Seguiam-se considerações, formuladas como dúvidas, em torno do conceito de prosaico — que não me parecia consentâneo com o sublime oculto no humilde; em torno do significado existencial e poético do verso livre a partir do último romantismo; em torno do tom dominante de "Boi morto". Em vista da coerência e do brilho das respostas do candidato, a transcrição das dúvidas aqui me parece impertinente.)

Termino estes meus comentários marginais e volto à admiração inicial do seu leitor (ouvinte) que tantas e tantas vezes sentiu que ia perder o fôlego, pasmo ante a força e o esplendor de uma obra desta envergadura, certamente, e de longe, a melhor de quantas já se escreveram sobre Manuel Bandeira, e um dos raríssimos grandes ensaios sobre poesia com que conta a nossa literatura de crítica.

E me é grato confidenciar a você que na sua concepção de lírica, tal qual vem expressa de modo nada convencional no último parágrafo do seu memorial, reconheço o que sempre julguei ser a mais alta teorização contemporânea de poesia. A poesia como uma beleza triste e ardente. A beleza para a consciência moderna parece estar sempre ligada à presença, na memória, do que se foi; a beleza tem para nós a tristeza da finitude cujos acordes ressoam dando-nos a grata ilusão do infinito. A ideia está em Leopardi e em Ungaretti, meus poetas de cabeceira. E está também em Croce, que, discorrendo filosoficamente sobre a expressão lírica, de repente deixa irromper esta frase que poderia ter servido de epígrafe ao livro *Humildade, paixão e morte: A poesia de Manuel Bandeira*, de Davi Arrigucci Jr.: *"Un velo di mestizia par che avvolga il volto della Bellezza; e non è velo, è il volto stesso della Bellezza"*.[2]

---

2. "Um véu de melancolia parece envolver o rosto da Beleza; mas não é véu, é o próprio rosto da Beleza."

As duas mortes do poeta

Sergio Miceli

À memória de Maria Helena Arrigucci

> *Duas vezes se morre:*
> *Primeiro na carne, depois no nome.*
> Manuel Bandeira, "Os nomes"

O ensaio de Davi Arrigucci Jr. a respeito da obra poética de Manuel Bandeira[1] se estriba em análises estilísticas que iluminam a substância dos termos com que o crítico condensa sua poética: humildade, paixão e morte. Não se trata de diagnoses formalistas; o autor mobiliza, em paralelo à inteligibilidade da matéria literária, referências históricas, tradições populares, aspectos folclóricos, plásticos, musicais, e toda sorte de materiais aptos a mediar dimensões insuspeitadas da lírica em foco. Os poemas foram decerto escolhidos no intento de restituir as experiências de vida transfiguradas pela alquimia da linguagem exercida por um mestre do ofício. A leitura magistral da obra de Bandeira não desgarra da preocupação reflexiva em torno do modernismo brasileiro, sem descurar da fortuna crítica precedente.

O ensaio sobre o poema "Maçã"[2] propicia o introito bem urdido à persona autoral da "poética da humildade", atenta aos "pequeninos nadas" da vida prosaica e, nessa súmula, oferece ao leitor o retrato minimalista do poeta confinado ao quarto modesto de solteiro, aos dezoito anos já tuberculoso (1904), acossado precocemente por duas mortes, a física e a social. Vale-se em seguida do "Poema só para Jaime Ovalle"[3] no intuito de vasculhar o universo carioca de sociabilidade em que se movia Bandeira, outra vez por meio de um autorretrato, em que se misturam ansiedades, erotismo e ramerrão cotidiano. A menção ao músico e poeta Jaime Ovalle remete à boe-

---

1. Davi Arrigucci Jr., *Humildade, paixão e morte: A poesia de Manuel Bandeira*. 2ª ed. (São Paulo: Companhia das Letras, 2009).
2. Manuel Bandeira, *Estrela da vida inteira* (Rio de Janeiro: José Olympio, 1966), p. 157. O poema "Maçã" foi escrito em Petrópolis, no Rio de Janeiro, em 1938.
3. Poema de Manuel Bandeira publicado em "Belo Belo", última parte (então inédita) do volume *Poesias completas* (Rio de Janeiro: C.E.B., 1948).

mia literária e musical da Lapa, no Rio de Janeiro, da década de 1920, dando protagonismo vicário à figura excêntrica e um tanto idealizada nessa roda de artistas, músicos e intelectuais. Destituído de obra pessoal, Ovalle sobreviveu na história intelectual como personagem quase ficcional, duplo mitológico no imaginário de Bandeira.

A segunda parte se inicia coma leitura compassiva do *Itinerário de Pasárgada*,[4] narrativa memorialística na qual o poeta exalta a si mesmo como virtuose e pleiteia ser ajuizado apenas por critérios estéticos. A que se segue o refinado exercício de arqueologia crítica em torno do poema "Alumbramento",[5] rastreando, em versos da mocidade anteriores à estreia em livro, o enraizamento do artesão primoroso na tradição lírica europeia e brasileira.

A essa altura, se reconhece a pegada sociológica do contribuinte, mas espero compensar o atrevimento pelo realce de passagens capazes de justificar o mote da morte social, tão pulsante na série de poemas analisados na terceira parte: "A morte em cena", "Profundamente", "Poema de Finados" e "Boi morto". Embora tais composições mereçam do crítico atenção desigual, justificam em conjunto a leitura que puxa a brasa para o encosto determinista. Claro, o eventual proveito ou interesse analítico será logrado com base no imenso território expressivo já desbastado pelo crítico. Não fora a argúcia dos desvendamentos ou a liga de determinações misturadas, a arenga materialista ficaria sem chão.

A matéria de fundo nas quatro encenações fantasiosas remói a história de vida de Bandeira no decorrer das sucessivas perdas conducentes à morte social que está na raiz da reconversão do herdeiro *raté* em letrado apto a transmutar um destino de refúgio em voz sublimada. "Profundamente"[6] evoca a festa de São João em momentos distintos — o menino de seis anos na casa-grande repleta, o adulto sofrido no quarto da casa de aluguel, na rua do Curvelo, em Santa Tereza —, em toada saudosa dos avós e dos empregados, prenúncio agourento

---

4. Idem, *Itinerário de Pasárgada* (Rio de Janeiro: Jornal de Letras, 1954).

5. O poema consta do livro *Carnaval*, edição do autor, publicado em 1919, e designa, após o título, o nome do sanatório suíço e a data em que Manuel Bandeira se internou — Clavadel, 1913. Em um período de seis anos, faleceram a mãe (1916), a irmã (1918), o pai (1920) e o irmão (1922) do poeta.

6. Manuel Bandeira, *Libertinagem* (Rio de Janeiro: Pongetti, 1930). Essa edição, que reuniu poemas de 1924 a 1930, teve quinhentos exemplares e foi custeada pelo autor.

das perdas que, com efeito, mudaram o rumo da vida dos pais, dos irmãos e do poeta. O narrador lírico encadeia o sono dos contemporâneos ao descanso perene dos mortos de sua infância, notação escapista da condição de orfandade que apressou a morte em vida do que ele poderia ter sido.

Em crônica de *Flauta de papel*, citada por Davi Arrigucci Jr., o poeta parece recusar "o peso morto do passado", como se fosse possível firmar um partido de indeterminação. Mas logo se contradiz, ao admitir que o passado continua a existir como um presente, "uma enorme paisagem sem linhas de fuga, [...] sem perspectiva, onde todos os incidentes, os de ontem, os do ano passado, os de há cinco anos se apresentam no mesmo plano, como nos desenhos de criança".[7] No arremate do mesmo parágrafo, o poeta faz meia-volta e expressa, sem enfeite, o estrondo que lhe causou a orfandade: "Meu pai morreu faz vinte e nove anos. Não me consolo: foi ontem. De vez em quando me assusto: faz trinta anos que tal coisa aconteceu!".[8] Apesar da peleja interna entre subterfúgios e assertivas, o Paganini do eufemismo nem assim se desvencilha, queira ou não, das constrições objetivas que moldaram seu itinerário, a começar pela marcha forçada de entrega incondicional à carreira intelectual.

POEMA DE FINADOS[9]

Amanhã que é dia dos mortos
Vai ao cemitério. Vai
E procura entre as sepulturas
A sepultura de meu pai.

Leva três rosas bem bonitas,
Ajoelha e reza uma oração.
Não pelo pai, mas pelo filho:
O filho tem mais precisão.

---

7. Idem, "Variações sobre o passado", in *Flauta de papel* (Rio de Janeiro: Alvorada, 1957). Crônica recolhida em *Manuel Bandeira: Poesia e prosa* (Rio de Janeiro: Aguilar, 1958), v. II, p. 294.
8. Ibidem, p. 294.
9. Idem, "Poema de Finados", in *Manuel Bandeira: Poesia e prosa*, op. cit., v. I, p. 224.

O que resta de mim na vida
É a amargura do que sofri.
Pois nada quero, nada espero.
E em verdade estou morto ali.

O "Poema de Finados" evidencia os sentidos salientados por Davi Arrigucci Jr. — "antecipação da morte do próprio sujeito, identificação com seus mortos, [...] sensação de morte em vida, até mesmo de inumação em vida, ou ainda, ao contrário, [...] sentimento de divisão do ser e de perda de si mesmo".[10] Tais versos embutem ainda uma postura reflexiva, gaiata, despachada, acerto de contas fora de prazo com a figura paterna, cuja morte, muito mais do que a doença, truncou quaisquer alternativas de carreira masculina. O poeta se viu alijado da posição social que lhe fora destinada. O filho que se enxerga morto em vida, "tem mais precisão" da reza, por força da mutilação devastadora motivada pelo sumiço do pai. Em ordem contrária do que sugerem os versos do poema "Os nomes", referidos na epígrafe, Bandeira estava ciente das circunstâncias em que sucedeu a morte social de suas expectativas como herdeiro presuntivo das posições e regalias a que faria jus não fossem a doença e a subsequente orfandade. Quem está morto ali é o beneficiário do futuro de classe transtornado pela falência familiar.

BOI MORTO[11]

Como em turvas águas de enchente,
Me sinto a meio submergido
Entre destroços do presente
Dividido, subdividido,
Onde rola enorme, o boi morto.

Boi morto, boi morto, boi morto.

10. Davi Arrigucci Jr., op. cit., p. 228.
11. Manuel Bandeira, "Boi morto", in *Opus 10* (Rio de Janeiro: Hipocampo, 1952). Recolhido em *Manuel Bandeira: Poesia e prosa*, op. cit., v. I, p. 383.

Árvores da paisagem calma,
Convosco — altas, tão marginais! —
Fica a alma, a atônita alma,
Atônita para jamais.
Que o corpo, esse vai com o boi morto,

Boi morto, boi morto, boi morto.

Boi morto, boi descomedido,
Boi espantosamente, boi
Morto, sem forma ou sentido
Ou significado. O que foi
Ninguém sabe. Agora é boi morto,

Boi morto, boi morto, boi morto.

"Profundamente" e "Boi morto" constam do volume *50 poemas es-colhidos pelo autor*, na prestigiosa série Os Cadernos de Cultura com chancela oficial,[12] senha relevante do juízo de valor do poeta sobre o conjunto da obra. Bandeira se elegeu, em 29 de agosto de 1940, durante o Estado Novo, para a Academia Brasileira de Letras, vencendo Berilo Neves (sete votos), Júlio Nogueira (cinco votos) Oswald de Andrade (um voto) e Basílio de Magalhães (um voto), um ano antes da eleição de Getúlio Vargas como acadêmico. Ambos venceram em primeiro escrutínio, Bandeira com 21 votos, Vargas com 33 sufrágios, sem concorrente e apenas um voto em branco.[13] Nessa quadra da vida, o poeta já passara por algumas incursões de militância política: havia sido o primeiro presidente da Associação Brasileira de

12. Idem, *50 poemas escolhidos pelo autor* (Rio de Janeiro: Ministério da Educação e Cultura, 1959), Os Cadernos de Cultura, v. 77.

13. Ver Fernão Neves [pseudônimo de Fernando Nery, diretor da Secretaria da Academia Brasileira de Letras, *A Academia Brasileira de Letras, notas e documentos para a sua história (1896-1940)*, prefácio de Afrânio Peixoto (Rio de Janeiro: Publicações da Academia Brasileira, 1940), p. 141. Esse livro foi retirado de circulação por decisão do plenário da ABL, em razão de críticas formuladas pelos acadêmicos Ribeiro Couto e Clementino Fraga sob alegação de que o texto continha informações detratoras à ABL e a alguns acadêmicos. Consultar também *A Academia Brasileira de Letras, subsídios para sua história (1940-2008)* org. José Murilo de Carvalho (Rio de Janeiro: Academia Brasileira de Letras, 2009), p. 15.

Escritores, fundada em 1942, entidade de resistência à ditadura a que continuou ligado até 1949 e da qual se afastaria por discordâncias com o grupo comunista. Após a queda de Vargas, integrou a Esquerda Democrática, a pedido de Sérgio Buarque de Holanda, e candidatou-se a deputado federal pelo Partido Socialista Brasileiro. Sempre que indagado acerca de tais envolvimentos, Bandeira costumava dizer que sucumbira ao assédio de amigos.

Tais informações me parecem indispensáveis à compreensão do tumulto pessoal e profissional aludido de banda nesse poema--chave da maturidade. Aí, a reminiscência de infância vai de cambulhada com as inquietações e os questionamentos do escritor já consagrado. A datação do poema ajuda a deslindar o subtexto. "Boi morto" liga as pontas de sua trajetória: de um lado, a infância longínqua que comprime numa tomada de cinema o som e a fúria do mundo social; de outro, as láureas de reconhecimento que desaguaram no mau hálito existencial adquirido em tempos de exceção.

O estudo magnífico de "Boi morto" constitui um dos pontos altos do livro de Davi Arrigucci Jr., como que imantando as dimensões mobilizadas pelo intérprete: a memória do passado, o cenário da infância, a libido, o desconcerto do presente, as contingências do trabalho intelectual, a fragilidade da sublimação poética, o arrastão do boi morto investido pelos sentimentos projetivos do narrador. As razões invocadas por Davi Arrigucci Jr. e desemaranhadas pela análise — desde a cifra do título, passando pelo enovelamento entre a cena descrita e a situação atual do sujeito, até o parágrafo de fecho que desvela os paralelos entre o boi morto e o eu lírico, ambos a caminho da destruição — dão conta do enigma e surpreendem o leitor numa sucessão de relances e ligamentos apaixonantes. Não obstante, gostaria de retomar certas passagens do poema e da análise, pretexto para dizer com minhas palavras o que está tão bem equacionado pelo crítico.

Primeiro, compartilho a leitura da imagem do "boi morto" como elemento de fixação para o qual convergem desencontros e emoções do narrador. Tudo se passa como se o leitor fosse incitado a enxergar no animal à deriva, arrastado pela correnteza, o símile do cadáver do narrador. Eis o efeito subliminar responsável pela força de convicção do poema: de pronto, o leitor torna-se cúmplice ao se identificar com o poeta desnorteado. O "boi morto", o eu lírico, todos nós atropelados pela enxurrada da vida, apesar do refresco por vezes sentido na marginal da sublimação. Nas palavras de Davi Arrigucci Jr., "seguindo o olhar que, por sua vez, acompanha o boi morto e, através deste, o curso do rio e do ritmo, cujo movimento imprime um repetido rodopio a cada divisão estrófica [...] acrescentando um elemento de ameaça e vertigem a cada final de estrofe".[14]

Na segunda estrofe, dois elementos chamam a atenção e, salvo engano, contribuem de modo enviesado ao esclarecimento da atmosfera de interregno espiritual aí sugerido. O vocativo "convosco" é um termo de oração religiosa que conclama a comunhão dos fiéis, dos circunstantes, dos nossos semelhantes, para o bálsamo do amparo espiritual, de apaziguamento da alma. Prestes a encerrar a missa, o sacerdote se dirige aos crentes: "A paz esteja convosco". Dito de outro modo, essa estrofe do discurso altaneiro, o qual se revela incapaz de trazer consolo à desdita terrena, reforça a inapelável sentença condenatória do corpo. As árvores que se lançam para o alto, para o céu, domínio do elevado, do mágico, da epifania, do alumbramento — termos de resistência ao desencantamento do mundo —, não logram sustar a passagem do tempo. As ilusões e os devaneios do espírito são engolfados pela avalanche temporal que vai minando as energias do desejo carnal. A alma ficou no recesso do assombro, imagem defensiva a que logo se sobrepõe a destruição do corpo. O clima conventual dos quatro primeiros versos da estrofe é contraditado pela via-crúcis do corpo, o nosso e o do boi, na rebentação do rio, da existência.

A última estrofe acelera e intensifica a simbiose do poeta narrador com o boi morto, infundindo atributos projetivos no receptáculo que, por transe, transmutam o boi em homem, em sujeito também objeto de desgaste irreversível, presa do desarranjo, da finitude. É descomedido o boi ou a intromissão do poeta redunda em fantasmagoria? O quão exorbitante é a insistência em confundir o boi com o homem, o boi consigo? "Boi espantosamente" homem, eis a analogia mais desestabilizadora do enunciado. O poeta leva ao paroxismo o baralhamento, a permuta de status e de condição, impregnando o boi com propriedades humanas. Os versos oscilam entre a insinuação de anamorfose, o boi monstrengo e superlativo, e os acenos de antropomorfismo.

14. Davi Arrigucci Jr., op. cit., p. 239.

Na última estrofe, o M maiúsculo na cesura entre boi e Morto, na passagem do segundo para o terceiro verso, dá concretude ao eu lírico, tal como fora qualificado na estrofe inicial, em meio a destroços do presente, "Dividido, subdividido", quiçá esquartejado. Esse arranjo voluntarioso aparta o boi do sujeito humano, ora finado e desvalido, fazendo do Morto em letra graúda o indício de autonomia perante o boi. O truque sintático oferece ao poeta o ensejo de se enxergar como um cadáver qualquer, "sem forma ou sentido ou significado". Davi Arrigucci Jr. sentencia ao final: "a imagem parece encarnar ainda um terror primitivo ou infantil diante da morte como a impressão sinistra de uma cena de pesadelo, onde o boi morto é agora uma espécie de duplo do próprio Eu minado pela destruição".[15]

15. Ibidem, p. 253.

O escorpião e o carrossel

Júlio Pimentel Pinto

I

"Quem não tinha lido *O escorpião encalacrado?*" — pergunta Milton Hatoum numa crônica que relembra dias difíceis da década de 1970.[1] Quando *O escorpião* foi publicado, em 1973,[2] quase nada se sabia, no Brasil, da ficção hispano-americana. O intercâmbio era limitadíssimo e em geral só se dava por caminhos tortuosos, que atravessavam a Europa (sobretudo a França) ou os Estados Unidos. Leitores brasileiros conheciam alguns escritores associados à explosão literária dos anos 1960 — Gabriel García Márquez, Mario Vargas Llosa — e raros outros. Mesmo Jorge Luis Borges, sobre cuja obra atualmente ninguém tem coragem de mostrar ignorância, mal era lido.

E Julio Cortázar? Poucos o conheciam, por aqui, antes do livro de Davi Arrigucci Jr.; muitos o buscaram depois. A crítica de Arrigucci revelou, assim, duplamente o autor: ao divulgá-lo no Brasil e ao desmontar seus mecanismos literários.

Mas é claro que a importância de *O escorpião* ultrapassou, e muito, a capacidade de colocá-lo no mapa das leituras dos brasileiros. Ele mudou a forma de interpretar a obra de Cortázar: dentro e fora do Brasil, nunca mais os textos daquele argentino grandalhão seriam lidos da mesma maneira.

---

1. Milton Hatoum, "Saudades do divã", in *Um solitário à espreita* (São Paulo: Companhia das Letras, 2013), p. 90.
2. Davi Arrigucci Jr., *O escorpião encalacrado: A poética da destruição em Julio Cortázar* (São Paulo: Perspectiva, 1973. Coleção Debates).

II

Havia poucos livros sobre Cortázar em 1973. Em *O escorpião* estão elencados sete deles, publicados entre 1968 e 1971. A bibliografia inclui, também, cerca de oitenta artigos — a maioria publicada em revistas e jornais argentinos e a quase totalidade é posterior a 1963 (ou seja, após a primeira edição de *O jogo da amarelinha*). Aqui no Brasil, apenas um, pioneiro, assinado por Haroldo de Campos.[3]

Esses livros e artigos têm diferentes espessuras e calibres: de um bom estudo de Néstor García Canclini[4] — que, sem avançar em análises literárias mais densas, demonstra conhecimento alargado da obra de Cortázar — a rápidas resenhas. Lidos hoje, são trabalhos que revelam algumas percepções críticas interessantes, mas expõem o estágio bastante inicial das interpretações em torno de Cortázar: repertório temático restrito, análises literárias condicionadas por categorias teóricas genéricas, pouco aprofundamento nas características específicas do texto cortazariano, valorização dos livros (então) mais recentes, com relativa desconsideração de seus primeiros escritos. Em suma, era um autor que carecia de análises de conjunto, sem fortuna crítica consistente, e que persistia parcialmente incompreendido.

Algumas preocupações prevaleciam nos estudos cortazarianos prévios a *O escorpião*. Talvez a mais notável fosse a ênfase na função desempenhada pela temática do jogo: o aspecto lúdico que atravessava os escritos de Cortázar e sua associação com outros temas, sobretudo os da liberdade, originalidade, imaginação — jogo que se ramifica em aspectos e problemas existenciais, se constitui e aprimora no processo de formação do indivíduo; jogo que provoca efervescência, espécie de epifania juvenil, espontaneidade e alegria; jogo que diverte e, ao divertir, revela a realidade ao redor, traduzindo-se numa ética, plena e autêntica, que se torna decisiva para as opções pessoais e para as relações coletivas.[5]

---

3. Haroldo de Campos, "*O jogo da amarelinha*", *Correio da Manhã*, Rio de Janeiro, 4º Caderno, 30 jul. 1967.
4. Néstor García Canclini, *Cortázar: una antropología poética* (Buenos Aires: Nova, 1968).
5. Ibidem.

A conjugação, ou contaminação, entre narrador e personagens era outro dos móveis do tratamento crítico predominante até o princípio dos anos 1970. Ainda nesse caso, o olhar mais agudo se voltava prioritariamente para questões de conteúdo, e não de expressão literária: a imersão do narrador no mundo, seu reconhecimento dos dilemas e contradições dos homens comuns, seu diagnóstico atormentado da experiência histórica que vivia.[6] As indagações filosóficas ou psicanalíticas acerca de certas obsessões cortazarianas também ajudaram a compor a construção crítica sobre as visões peculiares de mundo exaladas por sua obra: por exemplo, o tema do ser dividido[7] — o homem e seu duplo, herança combinada do romantismo literário, do simbolismo e do surrealismo — ou a avaliação de algumas imagens seguidamente reiteradas por Cortázar.[8]

Evidentemente, apesar da predominância de abordagens voltadas a aspectos extraliterários, as dimensões narrativas da obra de Cortázar não passaram despercebidas. Por exemplo, a imprecisão dos gêneros literários e a dissolução de fronteiras entre narrativas[9] ou o hibridismo estrutural de alguns de seus livros.[10] Sobretudo se manifestava, nesses estudos iniciais, o empenho em compreender o sentido da fabulação presente nos romances e nos contos de Cortázar: a intromissão do surpreendente no cotidiano, seu caráter fantástico, irreal, mágico e até esotérico ou religioso.[11]

Nenhuma dessas questões ficou de fora do livro de Arrigucci. *O escorpião* assumiu algumas balizas deixadas pelos estudos que lhe foram anteriores e retomou suas questões, desenvolvendo-as sempre em sentido diverso, e mais plural, mais complexo. Dava, assim, o salto necessário e decisivo no reconhecimento do projeto literário de Cortázar.

---

6. Noé Jitrik, "Notas sobre 'La Zona Sagrada' y el mundo de los 'otros' en *Bestiario* de Julio Cortázar", in *La vuelta a Cortázar en nueve ensayos* (Buenos Aires: Carlos Pérez, 1968), pp. 47-62.

7. Marta Morello-Frosch, "El personaje y su doble en las ficciones de Cortázar", *Revista Iberoamericana* (Pitsburgo, Universidade de Pitsburgo, n. 66, jul.-dez. 1968), pp. 323-30.

8. Joan Hartman, "La búsqueda de las figuras en algunos cuentos de Cortázar", *Revista Iberoamericana* (Pitsburgo, Universidade de Pitsburgo, n. 69, set.-dez. 1969), pp. 539-49.

9. Néstor García Canclini, op. cit.

10. Alfred J. MacAdam, "Cortázar 'novelista'", *Mundo Nuevo* (Paris, n. 18, dez. 1967), pp. 38-42.

11. Graciela de Sola, *Julio Cortázar y el hombre nuevo* (Buenos Aires: Sudamericana, 1968).

III

A questão do jogo, por exemplo, está no centro de *O escorpião*. Mas Arrigucci a percorre em outro sentido, mais literário e menos filosófico ou antropológico: não se trata mais do jogo como conteúdo ou núcleo temático em torno do qual o texto gira e ao qual se refere continuamente; ele é sua parte essencial, aquela que permite ao leitor penetrar no território da poética e refundá-la, reorientando o nível dos significantes e sua relação com os significados.

Da mesma maneira, a percepção do imbricamento entre narrador e personagens ou a temática do duplo ganham caracterização mais densa, que não abandona o esforço filosófico, mas investe com profundidade nas relações que Cortázar estabelece com outras obras, na dimensão intertextual de seus escritos, na construção de uma consciência de si, do mundo e do outro, que se irradia no texto e passa a conduzi-lo em direção a um projeto literário tão amplo quanto coeso, que concilia a dimensão fantástica com um tratamento estritamente cerebral.

Um dos maiores passos da transformação crítica trazida por *O escorpião*, no entanto, dependia de um esforço de leitura que ultrapassava Cortázar: compreender suas relações com o conjunto da literatura hispano-americana e, mais especificamente, com a literatura fantástica produzida na região do rio da Prata. Ou seja, identificar o lugar de Cortázar na tradição literária que o antecedia ou que o circundava, os diálogos diretos ou cifrados que estabelecia com outros autores e obras, e perceber o quanto havia de continuidade e de ruptura em seus textos.

Alguns dos estudos anteriores a *O escorpião* esboçaram movimentos nesse sentido — por exemplo, a preocupação de contrastar a peculiar narrativa de Cortázar com a produção naturalista hispano-americana[12] ou o empenho em relacionar seus textos com os de outros autores de sua geração.[13] Foram, porém, gestos tênues, que reforçavam a percepção de que a crítica, principalmente argentina, oferecia pouca sistematização do processo literário.

---

12. Alfred J. MacAdam, "Cortázar 'novelista'", op. cit. Ver também idem, *El individuo y el outro: crítica a los cuentos de Julio Cortázar* (Buenos Aires: La Librería, 1971).
13. Graciela de Sola, op. cit.

Com Arrigucci, a obra de Cortázar mostra-se como de fato é: intertextual, porosa, capaz de se constituir como um mundo à parte e, ao mesmo tempo, viver em contínuo contato com o que a cerca, com os fios dissimilares que recolhe de diversos autores — Roberto Arlt, Jorge Luis Borges (com quem Cortázar e *O escorpião* dialogam quase ininterruptamente), Horacio Quiroga, Felisberto Hernández, Juan Carlos Onetti... — e recombina, para que nasça outra trama. Porosidade que não se resume ao universo literário, mas permite absorção contínua do jazz e das artes visuais, conformando uma lógica narrativa terrível e avassaladora, que joga com incontáveis possibilidades narrativas e as tensiona ao extremo, para expor seus recursos e, principalmente, seus limites. Uma poética da construção que se consuma e consome — diz o subtítulo do livro — como poética da destruição. Uma indagação radical sobre o lugar da literatura, dentro e fora do Prata, sobre o estado das artes.

IV

Ficção é o nome que alguns dão à "autoanálise compulsiva, prazerosa e fantasiosa",[14] aquela que preenche as lacunas de silêncio com a palavra escrita.

Talvez se possa dizer algo semelhante sobre a crítica, que analisa e interpreta e, ao fazê-lo, acaba por ocupar silêncios desconfortáveis — aqueles da incompreensão — ou, pelo menos (o que não é pouco), a mostrar a existência deles.

Davi Arrigucci Jr. apresentou um Cortázar com "garras críticas", "atingindo a realidade da qual aparentemente não se desgarrava, para mostrar um mundo minado". Esse mundo não era só dele; era nosso: uma América Latina em polvorosa — vivíamos, afinal, nos anos 1970 —, que sonhava sonhos difíceis e acreditava em redenções que, demoramos e penamos para descobrir, eram impossíveis. Mas Cortázar sonhava e, sobretudo, perseguia, com "sede unitiva, um ser que anseia ser", "a identidade com o outro", a poética como "analogia entre seres distintos".[15]

---

14. Milton Hatoum, op. cit., p. 92.
15. Davi Arrigucci Jr., "Breve imagem de Julio" (1994), prólogo a *O escorpião encalacrado*, 2. ed. (São Paulo: Companhia das Letras, 1995), pp. 13-5.

Cortázar queria mudar o mundo e recorria, para tanto, à ficção e à crítica. Nada do que escrevia, porém, era instrumental. Seu texto dá voltas ao redor de si mesmo; primeiro cria e depois invade labirintos para compor seu projeto literário. Projeto em que a linguagem vive sob tensão, é levada a extremos, soa limitada, mostra-se dinâmica. Projeto em que a técnica literária jamais se submete à mensagem; ao contrário, refunda a comunicação e incorpora o leitor ao texto, num diálogo lúdico, inventivo, analítico, fabuloso, compreensivo. Projeto de ficção que investiga a crítica; projeto de crítica que se imiscui na ficção. Projeto de escrita que substitui o silêncio.

Segundo Arrigucci em *O escorpião*, Cortázar inventou uma linguagem capaz de decifrar mistérios da realidade, de vibrar ao som do jazz, de dispor as peças do quebra-cabeça, de jogar com o texto e com o leitor, de se rebelar. Uma poética (auto)destruidora, porque derivada da autocrítica e da capacidade de enfrentar a si mesma, de sondar a inevitabilidade do impasse e reagir a ele. Justamente por isso seus narradores duplicam-se, confundem-se e, eventualmente, dissolvem-se nos personagens. Penetram profundamente o reino da trama, assimilam e assumem perspectivas e ambiguidades alheias: lançam-se ao mundo em giro, à espiral, ao risco.

Tudo isso, e tantas coisas mais, aprendemos com Arrigucci, em *O escorpião encalacrado*.

v

Voltemos à questão inicial deste texto, proposta por Milton Hatoum: nos anos 1970, "Quem não tinha lido *O escorpião encalacrado?*".

Seja-me permitida aqui uma confidência, uma mínima confidência: eu, sinceramente, não tinha. Aqueles anos, para mim, eram da infância, do futebol e de leituras menos incisivas. Fui lê-lo no princípio da década seguinte, quando os livros de Cortázar eram presença frequente nas prateleiras das livrarias e bibliotecas brasileiras, quando sua obra dispunha de fortuna crítica bem mais sólida. Quando *O escorpião* já se tornara um clássico.

Os anos 1980 eram muito diferentes dos 1970. Depois de *O escorpião*, também as conexões entre a ficção brasileira e a hispano-

-americana tornaram-se mais necessárias; sua necessidade, mais óbvia; sua obviedade, uma certeza. Leitores brasileiros descobriram ou redescobriram, após Cortázar, nomes essenciais: Borges, Bioy Casares, Onetti, Arlt. Duas ou três gerações de pesquisadores empenharam-se em diálogos literários entre o Brasil e seus vizinhos, ultrapassando barreiras que a geografia e a diferença linguística tentaram e, por tanto tempo, conseguiram impor. Em parte, essa mudança era efeito de *O escorpião*. Porque um grande livro pode ultrapassar de longe seu material imediato e suas ideias explícitas: ele cria novas relações intelectuais, reinventa itinerários de leitura, desenha novos mundos.

Naquela década também a América Latina mudara, ou mudava: os primeiros movimentos de redemocratização ganhavam força. O regime militar, que era sólido na época da publicação original do livro, em 1983 dava mostra de fragilidade, desfalecia um pouco a cada protesto, mesmo tímido, que saía às ruas. Lia-se, portanto, *O escorpião* de outro lugar, de outra posição. Foi desse novo lugar então que o li. E a reação foi de estupor. Um terremoto, para traduzir o íntimo em metáfora. Eu era historiador, ou pretendia sê-lo, e a ficção se resumira, até então, a uma paixão, a um prazer. Paixão e prazer obsessivos, é verdade, mas ainda assim distantes do que esperava que viesse a ser meu futuro, depois de encerrada a graduação. Demoraria muito para que percebesse que não havia vida longe da ficção; demorou o restante da graduação e o mestrado: oito anos desde o dia em que li *O escorpião*.

Hoje, passados mais de trinta anos, olho para trás e vejo que, afinal, aquela leitura cifrou, em mim, coisas decisivas. Não era consciente, claro, mas provavelmente fosse racional. Estava ali, nas quase três centenas de páginas do livro, uma relação que iluminava tudo: objeto e intérprete conjugados. Escritor e leitor, face a face, num exercício de compreensão mútua (e autocompreensão, se aceitarmos a existência de alguma "autoanálise compulsiva" na crítica), de investigação recíproca, de ajuste contínuo de semelhanças e diferenças, de compasso entre discursos. Em *O escorpião* também havia outra conjunção fundamental: a do texto com a pungência dos dias que atravessávamos, a da ficção com a vida e com a história — sem que uma fosse tratada como mero apêndice ou ilustração da outra.

Ler *O escorpião* na década de 1980 implicava, portanto, compreender um movimento mais amplo e múltiplo. Primeiro, o gesto algo (embora não só) político que levara um pesquisador a escolher Cortázar, dez ou quinze anos antes, e a investigar como o argentino combinava a impureza do mundo à da ficção — quase uma exigência daqueles dias. Segundo, o reconhecimento de que o mundo mudara bastante em dez anos (não o suficiente, mas mudara) e que o esforço de associar texto e vida prosseguia necessário, mas assumia outra feição, menos ingênua e mais complexa. Terceiro, a descoberta de que *O escorpião* atravessara uma década sem percalços porque soubera enxergar, em Cortázar, que nenhuma ficção pode ser boa se não associar, à sua capacidade reveladora do mundo, um conjunto profundamente consistente e consciente de procedimentos literários e estratégias imaginativas. Quarto e decisivo: a leitura de *O escorpião* permitia circular por tempos e geografias diversas, reconhecer aqui e ali pontos equivalentes ao mundo pequenino em que se vivia, deslumbrar-se perante tantos mundos maiores e desconhecidos, que, de repente, se tornavam essenciais, necessários, decisivos.

Quando peguei o livro nas mãos, eu queria ser historiador; quando terminei de lê-lo pela primeira vez, tinha afinal entendido que poderia até me tornar historiador, mas, mais importante, é que eu nunca deixaria de ser leitor — essa condição, esse lugar, esse universo vertiginoso que nos lança ao mundo e, simultaneamente, dele nos distancia para que possamos olhá-lo meio de frente e meio de revés.

Ler *O escorpião* — na década de 1970 ou de 1980 — era subir num carrossel; subi sem me dar conta e nunca mais parei de girar. Da mesma forma como nunca parei de reler esse livro de tanta vertigem. Sei que não fui o único. Afinal, quem não lê e relê, há quatro décadas, *O escorpião encalacrado*?

Coração partido

Franklin Leopoldo e Silva

Por que *Coração partido* pode ser o título de um estudo que tem como objetivo realizar *uma análise da poesia reflexiva de Drummond*?[1] De certa forma, as observações que faremos aqui pretendem apenas estabelecer a relação entre o título e o subtítulo do livro de Davi Arrigucci Jr., por via da explicitação de uma indicação do próprio autor: a poética de Drummond deve ser compreendida como a divisão e a comunhão íntima entre o coração e a reflexão. Essas características estão sempre presentes, de modo inseparável, e constituem um regime de pensamento poético no qual a fragmentação e a totalização, assim como o sentimento e o trabalho reflexivo estão tão profundamente unidos quanto também estão, por outro lado, separados pela diferença entre representação analítica e intuição poética. O paradoxo não é novo.

O xis do problema é o modo como a reflexão, que espelha na consciência o giro do pensamento refletindo-se a si mesmo, se une ao sentimento e à sua expressão poética, determinando a configuração formal do poema, num mundo muito diferente daquele dos primeiros românticos e da poesia meditativa que inventaram.[2]

Ou seja, a questão se torna mais complexa quando entendemos que a elucidação do estilo do poeta comporta, além da compreensão interna da divisão e da união simultâneas entre sentimento e reflexão, também a consideração histórica da relação entre a poesia de Drummond e a matriz reflexiva da filosofia da poesia no primeiro romantismo.

---

1. Davi Arrigucci Jr., *Coração partido: Uma análise da poesia reflexiva de Drummond* (São Paulo: Cosac Naify, 2002).
2. Ibidem, p. 16.

Mas não se trata de uma remissão explicativa; pelo contrário, é necessário compreender também como acontecem simultaneamente a distância histórica, que impede qualquer aproximação direta ou a utilização nefasta da noção de "influência", e a presença da reflexão como elemento constitutivo da "poesia meditativa".

Ao longo do livro, essa espécie de equilíbrio aparecerá com extrema precisão: a tradição, seja implícita, seja expressamente referida, e a singularidade do poeta produzirão imbricações formais e temáticas da mais alta relevância para a compreensão do poema e para a apreensão da unidade diversificada da poesia. Há também algo dramático nessa tensão: o conflito é elemento constante, mas, se assumirmos que "a discórdia é harmonia não compreendida",[3] o fundo misterioso do fluxo da experiência poderá talvez ser entrevisto como o leito do rio heracliteano, e o enigma da poesia se fará presente no "sentimento do mundo", muito embora esta "complicada conjunção"[4] nunca venha a ser inteiramente desvendada.

O sentimento do mundo é meditação poética que se perfaz pela via da reflexão. Entretanto, é necessário se abster de verificar nessa conjunção qualquer tipo de articulação entre sensibilidade e intelecto que, eventualmente, se pudesse entender como espécie de procedimento que revelaria a intenção e o sentido da composição poética. Pois a meditação, neste caso, não é uma sequência de razões pelas quais o pensamento se esclarece a si mesmo e toma posse de seus "objetos". Do mesmo modo, a reflexão não se realiza como percurso analítico que organizaria metodicamente as representações. No limite, se poderia dizer que não existe intenção meditativa e propósito reflexivo, a não ser organicamente incorporados na atitude poética, e que a realização de ambos está inteiramente na expressão lírica, visceralmente comprometida com a ambiguidade do sujeito, do mundo e da história. Nesse ponto se situa outro aspecto da unidade conflitiva da poesia de Drummond, que merecerá a atenção do crítico e demandará a argúcia do comentador: a delicada tessitura do lirismo por entre as trivialidades da vida cotidiana e a violência da história — isto é, a reflexão poética que dá "forma orgânica aos

3. Ibidem.
4. Ibidem, p. 17.

fatos, problemas e valores que lhe marcaram a experiência no contato com o mundo".[5]

É, portanto, a complexidade de uma experiência expressa "na arte de lavrar palavras" que se trata de interpretar, ou seja, de assumir o risco inscrito na busca da chave do enigma. O intérprete não chegará à decifração, pois isso seria superar o poeta. Tudo que lhe cabe é tentar compreender a interrogação poética, o modo como a poesia confere forma à pergunta pelo sentido. E como é uma ausência de resposta que se constrói na poesia, a poética inclui, de modo intrínseco, as contradições, os conflitos, os paradoxos e tudo mais que possa manifestar a *aporia* fundamental da expressão poética de um mundo que, assim como o país, está "bloqueado". Assim, interpretar é reconfigurar a interrogação, tentando atingir o seu centro — o ponto que possibilita compreender a unidade diversificada, que faz convergir o "humor, o amor, o trabalho"[6] para uma mesma posição diante do enigma.

É importante notar que a busca pela unidade não a pressupõe como critério de valor, mas consiste apenas na forma de interrogar que, no entanto, solicita do crítico despojamento muito maior do que o exigiria qualquer pressuposição, seja da unidade ou da dispersão. Porque o paradoxo da unidade múltipla — aquela que se constrói multiplamente — não pode ser visto da exterioridade; só aparecerá no trabalho que acompanha o enredamento interno da obra, os vários fios e laços de que é tecido, de modo que a unidade da trama não oculte a diversidade da tessitura. Com efeito, trata-se de uma marca profunda, sempre presente, mesmo se se admite que o poeta passou por "fases" em seu itinerário poético. É dessa forma que a reflexão, poeticamente transfigurada, se manifestará como uma espécie de "lógica interna",[7] e o comentador poderá reconhecê-la na unidade de suas diferenças: modulações do espírito, caráter central e irradiador do sentimento, armação da cena na narrativa poética, movimento de fantasia, interioridade (coração).

Desde logo, no entanto, é preciso estar atento para o significado e alcance da reflexão em seu sentido poético.

5. Ibidem.
6. Ibidem.
7. Ibidem, p. 40.

A reflexão é que torna possível este reconhecimento do próprio sentimento; este depende do movimento reflexivo do pensamento para que aflore à consciência e, a uma só vez, para que possa exprimir-se. Paradoxalmente, a reflexão é o caminho para o coração.[8]

Detenhamo-nos nessa relação entre sentimento e pensamento mediada pela reflexão. Hegel, ao enunciar a passagem da arte para a filosofia na trajetória do espírito, afirma que nossa época seria a da "ciência da arte", pois se teria ultrapassado o momento em que a arte, em sua espontaneidade, satisfazia o espírito.[9] Agora que se sabe ser a arte uma figura do Espírito, entende-se também que a filosofia, sua realização definitiva, supera e conserva o momento anterior. Assim, interessa muito mais a filosofia da arte do que a própria arte, uma vez que a reflexão filosófica repõe a arte em sua devida posição no contexto do progresso do espírito. Portanto, é como se a arte em seu domínio, que é a beleza sensível, expusesse a totalidade como Belo; e a filosofia, ao refletir sobre a arte no movimento de totalização do espírito, fosse capaz de pensar a beleza, conduzindo-a à dimensão da ideia. Então, quando as obras de arte provocam a impressão "de natureza reflexiva", a impressão sensível e a reflexão estariam separadas, uma vez que a obra "hoje suscita, além da fruição imediata, a consideração pensante".[10]

Ora, não era dessa forma que os românticos viam a relação entre sentimento e pensamento, ou entre poesia e filosofia. Schiller já havia notado, ao distinguir entre poesia ingênua e poesia sentimental, que o poeta sentimental tem "sua relação com o ser em geral mediada pela reflexão: [...] põe-se diante e fora de si, pela reflexão, o que se tem em si".[11] Esse movimento que a poesia realiza em si mesma contraria a tese hegeliana de que o momento reflexivo sucede ao momento poético. A poesia moderna incorporou a reflexão porque a mimese ocorre de outra forma. A representação poética já

---

8. Ibidem, p. 41.
9. G. W. F. Hegel, *Cursos de estética*, trad. de Marco Aurélio Werle e Oliver Tolle (São Paulo: Edusp, 2004), v. IV, p. 275.
10. Pedro Duarte, *O estio do tempo: Romantismo e estética moderna* (Rio de Janeiro: Zahar, 2011), p. 42.
11. Friedrich Schiller, apud Pedro Duarte, op. cit., p. 44.

não pode mais contar com "a unidade natural das esferas metafísicas [...] rompida para sempre".[12] Essa perda do paraíso não impede a criação poética, mas traz a exigência de outra forma de criação: a reflexão, que Friedrich Schlegel descreve como o poeta tendo de "filosofar sobre sua arte". Que não se entenda aqui que a função do poeta teria se duplicado e ele teria se tornado poeta *e* filósofo; o que ocorre seria melhor descrito como uma espécie de identificação derivada da síntese historicamente configurada pela possibilidade moderna da poesia. Como diz ainda Schlegel, "a filosofia perde-se de si na incerteza poética e a poesia tende na direção de uma profundidade taciturna".[13] A poesia permanece, portanto, como uma expressão verdadeira da experiência: ela não é superada pela filosofia, mas a incorpora numa expressão sintética que representa a realidade moderna, história e metafisicamente fragmentada.

É necessário distinguir a poesia reflexiva da reflexão sobre a poesia, para se adotar o encadeamento lógico do percurso hegeliano das figuras do Espírito. Certamente Hegel considerava, na perspectiva romântica, a predominância do idealismo e, portanto, uma visão unilateral da realidade que deveria ser superada. Mas o "idealismo" dos românticos contém o realismo, pois "a ideia subjetiva (da filosofia) deve ser exteriorizada na realidade objetiva (das obras de arte)".[14] Na verdade, e isto se nota em Schelling, o que se procura é ultrapassar — ou permanecer aquém — o idealismo e o realismo como posições dogmáticas. Recorde-se que, em Kant, as "idealidades" que constituem as condições de conhecimento necessitam dos dados da realidade sensível empiricamente intuída pelo sujeito transcendental para que a representação se constitua em sua objetividade. É neste sentido que Schlegel sublinha a necessidade de que o idealismo saia de si para retornar a si. De alguma forma, a síntese que Kant propõe a partir da revolução copernicana permanece subjetiva, embora transcendental. Para que esta "ideia subjetiva", que é a própria filosofia, possa reencontrar verdadeiramente a realidade *sensível*, há de se apelar para uma "intuição estética", definida como

---

12. Georg Lukács, *A alma e as formas*, apud Pedro Duarte, op. cit., p. 43.
13. Friedrich Schlegel, *On the Study of Greek Poetry*, apud Pedro Duarte, op. cit., p. 51.
14. Pedro Duarte, op. cit., p. 51.

a intuição intelectual que se tornou objetiva (real), conforme a proposta de Schelling: "a arte é o único órgão verdadeiro e eterno da filosofia, e ao mesmo tempo seu documento, que reconhece sempre e continuamente o que a filosofia não pode apresentar externamente".[15] A insistência dos românticos numa síntese entre poesia e filosofia deriva de que, para eles, a filosofia nunca superará por si mesma a dimensão da "ideia subjetiva" ou idealismo. A arte necessita deste idealismo para *refletir* a objetividade na subjetividade, mas pode manifestar em obra este fazer refletido. É como se a poesia pudesse devolver à filosofia a realidade da qual o idealismo a fez afastar-se; a filosofia, por sua vez, tornada elemento intrínseco à poesia, permite que o movimento de reflexão, que no filósofo é subjetivo, se torne infinito. O conceito é o nome convencional das coisas, a ordem que na filosofia representa a recusa do caos (paradoxos e contradições); a absorção da filosofia na poesia permitirá que a reflexão retorne da ordem ao caos, e encontre o absoluto indiferenciado, ou a emergência do mundo, que a intuição intelectual dos filósofos só atinge de modo secundário e derivado.

É preciso, como disse Novalis, "conectar infinitamente",[16] e é por essa via que o comentador compreenderá o "modo particular como Drummond trata esta herança temática dos românticos [que] define, desde o começo de sua obra, a originalidade moderna e boa parte dos conflitos específicos de sua poesia".[17] Para entender como se dará em Drummond a síntese conflitiva que se expressa na poesia reflexiva, convém precisar o que se deve entender, neste contexto por "sentimento" e "pensamento". Antes de tudo, deve-se afastar a noção trivial de sentimento, que muitas vezes se associa à significação simplista de "romântico". Deve-se, pelo contrário, insistir na acepção *reflexiva* de sentimento, chamado por Schlegel de "sentimento espiritual" em contraposição ao que "provém dos sentidos".[18] Para evitar a interferência do dualismo que por vezes ainda cultivamos, deve-se notar que a expressão "sentimento espiritual", contraposta aos

---

15. Friedrich Schelling, "Sistema do idealismo transcendental", in *O belo autônomo*, org. de Rodrigo Duarte (Belo Horizonte: Autêntica, 2012), p. 135.
16. Davi Arrigucci Jr., op. cit., p. 44.
17. Ibidem, p. 43.
18. Friedrich Schlegel, op. cit., p. 44.

"sentidos", não exclui uma significação mais ampla de *sensibilidade*, aquela que está presente, por exemplo, em Pascal, quando assinala que realidades espirituais escapam à razão e a elas somos *sensíveis* pelo coração. "É o coração que sente a Deus, não a razão. Eis o que é a fé. Deus sensível ao coração, não à razão."[19] Para os românticos, cuja ambiência intelectual já superou um racionalismo estrito de feição cartesiana, o espírito está presente no sensível não apenas como modo intelectual de representação, mas de modo intrínseco. O sensível vê a si mesmo pelo espírito, e nisto consiste a presença da reflexão no âmbito do sensível. Não se trata de separar nem de subordinar: a reflexão poética aproxima o sentimento do pensamento.

Desnecessário afirmar, então, que o pensamento não consiste num puro ato do espírito em sua dimensão intelectiva e purificada de todo conteúdo, mas, precisamente, na atenção que o espírito concede à elaboração, isto é, ao trabalho efetivo incluído na expressão. O sensível pensado não é o sensível abstraído, mas, como já vimos, a síntese entre pensamento e sensibilidade mediada pela reflexão. Trata-se de uma relação imanente que é a marca profunda da elaboração poética. Sabemos que o transcendental é, em Kant, a condição imanente da experiência cognitiva, e isto significa que não existe fenômeno que não passe pela síntese reflexiva que constitui a representação. Ora, assim como a filosofia transcendental pode ser definida como o conhecimento do próprio conhecimento — e nisto consiste a *crítica* — a "poesia transcendental é a que poetiza a própria poesia, que reflete sobre si".[20] Que esta analogia não nos engane: a poesia que fala da poesia não separa a estrutura formal para constituir uma poética "crítica", mas, seguindo a reciprocidade entre pensamento e sentimento, insere no próprio movimento de elaboração poética a "atividade crítica de si", de modo a que a reflexão imanente traga continuamente à luz a essência da poesia, em seu sentido moderno, isto é, algo que se apresenta a uma reflexão infinita, sem que jamais possa ser esgotado. Portanto, o poeta não é fiel a si mesmo, mas à busca de si — o desejo irrealizável do que *falta*.

19. Blaise Pascal, *Pensamentos* (São Paulo: Martins Fontes, 2001), fragmento 424 da edição Lafuma.
20. Pedro Duarte, op. cit., p. 48.

As dificuldades e os conflitos da poesia reflexiva derivam da incompletude que a constitui. "Na verdade, o coração é o lugar da falta [...] pois se abre para o espaço da desmesura, da infinitude, do sem-fim do sentimento, onde a linguagem (a poesia) reconhecendo-se pela reflexão, dá com seu limite."[21] E não se trata tanto da infinidade de coisas que há para exprimir, mas sim da impossibilidade de expressar a poesia. Aqui se situa, para referir uma vez mais aos românticos, o problema da síntese entre idealismo e realismo de que fala Schelling: o poeta sai de si e vai ao mundo, depois retorna do mundo a si, como duas direções simultâneas e contrárias de um mesmo movimento, e cada uma é condição da outra. O mundo está no coração do poeta, e o coração do poeta está no mundo, como *direções* opostas que constituem um *sentido*. O mundo é vasto demais para ser explorado, mas o coração do poeta é mais vasto que o mundo e, por mais que se encontrem as rimas, não se encontrará a solução. A linguagem não pode dar conta completamente da vastidão do mundo e, menos ainda, falar do coração, mais vasto que o mundo. Uma diferença que se transforma em contradição, tanto entre o coração e o mundo quanto entre a poesia e sua expressão. A inadequação aparece na inquietação poética por via da reflexão: a rima fácil talvez propiciasse os versos ingênuos, mas a reflexão poética a recusa ao mencioná-la. Isso significa que o poema se faz e não se faz porque a rima não o perfaz. Permanece a "desarmonia". A rima, recurso da linguagem finita, revela-se forma inadequada e manifesta também a impossibilidade de falar do mundo e do coração. Ironia e paradoxo, que ocorre quando o verso diz que não pode dizer, como se a afirmação estivesse sempre aquém de seu propósito e o que há para ser dito sempre além das possibilidades do dizer. Assim, a construção poética "consiste apenas na articulação possível do conflito numa estrutura de tensões equilibradas". A "conexão infinita" de que falava Novalis é impossível, já que "o coração é o lugar da falta infinita".[22] A reflexão é infinita porque não preenche a falta infinita do coração, como se a poesia vivesse da própria impossibilidade de se completar. Um dos pontos mais importantes do comentário é aquele que ressalta essa

21. Davi Arrigucci Jr., op. cit., p. 41.
22. Ibidem, p. 51.

negatividade, porque nos encaminha na direção de uma "totalidade destotalizada", para usar a expressão de Sartre, e da unidade aporética da poesia de Drummond. Entre o coração e o mundo, o "idílio constrangido"[23] pelos aspectos da experiência que não permitem *sentir* — e o poeta põe-se a *pensar* com ironia num mundo em que as consciências interiorizaram a proibição de sonhar.

Daí uma conclusão provisória: a reflexão, condição da poesia como busca (de si) e, ao mesmo tempo, como reflexão infinita, impede que a intenção se realize. Essa combinação de possibilidade e limite revelar-se-á como algo mais do que a inadequação entre sentimento e pensamento, ou mesmo entre o pensamento/sentimento e sua expressão. Ela se mostrará como a origem contínua (*arké*) das "situações aporéticas"[24] e, afinal, como o paradoxo da impossibilidade constituinte da poesia. Outra revelação significativa é que o comentário da poesia tem que participar desta aporia, no limite fazer-se aporético, testemunhando a relação que o crítico deve experimentar entre *Enigma e comentário.*[25]

Como assinalou o pensamento clássico, o infinito, enquanto infinitamente infinito em sua absoluta atualidade, estende-se (se for permitida essa metáfora espacial, certamente empobrecedora) em várias direções, isto é, em múltiplos sentidos. Os românticos, seguindo nisso o esforço de conferir ao Eu o sentido de fundamento absoluto que está em Fichte, buscaram o infinito no âmbito da subjetividade. É necessário entender essa atitude em todo o seu alcance. Em primeiro lugar, trata-se de uma tentativa de superar a finitude em busca da origem numinosa da poesia, e a isso liga-se a ideia de que o poeta não pertence inteiramente a este mundo, no qual ele estaria em exílio. Sua pátria é o absoluto, infinitamente distante, mas que ele deve procurar dentro de si. A interioriza-

---

23. Ibidem, p. 56.

24. Ibidem, p. 59.

25. Título da coletânea publicada pelo autor em 1987, na qual se lê: "Desta perspectiva, a literatura tem o poder de se renovar sempre, sempre indagando o sentido de um enigma, cuja resposta não se pode alcançar de todo — chave perdida ou saber inacessível". Davi Arrigucci Jr., *Enigma e comentário: Ensaios sobre literatura e experiência* (São Paulo: Companhia das Letras, 1987), p. 235. Interessante observar que *O guardador de segredos* (São Paulo: Companhia das Letras, 2010), título de outra coletânea de Arrigucci, como que reitera a relação entre criação literária, crítica ou comentário e enigma.

ção tem, assim, um duplo sentido: o poeta deve converter-se a si mesmo para encontrar na alma a origem da poesia; tal gesto, por outro lado, proporciona uma visão da totalidade que, como absoluto poético, confere sentido à exterioridade e doa à natureza uma significação sobrenatural. Percebe-se que essa atitude deveria superar as dicotomias idealismo/realismo e sujeito/objeto, tal como são tratadas habitualmente.

Em segundo lugar, o poeta deve tentar *alcançar* o infinito, para que a poesia dele proceda. A oposição interioridade/exterioridade seria, assim, também superada, tal como as outras mencionadas, e tudo isto ocorre ao mesmo tempo porque fundamentalmente se trata da mesma oposição. Portanto, alcançar o infinito é converter-se a si mesmo, buscando o mais íntimo de si, o *interior íntimo*, que lembra a trajetória agostiniana. No entanto, em sua condição de exilado, o poeta vive na exterioridade e submetido às contingências da finitude. A busca interior é um trabalho que, ainda que humano, testemunha a ligação do poeta com o que o transcende. Para conferir realidade poética a este vínculo, a busca de si deve coincidir com a da poesia, que é algo que se produz (no sentido de *poiesis*) na intersecção entre o espírito e o absoluto. O trabalho *poietico* do poeta, ao dar forma poética à linguagem, *forma* ou "plasma" o universo em sua realidade essencial. Quanto mais poético, mais verdadeiro, como afirmava Novalis. E também mais real.

Os obstáculos que o poeta encontra, e que se põem tanto para a razão quanto para a imaginação, devem ser enfrentados no "jogo" dessas duas faculdades. Recorde-se que em Kant o "juízo reflexionante" é indeterminado e não configura objeto no sentido teórico. Tal indeterminação não é exata, mas é mais vasta do que a teoria. Talvez se pudesse mesmo dizer que o "juízo determinante", que se faz no exercício teórico da razão (entendimento), torna-se possível por uma restrição da indeterminação da esfera reflexionante. Assim, dar condição ao aparecimento da verdade objetiva seria o mesmo que restringir a reflexão. Possibilidades e limites, em Kant, estão sempre relacionados. Disso decorre o propósito de estabelecer as *condições* da imaginação. Em seu caráter reprodutor, ela evoca intuições empíricas; em sua função produtora, ela é uma faculdade de exposição original do objeto (*exhibitio originaria*) que, por conseguinte, antecede a experiência [...]. A imaginação é (em outras palavras) ou *poética* (produtiva) ou meramente *evocativa* (reprodutiva). No entanto, e precisamente por isso, a imaginação produtiva não é *criadora*, pois não é capaz de produzir uma representação sensível que nunca foi dada à nossa faculdade de sentir.[26]

De modo coerente com a concepção da ancoragem empírica das representações na diversidade sensível dada ao sujeito, Kant não admite que a imaginação produza representações que não estejam de alguma forma ligadas à "matéria" presente na "faculdade de sentir" em que ocorre a intuição empírica. Esse compromisso da imaginação com a materialidade já aparecia em Descartes como a possibilidade de representar o objeto na ausência dele (reproduzi-lo) como o faríamos na percepção.

Entretanto, Kant fala em imaginação produtiva, chamando-a de "poética", provavelmente no sentido de *poiesis*. E pode-se dizer, ao mesmo tempo, que a imaginação *produz*, e que essa produção depende do *sensível*, porque se refere não à *criação*, mas à *exposição* do esquema do objeto como elo entre a diversidade dada na intuição empírica e a síntese categorial.[27] Este é um dos trechos da primeira Crítica de Kant, que estão na raiz do desenvolvimento da filosofia de Fichte: o Eu é a base da produção das representações. Seria o caso de dizer, utilizando a expressão de Heidegger, que a concepção de imaginação produtiva em Kant "dá a pensar", nos românticos, a questão da imaginação como efetivamente produtora da representação poética, se supomos seu enraizamento na emoção.

A emoção não é apenas um modo do pensamento, como um acidente da substância, mas sim uma modalidade intencional de consciência, a consciência emotiva de si e da realidade. No caso da imaginação, também se trata de "uma capacidade de transformação da realidade em consciência da realidade".[28] Portanto, a imaginação

26. Immanuel Kant, *Antropologia de um ponto de vista pragmático*, trad. de Clélia Martins (São Paulo: Iluminuras, 2006), p. 66.
27. Cf. Idem, *Crítica da razão pura*, trad. de Manuela Pinto dos Santos e Alexandre Fradique Morujão (Lisboa: Calouste Gulbenkian, 2001), pp. 181 ss.
28. Davi Arrigucci Jr., op. cit., p. 66.

cumpre a função de articular exterioridade e interioridade, mencionado anteriormente, num movimento em que a imaginação não é, tampouco, simples modalidade de pensamento (analítico), mas a própria consciência, em sua integridade, "visando" poeticamente a realidade. É preciso abandonar as comparações hierárquicas entre emoção e imaginação, de um lado, e pensamento, de outro, para que se possa compreender que emoção não é o tumulto inapreensível do eu profundo, nem imaginação a dissolução da representação na atomização de imagens vagas: no lirismo reflexivo, elas são elaborações da subjetividade na forma poética, encontradas quando o poeta se põe no caminho da reflexão infinita, pontuando pensativamente o fluxo de sentimentos em sua "Oficina irritada" e se deparando com o obstáculo da "pedra no meio do caminho". É diante do obstáculo, talvez da impossibilidade, que a visão poética acontece, em meio ao desalento e à perplexidade, "um complexo sentimento de não poder do Eu" que olha a si e ao mundo através das "retinas tão fatigadas".[29]

O "movimento rotativo do eixo do pensamento sobre si mesmo",[30] infinitude da reflexão, pode assumir a direção vertical da escavação, que traz em si o sentido da procura, e que também carrega a significação dolorosa da perfuração, que fere a terra e o homem, na esperança de encontrar o bem precioso. Ainda persiste o cansaço da mineração como conexão entre incerteza e expectativa, vigília e vigilância constante e perigosa, sempre na iminência do bloqueio definitivo. Tudo aqui pode ser visto como a própria poesia na busca reflexiva de si. Daí a relação tão sugestiva entre Áporo e aporia, como realização maior do poema sobre a poesia. "Nele [no poema 'Áporo'] se vê como Drummond faz da dificuldade arte."[31] Assumir a reflexão infinita é tomar um caminho sem fim, repleto de obstáculos que se potencializam por não se tratar de uma estrada linear, a ser percorrida indefinidamente, mas de um labirinto.

Labirinto é, por definição, um lugar do qual não se encontra a saída. Mas seu caráter misterioso é dotado de uma característica singular: a impossibilidade de sair é causada menos pelo ocultamento

29. Ibidem, p. 71.
30. Ibidem, p. 61.
31. Ibidem, p. 76.

da saída do que pelos múltiplos caminhos que se abrem e que, por sua pluralidade, escondem a saída, pois não se sabe qual deles conduz para fora. "Múltiplos caminhos e nenhum."[32] O caráter secreto da saída do labirinto deriva do excesso de caminhos.

> A arquitetura do labirinto encerra o caos numa ordem secreta para o caminhante perder-se de novo nele, mas organiza de algum modo a multiplicidade, articulando o heterogêneo e o divergente numa ramificação com sentido oculto; forma, assim, uma espécie de narrativa em que por trás dos desencontros está sempre a busca do centro.[33]

Ora, o "caos numa ordem secreta" torna inútil recorrer ao acaso ou à sorte, em princípio aceitáveis se os caminhos fossem multiplicidade aleatória. A saída está oculta porque a ordem é secreta: nesse sentido, perder-se é inexorável fatalidade, como se o poeta estivesse condenado ao caos.

O labirinto não se reduz a uma multiplicidade quantitativa de caminhos possíveis. Como ele é metáfora da experiência, há diversidade qualitativa, transmutação ou metamorfose de tudo o que ocorre ao caminhante ao experimentar os caminhos. Transformação inexplicável, só é possível compreendê-la como mistério. O poeta está aprisionado, a poesia, encerrada na indigência do tempo, mas "uma orquídea forma-se", contra tudo ("antieuclideana"): a flor solitária desabrocha, não porque o labirinto se abriu, mas do próprio labirinto e de seu percurso — reiteração desesperada do mesmo. Afinal, o que é a compreensão do mistério ou o logos do mito em que o humano está enredado? "É aí que o mito se articula com o logos [...] e, unindo-se ao mesmo movimento contraditório da reflexão [...] se transforma em problema concreto para o fazer humano, ou seja, em história. Esta, a mais inesperada das metamorfoses."[34] O comentário do poema é exemplar. Não se trata de representar de outra forma a metamorfose incompreensível, pois a racionalização do mistério poético arrisca-se a cair no prosaico. Comentar é assistir ao mistério

---

32. Ibidem, p. 90.
33. Ibidem, p. 83.
34. Ibidem, p. 92.

da aporia fazer-se arte, impasse criador, engendramento simbólico. Não se trata de analisar, no sentido habitual, mas de perscrutar, por difícil e, talvez, inútil, a perfuração, a metamorfose da escuridão que impede de ver, na possibilidade da penumbra do mistério — do minério — réstea de luz que nunca será "alumbramento",[35] mas luz dessublimizada, vidência de um comentário que se conduz pelo enigma, no labirinto que se revela em seu próprio fechamento.

Há, assim, alguma relação entre o sentido do labirinto e a verdade da poesia, a revelação interna, fechada, muitas vezes oculta, da realidade infinitamente complexa e desalentadoramente contraditória. A impossibilidade da saída, ou o bloqueio, ainda são reveladores porque o fluxo do tempo atravessa os obstáculos quando o sentimento poético introjeta o acontecimento histórico. Passagem delicada e perigosa: o poeta não assimila o mundo, dissolvendo-o em vivências desrealizadas; tampouco é absorvido pela brutalidade dos fatos. A elaboração simbólica produz uma aproximação singular entre realidade e palavra. A história fere a palavra, como se desejasse matar sua virtude significativa; mas a palavra resiste, sem se submeter, sem refletir o fato e a violência, dizendo-os a partir de uma força que lhe é própria. É assim que o mito se faz história e o poema se faz verdade. É nessa articulação interna entre mito, poesia e verdade que se constrói o pensar poético e sua expressão reflexiva. A observação dessa articulação produz a interpretação *interna* e afasta o comentador das digressões extrínsecas: a primeira coisa a aprender é que a verdade e a história estão no poema. Não há muito o que analisar; é preciso deixar-se enredar, na esperança de chegar ao nó central da trama e nele demorar-se, como que na espera de que a leitura se torne visão. Mesmo que não se atinja esse fim, pois a coincidência é impossível, ainda assim essa atitude é a única que possibilita a aproximação da totalidade do enredo e de sua unidade poeticamente imaginada.

Trata-se de um sentido peculiar de interiorização, cuja finalidade não seria a anulação da exterioridade, mas a experiência de uma reciprocidade experimentada a partir da comunhão *poietica* entre o sujeito e o mundo — entre o eu lírico e a história. É nesse sentido que

---

35. Cf. Davi Arrigucci Jr., *Humildade, paixão e morte: A poesia de Manuel Bandeira* (São Paulo: Companhia das Letras, 1990).

a história está refletida no poema (país bloqueado, por fazer); que a interpretação deve considerar a interiorização e fazer-se reflexão da reflexão. Se a poesia não *reflete* a realidade, mas a *converte* em poema, então a matéria da poesia é a experiência histórica. Mas nessa relação nada é mais importante do que a mediação da conversão, que é o trabalho poético. Fazer-se poeta é a tarefa constante de se converter poeticamente à realidade e fazer com que a realidade se converta em poesia — num único movimento. "Com efeito, como todo trabalho, o trabalho poético é força transformadora que dá forma humana aos mais diferentes materiais [...]."[36] Força e forma são os elementos articuladores da transformação, que neste caso equivale à conversão: o trabalho poético converte pela força a realidade histórica em forma humana, por meio de uma singular deformação que, em vez de passar pelas formas convencionais dos símbolos poéticos, assume a gravidade do drama vivido no contexto da adversidade histórica. O que recebe do intérprete a denominação de consciência verídica da história interior do poeta.[37] Ademais, a força ainda se manifesta quando, sob o peso esmagador da gravidade das coisas, algo floresce, indicando a possibilidade de metamorfose ética em que "o ato poético participa da criação do destino humano, faz história".[38] Faz ou *pode fazer* e, assim, "o ato poético é também um ato político, pois faz pensar na mudança ou com ela sonhar mesmo em meio ao bloqueio mais terrível".[39]

Há, então, saída do labirinto? Diga-se, pelo menos, que o trabalho poético engrandece o trabalho humano e busca fazer florescer seu sentido, que não é outro senão a possibilidade de refletir sobre si mesmo, como se a reflexão imanente ao trabalho de transformação poética do mundo condensasse em si a dignidade de todo esforço humano, conferindo-lhe alguma expectativa de redenção. Há grandeza na busca da redenção, independentemente do resultado da procura; daí a singular lucidez da reflexão poética: a subjetividade como a "única via" para alcançar a "consciência verídica da experiência histórica" revelada "na forma poética que lhe deu expressão".[40] E isso sem se dobrar à "ditadura

---

36. Idem, *Coração partido: Uma análise da poesia reflexiva de Drummond*, op. cit., p. 98.
37. Ibidem, p. 99.
38. Ibidem, p. 100.
39. Ibidem, p. 101.
40. Ibidem, p. 103.

dos fatos", denunciada por Paul Valéry, mas explorando a confluência misteriosa pela qual a "lírica é a linguagem que dá expressão aos momentos mais densos e importantes da existência".[41] A relação entre forma poética e história é mais do que um "problema estético": é o "enigma do poeta" e também o "enigma do crítico", o qual só pode prestar contas desta insolubilidade: "a voz do crítico tenta apenas interpretar esses ecos tortuosos do meio do caminho".[42] O meio do caminho, não sendo ponto de partida nem de chegada, pode fazer com que o crítico se sinta perdido, à procura de referências, sob o risco de as encontrar ilusórias. Mas é somente aí que ele pode surpreender o ato poético. É somente aí que as decisões oriundas do *páthos* poético podem, talvez, tocar, de alguma maneira, o leitor apaixonado — e ele pode, então, sentir a lonjura e a proximidade do poeta, que penetra tão fundo no mundo, na terra, que deixa para trás aqueles que apenas caminham na superfície. É essa genialidade subterrânea que se trata de apreender. Não a complexidade oculta do ser, mas a terrível riqueza das coisas. Aí está a *Lição*, que o poeta aprende a partir de si mesmo, e de que o crítico talvez possa participar vendo-o aprender: falar de tudo interrogando a poesia, como se a essência de tudo fosse poética — *poietica*. Como se a essência de todos fosse poética, como se o outro fosse feito de mistério a ser decifrado: mineração do ouro, "mineração do outro",[43] escavar agressivo e delicado, penetração brutal e amorosa, domínio e submissão, verdade do gozo e frustração do mistério. Em uma palavra: amor.

Como reunir a suavidade e a força necessárias para encontrar o que há de mais raro, profundo e oculto? Como evitar que a escavação desabe sobre si mesma, que a procura submerja na própria esperança de encontrar? Dificuldades que a razão não pode prever, que a imaginação mal pode vislumbrar "através de barreiras da terra, do corpo e da própria linguagem até o limite do indizível, quando, reproduzindo a situação dramática do amante diante da noite, seu discurso se converte em imagem".[44] Imagem que associa *lavrar* e *morrer*: no duro trabalho da lavra, a morte espreita aquele que se arrisca; assim, no amor, a bus-

41. Ibidem, p. 104.
42. Ibidem, p. 105.
43. Ibidem, p. 112.
44. Ibidem, p. 115.

ca sempre ultrapassará o que puder ser alcançado — o que é próprio da escavação de região desconhecida, na qual o que se procura estará sempre além do ponto ao qual se chegou. E, no entanto, tudo é visível, "à semelhança do corpo, que mesmo em sua nudez recobre" camadas de sentido, como palavra após palavra "até a ausência de sentido".[45]

Diante da experiência do amor como ameaça de destruição, o que faz o comentador? Torna-se cúmplice da solidão do poeta e assume o paradoxo de refletir sobre a reflexão dilacerada, mas sem a recompor, buscando a contemplação reflexiva da consciência verídica da infelicidade — algo muito diverso da apreensão da figura da consciência infeliz, produzida pela reflexão abstrata do filósofo. Não há a espécie de "sublimidade" que se poderia esperar do "estilo elevado". E o comentador, cônscio das contradições da modernidade, às quais é sensível o coração partido do poeta, recusa a tentação do sublime e acumplicia-se com a "excelsa" degradação da poesia que, enredada em caminhos labirínticos, não encontra saída. A transposição da lavra para a busca sublime do amor se interrompe ao surgir da imagem. Permanece a dispersão, a perda, o trabalho excessivo e a parca recompensa. Não se passa da terra ao céu, mas do corpo à mente, passagem problemática para o poeta que não deseja assumir a *seriedade* aurática da poesia, mas sim a degradação (baudelairiana?) "aurática" da aura na modernidade. A interpretação poética é uma hermenêutica aporética. O crítico deve instaurar a divisão e a crise para chegar a ver o "uníssono" da obra, a unidade multifacetada que é a expressão do coração partido. Assim o enigma não tem chave, não é para ser decifrado, mas assimilado como enigma: "a razão do amor, que é também a origem de sua dor".[46]

A cumplicidade crítica ocorre por meio da compreensão do "lúcido dilaceramento" e do "lirismo meditativo".[47] Podem ser modos de articulação, mas não são categorias: foram aprendidos por via da *Lição*, isto é, foram *reconhecidos* no poema como meio *universal* de apreender a *singularidade*. A poesia e o poema se articulam, não nas formas previsíveis da funcionalidade semântica, e sim como modo

45. Ibidem, pp. 117-8.
46. Ibidem, p. 123.
47. Ibidem, p. 126.

enigmático de oposições que desdobram a unidade. Por isso, dilaceramento *e* lucidez; lirismo *e* meditação. Ora, o comentário do enigma não pode chegar ao fim. Assim como o poeta quer sempre ver e rever, como numa "reflexão infinita", o comentário precisa acompanhar o "renovado tormento",[48] a estrada pedregosa da aprendizagem desta *Lição*. Ver, rever, repetir, não para dizer o mesmo, mas para que a diferença se apresente, em cada repetição, através do diferente a cada vez encontrado: reiteração trágica inerente ao ato de dizer a experiência. A tensão que percorre a poesia se transfere para o comentário, não porque este a apreenda, mas porque dela participa. Em ambos os casos a enunciação nunca será calma ou serena: para isso, seria necessário abandonar a poesia. Assim, a sucessão dos poemas comentados obedece menos a uma seleção ou recorte interpretativo do que indica uma continuidade infinita, que ultrapassaria até mesmo a obra do poeta. Talvez se possa dizer que haveria uma comunidade de destino entre o poeta e seu intérprete, pois o comentário também vive de sua permanente vinculação com o enigma.[49]

Assim como a forma do poema nasce de uma "necessidade íntima",[50] que não é apenas organização formal, também o comentário nasce e se desenvolve de acordo com um ritmo interno, como se houvesse uma secreta aspiração de coincidência com a poesia. O "renovado tormento" indica que a poesia transcende o poeta, "inalcançável transcendência",[51] mas o *trabalho* poético, por outro lado, nos levaria a ver que o poema e o poeta são de alguma forma imanentes: aquilo que é impossível de atingir está, no entanto, sempre presente, pois o poeta convive com a impossibilidade. Também a crítica, a interpretação e o comentário são sempre transcendidos pela poesia, mas só são possíveis porque há (misteriosos) laços de imanência que definem a relação entre o intérprete e o poeta: a busca e a impossibilidade de encontrar. E é o caso de mencionar que a mineração também pode incluir a "inacessível transcendência":[52] o que se procura está sempre além do ponto a que se chegou. A convivência contraditória

48. Ibidem, p. 127.
49. Davi Arrigucci Jr., *Enigma e comentário*, op. cit.
50. Idem, *Coração partido*, op. cit., p. 132.
51. Ibidem, p. 140.
52. Ibidem, p. 144.

entre transcendência e imanência — "o supremo acordo", de que fala Schlegel[53] — figura o impulso da poesia: o "coração partido pela reflexão".[54] Talvez o poeta só possa reconhecer-se, na originalidade de sua condição, através dessa divisão.

Naquilo que está dividido ou partido existe a nostalgia ou a possibilidade da ligação — da "conexão" que os primeiros românticos viram no movimento de reflexão: não qualquer pretensão de totalidade, mas a conexão infinita que não se enquadra no modelo da continuidade nem da descontinuidade, mas supera a ambos numa espécie de prolongamento vivido que ocorre como experiência infinita de significação. Ao excluir qualquer configuração sistemática de uma eventual representação, a reflexão se abre para o horizonte indefinido de uma multiplicidade que Hölderlin pôde denominar "exata". Benjamin captou esta característica:

> A infinitude da reflexão é, para Schlegel e Novalis, não uma infinitude de continuidade, mas uma infinitude de conexão. Isto é decisivo, juntamente com o seu caráter temporal inacabável e deve ser compreendido de outra maneira que não uma progressão vazia.[55]

Se, por um lado, é verdade que o Eu seria a condição dessa conexão (a partir da subjetividade reflexionante de Kant), também é preciso admitir que se trata de um gesto que se define pelo "caráter temporal inacabável" e que a plenitude da progressão é solidária de sua incompletude. É isto que impede de falar, neste caso, de "conhecimento" ou "representação". A reflexão infinita é decifração da escritura do mundo, e nisso consiste a experiência da "conexão" que, portanto, não pode ter fim. Essa impossibilidade é a própria possibilidade da reflexao infinita e marca o caráter dramático da liberdade humana, destinada a *interpretar*. A relação entre interpretação e reflexão deve ser compreendida por meio de outra afirmação de Benjamin, a partir de Novalis: tudo aquilo que observamos nos ob-

---

53. Ibidem, p. 147.
54. Ibidem, p. 137.
55. Walter Benjamin, *O conceito de crítica de arte no romantismo alemão*, trad. de Márcio Seligmann-Silva (São Paulo: Iluminuras, 1999).

serva. Essa reciprocidade, no caso da obra de arte, provém do fato de que esta traz em si a visão de si mesma. Assim, "observar" a obra é entender como ela se observa a si mesma: o movimento de reflexão na poesia provoca a interpretação reflexiva. Portanto, a crítica participa da reflexão menos porque a desenvolve criticamente, mas porque deve acompanhar o autoconhecimento que a poesia traz em si. A obra e a crítica estão imersas no mesmo *medium*. E a interpretação crítica não completa a obra, mas a reitera. A crítica só conhece aquilo que se apresenta como autoconhecimento. O olhar sobre a obra retoma este autoconhecimento.

Disso provém o risco de se buscar as referências da poesia. Pois ela não se constitui como um "conhecimento" no sentido habitual: a reflexão não encontra objetos, mas procura significações, e, assim, jamais produzirá um juízo determinante sobre o mundo. Mas já em Kant se pode dizer que a reflexão vai mais longe do que a determinação, uma vez que não parte do universal categorial, mas procura um universal a partir da própria multiplicidade sobre a qual se reflete. Ora, a busca poética do universal é infinita, e é nesse sentido que a determinação seria a interrupção do movimento reflexivo, que o conhecimento opera em prol da objetividade. A projeção reflexiva do Eu não encontrará este limite, e, portanto, não se "realizará" no sentido de uma totalidade acabada. Por isso a reflexão poética alimenta-se do que não pode alcançar. Assim, a crítica só pode se guiar por esse inalcançável e, ao fazê-lo, será a "crítica poética", que Benjamin encontrou em Schlegel.

A "inesgotabilidade poética do enigma"[56] aparece, assim, como o motivo fundamental do "lirismo meditativo de Drummond". A meditação encontra, a cada passo, aquilo que é preciso, de novo, procurar e "repensar a nossa precária ciência da decifração".[57] *Saber*, para o poeta e seu intérprete, só pode ser, desse modo, "retornar à fonte oracular da lírica".[58]

---

56. Davi Arrigucci Jr., *Coração partido*, op. cit., p. 144.
57. Ibidem, p. 146.
58. Ibidem, p. 145.

Mimese e mito:
poética e imaginação crítica
em Davi Arrigucci Jr.

Márcio Suzuki

Um dos aspectos que chama bastante atenção nos escritos de Davi Arrigucci Jr. como crítico e ensaísta é o empenho com que prepara o terreno para a análise e interpretação do texto literário, preocupação também notável em sua atividade como professor, em que é visível o cuidado em propiciar os melhores apetrechos para que o aluno se forme como *leitor*. Sem dúvida, ele jamais deixa de advertir, tanto nos textos como nas aulas, que o objetivo principal deve ser sempre a compreensão do significado da obra literária, conforme assinala numa entrevista dedicada ao problema da interpretação.[1] Contudo, o esmero com que reúne e elabora o material prévio (filológico, histórico, sociológico etc.) é de tal ordem que o leitor ou ouvinte muitas vezes parece querer ficar nessa antecâmara da erudição, admirando a precisão e riqueza do trabalho, não fosse o fato de, com isso mesmo, estar sendo levado ao centro da questão. Como também aponta na entrevista citada, uma das grandes dificuldades para o intérprete está precisamente em saber fazer essa passagem do *comentário* ao *enigma* proposto pelo texto, para usar os termos do título de um de seus livros. O grande desafio é encontrar, em cada autor, em cada obra analisada, a solução de continuidade entre a explicação e a exegese. Usando uma noção cara ao autor, a passagem da reconstituição filológica à descoberta do sentido deve ser sempre, tanto quanto possível, *orgânica*, e implica que os recursos objetivos com que se busca dar sustentação à leitura também tenham pertinência interna. Ou seja, os elementos externos somente têm valor se corroborados por uma leitura interna rigorosa. Na base da

---

1. A entrevista "Em busca do sentido" foi publicada originalmente na *Revista Brasileira de Psicanálise* (São Paulo, v. 39, n. 1, 2005). Recolhida em Davi Arrigucci Jr., *O guardador de segredos* (São Paulo: Companhia das Letras, 2010).

escolha do que é importante no aparato filológico está o que o crítico chamou de "sensibilidade para os elementos significativos"[2] — sensibilidade certamente imprescindível, que, no seu caso, parece estar aliada a uma vocação *mimética* particular, uma vez que a busca e a seleção do que é relevante para a compreensão do texto já fazem um recorte significativo, buscando uma imagem do mundo e da história em que a obra literária analisada se inscreve. Essa capacidade mimética está ligada a uma das noções centrais de seu trabalho crítico, o *mito*.

MITOPOÉTICA

Percorrendo a sua obra, é possível perceber que o termo "mito" aparece em diferentes acepções, que ora lembram o estruturalismo de Lévi-Strauss, ora Freud e a psicanálise (com a devida cautela para não confundir explicação e compreensão). Mas, no conjunto, a noção tem uma feição bem precisa e própria, que retira a rigidez que ela costuma ter numa teoria arquetípica mal compreendida e mal aplicada. Esse manejo bem mais flexível e fecundo do mito depende de uma leitura muito viva da *Poética* de Aristóteles, pela qual o mito é entendido na inseparabilidade de um duplo ponto de vista, ao mesmo tempo como arquétipo e narrativa, como configuração prototípica, mas não estática, porque, quando se sabe observá-la, a estrutura do mito está grafada na sua *fábula* ou *estória*. O procedimento tem afinidades com a crítica arquetípica de Northrop Frye, principalmente naquilo que há de aristotélico nesta: para o estudioso canadense, a mimese literária é diferente da história por seu caráter hipotético, e não real, sem deixar de ser um "ritual ou imitação" de ações humanas.[3] Mas a concepção mitopoética do crítico brasileiro tem uma inflexão diferente, menos abstrata: o *mito* se forma no coração do mundo, está ligado a uma *experiência*, e a questão é como se constrói essa experiência que, muito embora individual e única, pode adquirir relevância *simbólica*. Do ponto de vista narrativo, o problema da interpretação se põe, portanto,

---

2. "Em busca de sentido", op. cit., 2010, p. 224.
3. Northrop Frye, *Anatomy of Criticism: Four Essays* (Princeton: Princeton University Press, 1957), p. 105. Sobre a natureza hipotética da imitação, ver p. 84.

nos seguintes termos: é preciso, a cada vez, reconstituir pacientemente como uma busca poética e existencial se traduz (ou cifra) num mito, isto é, como chega a perfazer, ou não, o seu "sentido". Mas o mito, pensado agora sob o prisma de sua arquetipicidade, também tem papel decisivo nessa reconstituição. Ele é um termo flexível que se poderia identificar com uma significação também ampla de símbolo (mito e símbolo seriam, nesse caso, termos reversíveis). O desafio da passagem à análise e interpretação literária está em desvendar, na variedade difusa e caótica do mundo, da história, da cultura etc., algo que tenha força simbólica, que funcione como termo de comparação entre aquilo que a obra estudada é e aquilo que ela se propõe a dizer, aquilo de que ela é a *mimese*. O crítico deve assim mimetizar o próprio movimento da criação literária: a escolha dos elementos que fundamentam sua reflexão e o recorte que faz sobre o mundo dependem da sensibilidade, como já foi dito, tendo, portanto, um estatuto ontológico tão problemático quanto a obra ficcional de que tenta dar conta. Mimese da mimese? Sem dúvida: a *experiência* crítica é uma aposta, uma hipótese, sobre a obra literária, assim como esta seria uma aposta ou hipótese sobre as ações humanas. O seu conteúdo de verdade — aquilo que ela dá a conhecer — depende do acerto, da probabilidade ou verossimilhança de que as coisas se passam assim como a *poiesis* crítica está tentando estipular.[4] A imaginação crítica funciona, em boa medida, de modo similar à imaginação literária, como talvez seja possível mostrar estudando um caso específico, o ensaio "Paixão recolhida", consagrado ao estudo de "Poema só para Jaime Ovalle", de Manuel Bandeira.

É que esse ensaio (mas poderiam ser outros) tem todos os elementos do "método" (com muitas aspas) e revela bem o modus operandi da interpretação.[5] Como gerou dúvidas em seu autor, "Poema

---

4. Sobre esse caráter hipotético da literatura e do conhecimento literário, ver a entrevista "Em busca do sentido", op. cit., 2010, p. 231. Seria certamente fecundo comparar as ideias expostas, nesta e em outras passagens da obra, com a noção kantiana do "como se", por exemplo, a partir do uso que dela fez Hans Vaihinger em *A filosofia do como se*, trad. e apresentação de Johannes Kretschmer (Chapecó: Argos, 2011).
5. A importância da ausência de um método definido e definitivo foi comentada em entrevista à revista *Magma* (FFLCH-USP, DTLLC, n. 4, 1997). Recolhida em Davi Arrigucci Jr., *Outros achados e perdidos* (São Paulo: Companhia das Letras, 1999), pp. 362-3.

só para Jaime Ovalle" se apresenta como ocasião propícia para discutir a busca da poesia no poeta recifense, problema em princípio de ordem *lírica* (dificuldade de definição da poesia), entretanto logo entendido em sua complexidade *narrativa*, como experiência do poeta com a dificuldade de chegar à poesia. Ao tentar explicar isso, a imaginação crítica entra em cena, estabelecendo um paralelo rigoroso e vigoroso entre um problema teórico e o problema do poema: a relação entre o quarto do poeta no Rio de Janeiro e o mundo fora desse quarto é simétrica à relação entre o poema como obra artística "fechada" e o mundo exterior (a "estrutura da experiência" é a "experiência da estrutura", adverte ele, lembrando as palavras de Robert Penn Warren). A dificuldade de explicar como Bandeira trouxe a poesia para dentro de um "poema-quarto" é elucidativa da questão de solucionar como o crítico, mimetizando esse movimento, pode trazer o "fora" para "dentro", isto é, como fazer com que a "explicação periférica" adentre e ilumine o espaço interior do poema.[6] A solução tem de estar ao mesmo tempo dentro e fora, e o *tertium comparationis* neste caso — sacada de mestre — é a figura de Jaime Ovalle. Nome que já vem associado a um "forte halo significativo", por tudo o que condensa e representa da vida cultural e boemia do Rio de Janeiro, à evocação da figura do músico "se processa uma espécie de *osmose* entre o espaço exterior da realidade empírica e o espaço da interioridade lírica no poema, mediante o tratamento semelhante ao da ficção".[7]

A lembrança do nome do amigo coloca o poema na dimensão narrativa graças à "recuperação do passado pela memória, faculdade mestra do narrador". O poema se desloca na direção da história de Jaime Ovalle, do indivíduo real e destinatário dos versos, que, entretanto, não é uma mera figura factual, pois "se transfigura, por força da imaginação e por meio da construção literária, numa parte integrante e significativa do todo formado que é o poema".[8]

A presença/ausência do amigo não é entendida em sua materialidade factual, mas já naquilo que representa como personagem fic-

---

6. Davi Arrigucci Jr., "Paixão recolhida", in *Humildade, paixão e morte: A poesia de Manuel Bandeira*, 2. ed. (São Paulo: Companhia das Letras, 2009), p. 48.
7. Ibidem, pp. 51-2. (Grifo meu.)
8. Ibidem, p. 52.

cional. A partir daí o ensaio reconstitui para o leitor, em páginas de impressionante vivacidade, a pessoa de Jaime Ovalle como símbolo e significado: "entidade paraficcional", ele faz parte daqueles indivíduos que compõem a "mitologia pessoal" de Bandeira, mas é também o "mito Ovalle" para Drummond e, portanto, "imagem fundamental da realidade da época".[9] Condensando num símbolo único todo um amplo conjunto de elementos significativos da realidade histórica — ele era uma "personalidade federativamente brasileira" —, Ovalle é a *história* do Rio de Janeiro daquele momento *na forma de um mito*.

A compreensão da ligação entre mimese e mito ou símbolo permite evitar aquilo que seria uma visão falaciosa do realismo, cuja ingenuidade consiste em pretender estabelecer uma ponte direta entre o ficcional e a realidade mesma das coisas ou dos fatos. Mas esse ganho ainda é pequeno, comparado às possibilidades que a apreensão simbólica do real abre para a compreensão da invenção literária. É que, entendendo-se bem o significado profundo da construção, a interpretação se torna convincente na medida em que faz reconhecer como o mito é revivido no poema, no qual encontra talvez a maior prova de sua força simbólica. Reiteração do itinerário do poeta, desde as noites boêmias da Lapa ao quarto onde se passa o poema, a análise é também, à sua maneira, um modo de ritualizar e reatualizar a figura ali evocada, que, sem o vigor da reconstituição, poderia, inclusive, se perder.

A interpretação de "Poema só para Jaime Ovalle" pode ser tomada, portanto, como uma entre as muitas maneiras de refazer o percurso narrativo de uma obra, o *mythos* que ela guarda em si, mesmo na lírica. Na leitura desse poema, a solução é tanto mais interessante pelo laço indesatável com que amarra os dois sentidos do mito ao mostrar como se constitui o personagem e seu campo de irradiação. Essa "visão mítico-simbólica" (nas palavras do autor) faz do músico paraense alguém capaz de integrar em si inúmeras diferenças e contradições do país, de "sintetizar numa imagem fundamental uma vasta e complexa esfera da realidade da época".

---

9. Ibidem, pp. 50, 68 e 69.

JAIME OVALLE E EVARISTO CARRIEGO

Ovalle surge assim "como se fosse um personagem ficcional de Bandeira e dos modernistas".[10] A frase poderia ter sido escrita por Jorge Luis Borges, e o interesse do ensaísta brasileiro pelo escritor argentino é, sem dúvida, conhecido, mas sua afinidade com ele talvez fique mais patente comparando o texto em que reconstitui a figura de Ovalle, a partir dos escritos de Bandeira e do seu círculo de amigos, com o livro que Borges escreveu sobre o poeta Evaristo Carriego. Que o leitor conceda esse exercício de comparação.

O pequeno livro dedicado a Evaristo Carriego tem sido lido como a tentativa que o escritor argentino fez de estabelecer uma espécie de passado mítico em que ele insere a literatura que viria a escrever anos depois. Tentativa de instituir, um tanto nostalgicamente, o seu mito fundador, o livro não teria, portanto, nada de uma biografia calcada nos fatos, sendo, sobretudo, a "fundação poética de uma mitologia", que se quer ao mesmo tempo pessoal e coletiva, como afirma Beatriz Sarlo.[11] Com essas palavras, a grande ensaísta argentina parece subscrever tudo o que se disse anteriormente, mas com o sinal negativo, o que complica a tentativa de colocar o retrato borgiano de Carriego ao lado do banderiano de Ovalle. A mitologia borgiana nasce sob o signo da suspeita, pois se a biografia do poeta *orillero* foi fundamental — junto com *Discussão*, *História universal da infâmia* e *História da eternidade*, um dos "pré-textos" para os textos literários posteriores —, há, tanto na mitologia dos arrabaldes como na mitologia *gaucha* de Borges, não só saudosismo, como também o empenho na "construção de uma crença por meios poéticos". Borges teria levado antecipadamente a sério as palavras que escreveu anos depois: "Uma das funções da arte é legar um passado ilusório à memória dos homens".[12]

A leitura de Beatriz Sarlo certamente não é a única nessa direção, mas é sintomática da dificuldade em se captar a complexidade da questão, já que Borges, num certo sentido, está dizendo *exatamente*

10. Ibidem, p. 69.
11. Beatriz Sarlo, *Jorge Luis Borges, um escritor na periferia*, trad. de Samuel Titan Jr. (São Paulo: Iluminuras, 2008), p. 54.
12. Ibidem, p. 55.

a mesma coisa, quando deixa claro, desde o prólogo do livro, que o propósito deste não é histórico, tendo um caráter "menos documental que imaginativo".[13] Ao ler com atenção o ensaio, o significado dessas palavras se esclarece: elas não exprimem uma inferioridade ou resignação do ficcional diante do documental, e nem mesmo a aceitação trivial de que os dois discursos são distintos, mas, pelo contrário, fazem uma aposta, lúcida, no imaginário, pois o que está em jogo na reconstituição do *arrabal* é o quanto o imaginativo *integra* o horizonte histórico, no duplo sentido de fazer parte dele, mas também no de poder *captá-lo* num conjunto de traços capazes de formar um quadro coerente e vivo. É assim que, longe da ingenuidade de acreditar num movimento de mão única, Borges faz notar a determinação recíproca entre o poeta e seu *barrio*:

> [...] no caso de Evaristo Carriego devemos postular uma ação recíproca: o subúrbio cria Carriego e é recriado por ele. Em Carriego influem o subúrbio real e o subúrbio de Trejo e das *milongas*; Carriego impõe sua visão do subúrbio; essa visão modifica a realidade.[14]

Uma Palermo "real", uma Palermo em si, anterior a e sem Carriego não existe e, portanto, não existe uma Palermo que explique totalmente o poeta, sem que este modifique a visão que se tem de Palermo. A ilusão reside em ver "Evaristo Carriego em função do subúrbio" e esquecer que Carriego é ele mesmo em grande parte um *personagem de Carriego*, da sua obra, que, com todos os seus erros e acertos, é um dos momentos da mitologia do bairro.[15]

Muito talvez da incompreensão que cerca o livro depende certamente do modo como se entende a relação entre história e ficção literária, o que pode levar a ver um saudosismo ou ideologia, ou ambas as coisas, na reconstrução ali intentada. Mas dizer que há um passadismo nele é não ver que, se há distanciamento em relação ao presente, ele é um distanciamento crítico, que se mantém também

---

13. Jorge Luis Borges, *Evaristo Carriego*, in *Obras Completas*, org. de Rolando Costa Picazo e Irma Zangara (Buenos Aires: Emecé, 2009), p. 211.
14. Ibidem, p. 260.
15. Ibidem.

inteiro em relação ao passado, por não deixar de ver o que houve de problemático neste, o que fica claro pelo exame do que permanece e do que pereceu nos poemas do escritor *orillero*. Se isso é verdade, então se pode dizer que a construção imaginária de Palermo não é ideológica, mas está ligada a uma preocupação estética que não pode estar desvinculada da história e, também, da política (e parece consenso que uma das razões de ser do livro seja justamente desmontar a mitologia fundadora de Leopoldo Lugones e Ricardo Rojas, segundo a qual a poesia gauchesca derivaria da poesia "autêntica" dos *payadores* e *gauchos*). Para explicitar isso, é preciso voltar ao mito.

O subúrbio, as *orillas* não são um mito do passado, assim como não o é a mitologia *gaucha*. As *orillas* são fundamentais para Borges, porque é por meio delas que se evidencia como surge uma mitologia, que pode dar continuidade a outra ou outras, mas que, para ser tal, tem de saber criar e acrescentar muitos símbolos e deuses seus. O morador do subúrbio herda certos modos de viver, certos ritos e mitos, que não provêm apenas do fundo mitológico *gaucho*, mas de toda uma *constelação* que ali se reúne, e de que Carriego é a divindade tutelar. É assim que as esquinas, os entardeceres, o *orillero*, o *cumpadrito*, o *guapo*, a *milonga*, o tango, a *guitarra*, o *organito*, o truco, o chapéu *chamberguito*, o *cuchillo*, as inscrições dos carros etc. vão estabelecer, entre os pampas e a cidade, um lugar indefinido, tão geograficamente impreciso quanto a crônica histórica que o livro supostamente deveria escrever, mas sabiamente não o faz. O que vai se salvar de toda essa mitologia? Eis a questão. Não há ilusão quanto ao perecimento de uma mitologia, que um dia vai fenecer, mas ela pode sobreviver a si, ganhando uma vida intemporal, se é suficientemente significativa para despertar a fantasia das gerações futuras. Evocando já no nome uma outra Palermo real, essa Palermo fictícia significa a tentativa de narrar como se dá o processo de perecimento e recriação simbólica, nascimento e crepúsculo de deuses, assim como Pasárgada é para Bandeira, nas palavras do crítico brasileiro, reino do desejo e da poesia, um espaço mítico com a coerência estética de um mundo todo, isto é, um cosmo, uma verdadeira *cosmologia*.[16]

16. Davi Arrigucci Jr., op. cit., pp. 126-7.

As *orillas* de Borges não são o último bastião dos heróis do passado contra a modernização de Buenos Aires. Elas devem ser vistas como parte de uma gesta maior, na qual se contam o surgimento e o desaparecimento de certos elementos característicos da vida de uma cidade e de um país, narrando, fazendo também, portanto, o registro de um momento histórico de *passagem* do passado ao futuro. A consciência da atualidade do quadro que se pinta das *orillas* já é clara nesta frase de *El tamaño de mi esperanza*: "*Al cabal símbolo pampeano, cuya figuración humana es el gaucho, va añadiendose con el tiempo el de las orillas: símbolo a médio hacer*".[17]

Ao contrário do acabamento ("cabal" vem de extremo, fim, como algo perfeito) da simbologia pampeira, o símbolo suburbano ainda está incompleto, meio por fazer. A simbologia das margens representa, portanto, um programa a se cumprir ou um *mito* que ainda está sendo contado, e que pode vingar por inteiro ou não. De maneira análoga, para o poeta brasileiro e seus amigos, Jaime Ovalle é igualmente "ser de mediação e passagem",[18] gênio tutelar que inspira a busca pessoal da poesia em Bandeira.

Se tudo isso faz sentido, o paralelismo entre Ovalle e Carriego dá a ver como a imaginação crítica do ensaísta brasileiro tem uma afinidade eletiva com a imaginação borgiana, na medida em que esta se encontra às voltas com o problema da relação da história argentina com a criação literária — problema para o qual Davi Arrigucci Jr. não se cansa de chamar atenção, vendo na sua literatura fantástica também um viés *realista*, na contramão do lugar-comum que só enxerga em Borges um autor a-histórico e intemporal. Sem dúvida, essa comparação de maneira alguma pretende mostrar como a História se faz imanente à forma literária nos contos de Borges, o que foi tratado em pelo menos dois ensaios de Arrigucci, para quem, no entanto, o problema ainda constitui, nas palavras dele, "um verdadeiro programa crítico".[19]

---

17. Jorge Luis Borges, *El tamaño de mi esperanza* (Madri: Alianza, 2005), p. 28.
18. Davi Arrigucci Jr., op. cit., p. 69.
19. Idem, "Borges e a experiência histórica", in *Borges no Brasil*, org. de Jorge Schwartz (São Paulo: Unesp; Imprensa Oficial, 2000), p. 117. Os dois ensaios a que me refiro são "Da fama e da infâmia (Borges no contexto literário latino-americano)", publicado em *Enigma e comentário* (São Paulo: Companhia das Letras, 1987), e "Quando dois são três ou mais (Borges, Bioy e Bustos Domecq)", publicado em *O guardador de segredos*, op. cit.

A crítica aqui está meio por fazer, porque a *experiência* interpretativa ainda é um desafio. Sua narrativa continua a ser uma questão, pois a crítica não chegou à *anagnorisis*, no sentido em que o crítico retoma a noção da *Poética* (1552a22 e segs.), como o momento de reconhecimento ou de revelação de uma verdade.[20]

Se a comparação que se tentou traçar aqui é pertinente, então se pode dizer que o pensamento crítico de Davi Arrigucci Jr. comporta uma verdadeira *poética*, que pode ser comparada à poética borgiana desenvolvida no livro sobre o poeta do arrabalde. Nas linhas mais gerais, essa poética tem como eixo a ideia de arquetipicidade do mito, não em sua imobilidade, mas naquilo que eles têm de móvel, instigante e vivo, naquilo em que, como em Aristóteles, serve de modelo e inspiração para a criação. Entretanto, diferentemente de Aristóteles, o mito se encontra agora mais próximo da história (do que da filosofia), ele surge na experiência do dia a dia, onde o escritor e o crítico devem perseguir as suas trilhas.

"La pampa y el subúrbio son dioses", diz o título de um ensaio inicial de Borges. Tanto a enorme planície que engloba partes do território de Argentina, Uruguai e Brasil, como o indefinido arrabalde portenho são para o contista argentino terras míticas, nas quais os elementos significantes da realidade podem ser reunidos em sínteses únicas. As *orillas* são, como se sugeriu, uma extensão dos pampas, dando prosseguimento à "teogonia" que narra a formação da Argentina, já que nelas continua a se desenrolar a luta entre modelos éticos, políticos e estéticos conflitantes. Um exemplo entre outros: diferentemente do sentimentalismo *dulzón* das letras de tango posteriormente em voga, os tangos antigos, os tangos típicos dos prostíbulos de Buenos Aires, não são apenas *pendencieros*, mas expressam também um tema imemorial de diversas literaturas arcaicas, *la convicción de que pelear puede ser una fiesta*.[21] Na trilha desse traço moral arquetípico, imemorial, Borges não está meramente esco-

---

20. Para a compreensão dessa retomada, ver, por exemplo, "Entre destroços do presente", in Davi Arrigucci Jr., *Humildade, paixão e morte*, op. cit., p. 254.
21. Jorge Luis Borges, "Evaristo Carriego", op. cit., pp. 263-4.

lhendo o seu passado pessoal, fazendo a sua *hieráldica*, como disse a certa altura Ricardo Piglia,[22] mas narrando um conflito, uma luta, que é a mesma que vai colher nas histórias pampianas. Na busca desse traço de virtude e hombridade está o ensaio "El desafio", texto posteriormente inserido para concluir o livro sobre Carriego, e que trata de um gênero particularmente importante aqui, o "relato legendário ou histórico" ou relato *hecho de historia y legenda a la vez*, no qual se prova o "culto à coragem".[23] Depois de destacar que as melhores versões escritas desse gênero heroico-legendário estão nas novelas *Hormiga Negra* e *Juan Moreira*, de Eduardo Gutiérrez, injustamente esquecidas, Borges diz que, das versões orais que ouviu, a primeira foi a de um *cuchillero* do bairro do norte Tierra del Fuego chamado Juan Murana, cuja fama de valente atravessa a cidade e chega aos bairros do sul, despertando num homem que nunca o havia visto antes o desejo de ir até lá desafiá-lo. Essa história marca o autor, que, depois de reescrevê-la duas vezes, publica a versão definitiva sob o título de "Homem da esquina rosada", conto que faz parte de *História universal da infâmia*. Borges não considera bom esse conto e, na continuação do texto, afirma que ouviu uma versão melhor da história em Chivilcoy, cujo herói agora se chama Wenceslao Suárez, desafiado por um desconhecido de uma cidade de Santa Fé. A conclusão é clara: tanto no bairro Tierra del Fuego, nos arrabaldes de Buenos Aires, como na província, em Chivilcoy, onde ocorre a peleja de "El desafio", o que conta e o que se conta é o encontro de homens que gostam pura e simplesmente de mostrar coragem. O percurso está, portanto, traçado: *gauchos* e *orilleros*, homens de pobríssima condição, estão escrevendo sem saber a saga de sua gente, estão criando uma "religião, com sua mitologia e seus mártires, a dura e cega religião da coragem, de estar pronto a matar e a morrer".[24]

Descrição geográfica da zona ambígua entre o campo e a cidade, as *orillas* também são, como a região pampiana, o cenário da bravura dos homens. Essa luta é retraçada por Borges, não porque

---

22. Ricardo Piglia, "A heráldica de Borges", *Folha de S.Paulo*, Folhetim, 19 ago. 1984.
23. Jorge Luis Borges, "Evaristo Carriego", op. cit., p. 268.
24. Ibidem, p. 270. O texto é, como se disse anteriormente, uma adição feita em 1953.

queira arrogar para si o heroísmo de seus antepassados, mas porque comporta uma postura política, ética e estética, espécie de guerra de "armas e letras" como a travada pelo narrador em *Grande sertão: veredas*, assim analisada, noutro ensaio admirável, por Davi Arrigucci Jr.[25] Aqui se vê a fecundidade do grande esquema conceitual ideado pelo crítico brasileiro: é que o *grande sertão* rosiano tem, para ele, traços simbólico-míticos análogos aos dos pampas, sendo, como estes, o lugar da concentração dos signos, o ponto de encontro entre a história e o imaginário. Similarmente ao que se passa com as *orillas*, o sertão do nordeste brasileiro é o palco em que se encena a transformação histórica, a passagem de um mundo mais arcaico ao mundo moderno, de uma cultura agropecuária à cultura urbana, trazida para dentro do romance na figura do leitor.

Na interpretação arrigucciana do "mundo misturado" do romancista mineiro, percebe-se uma semelhança deste mundo com o mundo de Goethe, que Guimarães Rosa considerava um dos seus sertanejos,[26] certamente não só pela afinidade dos dois no tema do pacto. Em termos goethianos, a guerra jagunça de Rosa pode ser descrita como uma luta da afirmação da forma contra o informe, traduzida ali, como mostra o crítico, no conflito entre personagens ligadas a um passado arcaico e personagens dos tempos modernos, racionais, num cruzamento de "temporalidades distintas", no "mundo misturado" onde convivem extremos, como Hermógenes, homem próximo dos bichos rastejantes e peçonhentos, e Diadorim, mescla de pássaros e flores.[27] No sertão tudo é misturado, e talvez uma boa descrição aproximativa desse mundo seja uma daquelas "definições" que Goethe propõe para a natureza, que, segundo ele, é "um órgão em que

---

25. Ver "O mundo misturado: Romance e experiência em Guimarães Rosa", in *América Latina: Palavra, literatura e crítica*, v. 3: *Vanguarda e modernidade*, org. de Ana Pizarro (São Paulo: Memorial da América Latina, 1995), p. 475.

26. A afirmação e outros comentários importantes sobre Goethe, que mostram o interesse do romancista por ele, se encontram na entrevista a Günter Lorenz, "Diálogo com Guimarães Rosa", in *Guimarães Rosa*, org. de E. F. Coutinho (Rio de Janeiro: Civilização Brasileira, 1983), p. 85.

27. Ibidem. Sobre a ligação das personagens do romance com o mundo natural, cf. Walnice Nogueira Galvão, *As formas do falso: Um estudo sobre as ambiguidades no* Grande sertão: veredas (São Paulo: Perspectiva, 1972), p. 124.

nosso senhor Deus toca, e o diabo pisa nos pedais".[28] Sem o diabo fazendo o ar entrar pelos foles (diástole, expansão, impulso de formação), as teclas do órgão ou da sanfona não produziriam música (sístole, contração, impulso de especificação). A mesma ideia recebe variações, como num dos *Talismãs* do *Divã*, que exalta a "respiração" (*Atemholen*) não como uma, mas como duas bênçãos divinas, a que faz o ar entrar e a que o faz sair dos pulmões, pois é "assim tão maravilhosamente" que "a vida é misturada".[29]

O que importa no "mundo misturado" goethiano é o modo como nele se vê a vida surgindo da mera matéria, como ela se desenvolve e preserva da morte no combate com as forças do informe. E esse movimento de constituição da forma pode ser observado tanto nas formas de vida como nas formas literárias, umas funcionando como espelho para as outras, visão que parece compartilhada pelo escritor mineiro.

A comparação da obra literária com um ser orgânico data pelo menos da célebre passagem da *Poética* (1450b22 e segs.) na qual se define o tamanho ideal da composição trágica por analogia com um ser vivo: só seria bela a tragédia que, como um todo com começo, meio e fim, tivesse uma proporção que não fosse nem muito grande, nem demasiado pequena. Como é mais que sabido, o belo para um grego não se diferencia da grandeza, da proporção, da ordem, inscritas na natureza. Leitor que se deteve pacientemente não só sobre a *Poética*, mas também sobre os textos de ciência natural de Aristóteles e dos antigos (sem contar, obviamente, os modernos), Goethe refletiu muito sobre a relação das formas de arte com o ser vivo, tentado mostrar, por exemplo, como uma forma está contida em outra e se desenvolve a partir dela.

O exemplo talvez mais notável dessa comparação é o da *balada*, que de certo modo estaria para a literatura, assim como a planta e o animal originário (*Urpflanze, Urtier*) estariam para a botânica e a zoologia. Goethe sugere que numa "antologia das baladas de todos os povos" estaria contida a "poética inteira", porque nesse tipo de poema "os elementos ainda não estão separados, mas juntos, como num

---

28. Conversa com Sulpiz Boisserée, *Goethe im Gespräch*, 8 set. 1815, p. 12.
29. "So wunderbar ist das Leben gemischt", in: *West-östlicher Divan*, 8. ed., org. de Hans-J. Weitz (Frankfurt am Main: Insel, 1988), p. 12.

vivo ovo originário (*lebendiges Ur-ei*), que só precisa ser chocado para voar pelos ares como um fenômeno magnífico em asas de ouro".[30]

Nas baladas, gênero que contém certa atmosfera enigmática, se encontram unidas as três formas poéticas genuínas e naturais (*echte Naturformen*): a épica, a lírica e o drama, e o cantor de baladas "pode começar no modo lírico, épico ou dramático e alternar as formas a seu bel-prazer, prosseguindo, avançando para o fim, ou protelando-o bastante". O refrão e a repetição da cadência final dão ao gênero um caráter decisivamente lírico.[31]

Essas indicações sugerem que a preponderância de uma ou outra "modulação poética" pode explicar como se passa internamente, organicamente, de um gênero a outro (como a lírica se torna narrativa ou dramática), o "aumento" ou "atrofia" da obra, na concepção aristotélica, dependendo do gênero a que pertence. A combinação de balada e romance ocorre nos *Anos de aprendizado de Wilhelm Meister*, em que duas baladas aparecem pontuando liricamente o encontro das figuras enigmáticas, quase fabulares, de Mignon e do harpista, com o herói do romance.

Guimarães Rosa parece conhecer a lição, pois em seu ensaio sobre *Grande sertão: veredas*, Davi Arrigucci Jr. mostra o papel central de uma balada no romance, cantada por um "poeta no meio dos jagunços" na Fazenda São Gregório: "cantiga estúrdia", a canção de Siruiz é onde se guardam os segredos do destino de Riobaldo e da própria obra. "No centro dessa balada", diz o crítico, "está realmente a origem das formas misturadas que caracterizam o livro":

> A canção de Siruiz, forma híbrida também ela de narração épica e instantâneo lírico, contém cifrado em suas palavras enigmáticas o destino de Riobaldo. Desse fundo obscuro da poesia oral vai desenrolar-se a história de sua vida. O *Grande sertão: veredas* é o desdobrar-se dessa balada.[32]

---

30. Goethe, *Ballade, Betrachtung und Auslegung*, in *Gedichte*, org. e comentário de Erich Trunz (Munique: Beck, 1999), p. 400.
31. Ibidem.
32. Davi Arrigucci Jr., "O mundo misturado: Romance e experiência em Guimarães Rosa", op. cit., p. 27.

A balada contém o destino de Riobaldo e da *donzela guerreira*, simbolizando ao mesmo tempo toda a mistura de gêneros que se entrelaçam no romance. Na bela metáfora que o crítico encontra para explicar sua estrutura (imagem que funde o natural e o literário), o romance é um labirinto fluvial, mar de veredas-histórias que se encontram interligadas à história principal. O romance é uma composição que integra até mesmo as "formas simples", no sentido de Andre Jolles, autor que, como se sabe, pensava que a ideia goethiana do tipo fundamental (*Urtyp*) pode ser entendida como o "fundamento" (*Grundlage*) para a solução da questão da morfologia nos estudos literários. Segundo Jolles, o estudo morfológico deve partir das chamadas "formas simples", isto é, de formas como a legenda, a saga, o mito, o enigma etc., que estariam na base das formas propriamente literárias.[33] O que é interessante no estudo sobre o *Grande sertão* é ver que as formas simples goethianas, espécie de arcabouço, mas que para Jolles seriam *anteriores* ao literário, já estão lá dentro do livro, como aquele "pequeno ribeirão" que também traz sua água para o mar de histórias. No mundo sertanejo, o pré-literário já está no interior dele, sendo difícil separar, mais uma vez, o que está desde sempre misturado.

Essa proximidade do literário com a morfologia, com a vida, leva, de fato, à pergunta: mas então onde começa a "literatura"? Onde está exatamente a sua fronteira, a sua delimitação, com o real? A figura do crítico e ensaísta que aqui se tenta delinear não estaria justamente nessa encruzilhada, onde, como disse Borges falando de uma esquina de Palermo, se cruzam quatro infinitos? Seu conhecimento enciclopédico, no sentido forte e já quase inexistente da palavra, é capaz de reconhecer num traço aparentemente trivial do cotidiano uma pequena joia etimológica ou filológica, ou até um símbolo em estado nascente, naquilo que é o seu poder revelador, assim como Borges, ao comentar as inscrições dos carros de carga que cruzavam os subúrbios de Buenos Aires, disse que seu conjunto formava um tratado de retórica, mas o essencial estaria no traço heroico, sendo eles uma variante local do *lema*, "gênero que nasceu nos escudos".[34] Se a literatura nasce com o mundo, ela é uma forma de conhecê-lo,

---

33. André Jolles, *Einfache Formen*, 6. ed. (Tübingen: Niemeyer, 1982).
34. Jorge Luis Borges, "Evaristo Carriego", op. cit., p. 253.

dotada de uma particularidade, de um viés peculiar pelo qual é enxergado. Poder-se-ia objetar que há nisso uma interferência indevida na forma de ver. Longe da posição epistemológica que dá origem a essa objeção, o que se pode encontrar em Davi Arrigucci Jr. é um modo de integrar a experiência, de um vaivém incessante entre a experiência vivida e a experiência literária, na qual se evapora a crença ingênua de que se pode voltar a um fato originário, ao conhecimento do "real bruto". Não existe percepção sem imaginação, lembra Kant na *Crítica da razão pura*, que se baseia, para fazer essa afirmação, provavelmente no pouco conhecimento que tinha das teorias das artes plásticas. De fato, essa "contaminação" do vivido pela imaginação pode ser explicada também na experiência visual.

O ensaio "A beleza humilde e áspera", de *O cacto e as ruínas*, é um escrito em que se deixa ver como a transposição do mito prototípico para a cena do mundo aparece em toda sua força: "Cacto", o poema de Manuel Bandeira ali enfocado, seria uma maneira de aproximar um ser natural, o herói natural epônimo do poema (o próprio gigante vegetal), do leitor moderno mediante a "transferência da tragédia no plano elevado dos modelos arquetípicos para uma narrativa exemplar na terra dos homens". Essa transferência é ainda exemplar para que se veja a passagem da "Natureza à História".[35] Se é assim, o que interessaria então verificar em "Cacto" é como Bandeira recorre aos mitos de Laocoonte e de Ugolino para contar uma história que se narra agora *na dimensão espacial e visual*. O que Bandeira teria feito no poema é uma imitação da natureza, no sentido aristotélico de imitação de uma ação: ou seja, o objeto da imitação se dá como imagem visual, imagem que, no entanto, contém em si as características essências do mito em seu sentido aristotélico, pois se desenvolve como enredo culminando numa *anagnorisis* em que se revela o seu sentido. Noutras palavras, a imitação banderiana faz com que a imagem imóvel do cacto *ganhe movimento*, ganhe aquilo que para uma percepção "normal" não estaria ali. É somente mediante a capacidade de reconhecer a presença da narrativa na imagem que o cacto pode ser visto como *passagem da natureza à história*.

---

35. Davi Arrigucci Jr., "A beleza humilde e áspera", in *Manuel Bandeira, Libertinagem/Estrela da manhã*, org. de Giulia Lanciani (México: ALLCA XX; Fondo de Cultura Económica), p. 84.

A narrativa pode, assim, também ser expressa visualmente. Qualquer positivismo, qualquer filosofia "depurada", iria ver nessa operação poética de Bandeira uma *projeção do mito arcaico* sobre a imagem, que não passaria de um cacto gigante caído sobre a rua. Mas é exatamente isso que ocorre, certamente com valor positivo: a forma "arcaica" é tal, ela se impõe de tal modo à percepção, que esta pode reconhecer ali um símbolo. O que Bandeira faz depende da *mais pura imaginação poética*. Esta recorta no real o que já é ficção, o que já é promessa de simbolização, e o recurso aos mitos passados é só uma forma de corroboração, de que o procedimento é verossímil. A experiência visual recebe, assim, uma temporalidade, um movimento, pelo qual ela se torna ação própria à imitação.

Muito próximo disso tudo está o que Goethe escreveu no ensaio que dedicou precisamente ao Laocoonte. Nesse estudo um tanto antilessingiano, Goethe afirma que, se não tivesse tido nenhuma informação sobre o grupo escultórico, ele o denominaria um *idílio trágico*.[36] Ou seja, mesmo que se desconheça o mito original, a imagem, por si só, já é forma e conteúdo do mito, porque narra uma cena idílica, mas ao mesmo tempo trágica (leitura, aliás, muito próxima da que faz o ensaio sobre "Cacto"). Não é, portanto, uma cena estática, ela contém uma ação. Laocoonte seria exemplo cabal da estatuária para Goethe, das *imagens* que ao mesmo tempo são *sentido*, na sua teoria do símbolo como *Sinnbild*. Mas essa teoria é certamente mais ampla, pois mesmo imagens não tão acabadas têm essa capacidade de dar a ver, na forma, a sua significação, e não só na arte, como também na natureza inteira, onde minerais, vegetais, animais, cores já explicitam morfologicamente o que são. Como a arte, como a arte visual, também a natureza já é, na sua forma, metamorfose, transformação, marca do que foi no passado. Como o cacto de Bandeira ("enredo visual paralisado" no dizer do crítico), a figura dos seres naturais já narra a sua história.

Em sua admiração pelo pensamento antigo, Goethe compartilha com os gregos a crença pitagórica na harmonia do todo, que possibilita perceber, mesmo no fragmento mutilado de uma estátua da

---

36. Goethe, "Über Laokoon", in *Schriften zur Kuns, Gedenkausgabe der Werke, Briefe und Gespräche*, v. 13, org. de Ernst Beutler (Zurique: Artemis, 1954), p. 166.

época áurea, a unidade do conjunto. O que ela era por inteiro está no pedaço que sobrou.[37] Como se está tentando mostrar, o modo como Davi Arrigucci Jr. trabalha com os símbolos têm uma semelhança grande com a concepção goethiana e schellingiana, à qual, aliás, faz menção ao analisar o poema "Cantiga" de Manuel Bandeira.[38] De fato, para ele, o símbolo é o resultado de uma ação, de uma busca, de um desejo, como já se referiu, e essa procura, essa ação, está impressa nele, não importa se ele é verbal ou visual. Na verdade, a "história", o "enredo" já pode ser pressentido, já é anunciado ou cifrado num detalhe, numa espécie de embrião enigmático como é a canção de Siruiz, ou nos versos de "A escada em espiral" de Yeats, escolhidos por Borges para epígrafe da "Biografia de Tadeu Isidoro Cruz (1829-1874)". Ninguém melhor do que o próprio autor para explicar e resumir o significado do fragmento em sua poética do mito e do símbolo:

> Na verdade, "A escada em espiral" do poeta irlandês *nos prepara para uma busca que culminará no símbolo* (no ato simbólico de reencontro da identidade), pedaço ou fragmento que encarna em si o poder do mito. É que o símbolo, como aqui é entendido, consiste exatamente numa parte da totalidade da história, ou seja, do *mythos*, na dupla acepção aristotélica de enredo total e de narrativa tradicional ou sagrada. A pergunta pela identidade, que acompanhamos como se se tratasse de uma adivinha, se desenrola na história que é uma resposta, num *mythos*, o qual, por sua vez, se espelha, concentrado, num momento de revelação (a *anagnórisis* aristotélica), que é o ato simbólico de Isidoro Cruz.[39]

Nesse trecho que resume, por assim dizer, a sua poética, o símbolo aparece como resposta a uma demanda, a uma pergunta, enigma ou adivinha, resposta condensada, porque conta, como parte, a história toda de que é fragmento. Sem dúvida, essa relação metonímica ajuda a entender também a relação com a História, como foi apon-

---

37. Sobre a possibilidade de percepção imediata do todo no fragmento, dependente da proporção áurea e da harmonia musical pitagórica, ver as considerações de Mario Praz, *Literatura e artes visuais*, trad. de José Paulo Paes (São Paulo: Cultrix; Edusp, 1982), p. 63.
38. Davi Arrigucci Jr., *Humildade, paixão e morte*, op. cit., p. 190.
39. Idem, "Da fama e da infâmia", in *Enigma e comentário*, op. cit., p. 210. (Grifos meus.)

tado acima, na discussão de Evaristo Carriego. O que se vê melhor agora com esse texto é todo o percurso que leva à constituição simbólico-mitológica, como desafio enigmático de busca de compreensão, lançado simultaneamente à personagem (Isidoro Cruz) e ao leitor.[40]

O símbolo se perfaz na e pela narrativa, mas esta também pode representar um problema, no qual a relação entre o fragmento e o todo não se completa. Nesses casos, distintos da perspectiva simbólica goethiano-schellingiana em que a imagem já é sentido, Davi Arrigucci Jr. lança mão da visão alegórica de Walter Benjamin, na qual o ciclo de formação mítico-significativa não se completa ou não se fecha por inteiro. Aqui o importante é a forma lacunar, onde também vale a lição do inacabamento de Paul Valéry. Mas a diferença, importante em si, não altera o essencial, que está na narrativa da busca do sentido, já que em Valéry o valor recai, ainda "aristotelicamente", sobre a *ação de fazer*, mais do que sobre a obra feita.[41]

Algo semelhante ocorre com o trabalho exegético. Como diz nosso autor, a busca de sentido pelo intérprete também pode ter êxito ou não, e essa é a natureza e aventura própria ao gênero do ensaio. Se o resultado é um acerto ou erro, isso só compete ao leitor julgar, pois aqui também o peso está posto na busca, no percurso em que se materializa, ou não, o símbolo.

Como se tentou mostrar, essa busca se dá no espaço indefinido "entre" a literatura e o real, na remontagem de um "momento" histórico não cronológico, não exatamente definível em que o real se faz obra de ficção — espaço e tempo que as ciências humanas (a sociologia, a história, a psicanálise, a filosofia e mesmo a *teoria* literária) podem ajudar de certo modo a mapear em cada caso, mas não têm como delimitar e precisar. Aqui entra o conhecimento, a erudição, mas também o sentimento e o juízo do intérprete para intuir o que convém mobilizar para construir, a cada análise, o lugar da intermediação. Parece-me que o essencial do trabalho do crítico e ensaísta

---

40. A relação do fragmento com a revelação é, aliás, uma tópica que mereceria ser estudada à parte, tal a gama de suas aplicações. Apenas um exemplo mais recente: as "pernas recobertas dos móveis", "os braços ocultos da professora" em *O cavalo perdido* de Felisberto Hernández (no ensaio "Curiosidades indiscretas", in *O guardador de segredos*, op. cit.).
41. Sobre essa questão, ver "O que é no mais fundo", ensaio sobre Mário de Andrade publicado em *Outros achados e perdidos*, op. cit., p. 292.

Davi Arrigucci Jr. foi "definir" melhor esse espaço em sua topografia *mítica*, à qual se poderia aplicar tudo o que Borges disse da geografia do arrabalde. É que nele, mundo misturado à moda de Guimarães Rosa, real e ficção se confundem, nele desaparecem as diferenças, e se vê melhor a isomorfia de um e outro "mundo", há uma espécie de "osmose" (para usar uma expressão dele) entre o espaço exterior da realidade empírica e o espaço poético, porque o trabalho exegético é mostrar que, apesar das diferenças, é possível reconhecer um no outro; eles são, até certo ponto, uma coisa só, havendo reversibilidade do conhecimento do real pela literatura, e da literatura pelo real. Palermo determina Carriego, que modifica a visão que se tem de Palermo.

Claro que se poderia arguir que a aproximação do espaço crítico com o espaço da criação é um tanto forçada, que há diferenças etc., etc. Sem dúvida, mas, inversamente, também já se foi há muito o tempo em que a criação literária e artística podia se fazer sem lucidez crítica. O espaço criador na crítica seria mais limitado? Um dos grandes interesses de ler a obra de nosso crítico é ver até que ponto *é preciso não se deixar prender por um modelo fixo de interpretação*. Os parentescos com a "imaginação" de autores como Borges, Guimarães Rosa e Goethe, como aqui ficou sugerido, são apenas alguns exemplos, pois haveria tantos outros, como mostra mais recentemente o admirável estudo sobre Stevenson, no qual, na relação entre a literatura e o leitor, apresenta-se por uma face diferente o vínculo entre mimese e imaginação.[42] Essa mobilidade e variação do ponto de vista, sinal de independência intelectual que parece ter sido aprendida também com Antonio Candido, como apontou num ensaio sobre ele,[43] indica um compromisso, uma adesão mimética aos diferentes autores escolhidos, numa grande entrega ao objeto de estudo. Pois a busca de sentido é como uma *rayuela* em que se pode ficar entre o inferno e o céu, e a literatura, menos que uma inspiração divina, talvez seja mais um presentinho do *diabo*, onde a dádiva só vem com a travessia: *dia dorim*.

---

42. Davi Arrigucci Jr., "A poesia da circunstância", in Robert Louis Stevenson, *O clube do suicídio e outras histórias* (São Paulo: Cosac Naify, 2011).
43. Idem, "Movimentos de um leitor (Ensaios e imaginação crítica em Antonio Candido)", in *Outros achados e perdidos*, op. cit.

Matéria
afim

Dança de parâmetros[1]

Roberto Schwarz

Entra cantando, Apolo, entra cantando.

Machado de Assis

A poesia das páginas iniciais de *Esaú e Jacó* (1904) é especial. O segredo, até onde vejo, está no andamento digressivo da prosa, que sujeita um episódio trivial, impregnado da atmosfera brasileira de ex-colônia, a uma inesperada sucessão de contiguidades. Como quem não quer nada, à maneira solta da crônica de jornal, o narrador vai e vem entre uma cena da vida privada fluminense, os hábitos de passeio dos demais moradores da cidade, algo da vida inglesa do tempo, um pouco de Grécia antiga e outro tanto de escravidão negra e mestiçagem. Surgidas ao acaso da narrativa, é claro que estas vizinhanças em aparência disparatadas não têm nada de casual. O seu conjunto forma uma trama de referências bem calculada, em cuja luz a vida dos brasileiros civilizados parece encontrar a sua medida.

O romance começa com duas mulheres subindo o morro do Castelo. Mal começaram a subida, entretanto, já na terceira frase, antes ainda que elas tenham feito o que quer que seja, o narrador as deixa de lado e observa que "[m]uita gente há no Rio de Janeiro que nunca lá foi [ao morro], muita haverá morrido, muita mais nascerá e morrerá sem lá pôr os pés". Através da digressão, que interrompe o fio incipiente da intriga, as duas anônimas se veem contrastadas com um sem-número de conterrâneos, passados, presentes e futuros. Quem são eles? Qual o sentido da comparação? Será favorável? Desfavorável? Por um lado, como sabiam os leitores, o morro não era frequentado por todo mundo e menos ainda pela gente bem-posta. Por outro, ter ido a um lugar que muita gente ignora ou evita não deixa de contar como uma superioridade, pois "[n]em todos podem dizer que conhecem uma cidade inteira". Embora não esteja dito que

---

1. Publicado originalmente em *Novos Estudos Cebrap* (São Paulo, n. 100, nov. 2014), pp. 163-8.

as anônimas conhecessem o Rio de Janeiro de fio a pavio, é certo que elas se aventuraram onde muita gente nunca esteve e que, em plano rarefeito, o cotejo as mergulhava em cheio na efervescência urbana — discretamente configurando uma situação de simultaneidade *moderna*. Assim, entre as donas, a muita gente "que nunca lá foi" e os raros que conhecem tudo da cidade, se é que estes existem, se estabelece um jogo virtual, ligeiramente cômico, da ordem do diz que diz, do comentário mútuo, da discriminação e da competição, que é ele mesmo um achado. Com risco de exagerar, digamos que no plano dos pronomes há uma dança abstrata das mais sutis, um cotejo entre *as duas*, a *muita gente* e os *nem todos*, apontando para o caráter fluido e dividido da cidade, para a indiferença, os vetos e o interesse recíprocos. Em chave implícita, além de minimalista, são frações da capital do país que rivalizam a propósito de um bairro habitado pelo povo pobre, o qual faz parte íntima do conjunto, a despeito da separação.[2]

Antes ainda que termine o parágrafo, o episódio — quase inexistente — adquire um raio maior, para não dizer planetário, por efeito de uma intercalação intempestiva: "Um velho inglês, que aliás andara terras e terras, confiava-me há muitos anos em Londres que de Londres só conhecia bem o seu clube, e era o que lhe bastava da metrópole e do mundo".[3] A que vem aqui este inglês de anedota, que torce o nariz para o planeta, não sem antes percorrê-lo todo, e que além do mais não reaparecerá ao longo do livro? Ele seria um símile amplificado das donas audaciosas, que vão aonde outros não foram? Ou seria do outro partido, para o qual as "terras e terras" não valem o clube do costume? Impossível saber. Perto de suas andanças, em que vagamente ecoam a superioridade e as dimensões do Império Britânico, e, por tabela, a posição secundária do Brasil, a ida das duas mulheres ao morro é pouca coisa. É claro que a comparação, meio humorística, não teria ocorrido a elas. É antes outra digressão do narrador, o conselheiro Aires, que por sua vez é um diplomata viajado, dono de uma prosa ultrarrefinada, além de afetada, que na ocasião nos faz saber que frequenta ambientes exclusivos em Londres. Seja como for, embora o paralelo faça sorrir, a comparação

2. Machado de Assis, *Esaú e Jacó* (Rio de Janeiro: Garnier, 1988), p. 19.
3. Ibidem.

está feita. Curiosamente, a despeito da ironia, ela não desqualifica a aventura fluminense das duas senhoras, a qual sai de seu enquadramento brasileiro e é erguida ao mesmo mundo e tempo do inglês *globetrotter* — a cena contemporânea —, sem prejuízo da grande distância geográfica e social. Embora não pareça, o mundo é um só e pode despertar curiosidade em todos os seus pontos, mesmo os remotos. O morro do Castelo, a cidade inteira do Rio de Janeiro e a ordem internacional cuja metrópole é Londres são cenários imbricados, o que literariamente era e é uma proeza.

Natividade e Perpétua — assim se chamam as senhoras, aliás irmãs — sobem o morro para consultar uma vidente. Meio às escondidas, com o véu baixado sobre o rosto, elas procuram a casa da cabocla do Castelo, cujos poderes sobrenaturais naquele momento davam o que falar na cidade. Desejam conhecer o futuro presumivelmente grande dos gêmeos de Natividade, nascidos há pouco mais de um ano. Depois do parágrafo algo impalpável que já comentamos, mais de sugestões que de figuras, que evitava denominar a matéria das tensões sociais, entram em cena os contrastes de raça, cultura, religião e classe, além do nome próprio das personagens. As cores agora são francas, por oposição à tenuidade e à abstração eufemística que dominavam nas linhas iniciais. Sem meias-palavras, o povo do morro é pobre, composto de crianças, lavadeiras, crioulos, soldados, padres, lojistas etc., ao passo que as freguesas da adivinha, que preferem não ser identificadas, pertencem à chamada boa sociedade do Rio de Janeiro. Diante da diversidade tensionada do real, os pronomes indefinidos — os *alguns, nem todos*, a *muita gente* — funcionam como paráfrase discreta, ligeiramente irônica, ou como álibi para a desigualdade. Generalizando, digamos que esse vaivém entre os registros abstrato e concreto, entre o pronome e a coisa, entre a impessoalidade e a pessoa física, a que se prende um humorismo próprio, é um procedimento constante da prosa machadiana, em que ressoa uma experiência histórica. O seu suporte de fundo é a discrepância entre a paisagem social da ex-colônia, marcada pelo colorido pré-burguês, retardatário a seu modo, além de exótico, e a idealização engomada da civilização europeia moderna.

Tratando-se de gente fina, que se queria superior à ignorância popular, a visita à cabocla podia ser um passo em falso. Natividade e Perpétua sabiam disso e consideravam que estariam "perdidas" se fossem descobertas — "embora muita gente boa lá fosse".[4] Esta última ressalva, que para as duas senhoras significava uma atenuante, para o leitor avisado funciona como uma piscadela do conselheiro Aires, que faz saber aos atentos que a sociedade carioca era menos esclarecida do que pretendia. Veja-se neste sentido o marido de Natividade, um banqueiro que escarnece das "crendices da gente reles" ao mesmo tempo que ele próprio faz uma consulta espírita, naturalmente autorizada por leis científicas.[5] Com a arrogância de menos, a posição das irmãs é igualmente representativa: "Tinham fé [na cabocla], mas tinham também vexame da opinião, como um devoto que se benzesse às escondidas".[6] De passagem, note-se a malícia com que a prosa do conselheiro mescla a terminologia católica da fé, da devoção e da bênção à esfera da religiosidade afro-brasileira. Em suma, as duas senhoras precisavam passar despercebidas, a) para não se verem misturadas ao povo do morro, já que pertenciam às classes distintas da sociedade, e b) para não serem malvistas em sua própria classe social, que, entretanto, era menos evoluída do que se dizia. Diferentemente da consulta espírita do banqueiro, a visita à cabocla deixava transparecer afinidades com o fundo popular do país, cuja composição cultural e social miscigenada, herdada da Colônia, era justamente o que interessava à classe alta esconder. Completando a desfeita aos esquemas aprovados, observe-se ainda que nas circunstâncias o objeto da curiosidade não era o mundo popular, com sua gente mestiça e religião bárbara, mas sim as duas senhoras, que faziam figura exótica no ambiente. "Uma crioula perguntou a um sargento: 'Você quer ver que elas vão à cabocla?' E ambos pararam à distância, tomados daquele invencível desejo de conhecer a vida alheia, que é muita vez toda a necessidade humana."[7] Sem alarde, o deslocamento da iniciativa, ou melhor, do "invencível desejo de conhecer a vida alheia", faz diferença, contrariando as precedências de classe implícitas, por exemplo, no enfoque naturalista da época. Por

4. Ibidem, p. 24.
5. Ibidem, pp. 35 e 47.
6. Ibidem, p. 20.
7. Ibidem, pp. 19-20.

um momento, a narrativa adota a ótica dos de baixo, ao passo que a marca do exotismo se aplica aos de cima. O procedimento desautomatiza a hierarquia corrente e torna mais arejado o quadro, ao qual confere a dimensão policêntrica do conflito social. Graças a transformações pequenas mas decisivas, o que pode parecer uma simples crônica da periferia pobre da cidade, com seu pitoresco unilateral e sem surpresa, ganha a liberdade da verdadeira literatura.

No mesmo espírito de impertinência velada, a narrativa anota que a sala da adivinha é simples, com paredes nuas, sem nada que sugira o sobrenatural — "nenhum bicho empalhado, esqueleto ou desenho de aleijões" —, salvo "um registo da Conceição colado à parede", que, entretanto, não assusta. Rindo para dentro, com isenção esclarecida, de livre-pensador, o conselheiro não faz diferença entre a imagem da Virgem Imaculada e os demais "petrechos simbólicos" da superstição. Em seguida, depois de relativizar o mistério cristão, alinhando-o entre outras formas populares de credulidade, o narrador troca o rumo das comparações e enaltece a religiosidade do povo, agora posta em paralelo com os costumes da Grécia antiga. "Relê Ésquilo, meu amigo, relê as *Eumênides*, lá verás a Pítia chamando os que iam à consulta [...]".[8] Também aqui o propósito é de confundir o leitor bem-pensante, que olha de cima a sacerdotisa do morro. Não há dúvida que o conselheiro estava sugerindo que o Rio de Janeiro da cabocla — um caso de polícia, segundo certo desembargador[9] — poderia ter algo em comum com a Atenas de Ésquilo. Nesse caso, o nosso vergonhoso atraso popular teria virtualidades clássicas, e chegaria talvez a ser o berço de uma civilização? É uma sugestão lisonjeira, que se opõe ao pessimismo pseudocientífico das teorias naturalistas, da raça e do meio, que condenavam o nosso povo à inferioridade. Dito isso, a comparação tem também um ponto de fuga oculto, menos favorável, que num livro tão maquinado precisa ser levado em conta. Nas *Eumênides*, os augúrios horrendos da Pítia precedem uma viravolta triunfal, a instituição da justiça propriamente humana na cidade; interrompe-se o ciclo bárbaro e interminável das vinganças de sangue e abre-se uma nova era. Ao passo que as palavras da cabo-

8. Ibidem, p. 20.
9. Ibidem, p. 37.

cla anunciam o contrário: os gêmeos de Natividade, que mal ou bem alegorizam a vida política do país, brigarão por toda a eternidade, a propósito de tudo e de nada, numa rivalidade de classe alta, sem sentido e medíocre. Cabe ao bom leitor, que segundo Aires é dotado de vários estômagos, como os ruminantes,[10] decidir se a aproximação com a Grécia clássica é um gesto de reivindicação nacional, um sarcasmo dirigido ao establishment ou as duas coisas.

O discernimento com que é conduzida a cena em que Natividade consulta a vidente é admirável, sem concessão ao sobrenatural nem desprezo ilustrado pela vida popular — uma posição que em cem anos não envelheceu. O transe da cabocla é descrito sobriamente, com leve estilização clássica, longe do exotismo ou sensacionalismo. "Agitava-se agora mais, respirando grosso. Toda ela, cara e braços, ombros e pernas, toda era pouca para arrancar a palavra ao Destino."[11] Até onde vejo, não há aqui intenção de desmistificar, mas tampouco de fazer crer. De fato, as palavras ulteriores da adivinha não têm nada de inexplicável, uma vez que só profetizam o que a própria Natividade sugeria ou deixava entrever. Nem por isso são invencionices, pois traduzem o que os olhos da cabocla, "lúcidos e agudos", ou também "opacos", que "entravam pela gente" e "revolviam o coração", lutavam por adivinhar.[12] Neste sentido, a ironia que cerca o capítulo não se refere à vidente, que afinal de contas faz bem o seu ofício, mas à sua freguesa da alta-roda, um tanto envergonhada de estar ali, que paga para saber de antemão o que não podia deixar de acontecer, ou seja, que os filhos dos ricos serão ricos e importantes. Avançando um passo, Natividade leva a superstição ao ponto de chamar simpática a cabocla, na esperança de captar a sua boa vontade e melhorar o destino dos gêmeos... Já de outro ângulo ela é tão bruxa quanto a vidente, de quem não tira os olhos, "como se quisesse lê-la por dentro", e com a qual luta de igual para igual.[13] Quer que lhe diga "tudo, sem falta", tudo, naturalmente, o que ela própria deseja ouvir.[14] Tomando recuo, digamos que a cabocla, o morro com seus populares, a senhora

10. Ibidem, p. 126.
11. Ibidem, p. 22.
12. Ibidem, p. 21.
13. Ibidem, p. 22.
14. Ibidem, p. 23.

da alta-roda e o narrador cosmopolita compõem uma situação cheia de complexidade real e literária, em que as imensas distâncias que separam os polos da sociedade brasileira se relativizam, criando um espaço comum. As posições sociais afastadas, os interesses contrários e as crenças incompatíveis se determinam mutuamente, ao contrário do que supõe o dualismo ilusório, para não dizer estúpido, entre civilizados e bárbaros, que estava em voga naquele começo de século e até hoje nos persegue.

Concluída a consulta, ouve-se o pai da cabocla na peça ao lado, cantando uma toada do Norte.

> *Menina da saia branca*
> *Saltadeira de riacho*
> *Trepa-me neste coqueiro*
> *Bota-me os cocos abaixo.*
> > *Quebra coco sinhá,*
> > > *Lá no cocá*
> *Se te dá na cabeça,*
> > > *Há de rachá*
> *Muito hei de me ri*
> *Muito hei de gostá,*
> *Lelê, cocô, naiá.*[15]

Na primeira quadra, em português culto, a sinhá manda a menina — presumivelmente uma negrinha — subir no coqueiro para botar abaixo os cocos. Na sequência, em língua de preto e com sadismo alegre, a menina diz que se acaso um coco rachar a cabeça de sinhá, muito há de rir, muito há de gostar. "Lelê, cocô, naiá."

Completa-se o desfile dos assuntos fortuitos, que, entretanto, dimensionam o quadro. Aí está, como um comentário oblíquo sob forma de cantiga, um ponto de vista saído da escravidão, recém-abolida no momento em que se escrevia o romance.

---

15. Ibidem, p. 23.

Os Silenos de Alcebíades[1]

L. F. B. Franklin de Mattos

> [...] *aunque algunos, que son más joviales que saturninos, dicen:*
> *"vengan más quijotadas: embista Don Quijote y hable Sancho Panza,*
> *y sea lo que fuere, que con eso nos contentamos".*
> Miguel de Cervantes, *Don Quijote*, v. II, cap. IV

> *Una de las definiciones del hombre es decir que es un animal resible.*
> Miguel de Cervantes, *Persiles y Sigismunda*

> *O humor é sentimento de distância.*
> Bertolt Brecht

Se a comparação não fosse exagerada (mas ela é), talvez pudéssemos dizer que Cervantes, como D. Quixote, se pôs ao sabor da aventura quando escreveu a história das façanhas de seu herói. Não é raro que as coisas mudem de direção no *Dom Quixote*, às vezes insidiosamente, outras com uma franqueza desconcertante. *"Sea lo que fuera"*: o texto parece concebido para espíritos dotados de "humor" e gosto aventureiro, capazes de perdoar os pequenos erros e as grandes correções.

Se quiséssemos começar pelos indícios mais palpáveis, poderíamos referir pequenos "descuidos" que o autor, jovialmente, procura retificar um pouco adiante, com frequência precipitando-se, no ato da correção, em novas impropriedades, às quais não voltará a aludir. Não é indesculpável que Sancho tenha o seu jumento roubado por Ginés de Pasamonte e, apesar disso, apareça nele montado no capítulo seguinte? Engano do historiador ou descuido do impressor, conjectura mais tarde o próprio Sancho, para, em seguida, narrar o episódio da perspectiva da vítima, detalhando e

---

1. Dedico este texto a Gilda de Mello e Souza, que, numa tarde de 1971, no café dos barracões da Filosofia da Universidade de São Paulo, apresentou-me ao professor Davi Arrigucci Jr., porque sabia que nós dois éramos leitores de *D. Quixote*. Nasceu então uma amizade que dura até hoje, que chegou ao compadrio e me valeu mais dois apelidos: serfântico, serfantástico.

O texto é o terceiro capítulo de um livro inédito, *O leitor quixotesco — O leitor de D. Quixote*, escrito entre 1974 e 1979, e defendido como tese de doutorado no Departamento de Filosofia da USP, sob a orientação de Otília Fiori Arantes.

enriquecendo — o que confirmaria que a distração deve ser atribuída ao historiador?

Mas não vale a pena dar-se ao trabalho de inventariar minuciosamente esses desleixos. Mais interessante é anotar o jeito, por assim dizer, não planejado que faz progredir a narrativa. Não é por causa desse ritmo particular que Cervantes pode dar-se ao luxo de deixar D. Quixote em segundo plano e debruçar-se sobre as complicações de outras personagens? Para exemplificar, pensemos no segundo volume, que contém páginas e páginas dedicadas ao curto mandato de Sancho governador, em tudo alheias às aventuras de seu amo. O precedente, aliás, já fora aberto no volume anterior, que, caprichosamente, parece desinteressar-se das loucuras do herói. Depois de vinte e tantos capítulos em que reptos e bordoadas mal nos deixam tomar fôlego, Cervantes permite que uma turba de enamorados invada o livro e o deixe saturado com suas peripécias: Cardênio, Lucinda, D. Fernando, Doroteia, Zoraida, o Cativo etc.

Tampouco vale a pena voltar à questão que tanto tempo ocupou os cervantistas acerca da legitimidade ou não desses enredos que dispensam as costumeiras quixotadas. Sobre esse tema, as melhores intervenções talvez sejam as do próprio Cide Hamete Benengeli, respondendo a seus primeiros críticos. No momento importa ressaltar outros fatores que, sem dúvida, têm algo que ver com o caráter imprevisto da composição.

De fato, não foram poucos os estudiosos que descobriram em D. Quixote o herói de face pelo menos dupla e em Cervantes o narrador que devolve com uma das mãos o que retirou com a outra. Retomando as preocupações de Hegel, Georg Lukács não pretende dizer uma verdade desconhecida quando afirma a coexistência em D. Quixote de uma "irresistível comicidade" e de uma "comovente nobreza". Essa duplicidade tampouco escapou ao dramaturgo Pirandello, que procurou integrá-la aos efeitos produzidos no leitor. Num rápido esboço dos valores que norteiam o percurso de D. Quixote — aspiração à justiça, proteção aos fracos e combate aos poderosos, vingança à violência e dever do sacrifício —, Pirandello pode duvidar da oportunidade de fazer desta figura o pretexto para a desqualificação satírica da cavalaria. E pergunta-se, afinal, expressando apenas a experiência de qualquer leitor menos desavisado: "Onde se encaixa, então, a sátira? Nós todos amamos este cavaleiro virtuoso e se suas infelicidades nos fazem rir, elas também nos comovem profundamente".[2]

De resto, essa ambiguidade — amarrada às contradições do herói e desconcertante para o leitor desde as primeiras impressões — não é descartada pelo narrador, cuja intenção não se confina à facilidade do riso satírico. Por isso, Lukács declara com muita razão que Cervantes sabia perfeitamente que os ideais de seu herói eram historicamente ultrapassados, mas não deixou de pintar a pureza humana, a honestidade subjetiva e o heroísmo de D. Quixote. Cervantes compreendeu e valorizou corretamente ambos os aspectos.[3]

Ainda assim, entretanto, não parece ilegítimo perguntar sobre o momento em que se dá essa descoberta e sua justa distribuição de pesos. Será que Cervantes já tinha topado com ela de antemão, fazendo justiça à sua importância antes mesmo de depositar a primeira palavra sobre o papel?

Parece que não. Victor Chklovski, por exemplo, verifica na obra a existência de uma "concepção primitiva" acerca da figura quixotesca, dada nas primeiras páginas do livro e revista à medida das aventuras, principalmente por intermédio dos discursos pronunciados pelo herói. O fidalgo "desinteligente", de juízo rematado, adquire assim uma fina sabedoria, inteiramente imprevista a princípio.[4] É por isso que Ramón Menéndez Pidal não hesita em usar o termo apropriado, declarando que Cervantes "corrige"[5] o tipo quixotesco. Essa correção, entretanto, não é anterior à impressão do

---

2. Luigi Pirandello, "L'Arioste et Don Quichotte", in *Ecrits sur le théâtre et la littérature* (Paris: Denoel-Gonthier, 1968), p. 111.

3. Georg Lukács, "Marx et le problème de la décadence idéologique", in *Problèmes du réalisme* (Paris: L'Arche, 1975), p. 224.

4. Victor Chklovski, "Comment est fait Don Quichotte", in *Sur la Théorie de la prose* (Paris: L'Âge d'Homme, 1973). Esta retificação tampouco escapou a Amado Alonso: "nos primeiros capítulos do livro [...] D. Quixote é um pobre mentecapto disparatado, um louco rematado que nem sequer tem a personalidade ancorada numa figura fixa, mas que vive mudando e é tanto D. Quixote quanto Valdovinos ou o mouro Abindarráes ou Reinaldo de Montalbán. Mas à medida que Cervantes avança na narração, vai vendo outra coisa em sua criatura [...] e vai surgindo um D. Quixote inesperado e de tremenda complicação". Amado Alonso, "Cervantes", in *Materia y forma en la poesia* (Madri: Gredos, 1955), pp. 188-9.

5. Ramón Menéndez Pidal, "Cervantes y el ideal caballeresco", in *Mis páginas preferidas* (Madri: Gredos, 1975).

livro, não permanece confinada à liberdade do dizer e desdizer própria do manuscrito: depositada francamente aos olhos do leitor, ela se faz visível à medida da própria leitura.

Sob estas voltas e reviravoltas que o sujeitam às retificações, o texto de Cervantes testemunha contra as intenções de assimilar a atividade do escritor à criação divina. Em *D. Quixote*, os vestígios deixados não permitem entrever a infinita astúcia do demiurgo oculto. Nem todas as coisas estão em seus devidos lugares, ou melhor, todas estão — mas sob regras que não as da harmonia ilusória. A própria natureza da relação entre sabedoria e loucura em D. Quixote talvez seja um dos tantos indícios valiosos para tal estratégia de pesquisa. Erich Auerbach fez notar como a sensatez e a doidice coexistem "lado a lado" em D. Quixote, o que não deixa lugar para um tipo de "combinação especificamente shakesperiana e romântica de sabedoria e loucura, na qual uma coisa é inconcebível sem a outra".[6] A combinação se faz muito mais por *aglutinação* dos elementos, quase ao sabor das aventuras e dos efeitos de comicidade, o que remete outra vez a uma prática exposta ao imprevisto, capaz de correções e distorções. Por antecipação, Cervantes não exerce qualquer mando divino sobre D. Quixote e Sancho: não os faz, diz Auerbach, eles se fazem em suas mãos. A princípio, as duas figuras foram, portanto, apenas "uma visão" e aquilo em que se transformaram, afinal, surgiu paulatinamente, a partir de um sem-número de situações em que Cervantes os deixa entrar, onde reagem como o instante sugere, conforme a incomparável força imaginativa do escritor.

De resto, o livro tira partido, divertidamente, dessa espécie de atividade marcada pela instantaneidade. Por isso, o cronista espanhol se apressa, por exemplo, em duvidar da autenticidade de algumas razões emitidas por Sancho Pança, dando certas passagens por apócrifas. E o próprio D. Quixote viria a dizer, entre surpreso e orgulhoso: *"Cada día, Sancho, te vas haciendo menos simple y más discreto".*[7]

Essas observações alertam para o fato de *D. Quixote* ser um texto no qual falta a costumeira unidade que, comumente, se es-

---

6. Erich Auerbach, "A Dulcineia encantada", in *Mimesis* (São Paulo: Perspectiva; Edusp, 1971), p. 304.
7. Miguel de Cervantes, *Don Quijote*, v. ii, cap. xii.

pera da obra de arte. Mas não apenas quanto ao não essencial. Não em relação aos desleixos inocentes que a segunda edição pudesse remendar e nem porque a pena do escritor deriva irresistivelmente para os contos laterais. A unidade não seria restituída se suprimíssemos os "excessos", porque a sua falta diz respeito ao coração do livro. Esta ideia de composição por desvio talvez forneça uma perspectiva diferente para enfrentar o debate acerca do estatuto da relação de leitura proposta por *D. Quixote*. Com efeito, visto que Cervantes tateou muitas páginas antes de poder ver com mais claravidência a figura de D. Quixote, não seria difícil imaginar que tivesse desde sempre a medida exata da prática da leitura contida em seu livro?

A pergunta, evidentemente, não tem nada de despropositada, sobretudo quando lembramos que *D. Quixote* é um livro escrito sob a ambivalência do humor. A constatação é decisiva. Foi amarrando a figura quixotesca a essa postura fundamental do seu cronista que Arnold Hauser pôde qualificar D. Quixote como exemplo do herói simultaneamente "louco" ou "santo", diante de quem só resta guardar cautela e distância. O humor, conclui o historiador, expressa uma atitude dialética, um ponto de vista flexível, "susceptível de evolução, retificável a qualquer momento".[8]

Essa definição talvez deixe entrever a razão pela qual Hegel foi dos primeiros a valorizar corretamente a tensão implicada na atitude geral do narrador de *D. Quixote*. Não é por isso que, ao distinguir Cervantes e Ariosto, Hegel se refere à "ironia" de um e às "fáceis zombarias" do outro?[9]

É surpreendente como a desconsideração dessa diferença pode levar a uma avaliação insatisfatória do texto de Cervantes. Exemplo disso é a postura de Auerbach no famoso ensaio "A Dulcineia encantada". Seu objetivo geral é restituir a *D. Quixote* sua dimensão "cômica", violentada por séculos de "hiperinterpretações" que atribuem à loucura do herói um caráter trágico ou simbólico. Auerbach acentua no livro a *brincadeira*, o "jogo alegre" e a "cômica confusão" que o atravessam de ponta a ponta, efeitos de contraste divertido en-

---

8. Arnold Hauser, *O maneirismo* (São Paulo: Perspectiva; Edusp, 1976).
9. Friedrich Hegel, "L'Art romantique", in *Esthétique* (Paris: Aubier, 1964), v. v, p. 125.

tre "um mundo bem ordenado" e as aspirações disparatadas de D. Quixote. Trágica a repetição indefinida dos fracassos do cavaleiro? Por certo que não, diz com razão Auerbach:

> Uma luta trágica pelo ideal e pelo desejável em primeiro lugar só pode ser representada, de tal modo que intervenha de forma sensata no estado real das coisas, estremecendo-o e importunando-o; de tal maneira que, contra o sensatamente ideal, surja uma oposição igualmente sensata, quer ela seja proveniente da inércia, da maldade mesquinha e da inveja, quer de uma visão mais conservadora. A vontade idealista deve estar de acordo com a realidade existente pelo menos até o ponto de poder atingi-la, de tal forma que uma penetre na outra e surja um verdadeiro conflito. O idealismo de D. Quixote não é desta espécie.[10]

O Cavaleiro da Triste Figura não consegue perturbar a ordem do mundo, que se diverte gostosamente à sua custa ou sacrifica às loucuras quixotescas uns tantos dentes partidos e orelhas mutiladas. O contrário também não acontece, pois o cavaleiro, dono de uma "serenidade irrefletida", diria Hegel, integra o mundo desencantado aos encantamentos da novela de cavalaria. Como, pois, esperar que algum sopro trágico atravessasse este engraçado equívoco?

Talvez o texto de Auerbach não possa ser lido sem o contraponto de Américo Castro, com especial ênfase para o volumoso estudo por este dedicado a Cervantes em 1925. Daí a ênfase do autor de *Mimesis* para o que há de inofensivo e divertido em *D. Quixote*, ato de rebelião contra um Castro carrancudo que, na empreitada de vincular Cervantes ao mais avançado pensamento europeu, sacrificou não apenas o autor satírico, mas igualmente o escritor. A disparidade de posturas dos dois estudiosos diante de *Quixote* fica patente na leitura do episódio da libertação dos forçados. Para Castro, eis aí uma das tantas passagens em que Cervantes contrasta à "justiça legal" um ideal de justiça "misticamente natural". Sob a brincadeira inocente, esconde-se não apenas a crítica corrosiva de um humanista erasmiano, que se expressa hipocritamente numa linguagem cifrada, mas também o desencanto do poeta trágico:

10. Erich Auerbach, op. cit., p. 300.

com efeito, a generosidade quixotesca não se vê castigada pelas pedradas de seus próprios beneficiários? Para Castro, tudo se passa como se Cervantes dissesse que a Justiça, "como tantas outras construções da razão e do desejo", não cabe neste mundo como ele é, apesar de D. Quixote.[11]

Auerbach contesta vigorosamente essa verdade que subsume o episódio no contraste "entre direito natural-cristão e direito positivo". Para tanto, argumenta, seria preciso que o discurso do Quixote na ocasião fosse mais que mero discurso de ocasião. Para ser tomado a sério, deveria ter "consciência e método", o que não é o caso. Além disso, nenhuma força se opõe à decisão do cavaleiro: o comandante da guarda é pouco mais do que um pobre-diabo cumpridor de seus deveres, decididamente impróprio para tanto. O episódio não passaria, assim, de uma das muitas variações em torno dos equívocos hilariantes de D. Quixote, que vincula eventos corriqueiros a proezas cavalheirescas. Nada de trágico ou contestador.

> D. Quixote só está errado quando está louco; só ele está errado em meio a um mundo bem ordenado, no qual todos, afora ele, estão no seu lugar; e ele próprio o reconhece no fim, quando volta, moribundo, ao seio da ordem. Mas será que o mundo está realmente ordenado? Esta pergunta não é feita. O certo é que à luz da loucura de D. Quixote, confrontado com ele, o mundo parece bem ordenado e até parece um jogo divertido. Pode haver nele muita desgraça, injustiça e desordem. Encontramos raparigas, criminosos condenados às galés, moças seduzidas, bandidos enforcados e muitas outras coisas semelhantes, Mas tudo isso não nos incomoda. A aparição de D. Quixote, que nada melhora e não ajuda em parte alguma, transforma felicidade e infelicidade num jogo.[12]

Américo Castro exagera, sem dúvida. Não estaria a ele dirigida a afirmação de Auerbach de que nada é mais estranho a Cervantes do que a concepção do romance enquanto instrumento para "desvendar a ordem universal"? Quanto ao episódio dos forçados, talvez

---

11. Américo Castro, *El Pensamiento de Cervantes* (Barcelona; Madri: Noguer, 1973), pp. 191-5.
12. Erich Auerbach, op. cit., p. 312.

não seja preciso ir tão longe como Castro. Sem fazer referência explícita ao *Quixote*, Hegel escreveu algumas linhas que, sem dúvida, dizem respeito a essa passagem. Discutindo as razões do aparecimento do *romanesco*, no seu sentido moderno, afirma:

> A vida exterior, até então submetida aos caprichos e vicissitudes do acaso, transformou-se numa ordem segura e estável, a da sociedade burguesa e do Estado, de modo que agora a polícia, os tribunais, o exército, o governo tomaram o lugar dos objetivos quiméricos perseguidos pelos cavaleiros.[13]

A partir de Hegel, entretanto, não seria possível argumentar, e muito, contra a postura de Auerbach? É legítimo dizer que, confrontado à loucura quixotesca, o mundo se ordena por contraste? Por essa via não se tornaria ele, muito ao contrário, uma realidade suspeita, incapaz de generosidade no seu prosaísmo e mesquinhez? Por isso, Pirandello expressa, como se viu, as inquietações que o leitor experimenta em relação à figura ridícula e nobre de D. Quixote. E Lukács:

> A evolução posterior nunca mais reencontrou esta unidade da grandeza e do cômico na personagem de D. Quixote, que repousa precisamente sobre o fato de que Cervantes, de maneira genial, unia organicamente no seu próprio caráter a dupla luta contra as determinações decisivas das duas fases históricas, das quais uma substituía a outra. A saber: a luta contra o "heroísmo" (que soava oco) da cavalaria e a luta contra a baixeza, que ressaltava claramente desde o princípio.[14]

É claro que Auerbach não deixa de assinalar essas contradições. Também para ele a comicidade de D. Quixote não exclui "uma dignidade e superioridade naturais", como não exclui uma sabedoria "média" e "normal". Por si só, isso produz uma "combinação desusada": há camadas a serem identificadas, que não se encontram habitualmente no puramente cômico.[15]

---

13. Friedrich Hegel, op. cit., pp. 125-6.
14. Georg Lukács, "Le Roman", in *Ecrits de Moscou* (Paris: Éditions Sociales, 1974).
15. Erich Auerbach, op. cit., p. 306.

Entretanto, Auerbach não se debruça sobre estas "camadas" tão devagar como seria de esperar. Anota sua existência e novidade, discorre com muita finura sobre as relações entre sabedoria e loucura em D. Quixote, não perde de vista a impossibilidade de se identificar a comicidade quixotesca ao "baixo", "tolo" e "malévolo", prática comum numa certa literatura anterior ao *Quixote*. Escreve páginas inesquecíveis sobre a complexa relação entre Sancho Pança e D. Quixote, mas conclui dizendo: tudo não passa de uma enorme brincadeira, de um jogo sem maiores consequências. Nisso, aliás, Cervantes estaria sendo apenas fiel à sua concepção do romance enquanto diversão e "honesto entretenimento", lugar ideal, de resto, para exercer o "peculiarmente cervantesco", esta "corajosa sabedoria" que implica uma "neutralidade" e "indiferença" diante do mundo. Na verdade, será que Cervantes imprecaria apenas contra "os livros mal escritos"?[16]

Vale dizer: só não transigiria em questões de estilo... Já a identificação do "peculiarmente cervantesco" à indiferença e à neutralidade parece um pouco apressada e temerária. Esta impressão não adviria do "espírito geral de relativismo" que atravessa o livro, no dizer de Leo Spitzer, e do qual o "perspectivismo linguístico" é uma das tantas facetas? Mas este "relativismo" não é resultado de uma "indiferença", e sim da humilde aceitação de uma transcendência insondável: o perspectivismo de Cervantes, continua Spitzer, reconhece um "domínio do absoluto". "Entronizado sobre as múltiplas facetas e perspectiva do mundo", o Deus de Cervantes detém o privilégio do entendimento absoluto: "é o grande 'Entendedor' da linguagem que criou".[17]

Para Spitzer, é o episódio do Cativo o grande exemplo deste "perspectivismo linguístico posto a serviço do divino". Ao contrário do que pensa Américo Castro, não se trata de uma história em que o amoroso é tema central e o religioso apenas contraponto periférico. O que está em causa aqui, antes de tudo, é a conversão de Zoraida, cujo coração foi soprado pela Graça divina. A religião, portanto, é

---

16. Leo Spitzer, "El perspectivismo lingüístico en el 'Quijote'", in *Lingüística e historia literária* (Madri: Gredos, 1974), p. 167.
17. Ibidem, p. 168.

o "miolo" da narrativa, que nos revela os abismos imperscrutáveis em que se move a sabedoria de Deus. E não apenas porque suas finalidades secretas não hesitam em "suspender as leis da moralidade normal", completando a conversão com a passagem mais "trágica" e "violenta" do livro: o engodo cruel que Zoraida inflige a seu leal e extremoso pai biológico. O episódio é revelador da infinitude do entendimento de Deus, principalmente por testemunhar sua sabedoria em reconhecer os corações, apesar da "babélica confusão de línguas" na qual estão confundidas as personagens da novela.[18]

> Não é a linguagem, nem o gesto, nem as vestes, como tampouco o corpo o que interessa a Deus, mas a intenção oculta sob todas estas manifestações externas, a alma. Deus, diz-nos Cervantes, pode reconhecer através da "perspectiva" de um incrédulo seu verdadeiro e fiel seguidor.[19]

Daí a polionomásia, a polietimologia e o poliglotismo que caracterizam o livro, conclui Spitzer: eles atestam que "a transparência da linguagem é uma realidade somente para Deus".[20]

Mas não é isso que nos interessa mais de perto no ensaio de Auerbach. Na verdade, talvez seu grande pecado seja subestimar o papel da "diversão" e da "brincadeira" no texto de Cervantes, desconsiderando o que significa para um escritor, formado em pleno século XVI, comprometer sua pena com o domínio do *riso*.

Quando se referem a este domínio, é comum que os humanistas do século XVI recorram à expressão proverbial *Silenos de Alcebíades*. Erasmo dedica um dos seus *Adágios* a desentranhar-lhe o sentido; no prólogo de *Gargantua*, Rabelais vem a público para comparar o livro com essas

---

18. O fato de o relato fazer uso não apenas do castelhano, mas também do árabe, do turco e da língua franca (dialeto falado por mouros e cristãos cativos), não deve ser atribuído à intenção de conferir "cor local" à novela. Com efeito, continua Spitzer, "temos que nos haver evidentemente com um interesse expresso por cada língua individual enquanto tal, até o ponto em que sempre nos é dito em que língua estavam redigidos os discursos, uma carta ou era falado um diálogo".

19. Leo Spitzer, op. cit., p. 174.

20. Ibidem, p. 177.

petites boites, telles que voyons de présent ès boutiques des apothicaires, pinctes au-dessus de figures joyeuses et frivoles, comme des harpies, satyres, oyson bridéz, lièvres cornuz, canes bastées, boucqs volans, cerfz limonniers et aultres telles pinctures contrefaictes à plaisir pour exciter le monde à rire (quel fut Silène, maistre, du bon Bacchus); mais au dedans l'on reservoir les fines drogues comme baulme, ambre gris, amomon, musc, zivettes, pierreries et aultres choses précieuses.[21]

E Erasmo, nos *Adágios*:

> Seu uso está indicado quando uma coisa, à primeira vista e em sua aparência imediata, mostra-se vil e desprezível; mas para quem a contempla mais de perto e em sua profundidade, é uma maravilha de primor; ou quando uma pessoa, em suas vestes sem asseio e enfermiça aparência física, manifesta muito menos qualidades do que aquelas que alberga latentes e encerradas em sua alma.[22]

Sócrates possuía esta aparência enganosa, no dizer de Alcibíades. Entretanto, lembra Erasmo, sob "as aparências de bufão" estava alguém que "foi proclamado sábio pelo oráculo". Esta face dupla de Sileno, o humanista não hesita em atribuí-la aos próprios livros Sagrados:

> Também as Sagradas Letras arcanas têm os seus Silenos. Se te deténs na superfície, a coisa pode parecer ridícula; se te adentrares na anagogia, ou seja, no sentido místico, cairás de joelhos diante da divina Sabedoria.[23]

No momento, não nos importa que mesmo a verdade divina possa se revelar sob a aparência do ridículo. O que interessa é o reconhecimento ontológico, por parte dos pensadores mais ilustres, dessa duplicidade desconcertante: a bufonaria pode ser um sinal de seriedade.

No *Elogio*, essas referências se multiplicam. O discurso da Loucura se dirige à "orelha de asno" com que Midas se apresentou a Pan:

---

21. François Rabelais, *Gargantua, Prólogo*, in *Œuvres complètes* (Paris: Gallimard, 1955), p. 3.
22. Erasmo de Rotterdam, *Adágios*, in *Obras escogidas* (Madri: Aguillar, 1964), p. 1068.
23. Ibidem, p. 1072.

não à atenção que é devida aos "pregadores sagrados", mas a que se dispensa aos "charlatães, bufões e palhaços". Na dedicatória a Morus, Erasmo faz menção ao "gênero de gracejo que pode tornar douto o agradável", "principalmente quando as bagatelas conduzem à seriedade, principalmente quando o leitor, se possui um pouco de faro, acha nelas maior proveito que em muitas dissertações graves e pomposas". E, afinal, sentencia: "Nada é mais tolo que tratar com seriedade as coisas frívolas; mas nada é mais espirituoso que fazer as frivolidades servirem às coisas sérias".[24]

Como se vê, rir ou fazer rir não são atos inocentes, brincadeira inútil que atravessaria o mundo deixando-o intocado. Segundo o *Elogio*, por exemplo, existe uma estreita relação entre o riso e a dominação política. Não é difícil provar que em certas ocasiões o discurso risível, por exclusão de qualquer outro, é a única arma eficaz de persuasão:

> É somente por meio de afagos que se consegue reunir nas cidades estes seres selvagens que parecem nascidos dos rochedos ou dos carvalhos. Tal é a significação da lira de Anfíon e de Orfeu. A plebe romana em rebelião, pronta para as mais extremas violências, quem a reconduziu à concórdia? Um discurso de filósofo? De maneira alguma; é o apólogo risível e pueril dos membros e do estômago. Temístocles teve o mesmo sucesso com um apólogo semelhante, da raposa e do ouriço. Que palavra de sábio teria produzido o efeito da corça imaginada por Sertório, dos dois cães de Licurgo e do engraçado ardil sobre a maneira de depilar a cauda de um cavalo? Não falo de Minos ou Numa, que governaram a louca multidão por meio de ficções fabulosas. Por meio de ninharias como essa é que se conduz essa enorme e poderosa besta, que é o povo.[25]

A passagem é instrutiva e interessa muito, já que conjuga elementos que nos remetem à avaliação de Valdivielso, incumbido de firmar um dos textos de aprovação ao segundo tomo do *Quixote*: "*en el cebo del donaire el anzuelo de la reprehensión*". A exemplo de Temís-

24. Idem, *Éloge de la folie* (Paris: Garnier-Flammarion, 1964), pp. 17, 13 e 14.
25. Ibidem, pp. 34-5.

tocles, Sertório ou Licurgo, seria Cervantes o autor de um "ardil engraçado", capaz de persuadir pela sua própria natureza de "apólogo risível"? De fato, é o que pretende Martín de Riquer ao retomar explicitamente os termos da comparação da voz da Loucura no texto de Erasmo. Não diz ele que, face às palavras de sábio que "trovejam em vão" contra a cavalaria, ocorreu a Cervantes fazer uso da "autêntica eficácia" suposta na "arma da ironia"?

O que se passa, na realidade, é que tanto Valdivielso quanto Riquer — e também Auerbach, por outras vias e com mais complexidade — atribuem a Cervantes o compromisso com uma tradição relativamente estranha a *D. Quixote*: assimilam o texto à versão clássica do riso, de caráter puramente *negativo*, surgida na Grécia no século IV a.C. e retomada vigorosamente nos tempos modernos, a partir do século XVII. Esta manobra não é rara. Em seus textos sobre o Barroco, Helmut Hatzfeld não hesita em fazer do *Quixote* uma inigualável sátira com tendências declaradamente contrarreformistas.

> Na época dos índices de livros proibidos, o mais natural é que Cervantes nos apresente um caso exemplar, para correção dos que querem abandonar-se à leitura desordenada, sem outro guia que o seu próprio entusiasmo. Por isso, o arrependimento final de D. Quixote é profundamente sincero e conforme a intenção de Cervantes, que é a de condenar os erros de seu herói, juntamente com os livros que os ocasionaram.[26]

Em certo sentido, entretanto, é este o caminho a ser evitado a todo custo. Em seu célebre estudo sobre a obra de Rabelais,[27] Mikhail Bakhtin sustenta que existe no século XVI outra concepção do riso, que se distingue radicalmente daquela que fez história nos séculos seguintes e remonta a Platão e Aristóteles. Herdeiro de outra tradição teórica de origem grega e latina, e igualmente da cultura cômica popular da Idade Média (sobretudo a carnavalesca), esta concepção vê no riso "uma das formas fundamentais através das quais se ex-

---

26. Helmut Hatzfeld, *Estudios sobre El Barroco* (Madri: Gredos, 1972), p. 526.
27. Mikhail Bakhtin, *La cultura popular en la Edad Media y en El Renacimiento* (Barcelona: Barral, 1974).

pressa o mundo, a história e o homem". Nesta altura, ainda não se atribui ao ponto de vista *sério* importância maior que ao *cômico*, que em muitos casos é o único capacitado a falar sobre "certos aspectos excepcionais do mundo".

Mas o século XVII marcará aqui uma grande ruptura, ao cumprir de vez "o processo de reinterpretação do riso", anunciado desde fins do século XVI. Com a instauração da hierarquia dos gêneros, o cômico será confinado à soleira do literário: já não pode expressar, segundo os termos de Bakhtin, "uma concepção universal do mundo". O discurso cômico ficará restrito a falar dos vícios dos indivíduos e da sociedade, visto que só é essencial e significativo aquilo que acontece segundo os parâmetros da *seriedade*. Como na Antiguidade clássica, o cômico se define, então, pela ideia de negação: sua fala se exerce sobre aquilo que *não deve ser*.

Este caráter negativo do riso o torna capaz de discorrer apenas sobre parcelas do mundo e confina seus efeitos para um campo de relativa desimportância: o da diversão. Com muita perspicácia, Bakhtin remete o leitor a um texto que testemunha inapelavelmente o processo de redefinição do riso. Por volta de 1530, no Livro II, Capítulo X dos *Essais*, Montaigne distingue entre os livros que proporcionam "consolo e conselho" e ensinam a "bem viver e bem morrer" e os livros de "pura diversão", entre os quais situa Rabelais. "Escritores graciosos": segundo a palavra de Bakhtin, será sobre esta categoria que as obras de Rabelais e Cervantes tenderão a ser ajuizadas depois do século XVII.

Mas o juízo é estranho aos primeiros leitores de *Gargantua* e *Pantagruel*. A questão fundamental diz respeito à prática renascentista do riso, que confere a este uma *significação positiva*. Não se atribui ao cômico o papel restrito de denegrir: acentua-se nele o que há de *regenerador* e *criador*.

É fácil evocar as fontes teóricas mais antigas que servem de base a esta concepção. Dentre as mais importantes, Bakhtin faz notar em primeiro lugar a que acentua, via Hipócrates, a relação entre riso e medicina, e discorre acerca da importância da alegria e vivacidade do médico e do paciente no tratamento das enfermidades. Bastante comum no século XVI é a citação do célebre dito de Aristóteles, segundo o qual o homem é um animal que ri, ou a evocação de Menipo, segundo Luciano, ocupado em rir-se deste mundo a partir da ultratumba. O riso, como se vê, não se limita ao domínio do negativo. Diz respeito à vida e à morte, atravessa a prática do médico, é sinal de humanidade (como a razão e a linguagem), está ligado à liberdade de espírito e à palavra. No chamado *Romance de Hipócrates*, está associado à "loucura" de Demócrito e aparece como conquista espiritual do homem maduro. Munido desses referenciais ilustres, o renascimento faz um vigoroso elogio da "tradição literária cômica", procurando integrá-la à corrente crítica dos ideais humanistas. Uma sondagem atenta dessa tradição seria capaz de nos fazer retroceder aos fins da chamada Antiguidade ou, mais longe ainda, até certas manifestações cômicas de culturas primitivas. No entanto, declara Bakhtin, o que importa acentuar é a herança que legou ao século XVI a cultura cômica popular da Idade Média.

Primeiramente, é preciso insistir sobre o caráter *não oficial* dessa cultura do riso, por oposição ao tom sério e religioso que atravessa a ideologia dominante sob o feudalismo. De fato, "a seriedade exclusiva" é o grande traço da ideologia medieval oficial, resultante de seu próprio conteúdo: ascetismo, crença numa providência sinistra, papel desempenhado por categorias como pecado, redenção, sofrimento etc.

Conforme Bakhtin, o tom sério se impôs como a única forma capaz de expressar a verdade, o bem, e, em geral, tudo o que era considerado importante e estimável.[28]

Dada essa separação radical, não é de estranhar que a Idade Média desenvolvesse, sob o olhar tolerante e restritivo da Igreja e do Estado, "um segundo mundo e uma segunda vida" que, no dizer de Bakhtin, forjavam uma concepção deliberadamente não oficial do mundo e dos homens. Tendo como nervo o humor popular na praça pública, é possível isolar três grandes segmentos dessa cultura: formas e rituais do espetáculo (o carnaval, obras cômicas representadas em praça pública); obras cômicas verbais (tanto orais quanto escritas, em latim ou língua vulgar) e formas linguísticas do vocabulário familiar e grotesco (insultos, juramentos, lemas populares). No interior dessa rica diversidade, Bakhtin não perde de vista a profunda "unidade de estilo" que caracteriza essa cultura. Seu solo comum é o *festejo carnavalesco*.

28. Ibidem, p. 71.

O carnaval é a expressão mais plena desta "segunda natureza humana" recalcada pela seriedade oficial do feudalismo. A festa oficial sancionava o regime vigente; consagrando a estabilidade, a imutabilidade e a perenidade das regras que regiam o mundo. Destacando propositalmente as distinções hierárquicas, reafirmavam a desigualdade e a verdade eterna.

> Diferentemente da festa oficial, o carnaval era o triunfo de uma espécie de libertação transitória, mais além da órbita da concepção dominante, a abolição provisória das relações hierárquicas, privilégios, regras e tabus. Opunha-se a toda perpetuação, a todo aperfeiçoamento e regulamentação, apontava para um porvir incompleto.[29]

Daí o fato de o páthos da queda e da substituição, da vida e da morte — "quintessência da percepção carnavalesca do mundo"[30] — estar implicado no ato carnavalesco por excelência: a entronização bufa e destituição do rei. O que se oculta sob este ato, entretanto, não é a negação pura e absoluta, mas a sabedoria exultante da relatividade: o carnaval festeja o processo de mudança. Por isso, um escravo quase sempre encarna o rei coroado e destituído, o que supõe uma percepção do mundo avessa ao "bom desenvolvimento normal". Em consequência, podemos isolar, a partir dessa prática de inversão, as principais categorias carnavalescas: a familiaridade, a excentricidade, a *mésalliance* ou a profanação. Esta última engloba todo um sistema de aviltamentos e conspurcações carnavalescas, as inconveniências relativas às forças genésicas da terra e do corpo, as paródias de textos e falas sagradas etc.

Mas é preciso insistir sobre a verdadeira natureza destas "conspurcações" e "inconveniências", cuja função não é simplesmente a de *denegrir*. Neste sentido, o conceito bakhtiniano de *realismo grotesco* é muito elucidativo. Definido inicialmente como sistema de imagens da cultura cômica popular, a noção deve apontar para a "totalidade viva e indivisível" onde são amarrados utopicamente "o cósmico, o social e o corporal". Na obra de Rabelais, a que mais profundamente se ins-

29. Ibidem, p. 15.
30. Idem, *La Poétique de Dostoievski* (Paris: Seuil, 1970), p. 172.

pira nestas raízes, "o princípio da vida material e corporal" (imagens relativas ao corpo, à bebida, à satisfação das necessidades naturais ou à vida sexual) não deve ser sumariamente ligado à vida burguesa, como se testemunhasse o "interesse material do *homo economicus*, em seu aspecto privado e egoísta". No realismo grotesco, esse princípio se afirma como universal e se opõe a todo e qualquer desligamento unilateral em relação ao material e corporal, dotado, por outro lado, de um caráter positivo e afirmativo. É assim que a *degradação*, traço distintivo do realismo grotesco e por intermédio da qual tudo o que é elevado e sublime ganha um registro material e corporal, não tem um sentido de conspurcação tout court. No realismo grotesco o "alto" e o "baixo" se definem em termos rigorosamente *topográficos*. O "alto" é o céu, o "baixo", a terra. Ao mesmo tempo que é princípio de absorção (tumba e ventre), a terra representa nascimento e ressurreição (o seio materno). A mesma distinção cósmica se repete em termos propriamente *corporais*: o "alto", aqui, é o rosto (a cabeça) e o "baixo" os órgãos genitais, o ventre e o traseiro.

> O realismo grotesco e a paródia medieval se baseiam nessas significações absolutas. Rebaixar consiste em aproximar da terra, entrar em comunhão com a terra, concebida como um princípio de absorção e *ao mesmo tempo* de nascimento: ao degradar, amortalha-se e semeia-se de uma só vez, mata-se e dá-se à luz algo superior. Degradar significa entrar em comunhão com a vida da parte inferior do corpo, ventre e órgãos genitais, e em consequência também com os atos como o coito, a gestação, o parto, a absorção de alimentos e a satisfação das necessidades naturais. A degradação cava a tumba corporal para dar lugar a um *novo* nascimento. Daí que não tenha um valor exclusivamente negativo, mas também positivo e regenerador: é *ambivalente*, é ao mesmo tempo negação e afirmação [...]. O "inferior" para o realismo grotesco é a terra que dá vida e o seio carnal; o inferior é sempre um começo.[31]

De resto, a complexidade da noção de "realismo grotesco" é testemunha, entre outras tantas, do próprio caráter complexo do humor

---

31. Mikhail Bakhtin, *La cultura popular en la Edad Media y en El Renacimiento*, op. cit., pp. 25-6.

carnavalesco. No carnaval, o riso não se limita a uma reação individual diante de um fato singular isolado. Tem um caráter *geral*, como patrimônio de todo o povo, e também *universal*, incluindo sem exceção todas as coisas, até mesmo os próprios burladores. Donde seu caráter profundamente ambivalente: "alegre e cheio de alvoroço, ao mesmo tempo burlão e sarcástico, nega e afirma, amortalha e ressuscita de uma só vez".

> Esta é uma das diferenças essenciais que separam o riso festivo popular do riso puramente satírico da época moderna. O autor satírico que só emprega o humor negativo, se coloca fora do objeto aludido e se opõe a ele, o que destrói a integridade do aspecto cômico do mundo; por causa disso, o riso negativo se converte num fenômeno particular. Ao contrário, o riso popular ambivalente expressa uma opinião sobre um mundo em plena evolução, no qual estão incluídos os que riem.[32]

Diante dessa argumentação, parece simplista identificar o *Quixote*, sem mais, a uma das tantas sátiras de costumes saídas do movimento contrarreformista. Não significaria isso, na verdade, sacrificar-lhe as mais caras contradições? Mais moderado que Hatzfeld, mas levado pelo mesmo propósito de desqualificar a chamada leitura romântica de *D. Quixote*, Auerbach retoma a ideia do Cervantes escritor "divertido", sob o influxo de uma concepção do cômico que fez fortuna principalmente depois do século XVII. Daí sua dificuldade, confessada, de medir o romance "na escala que vai do trágico ao cômico".[33] Embora não esconda o constrangimento, o que Auerbach faz é orientar-se por uma teoria dos gêneros que relegou o riso para os umbrais da literatura.

Quanto à importância e ao papel do preceptismo clássico no interior de *D. Quixote*, voltaremos ao tema um pouco adiante. Por ora, importa ressaltar que o livro de Cervantes não é alheio ao seu influxo, assim como não é estranho a *concessões à concepção do cômico posterior ao século XVI*. Bakhtin não se esquece de nos advertir, aqui e ali:

---

32. Ibidem, p. 17.
33. Erich Auerbach, op. cit., p. 299.

A linha principal das degradações paródicas conduz em Cervantes a uma comunhão com a força produtora e *regeneradora* da terra e do corpo. É o prolongamento da linha grotesca. Mas, ao mesmo tempo, o princípio material e corporal começa a empobrecer-se e debilitar--se. Entra em estado de crise e desdobramento, e as imagens da vida material e corporal começam a adquirir uma vida dual.[34]

Não seria difícil verificar no *Quixote* as marcas de degradação dos mais característicos símbolos do "inferior" corporal e material do realismo grotesco. Para recorrer ao exemplo mais óbvio, é suficiente evocar a divertida aventura do "*rebuszno*", contida no segundo volume. O asno é um dos mais antigos símbolos "baixos", carregado evidentemente da dupla face de regeneração e degradação. Durante a Idade Média, lembra Bakhtin, a célebre "festa do asno" costumava evocar a fuga de Maria para o Egito. Seu tema central, entretanto, não dizia respeito nem à Virgem e nem ao Menino Jesus, mas ao asno e ao seu zurro. Também as "missas do burro" conferiam especial atenção à zurraria: cada parte do ofício era pontuado por cômicos orneios e ao final, à maneira de bênção, zurrava o sacerdote, replicado pelos fiéis,

---

34. Mikhail Bakhtin, *La cultura popular en la Edad Media y en El Renacimiento*, op. cit., p. 26. Quando se refere à dívida de Cervantes para com o realismo grotesco, Bakhtin lança mão principalmente das relações entre D. Quixote e Sancho Pança, vulgarmente concebidas sob uma oposição mecânica e abstrata. Por exemplo, em certos diálogos cômicos muito populares na Idade Média, como os que sustentam Salomão e Marcoul, há um contraponto entre as máximas salomônicas, expressas em um tom grave e elevado, e as máximas jocosas e pedestres do bufão Marcoul, todas referidas premeditadamente ao mundo material (beber, comer, digestão, vida sexual). E acrescenta em nota: "os diálogos de Salomão e Marcoul, degradantes e pedestres, são muito similares aos diálogos sustentados entre D. Quixote e Sancho Pança". Ibidem, p. 24. Mais adiante, depois de afirmar que a grande pança de Sancho, sua sede e apetite, são "uma propensão para a abundância", desprovida de "caráter egoísta e pessoal", Bakhtin declara: "O materialismo de Sancho, seu umbigo, seu apetite, suas abundantes necessidades naturais constituem 'o inferior absoluto' do realismo grotesco, a alegre tumba corporal (a barriga, o ventre e a terra) aberta para acolher o idealismo de D. Quixote, um idealismo isolado, abstrato e insensível; e o 'cavaleiro da triste figura' necessita morrer para renascer mais forte e maior; Sancho é o corretivo natural, corporal e universal das pretensões individuais, abstratas e espirituais; além disso, Sancho representa também o riso como corretivo popular da gravidade unilateral dessas pretensões espirituais (o inferior absoluto ri sem cessar, é a morte que ri e engendra a vida). O papel de Sancho frente a D. Quixote poderia ser comparado com o das paródias medievais em relação às ideias e aos cultos sublimes; com o papel do bufão frente ao do cerimonial sério; o das Carnestolendas com relação à Quaresma etc.". Ibidem, pp. 26-7.

no mesmo tom. Pois bem: no episódio do *"rebuzno"* a figura do asno aparece arrancada dessa tradição, assumindo um sentido puramente afrontoso. É o motivo de pendência entre dois povoados. Na arenga em que D. Quixote tenta demover a aldeia insultada de desforrar-se pelas armas, em nenhum momento se evoca a função regeneradora deste símbolo. Talvez somente na intervenção de Sancho exista algum sinal desta face positiva: *"rebuznar"* é uma "habilidade", uma "ciência" capaz de fazer inveja, e não porque a praticamos deixamos de ser *"hijos de padres honradísimos"*. Por isso mesmo, Sancho é surrado.[35]

Entretanto, também os exemplos opostos poderiam ser multiplicados. Bastaria lembrar a maneira grotesca pela qual o tema cavalheiresco do amor é glosado na passagem em que Rocinante faz a corte às éguas ianguesas. Ou então o episódio do bálsamo de Fierabrás, em que D. Quixote se purifica pelas vias do vômito e do suadouro, depois de ter ingerido uma estranha mistura de vinho, sal, azeite e alecrim.

Também não é menos verdade que muito possivelmente *D. Quixote* tenha nascido como uma sátira puramente negativa. Por isso os primeiros capítulos do livro ocuparam de maneira tão especial as obras dos cervantistas. Em nota ao Capítulo VII da primeira parte do *Quixote*, por exemplo, Martín de Riquer escreve o seguinte:

> Supôs-se que, depois do escrutínio e da queima dos livros do fidalgo, dava fim uma primeira versão do *Quixote*, concebida como relato breve no estilo das *Novelas Exemplares*, o que de certo modo corroboraria o fato de que as epígrafes dos capítulos vistos até agora tenham sido escritas e situadas depois da redação do texto. Os seis primeiros capítulos do *Quixote* constituem, com efeito, a narração da primeira "saída" do protagonista e oferecem uma evidente unidade: tratar-se-ia de uma breve narração, similar ao *Entremez dos Romances*, na qual um fidalgo enlouquece lendo livros de cavalarias, é burlescamente armado cavaleiro, defende Andrés da cólera de Juan Haldudo e finalmente é espancado pelos comerciantes, recolhido por

---

35. Evidentemente, em nada mudam essas considerações o fato de Clemencín e Rodríguez Marín suporem que a história seria um conto popular possivelmente verídico. Cf. a edição anotada por Francisco Rodríguez Marín (Madri: Espasa-Calpes, s/d) v. VI, cap. XXV, p. 140.

Pedro Alonso e trazido de volta à sua aldeia. A condenação e incineração dos livros de cavalaria, causadores do dano, encerrariam a novelinha. Tudo isso, não obstante, não passa de uma hipótese, e felizmente Cervantes seguiu adiante com o presente capítulo, que começa com um rápido final do escrutínio e faz aparecer a figura de Sancho Pança, com o que se cria a imortal parelha e, com ela, o constante e saboroso diálogo, um dos maiores acertos do escritor.[36]

Hipóteses ou não, estes primeiros capítulos continuam dando o que pensar. É possível que escondam uma das grandes viradas do livro de Cervantes que, depois deles, deixará de lado a estreita comicidade e ganhará uma inegável feição carnavalizada, apesar de recaídas futuras. É casual que a partir daqui Cervantes "corrija" o tipo quixotesco como diz Pidal? Ou que surja *"la inmortal pareja"* que, com a entrada em cena de Sancho Pança dá ao livro o mais incisivo contraponto de degradação e regeneração? De qualquer maneira, é a partir daqui que D. Quixote vai tomando conta da pena de Cervantes e consegue fazer com que ela escreva a seu favor, ainda que continue contra ele. Nunca deixaremos de rir da imaginação disparatada do herói, mas com o correr das páginas também já não será possível deixar de lamentar, como diria Hegel, "a vulgaridade e futilidade" do mundo que o desmente. D. Quixote continuará sendo objeto de uma insistente zombaria, sem que se possa excluir desse processo uma entusiasmada exaltação.

Em seu célebre ensaio sobre o chiste, Freud anotou no livro de Cervantes esta passagem de uma tônica puramente cômica para o prazer de origem humorística. A virada se dá no momento em que D. Quixote deixa de ser uma "grande criança", cujo juízo foi transtornado pelas novelas de cavalarias, para se tornar uma figura dotada "da sabedoria mais profunda e das mais nobres iniciativas". A partir do momento em que rimos de suas desgraças, poupando os sentimentos de dor ou piedade que a nobreza de sua empresa deveria produzir em nós, o livro se torna definitivamente humorístico.

---

36. Martín de Riquer, *Don Quijote*, nota ao cap. VII, p. 81.

O humor nos permite atingir o prazer apesar dos afetos penosos que deveriam perturbá-lo; ele suplanta a evolução desses afetos, colocando-se no lugar deles. Eis suas condições: uma situação onde, pela força de nossos hábitos, somos tentados a pôr em movimento um afeto penoso, enquanto que, por outra parte, certos móveis nos determinam a reprimir este afeto, *in statu nascendi.* [...] O prazer do humor nasce, portanto — não saberíamos dizer de outra forma —, à custa do desencadeamento de um afeto que não se produziu; ele resulta da economia de um gasto afetivo.[37]

Esses sentimentos penosos que fazem parte do humor são o grande fator de perturbação do processo puramente cômico. O efeito cômico, segundo Freud, é cancelado quando uma determinada situação, que poderia provocar riso, reverte num prejuízo qualquer. Ao contrário, o humor tira partido deste prejuízo e do sentimento penoso que dele resulta, *economizando* "a comoção afetiva". Por isso mesmo, uma das fontes mais frequentes do prazer humorístico é um sentimento de piedade que nos é poupado.[38]

É claro que a concepção freudiana do humor dificilmente daria conta de *D. Quixote*, já que suas definições ("triunfo do narcisismo", "invulnerabilidade do eu", "desafio") não levam em conta o modelo do humor carnavalesco e seu caráter alegre e regenerador. Entretanto, seus argumentos mostram aquilo que está ausente de leituras como as de Auerbach, que pressente a complexidade do cômico no *Quixote*, mas não utiliza o conceito fundamental: o humor. É verdade, como lembra Freud, que "o espiritual cavaleiro" é uma personagem profundamente *séria*, desprovida de qualquer senso de humor. Essa incapacidade de D. Quixote se revela em todas as ocasiões, quando o humor se faz "à custa de nosso descontentamento" e "substitui nossa cólera", segundo os termos de Freud. Não é exatamente o oposto disso que ocorre no episódio em que Sancho é man-

---

37. Sigmund Freud, *Le Mot d'esprit et sa relation à l'inconscient* (Paris: Gallimard, 1971), pp. 354-5.

38. Freud se apega, principalmente, aos exemplos de humor negro. Por exemplo: o da célebre anedota do condenado levado para o cadafalso e que, tendo o pescoço nu, pede um lenço para protegê-lo do frio da madrugada. Diante dessa preocupação, o riso ocupa o lugar do nosso natural sentimento de piedade por seu destino: nossa comoção é poupada.

teado na estalagem?[39] Na aventura dos pisões, D. Quixote se permite algum humor, mas diante das gargalhadas de Sancho volta à seriedade habitual, castigando o escudeiro. Cavaleiro de uma verdade só, eterna, transparente, inquestionável, D. Quixote raramente encontra motivos para rir. Mas seu cronista está longe deste cego dogmatismo. Seu humor é o grande segredo do espírito "perspectivista" que os estudiosos lhe atribuem e que algumas vezes tem sido tomado como "indiferença" e "neutralidade". Este humor impregna tão decisivamente sua pena que a obra que dela sai resiste a qualquer estabilidade dogmática. Daí sua capacidade de voltar atrás e corrigir-se, sem qualquer sentimento de pudor. Também aqui, aliás, Cervantes deixa levar-se pela sabedoria do fluxo carnavalesco, "decididamente hostil a toda perfeição definitiva", como diria Bakhtin.[40]

---

39. "*Viole bajar y subir por el aire, con tanta gracia y presteza, que, si la cólera le dejara, tengo para mí que se riera*." Miguel de Cervantes, *Don Quijote*, v. I, cap. XVII.
40. Mikhail Bakhtin, *La cultura popular en la Edad Media y en El Renacimiento*, op. cit., p. 9.

John Ford e os heróis da transição no imaginário do western[1]

Ismail Xavier

> *O meio moderno, ao se apropriar do passado recente, projeta-o, mediante o distanciamento épico, à dimensão idealizada da lenda ou do mito, mas não pode evitar a ebulição dos fatos ainda recentes, que afloram de algum modo no passado reconstruído. A zona de intersecção do fato com a lenda é o espaço privilegiado do faroeste; John Ford é o poeta desse espaço.*
>
> Davi Arrigucci Jr., "Entre a lenda e a história", *Folha de S.Paulo*

O western, como ficção literária e gênero do cinema, construiu um imaginário que transfigura uma experiência histórica em termos de uma épica que trabalha a conquista territorial como o eixo da formação dos Estados Unidos, no plano da ordem social e dos valores fundamentais que prepararam a nação no sentido moderno. Essa formação, como foi o caso de outros países emergidos de situações coloniais, envolveu processos migratórios os mais variados e a prolongada guerra de extermínio contra as populações nativas que fez dessa expansão um processo representado, grosso modo, do ponto de vista dos vencedores.

Se a conquista do Oeste marcou a dinâmica social e econômica depois da independência, o imaginário que aí se constituiu não se reduz à dimensão bélica da conquista, ao domínio da natureza e à apropriação de suas riquezas, mas inclui também um rebatimento simbólico que deu nova inflexão a um nacionalismo da singularidade de caráter, forjada na construção do "novo homem" revigorado por tais desafios, apto a superar as "doenças civilizacionais" que teriam acometido uma Europa permeada de guerras de religião e perseguições das quais os puritanos fugiram em direção à terra prometida. A conotação bíblica presente nesse imaginário se traduziu, por exemplo, na noção de Destino Manifesto, que supõe o Novo Mundo como um território destinado aos brancos europeus, seus

---

1. Publicado originalmente em *Novos Estudos Cebrap* (São Paulo, n. 100, nov. 2014), pp. 171-92.

ocupantes legítimos. Posse inelutável que ganha especial inflexão na ideia daquele caráter nacional forjado em estreito contato com forças tectônicas que catalisam um novo modo de ser que, no limite, define uma espécie de Adão americano a cumprir a vocação de transformar o deserto — uma terra virgem supostamente desabitada ou em mãos que devem ser excluídas — em jardim.[2]

Estes são temas presentes na história do western como gênero popular de Filmes B que não excluiu cineastas de maior talento, os quais assumiram uma forma narrativo-dramática embebida desse imaginário, mas trabalharam de modo original, com um senso especial dessa dinâmica cultural presente na experiência do *frontier*, o espaço mítico de confrontos que, segundo o mito, regeneram virtudes perdidas; posto avançado, zona liminar de passagem em que se constitui o contato com a alteridade, o imaginário das aventuras possíveis, a celebração dos valores da guerra e da potência individual de heróis que vivem uma condição anterior à constituição de um Estado-nação que vem se constituir como instância ordenadora que requer o exercício do monopólio da violência.

Nesse sentido, o western se inscreve no campo das "ficções de fundação", para usar a noção de Doris Sommer.[3] Nestas, dramas privados e questões públicas se entrelaçam, Eros e Polis se unem; a paixão amorosa, o desejo heterossexual de um casal protagonista, funde-se a uma teia de acontecimentos históricos de modo que o seu destino condensa, como uma sólida figura, o destino nacional, dado o pressuposto de que esses dois planos de experiência expressam uma base comum de valores, revelam uma sintonia que alia o percurso dos personagens e os conflitos da história.

Síntese do mito da idade heroica dos fundadores, o gênero trouxe algo mais do que a expressão de tal mitologia, dando lugar, na sua evolução, a obras mais complexas que não só incorporaram os motivos das ficções de fundação como também tensionaram seu universo com tramas e personagens que convidam à reflexão sobre os valores

---

2. Ver Henry Nash Smith, *Virgin Land: The American West As Symbol and Myth* (Nova York: Vintage, 1950).
3. Doris Sommer, *Ficções de fundação: Os romances nacionais da América Latina* (Belo Horizonte: UFMG, 2004).

efetivamente presentes, tanto naquele passado de formação quanto no presente em que se insere a produção dos filmes. Tomo aqui o cinema de John Ford como referência e destaco três de suas melhores obras, *No tempo das diligências* (*Stagecoach*, 1939), *Rastros de ódio* (*The Searchers*, 1956) e *O homem que matou o facínora* (*The Man Who Shot Liberty Valance*, 1962), para apontar como formam uma trilogia que permite discutir a relação entre o cineasta e os pressupostos dessa formação nacional. Ou seja, permite esclarecer o modo como ele lança indagações que, sem dissolver a feição heroica de seus protagonistas e seus códigos marciais, sugerem uma articulação problemática entre o imaginário que celebra o indivíduo, pilar e instância fiadora de um ideal de sociedade, e as condições concretas de sua ação marcada por uma rede de interesses e relações sociais de poder.

A trilogia aqui em pauta compreende filmes realizados em distintas décadas, cada qual apresentando uma forma própria de tratar a etapa vivida pelas personagens no processo geral de conquista e modernização: *Stagecoach* focaliza o momento por excelência da expansão territorial, entendida como um percurso ininterrupto do "ir adiante", reativado pela disponibilidade de novos *frontiers* nos vastos espaços do *Far West* (incluído o que era território mexicano), disponibilidade que, segundo a hipótese de Jackson Turner, formulada em 1893, havia sido essencial para a vitalidade desse processo de formação nacional, seja como condição de desenvolvimento econômico, seja como lugar de revigoramento do caráter pelo mergulho e isolamento num mundo de embates violentos, visto como prelúdio de novos ciclos de avanço da civilização.[4] *The Searchers* desloca a ênfase para a questão da guerra de extermínio e o papel do ódio racial neste processo de crescente domínio do território e estabilização de uma ordem social alimentada pela utopia de uma civilização artesanal agrária de pequenas propriedades, seguindo a lei de distribuição de terras aprovada em 1862, o Homestead Act que, mais efetivo por algumas décadas, não atingiu suas metas, atro-

---

4. Ver Frederick Jackson Turner, *The Frontier in American History* (Nova York: Holt, Rinehart and Winston, 1962). Para uma discussão da hipótese de Turner e suas implicações, ver Richard Slotkin, *Gunfighter Nation: The Myth of the Frontier in Twentieth-Century America* (Nova York: Harper Perennial, 1993), pp. 29-62.

pelado pela própria dinâmica da modernização industrializante e de concentração de capitais. *The Man Who Shot Liberty Valance* traz o *West* em seu momento de domínio territorial mais avançado, e sua ênfase dramática recai sobre a superação da instabilidade vivida por uma comunidade ainda marcada pelo imperativo da passagem do domínio absoluto das armas à nova ordem de relações mediadas por dispositivo legal mais estável.

Nos três filmes, ressalvada sua distinta inscrição no tempo, o traço comum é a tematização da passagem da lei do sangue para a lei da Polis; da cadeia da vingança centrada nos assuntos de família ou no despotismo patriarcal de criadores de gado, para a conformação da justiça mediada por um quadro institucional apoiado na constituição do Estado nacional.

Vale nestes casos um esquema romanesco que é uma versão moderna (e popular) do que vemos na tragédia grega, em especial na trilogia de Ésquilo — a *Oresteia* —, que tematiza essa passagem quando se completa a travessia de Orestes. Na terceira parte da trilogia (*Eumênides*), a deusa Atena instaura no Olimpo o tribunal que faz prevalecer a lei da Polis e absolve o herói da condenação pela lei do sangue, ou seja, da perseguição das Fúrias, as guardiãs das leis da família que tensionaram a etapa anterior da travessia.

Os três filmes, na forma de compor o drama e tramar o seu desfecho, posicionam-se de modo original em face dos paradigmas que se combinam e se sucedem no mito da conquista. Ao mesmo tempo, compõem dois movimentos que vale antecipar: (1) há um gradativo deslocamento do herói que encarna os valores marciais — o *gunfighter* — e seu modo de cumprir um papel que tem enorme relevância no contexto em que vive seus combates, mas é traço comum ele se destinar a uma nova condição que o afasta do convívio com os representantes da comunidade que se mostra em formação, marcando o paradigma do herói que, embora pilar de um salto importante em direção à ordem futura, não terá lugar nela, dada a tensão que exibe com os valores assumidos como centrais no marco das relações que vão construir a nova sociedade; (2) a trilogia caminha em direção a uma crescente reflexividade, cada filme, a seu modo, deixando interrogações que rebatem sobre pontos fundamentais do imaginário do western, sendo que, dos três, *O homem que matou o facínora* é o metawestern por excelência, construindo a narrativa pela mediação da voz de um herói fundador que vem revelar os fatos subjacentes à lenda, de modo a colocar em discussão o próprio sentido do gênero e suas implicações.

A IDADE DA INOCÊNCIA:
O *NEW DEAL* DO HERÓI ROMÂNTICO

Stagecoach trabalha a figura do herói marginal, Ringo Kid (John Wayne quando jovem), personagem clássico movido por um projeto de vingança que traz inflexão especial à trama. De início, tal projeto é motivo da atenção do xerife da cidade de Tonto, que, ao receber a notícia de que Ringo fugiu da prisão, decide partir na diligência para Lordsburg com intuito de prendê-lo. Seu objetivo é evitar o esperado confronto, nessa cidade, entre Ringo e os irmãos Plummer, que mataram seu irmão e conspiraram para que ele fosse preso ainda muito jovem.

A viagem dessa diligência, eixo da narrativa, faz convergir vários pontos de tensão dramática que mobilizam o espectador, destacado o que incide sobre todos os personagens: a ameaça trazida por Jerônimo, o chefe apache que lidera uma revolta ao recusar o confinamento na reserva, tornando-se a figura extracampo de que se fala de forma obsessiva na abertura do filme, seja no forte militar ou na pequena cidade. Na travessia, os apaches serão o foco onipresente de tensão para os passageiros que formam a pequena comunidade que se aperta na diligência e vive esta condição estrutural do *frontier*. A notícia da mobilização dos índios coincide com a chegada a Tonto da diligência vinda do Leste, uma escala em sua jornada. A ocupação do território pelos brancos é descontínua, instável, e a questão-chave no avanço da diligência é a decisão de cada passageiro sobre se deve ou não continuar viagem após a notícia da ameaça. Uma patrulha do exército vai escoltá-los, diminuindo o risco a enfrentar na travessia do Monument Valley, cuja iconografia singular dá ressonância ao drama e ao senso de presença iminente dos índios, que permanecem quase sempre "fora da vista", até o fim da viagem, visíveis apenas numa cena em que observam do alto a passagem da diligência. No mais, são as mensagens através dos seus sinais de fumaça.

A primeira sequência oferece o quadro geral e apresenta a galeria de tipos que forma a pequena comunidade que vai se apertar na diligência diminuta e ter revelado seu caráter, valores e atitude, potencializados por esta situação-limite. Temos o xerife; o condutor da diligência (polo da comédia, figura popular simpática a Ringo); a esnobe Lucy, moça do Leste a caminho do reencontro em Lordsburg com o marido, capitão do exército mobilizado na guerra; o jogador de pôquer, Hatfield, com ares de aristocrata sulista afetado pela derrota na Guerra Civil, que se aproxima de Lucy quando esta sai da diligência em Tonto, faz-lhe a corte e termina por embarcar para "protegê-la". Nessa relação, a mise en scène se faz mediante jogos de olhar, tal como na apresentação dos que estão sendo expulsos da cidade, indesejáveis que a Liga da Lei e da Ordem obriga a embarcar, a prostituta Dallas e Doc Boone, o médico alcoólatra que desfila com ela pelas ruas enfrentando com humor o preconceito. Peacock é o discreto vendedor de uísque, vindo com a diligência e que decide continuar, para felicidade do doutor; Gatewood é o banqueiro que embarca às pressas quase na saída da cidade, já exibindo arrogância e atitudes suspeitas, funcionando como metáfora de uma elite financeira de que se deve desconfiar (estamos na era Roosevelt, em 1939). Ringo não é passageiro regular e só aborda a diligência quando já afastada da cidade, após o plano simbólico que marca a passagem da "civilização" à "natureza selvagem", opondo o marco limite do casario e o espaço mítico do Monument Valley. Pensando estar com controle da situação, atira para o alto e exibe seu rifle, mas é surpreendido pela voz de prisão do xerife e pela aparição, logo atrás, da escolta do exército. Entrega a arma e se instala a bordo sentado no chão.

A pequena comunidade segue viagem, cada qual representando uma forma de vivência do *frontier*, de modo a que se componha o mosaico de comportamentos de classe capaz de gerar uma reflexão sobre o perfil social do novo país e a relação efetiva de cada personagem em sua distância adiante da pauta de valores igualitários proclamada.[5] Prevalece a dinâmica de preconceito e discriminação

---

5. Esse aspecto central do filme se inspira no conto de Guy de Maupassant "Bola de sebo", em que há a dissecação dos comportamentos de classe e discriminação de uma prostituta constrangida por um grupo de passageiros burgueses e aristocratas, que viajam numa carroça, em território francês, ocupado pelos alemães em plena Guerra Franco-Prussiana. Há a mesma dinâmica de travessia e parada em estalagem.

instalada pelas figuras da "boa sociedade", que olham com reservas o comerciante de uísque e o doutor, rejeitam Ringo e abominam a presença de Dallas. Nesta relação entre grã-finos e marginalizados, as duas paradas da diligência definem o sentido maior da viagem. Na primeira, o militar anuncia que recebeu novas ordens e não mais seguirá a diligência, que ficará por sua conta e risco. Comandados pelo xerife, os passageiros devem votar pela continuidade ou não da viagem. Decidem prosseguir. Após a votação, é hora de compor a mesa para o repasto. Há uma regra tácita: a exclusão de Dallas. No entanto, esta não se consuma de imediato porque Ringo, que não a conhece, a convida para sentar a seu lado, gerando olhares indignados, em especial o de Lucy, que, na cabeceira da mesa, humilha a moça expulsa da cidade com seu nariz empinado. Dallas baixa os olhos. É emblemático aqui o clássico campo-contracampo que constrói o momento da rejeição, acentuando a pressão do olhar de Lucy e a modéstia culpada de Dallas. O jogador usa seu know--how de etiquetas e convida a moça e seus parceiros "legítimos" a sentarem na outra ponta da mesa, "perto da janela, onde está mais fresco". Consagra-se na imagem a oposição entre os dois grupos, a distância e os olhares valendo como condenação e isolamento, que radicalizam o que já se configurava na disposição dos corpos na diligência e no diálogo cheio de farpas entre o médico e o sulista, pontuado pelo discurso sentencioso do banqueiro.

O filme compõe uma polaridade ética que tem fundo democrático e ganha forma cênica dentro do código do melodrama, valorizando a autenticidade e a boa disposição igualitária dos destituídos de status social. Constrói-se a relação de empatia com Dallas, Ringo e o médico alcoólatra, que mais tarde vão confirmar suas virtudes e neutralizar o estigma lançado pelas figuras que a mise en scène enquadra numa moldura crítica.

Estabelecida a polaridade entre esnobes e excluídos, a diligência segue viagem até alcançar a estalagem dos mexicanos simpáticos que exibem outras alternativas de convivência, incluído o casamento com moças indígenas, sem problemas. No entanto, há limites no poder de relativização trazido por esse exemplo, pois eles, de certo modo, não escapam a uma dose de estereótipo. Na estalagem, Lucy recebe do mexicano a notícia de que seu marido está gravemente ferido, e a crise que então se desencadeia—de novo em chave melodramática—revela que ela está grávida (ninguém notara antes!) e precisa de socorro para um parto urgente, momento em que o doutor consegue se afirmar. Ajudado pelos amigos, sai da embriaguez, entra em forma, exerce a sua competência e, assistido por Dallas, realiza com sucesso a operação: o bebê nasce com as conotações evangélicas de um milagre e é nos braços de Dallas que é posto em foco para a contemplação admirada de todos. Detalhe essencial: a retórica do olhar tem aqui seu momento decisivo quando vemos a expressão de Ringo a observar Dallas com o bebê, sinal de uma vocação para a maternidade, virtude que desperta nele o projeto da futura união para viver num rancho mais a oeste, além da fronteira, projeto para o qual ele a convida em cena seguinte, primeira manifestação do herói na direção de encarnar a figura mítica do Adão americano, que faz avançar a utopia pastoral de domesticação da natureza, a transformação do deserto em jardim, no caso só possível após a fronteira, em território (até então) mexicano. O lance final de *Stagecoach* será a promessa de realização desse projeto, tornada possível por um gesto do xerife.

Após a segunda parada da diligência, a retomada da travessia é mais dramática, opondo o novo membro da comunidade, gerador de promessa de vida, e a precipitação da ameaça dos índios que se consuma no grande confronto que seria fatal para o grupo não fora um motivo basilar do gênero: a chegada providencial da cavalaria. Nem todos se salvam: Peacock e Hatfield são mortos. Os vivos são escoltados até Lordsburg, onde cada qual seguirá o destino condizente com o que se definiu como seu caráter. Ringo consegue consumar sua vingança no modo heroico requerido, eliminando os três irmãos Plummer num único duelo em plena rua principal e entregando-se em seguida ao xerife. Este, com a cumplicidade do doutor, agora com mais autoridade em sua filosofia, o libera para o encontro com Dallas. O casal parte numa charrete rumo à sua utopia.

De um lado, segundo o mito da formação, este movimento sugere a inserção do jovem casal na categoria dos tipos edênicos que a mitologia do western potencializou: o foragido da cadeia e a prostituta acabam por se mostrar a melhor encarnação dos bons princípios, dado que os leva a buscar, no final, um espaço de vida simples junto à natureza. Ringo Kid, ao encarnar a figura da inocência não de imediato reconhecida, cumpre um trajeto de provas que se completa na sua ação como *gunfighter*, cujo papel é "limpar a cidade" e preparar o avanço da ordem, mas cujo percurso de lutas, embora justificado, está no terreno da lei da vingança: a prisão parece ser o seu destino, mas a avaliação do xerife — em que o homem cordial, na acepção de Sérgio Buarque de Holanda, prevalece sobre o homem da lei — o libera para um exílio desejado. O jovem herói da transição, neste filme, ainda poderá cumprir um papel positivo indo adiante em direção ao novo *frontier* ao lado mulher que, vítima do moralismo, depurou suas virtudes e simbolizou a maternidade no momento decisivo. Redimidos, podem ser vistos como prontos para a missão pioneira que faz convergir o seu destino e o ideal da formação nacional.

De outro lado, embora a ficção de fundação aqui se ajuste plenamente ao mito da conquista do Oeste no eixo da hipótese de Turner (o essencial é "ir adiante" na conquista de novos territórios), o que se configurou na vida das duas cidades, pontos de partida e de chegada da travessia, está longe de compor um exemplo de promessa regeneradora do caráter que seria próprio, segundo o mito, da vivência no *frontier*. O "ir adiante para montar um posto avançado da civilização" se desestabiliza como enunciado de uma teleologia, pois nem as cidades nem a comunidade forçada que se acotovela na diligência sustentam, por ora, a positividade de tal avanço. Funcionam mais como evidência de iniquidades que se deslocam juntamente com a conquista, algo que inspira a ironia de Doc Boone quando, após se despedir de Ringo e de Dallas, enuncia, sem esperanças teleológicas, que eles "estão livres das bênçãos da civilização", sendo em seguida convidado pelo xerife para uns drinques. A que responde: "só um".

A CENA PRIMITIVA DO RACISMO SECULAR:
A GUERRA PARTICULAR DO HERÓI RESSENTIDO

Em *Stagecoach*, no momento do confronto com os índios, um gesto extremo de Hatfield, não por acaso, retoma uma imagem emblemática de *O nascimento de uma nação* (1915), o paradigma radical das ficções de fundação de cunho racista no cinema americano. No entanto, o gesto de Hatfield se faz dentro de outra moldura, pois a figura do aristocrata sulista — tão decantada no filme de D. W. Griffith e depois em ...*E o vento levou* (Victor Fleming, 1939) — recebe aí um olhar crítico que marca a diferença de John Ford em face do mestre e a sua oposição à elegia pastoral referida ao Sul presente na superprodução épica que lhe é contemporânea. Em *O nascimento de uma nação*, o pai e a irmã do herói, que comanda a luta pela restauração da supremacia branca contra a "ameaça" dos negros liberados pela Guerra Civil, estão presos numa choupana cercada pelos "inimigos". No desespero, o pai, em transe, agarra a filha e encosta a arma em sua cabeça — antes vê-la morta do que sujeita à "luxúria" dos negros. Tal gesto é tomado como ponto extremo dos dramas vividos pelo patriarca racista, havendo um convite para que nos identifiquemos com ele e sua fidelidade ao princípio da pureza racial. O socorro chega a tempo e o gesto não se consuma graças à intervenção de um grupo liderado pela Ku Klux Klan. No filme de John Ford, quando finalmente o combate contra os índios ocorre e os passageiros da diligência se preparam para o fim, Hatfield encosta a arma na cabeça de Lucy, que reza desesperada em dramático close-up. O suspense se resolve quando uma flecha atinge o suposto aristocrata e ele deixa cair o revólver. Antes mesmo da intervenção da cavalaria, sua morte trava o gesto que lembra a cena do patriarca em *O nascimento*, um gesto que, como observei, adquire outra conotação, pois agora é outro o estatuto do herdeiro daquela tradição. Embora os índios, neste filme, constituam uma alteridade radical, "selvagens", o mundo "civilizado" apresenta suas fissuras e a nação mostra ter problemas que denunciam estes ímpetos de sacrifício diante da ameaça como uma forma de afetação ilegítima.

Ethan, o protagonista de *Rastros de ódio*, é interpretado por um John Wayne já consolidado como emblema no *star system*, também encontra seu momento de quase execução da moça branca, em nome de uma pureza da raça cuja defesa é o motivo central de seus empenhos. Ela é a sua sobrinha raptada pelos índios que invadiram o rancho do irmão e massacraram a sua família. O ódio racial é sua marca do começo ao fim, pautando sua procura obstinada de Deborah e, em particular, sua conduta quando, anos após o sequestro da menina, ele e Martin, seu parceiro na longa busca e aplicado aprendiz, conseguem o primeiro contato com o grupo indígena que a levou. Passam por mercadores, mas travam um diálogo ríspido. Scar, o cacique que já vimos na cena do rapto de Deborah, porta o medalhão que Ethan havia dado a ela. O confronto é tenso e as mútuas alusões reforçam a relação de espelhamento/rivalidade entre Ethan e Scar. O diálogo não avança, mas os visitantes são conduzidos à tenda do cacique disposto a exibir seus troféus (escalpos). O choque maior, no entanto, dá-se quando reconhecem a figura de Deborah, já adolescente, como parte do círculo que serve o cacique (uma de suas mulheres?). "Engolem" a cena em silêncio; a cortina se fecha.

Ethan não perdoa esta nova identidade da moça educada pelos índios. Termina por apontar a arma para a sobrinha quando ela, mais tarde, os procura nas imediações da aldeia para, atormentada, pedir-lhes que partam, num misto de aflição por eles e por ela, decidida a permanecer na tribo ("este é o meu povo"). Martin se põe à sua frente para impedir o tiro, recebendo ordem expressa para se afastar. Colocado o impasse, é novamente uma flecha indígena que ajuda a salvar a moça branca do "sacrifício", atingindo seu tio no ombro. Ato reflexo, ele dispara a arma sem acertar o alvo, para alívio de um Martin indignado com a ideia fixa de Ethan e atento à missão de proteger sua quase irmã do ódio racial de seu quase tio.

Martin é o mestiço que, lá no início, entrou em cena no rancho de Aaron Edwards, o pai de Deborah, a mostrar seus traços indígenas na destreza de cavaleiro sem sela. É o filho adotivo dos Edwards, um parente que Ethan não aceita, embora o tenha salvado na infância de um ataque comanche. Naquela primeira cena à mesa, sua história se delineou para o espectador, temperada pela reiterada agressão do quase tio. Adiante, após o massacre da família, a rejeição se transformou em contrafeita aceitação cimentada pelos anos de convivência na busca de Deborah. O lance traumático do encontro com ela leva o tio a "deserdar" a sobrinha em declaração solene: para ele, está morta. O estranho testamento fora de lugar se enuncia em pleno Monument Valley, e sela a nomeação simbólica de Martin como seu único herdeiro. Os opostos terminam por se encontrar a partir do vínculo entre mestre e aprendiz, que aqui recebe especial inflexão: Martin, o meio-índio, traz no corpo e nos gestos essa condição, sendo mais humano na lida com os embates próprios ao *frontier*, em oposição a Ethan, o racista cultor da pureza, figura do ressentimento que parte para uma violência incontida em sua guerra particular, e revela o avesso sinistro do mito americano do novo homem renovado pelos desafios da conquista do Oeste.

Colocada a tópica da pureza racial, *The Searchers* aguça as contradições do guerreiro que encarna a lei do sangue, herói calejado e desgastado pelo tempo. Truculento e vingativo, sua tônica é de solidão, dividido entre a postura reativa associada a um senso pessoal de missão a cumprir e o sintomático silêncio sobre as zonas enevoadas de seu percurso dentro da ordem marcial, que jamais abandonou após a derrota do sul confederado. Na dinâmica do choque de culturas, Ethan é o branco racista que, no confronto, completa sua vingança pela profanação de cadáveres inimigos, adotando seus rituais (como escalpar, por exemplo). Sua dupla face de "conquistador enraizado" no cenário da luta marca uma competência na lida com os desafios do *frontier*, que o faz peça-chave na estabilização do mundo dos pioneiros, mundo com o qual ostenta seu descompasso como figura do enigma em constante movimento. A imagem do nômade se afirma logo na abertura do filme.

Os créditos iniciais desfilam sobrepostos a um design que traz o padrão gráfico de uma parede de tijolos; não se trata da imagem naturalista da parede de madeira que sustenta a casa dos colonos. Remete à ideia de abrigo, é ícone de um desejo de vida sedentária que o influxo civilizacional requer. Em contraste, a letra da música evoca a figura do *wanderer* e traz as perguntas sobre os motivos que o levam a *ride away*, enfrentando os desafios de um mundo inóspito. Ethan emerge da paisagem como essa figura do cavaleiro errante na primeira cena, esta que se abre com o célebre plano em que, da casa isolada no campo, a porta aberta permite descortinar o vale. Martha Edwards sai para verificar o que se passa e o vê surgir, ainda ao longe. Esse quadro (emoldurado pelo retângulo da porta) dentro do quadro (definido pela posição da câmera dentro da casa) é uma composição-chave que, por sua vez, emoldura o próprio filme: ela voltará com sua carga simbólica no último plano de *The Searchers*, esse que trará a imagem de Ethan fora da casa, a observar o seu interior e a se afastar em definitivo.

O uso da iconografia que atualiza o mito do forasteiro que chega de longe será aqui, no entanto, logo balizado pela definição de uma identidade e de um passado que marcam a sua pertinência à família que o recebe, de forma a resumir bem esta mescla de intimidade e mistério: depois de um momento de apreensão — quem é? — vem o reconhecimento. Casal e filhos como que compõem um novo quadro ao se posicionar na varanda da casa (lugar de transição) para uma recepção que, no entanto, estará longe de ser efusiva. O ar de desconforto de Aaron Edwards, seu irmão, e a postura mais terna de Martha, a cunhada, anunciam algo que se confirmará logo adiante. Por ora, o clima se desanuvia pela interação simpática de Ethan com o sobrinho adolescente e as duas meninas, momento da cena simbólica em que levanta Deborah com carinho, para observar seu rosto bem de perto, em verdade a confundindo com Lucy, a irmã mais velha, lapso que descontrai a todos — o tempo passou.

Dissolve-se nessa cena uma parte do mistério gerado por sua figura, seus gestos, sua capa e sua calça reveladora do exército confederado, mas permanece uma zona de sombra quanto a suas andanças depois da Guerra Civil, havendo referência a atividades no México, algo escusas, ações mercenárias. A questão que se insinua nos olhares e na forma do reencontro inesperado é de foro familiar, mas será logo atropelada por um conflito maior gerado pela movimentação dos índios, como em *Stagecoach*. Esse papel de agressor reservado aos comanches logo no início é a marca da convenção do gênero neste filme de Ford, algo que permanece até o fim, quando se dá a aniquilação da tribo de Scar, fechando os episódios de guerra. O que *The Searchers* traz como intervenção crítica, para um filme de 1956 imerso num ambiente de tensões raciais nas cidades e paranoia dos brancos, são as zonas de sombra de Ethan-Wayne e, dado mais direto, a referência a episódios de barbárie por parte do exército da União clara evocação do general Custer e seu massacre de uma aldeia indígena cujo terrível resultado é feito imagem que os protagonistas testemunham em suas andanças.

Ethan está longe de estar só no ódio racial, em efeito partilhado pela maioria dos brancos, homens e mulheres à sua volta, como um sentimento que aflora mesmo quando inesperado, como no caso de Laurie Jorgensen, a "boa moça" a quem a trama reserva o casamento com Martin, ao final, para formar um dos pares fundadores da nova ordem. Como expressão do racismo, Ethan não é exceção, apenas seu ponto-limite que, por isso mesmo, carrega o "fardo" da violência como um pai protetor.

No início da trama, a liderança da comunidade está nas mãos do reverendo Clayton, que comanda a milícia defensora do território, os Texas Rangers. Ele chega ao rancho dos Edwards para avisar da mobilização causada pelo ataque a uma fazenda, obra da tribo de Scar, e convocar os homens para uma expedição punitiva. Uma vez na casa, o reverendo revela surpresa e tensão pela presença de Ethan, de quem não tem boa imagem, mas aceita a sua participação na empreitada. Um dado revelador de lances familiares é sua expressa postura imóvel, a observar o vazio quando desvia o olhar — porque conhece o passado — da cena que vem confirmar o sugerido na abertura: no cômodo ao lado, Martha acaricia a roupa de Ethan, devaneia, traz os sinais de uma paixão pelo cunhado, a quem encontra, em seguida, na mesma sala em que está o reverendo, cuja atitude diz tudo sobre a crônica familiar e a rivalidade entre os irmãos. Insinua-se aí uma perda não superada, algo que tem a ver com essa afetação de Ethan como cavaleiro errante não aquinhoado pela ação estabilizadora da figura feminina, um motivo romanesco medieval recorrente no western.

Hóspede incômodo na casa dos Edwards, Ethan logo se mostra útil no combate aos índios. Conhece os códigos do inimigo, e sua eficiência na guerra o faz carismático. É o primeiro a perceber a astúcia indígena que trouxe a milícia a seu terreno para deixar desguarnecido o rancho do irmão. Antevê a tragédia. Esta se prefigura na longa imagem de seu rosto em primeiro plano, antes da volta que confirma suas previsões. Diante da casa, sozinho, encara a cena do massacre e seus cadáveres, poupando os demais; sobretudo a Martin, a quem impede de se aproximar da imagem traumática. Após o enterro de seus familiares, parte para a expedição de resgate e punição; não ouve os argumentos dos amigos que tentam impedi-lo de continuar a cadeia da vingança envolvendo a nova geração, incluindo Martin e o noivo de Lucy na tarefa.

A peregrinação pelo território é longa e confusa, seguindo um padrão enigmático que, no plano prático, é uma duplicação do itinerário da cultura nômade do grupo que eles procuram. Em suas andanças, Ethan negocia com os índios, interage com distintas tribos. Inclui em seu percurso passagens sinistras, a exemplo do encontro com jovens perturbadas após passar pela experiência do sequestro, moças que ele rejeita (espelhos de Deborah?). Há passagens bizarras que Martin descreve em suas cartas para Laurie Jorgensen, com um certo humor que denota uma soberba racial, neste caso em sintonia com a de Ethan, destacada a brutal rejeição da moça indígena que, seguindo o código da sua cultura, tomou um episódio de negociação deles com a sua tribo como um trato de casamento com Martin, trato que os brancos não entenderam, e os seguiu para ser agredida e enxotada.

De início caracterizado como figura do contato, da miscigenação que Ethan odeia, Martin consolida, ao longo do filme, a sua identificação com a cultura dos brancos — algo que tem curiosa simetria com a experiência de Deborah, que, por um momento, pareceu consentir com a sua nova condição de comanche. Será o extermínio de sua tribo pelo poder branco que dará ensejo à cena em que ela inverte a sua postura e aceita a "volta ao lar" nos braços de Ethan, ele também foco de uma inversão em que passa da disposição assassina ao afeto paternal num instante. Algo que alguns críticos explicam ao atribuir tal desmontagem da máquina racista de guerra à satisfação por ele encontrada na vingança sem limites contra Scar, algo já consumado antes dessa cena controversa do seu encontro com Deborah. Outras leituras apontam a sua memória de Martha como inspiração, pois é ela a figura evocada na peça musical que retorna nesse momento decisivo.

As condições que a história oferece a Martin facilitam seu movimento de integração, selado ao final quando vence a batalha da conquista de Laurie, a filha dos imigrantes que vieram da Escandinávia para partilhar a experiência dos pioneiros. Adaptados às vicissitudes da vida social do *frontier*, os Jorgensen compõem um contraponto aos Edwards, e ganham espaço na trama quando sua filha vem ao centro da intriga romanesca para compor a face afortunada de Eros nesta ficção de fundação, algo só acessível à geração que emerge no momento decisivo da conquista do território, em contraste com o solitário Ethan, a quem, entre idas e vindas, resta a solidão, não sem antes completar sua missão vingadora que será viabilizada por uma convergência especial.

Essa convergência se dá quando ele e Martin, mais uma vez de volta a casa, encontram a vida do grupo já mais pontuada de uma sociabilidade que inclui os rituais festivos que tanto marcam os filmes de Ford como sinais de uma nova comunidade em construção. O retorno de Ethan continua um fator de tensão, pois seus excessos na violência, certa feita dirigida a brancos, o fizeram um perseguido, mas o costume local ainda relaxa suas regras para que ele possa partir com o exército na carga final à tribo de Scar, novamente pelas redondezas. A lei da família e o interesse maior do Estado, representado pelo exército, unem-se nesta geografia do *West* para consolidar a vitória dos brancos e a futura incorporação mais estável desse território ao marco nacional em expansão.

No ataque, selando sua condição de herói ascendente, é Martin quem mata Scar. Ethan, tendo chegado tarde, o escalpela. No lance seguinte, o tio persegue a sobrinha, que corre apavorada, pois espera a mesma violência do encontro anterior, em que por pouco não levou o tiro. A imagem do encontro vem dar uma ressonância simbólica para o embate: quando ela tenta se esconder numa gruta, a câmera se posiciona dentro desta, focalizando a cena com o recorte irregular--natural da fenda que constitui a entrada "selvagem" desse espaço obscuro, tudo em oposição aos planos inicial e final de *The Searchers*, quando o contraste entre abrigo e natureza se faz no recorte retangular do batente da porta da casa de família. Martin corre para intervir, mas, antes que alcance Ethan, este já tem domínio da cena e observa a sobrinha exausta, caída a seus pés. É o momento da inversão espetacular, do "golpe de teatro" radical: Ethan assimila a nova Deborah e a levanta com carinho, repetindo o seu gesto lá do início do filme, fechando o ciclo e reinscrevendo a moça no espaço da família.

Por sua vez, Deborah entra em sintonia com a inversão de Ethan e reassume nessa cena a identidade racial que a encaixa muito bem na tonalidade de "volta ao lar" que marca a sequência final, momento em que o tio a entrega à família Jorgensen para um reencontro com o mundo da infância de que participam figuras-chave da vizinhança. Com ar solene, os Jorgensen a conduzem, acompanhados de Martin e Laurie. Todos entram na casa, que simboliza, nesse final, o futuro ligado à ocupação estável do território, com a derrota da alteridade condensada ao longo do filme na figura de

Scar. Só Ethan, embora retorne vitorioso, permanece fora da casa. Uma autoexclusão que recebe o acordo tácito das famílias reunidas, pois ninguém fala nada, nem sequer dá sinais de qualquer atenção ao fato. Ele assume o seu não lugar no futuro melhor que se anuncia. O mesmo recorte da porta aberta traz agora a imagem de sua solidão de herói alquebrado, que observa o interior (para nós, fora do campo visível) e logo se retira. Levou ao limite a sua intervenção num mundo que mudou e não mais o absorve como um dos seus, embora ele tenha sido necessário nas tarefas da transição.

Se há, em *No tempo das diligências* e em *Rastros de ódio*, a sugestão da clássica figura do herói que vem intervir no destino da comunidade e se retirar, vale lembrar que em nenhum deles, e tampouco no caso de O *homem que matou o facínora*, encontramos a figura solitária do *gunfigther* errante, forasteiro sem conexão com os personagens com quem vai interagir ou com o local em que intervém. Não temos aquele protagonista de uma estrutura mítica circular que supõe a ação justiceira do presente como repetição de aventuras de mesmo teor no passado. Aqui, quando ele se afasta, não há nenhum sinal de continuidade do ciclo num futuro que iria repor a mesma ordem de coisas dentro da qual seu heroísmo faria sentido. Rompendo o círculo, há um tempo que avança e eclipsa a sua figura. Ringo tinha um histórico na região; sua instabilidade, como fugitivo, tinha razões claras e se dissolvia no fim. Sua união com Dallas, avalizada pelo xerife, era a marca definitiva do papel da mulher na composição da utopia agrária e da vida sedentária. No caso de Ethan já não há mais tempo para encontros estabilizadores ou um novo rancho mais adiante. Resta para o herói da transição um perfil que o filme expõe a uma reflexão crítica, ressaltando a conjugação de brutalidade, racismo e dedicação à guerra de conquista. Tal reflexão, por seu lado, não descarta o carisma da figura marcial, cultivado em chave romanesca, apesar das restrições que lhe são feitas. No final, reitera-se esse movimento duplo quando ele passa por um julgamento implícito pela atitude da comunidade em fase de consolidação nesse território em que o Estado, pela ação do exército, dá sinais de vida, ainda que incipientes, num estágio avançado da guerra de extermínio.

É essa travessia, da guerra à estabilização do território, encarnada na busca e salvação da menina sequestrada, que define o lugar de *The*

Searchers na mitologia do western. Enquanto ficção de fundação, o filme retoma um motivo recorrente na literatura do período colonial nos Estados Unidos, quando, desde cedo, as narrativas de sequestro e cativeiro de moças brancas pelos povos indígenas se tornaram uma vertente de sucesso ao longo do século XVIII, antes da emergência do mito do *West*.[6] Curiosamente, este é um motivo recorrente que não se reduz ao cinema hollywoodiano, tendo sido central em ficções de fundação que introduziram essa dimensão épico-monumental no cinema do início do século, notadamente no filme-marco *Cabíria* (1914), um dos maiores clássicos do gênero *peplum* (filme italiano de época centrado em aventuras vividas na Roma Antiga). Realizado por Giovanni Pastrone, com a colaboração de Gabriele D'Annunzio no roteiro e nos letreiros didático-poéticos, traz a complicada trama que fez confluir a vitória dos romanos nas Guerras Púnicas e a consolidação do Império com a salvação da jovem Cabíria, filha de nobres romanos. Quando criança, ela fora sequestrada pelos fenícios logo após uma erupção vulcânica que destruíra o palácio familiar e a fizera órfã. Levada para Cartago como escrava, é resgatada, muitos anos depois, por Fulvio Axilla, patrício romano que participa da invasão vitoriosa de Cartago que sela a hegemonia de Roma no Mediterrâneo. O *Marenostrum* é o palco aureolado da celebração da vitória de Roma (Polis) e da felicidade do par amoroso, Fulvio e Cabíria (Eros). De Pastrone, esse motivo alegórico encontrou resposta em Griffith, passando daí ao western, e, em particular, para a apropriação mais reflexiva de John Ford.

ATOS DE EXCEÇÃO:
O FUNERAL QUASE SECRETO DO HERÓI DESCONHECIDO

Realizado em 1962, *O homem que matou o facínora* é mais radical na revisão histórica do gênero. Faz o cotejo entre dois momentos da formação nacional, trazendo uma nova variante da ficção de fundação e seu modo de dar conta da experiência de consolidação da lei da Polis. A experiência do *frontier* já não destaca o confronto com o indígena, mas o conflito entre grandes proprietários de terras, pequenos agri-

6. Ver Richard Slotkin, op. cit., pp.10-6.

cultores e citadinos. O mundo em torno de Shinbone, a cidade sede do drama, está marcado pelo debate entre o reivindicar um lugar na União como estado da federação ou permanecer como território anexo, o que significa, do ponto de vista dos criadores de gado, espaço livre para as pastagens e para a permanência de seu mandonismo de proprietários sem interferência de um marco legal. De qualquer modo, a vida política de Shinbone já constitui uma esfera pública em que há lugar para a imprensa e para a introdução de uma incipiente escola, organizada pelo herói civilizador típico de um estágio mais avançado da conquista do *West*. A ação do homem dos livros, o Ransom Stoddard recém-chegado do Leste, no entanto, não seria bem-sucedida sem a parceria do homem das armas, Tom Doniphon, o herói da transição, que ganha uma feição bem distinta. Ao contrário de Ringo, ele não tem nova chance e não recebe do polo de Eros a estabilização na figura da mulher desejada. Embora partilhe com Ethan a solidão final e o não lugar no futuro, seu percurso envolve a afirmação de outros valores e uma particular virtude expressa na renúncia e na contenção que estão nos antípodas do ódio racial daquela figura sombria demais, notável expressão de contradições em geral recalcadas no gênero.

A experiência de Tom Doniphon se dá em novo contexto do processo da modernização. É um exemplo mais nobre de herói da transição, o que não impede que seu eclipse se dê por meio de uma radical condenação ao esquecimento, condição que o filme trabalha num tom elegíaco singular, com uma forte tintura de melancolia. Sua saída de cena é observada de um ponto futuro, quando se pode constatar de forma mais nítida como seu ostracismo está marcado pelo que se reconhece como uma impostura necessária à vitória da nova ordem. Desloca-se a forma da construção da figura do não lugar, pois a reflexão sobre o apagamento do herói, antes de ser uma prerrogativa da narração, é já um movimento assumido de modo explícito pelos personagens nesse tom de melancolia e desconforto, que se ajusta a um reconhecimento de suas qualidades não raro encobertas pela truculência e pelo desajeito na esfera dos rituais de sociabilidade.[7]

---

7. O texto de Davi Arrigucci Jr., com que dialogo aqui, compõe o retrato acurado dessa mescla de força bruta envaidecida e senso ético de doação, própria de Tom Doniphon.

O último passo da trilogia de Ford repõe o espelhamento entre início e fim que marca *The Searchers*, desta feita entre a chegada à cidade do casal protagonista — Ransom Stoddard e sua esposa Hallie —, vindos de trem da capital do país, e sua partida de retorno a Washington ao final. Estamos, no final do filme, no momento histórico em que o avanço da urbanização e da unificação dos Estados Unidos pela rede de linhas férreas já deslocou os termos da utopia agrária (o deserto transformado em jardim pelo cultivo em pequenas propriedades). A consolidação de um capitalismo industrial não elimina os sonhos de agricultura forte e essencial na economia, mas já começa a desfazer o culto à pequena propriedade, que o projeto de expansão, e mesmo o seu marco legal, propiciaram em meados do século XIX, quando deslanchou a conquista do Oeste. Já são outros os termos do avanço do *agribusiness*, agora ao lado da urbanização e da nova ordem econômica que alcançará total hegemonia no século XX, com lances dramáticos de crise social e destituição dos agricultores, os quais o próprio cinema de John Ford, em chave realista, focalizou em filmes como *Caminho áspero* (*Tobacco Road*, 1941) e *Vinhas da ira* (1939), este centrado na imigração para a Califórnia dos despossuídos do *Midwest* (Oklahoma), uma emigração já sem as mesmas conotações heroicas da época celebrada pelo western.

Na abertura, a chegada inesperada do senador Ransom Stoddard, cultuado como herói da transformação do território em estado da federação, primeiro governador desse estado e agora célebre senador da república, atrai o repórter do *Shinbone Star*, o jornal fundado lá nos tempos heroicos pelo iluminista Peabody, outra figura ímpar na história da cidade. A pauta é uma entrevista em que se impõe a pergunta: o que o trouxe da capital do país à longínqua Shinbone, e por que chegou incógnito? O senador explica que veio para um funeral, assunto privado, e pede para ser deixado em paz. O dono do jornal, também presente, afirma que está no seu direito reiterar a interrogação pelo defunto, cuja importância vem atestada pela ilustre visita. Stoddard hesita e olha para a esposa, Hallie, que sinaliza sua concordância. Ele aceita, então, contar a história do homem cujo corpo está lá no caixão, velado apenas por Pompey, seu fiel criado ao longo da vida.

A narração do senador só começa depois de se dirigirem para um depósito de itens em desuso onde Stoddard encontra a diligência que verifica ser aquela mesma que o trouxe para o Oeste algumas décadas atrás. Ela se parece com a que vimos na viagem entre Tonto e Lordsburg, em *Stagecoach*. Ele sacode a poeira, aviva a memória e mergulha no passado, começando pela experiência de passageiro da diligência vinda do Leste, quando foi vítima do assalto do bando de Liberty Valance, que simbolizava a violência da velha ordem dos criadores de gado e seus capangas. É simbólica a surra que o bandido lhe dá com o chicote, depois de ver sua bagagem de advogado repleta de livros sobre leis: "vou lhe mostrar a lei do *West*". Desacordado, ele é encontrado por Tom Doniphon, que o socorre e o traz para Shinbone, entregando-o aos cuidados de Hallie, sua paixão, e do pai dela, dono de um restaurante local.

Definem-se aí os polos do conflito entre a lei das armas e a lei dos livros, com a correlata oposição entre Liberty Valance, o *gunfighter* do mal, e Doniphon, o *gunfighter* do bem, pois este assume o papel de protetor do recém-chegado como uma espécie de missão, que entretanto acabará comprometendo seus projetos, em especial o do casamento com Hallie. De início, Doniphon parece não se dar conta de nenhuma ameaça, talvez porque não leve a sério a figura de Ransom como macho rival, talvez porque calcule que o ajudar é uma forma de afirmar sua condição de fiador do bem na cidade de Shinbone e conquistar Hallie de vez. Com o tempo, sua combinação de hegemonia no plano das armas e de intuição do que é justiça, somadas à sua convicção do bom efeito dessas duas qualidades na esfera de Eros, é superada pelos fatos. Perde terreno na conquista de Hallie, encantada com a república das luzes que o recém-chegado lhe franqueia: alfabetização e bancos de escola onde ele ensina a um pequeno grupo a ordem republicana e o espírito das leis, uma civilidade no trato que termina por prevalecer no cotejo dos valores que mobilizam a moça, dividida entre o mundo de interação direta com a natureza, no qual se sente enraizada, e o mundo da cultura mediado por abstrações e valores que, cada vez mais, fazem sentido para ela. Os movimentos de Hallie, gradualmente percebidos por Doniphon, não afetam a noção que ele tem do que deve fazer para viabilizar a vitória dos livros sobre as armas, percurso no qual assume diferentes papéis, seja o de bem-humorado professor do desastrado advogado no manejo do revólver, seja o de seu salvador na hora fatal.

Neste terreno pouco propício ao poder das palavras, Ransom Stoddard não está só. Antes dele, Peabody, o jornalista engajado em campanhas contra as forças do atraso que patrocinam a violência, já cuidava do avanço das luzes sobre Shinbone. Corajoso, militante, traz os sinais do desgaste da luta e lembra Doc Boone, o médico de *Stagecoach*, nos lances de uma filosofia embalada por copos cheios e garrafas vazias, mas sua ironia não se une ao desencanto pela civilização. Encarna o herói combativo da imprensa e seu apostolado liberal termina por lhe custar a vida. Parceiro do advogado em seus confrontos, solitário nas noites de trabalho na sede do jornal, frágil diante da violência, ele é o alvo mais urgente para os patrões de Liberty Valance. Este invade o jornal, espanca Peabody e termina por levá-lo à morte. A indignação do advogado quando chega à cena do crime funciona como ponto de ignição de uma insensatez que o faz cair na armadilha, partindo para um duelo com Liberty Valance em plena rua, em frente ao *saloon*, como a tradição dos *gunfighters* solicita.

A moldura composta para a cena, o testemunho ocular de todos os presentes e a própria convicção de Stoddard convergem na direção de um inverossímil que passa da conta. Há o consenso de que o advogado operou o milagre de, no maior desajeito, vencer o duelo, algo que o espectador observa reticente, embora refém do ponto de vista construído para a cena e do residual efeito das regras de verossimilhança do gênero. De qualquer modo, para ele não romper o contrato de *suspension of disbelief* diante do disparate, resta-lhe conferir à narrativa o crédito de uma interrogação a ser resolvida, algo já sugerido pelas expectativas de revelação presentes na postura inicial do senador, cuja entrevista é, afinal, a mediação desse flashback.

Foi a celebridade alcançada por tal façanha que o galgou à condição de forte candidato a representante de Shinbone na convenção do território que deveria votar pela petição para se tornar estado, passando de uma ordem instável na qual prevalece o poder do mais forte para o marco legal da república. Na convenção, acusado de assassino pelos criadores de gado, tem o sentimento de culpa potencializado e ameaça abandonar a cena e sua candidatura. É o momento da última e decisiva intervenção de Tom Doniphon, que o chama de lado para revelar, a ele e a nós, a verdade sobre o duelo. Ele torna tudo mais plausível descrevendo sua ação clandestina, que sincronizou o seu tiro de rifle (sem risco de erro) com o dos contendores, tiro esse disparado da viela escura em que ele se fazia invisível. Liquidou, assim, Liberty Valance, sem a licença do duelo cara a cara, numa medida de exceção ao seu código de *gunfighter* que é simétrica ao ato de exceção de Stoddard, que, na contramão ao espírito das leis, assumiu o papel clássico reservado a Doniphon. Este, que desafiara frontalmente Valance em outra cena, é reduzido a uma intervenção em tocaia que o deslustra, mas assumida em nome do Bem e de sua adesão ao projeto civilizatório de Stoddard.

Serviço completo. Consolidação de sua ruína. Quando, mais tarde, ele decide intervir ainda uma vez na história para liberar o advogado da culpa e intimá-lo a voltar à assembleia e retomar a sua candidatura, já sabe que isto arremataria a sua perda de Hallie, de que ele havia se dado conta lá no episódio da morte de Valance, quando chegara ao restaurante e surpreendera os afagos da moça a cuidar do advogado ferido, algo além de um zelo de enfermeira improvisada. Estava selada a união de Hallie com o homem dos livros. E estava deflagrada a sua crise pessoal, que culminou no seu gesto de tocar fogo na casa por ele construída para abrigar a sua futura vida com ela. Essa casa era a cristalização de uma nova etapa em sua trajetória e mesmo na história da propriedade localizada no limiar do mundo dos homens, com sua feição quase selvagem explícita na vegetação, uma permanência simbólica do deserto, ponto de origem e seiva identitária.

Doniphon sempre levou consigo esta condição de ícone maior da terra que condensa seus valores, os mesmos que nunca abandonaram o coração de Hallie, como se evidencia no futuro, tempo em que as estradas de ferro substituíram as diligências, e em que ela retorna com o marido para o funeral do amor descartado, mas não de todo superado. Quando Stoddard, no início do filme, é chamado para a entrevista, ela vai visitar as ruínas do lar que lhe estava destinado, não foram o atropelo dos tempos e sua escolha do homem dos livros. Nessa visita, conduzida pelo antigo xerife, cuja expressão sinaliza um saber que realça a cumplicidade de afetos, o filme leva ao limite o olhar melancólico presente desde sempre e, em especial, quando esteve diante do caixão na funerária. Uma vez no rancho, ela colhe a flor do cacto que tudo resume da sua relação com o passado: sua juventude, seus sentimentos e Tom, sua referência maior. E é em torno desse símbolo que se compõem sintomáticos jogos de olhares: do amigo, que conhece toda a história, no momento mesmo em que ela colhe a flor, e de Ransom no momento em que, depois da entrevista, ao voltar para o velório, percebe a flor de cacto depositada no topo do caixão, marcando a lembrança e a homenagem póstuma.[8]

Se o marido contou a verdade, disposto a desmontar o mito que viabilizou a sua carreira política, ela refez o elo afetivo nessa celebração do herói da transição que tornou o futuro do casal possível, e foi decisivo para a "limpeza da cidade" e a consequente implantação da nova ordem onde ele não teria lugar, pois o caminho da civilização de Shinbone passava pelo seu apagamento.

Se Ethan era o ressentimento e a zona de sombra, no limite do insuportável, Tom é o bom sujeito que recolhe um título de nobreza como figura do sacrifício, dono de um senso de contrato social que o mobiliza na batalha de Stoddard, embora tenha zelado pelos seus direitos de propriedade ao vir retirar seu criado Pompey da sala de aula em que o advogado falava de igualdade perante a lei. E embora tampouco se importasse com uma situação que o filme sinaliza de forma discreta: no momento da assembleia que discute a questão do território, realizada no bar da cidade abarrotado, Ford insere um plano de Pompey isolado, sentado num canto em plena rua; não há lugar para um negro na assembleia, a menos que cumpra o papel de escudeiro armado do patrão diante de uma ameaça. Essa era a tônica da relação de Doniphon com seu criado, um curioso exemplo da dominação cordial que, enfim, se entende no contexto, pois acoplada a uma ausência de direitos inscrita nas regras da vida do território.

Encerrada a viagem de tributo ao herói do passado, com tudo o que ela trouxe de interrogação para o casal Stoddard, a atitude dos dois na viagem de retorno a Washington indica o acordo tácito

---

8. Nesse novelo de afetos tecido por Hallie ganha expressão uma dinâmica de superação e permanência acentuada no texto de Davi Arrigucci Jr. anteriormente citado, com o qual dialogo aqui: o mote é a construção do jardim, mas o deserto permanece. O passado, ou a natureza dentro de nós, não se anula, dispondo-se em camadas.

e o respeito pelo que tal volta ao passado significou em suas vidas. Feita a pergunta ("Quem pôs a flor do cacto em cima do caixão?") e dada a resposta ("Fui eu"), Hallie e Ransom, sentados no trem, não se olham, não consumam o *eye contact*. Seguem em seus devaneios atravessados pela fala do marido que comunica seu desejo ainda vago de aposentadoria e retorno ao mundo dos cactos, um misto de nostalgia pessoal referida a uma fase de sua vida e de respeito pelo sentimento de Hallie, uma vez que a hipótese de retorno favoreceria uma vida mais reconciliada. É o que ela sempre quis. A viagem ao passado, induzida pela morte do herói esquecido, deu ressonância a embates e perdas que projetaram esta tintura melancólica no campo de Eros, pois temos aqui uma ficção de fundação que desloca o esquema mítico tradicional, talvez não tanto porque revele a farsa da versão oficial que sustenta a ascensão política de um ícone da civilização, mas porque introduz uma fissura radical na potência encarnada no casal exitoso, cujo percurso se fez em sintonia com o avanço da história, mas cuja união só exibe momentos da paixão terna que, entre outros impulsos, se alimentou, lá atrás, da adesão a um mundo futuro a construir, mundo cuja consolidação dependeu daquilo mesmo que eles recusam como forma de administração da justiça: a violência eficiente derivada da competência de um *gunfighter* alimentado por uma intuição muito sua, como é típico no cinema de Ford, que lhe permite ficar do lado certo. Agora, na viagem de retorno, a paixão terna se alimenta do reencontro com o passado, que tem sua expressão mais cabal no mergulho de Hallie no deserto ainda presente, embora não conte com a sensibilidade de citadinos menos atentos às suas virtudes e tenha seu principal representante relegado ao absoluto esquecimento, de que nem mesmo a "confissão" de Stoddard vai conseguir retirá-lo.

Trabalha-se aqui, na intimidade do casal, a mesma gama de sentimentos expressa na tonalidade da mise en scène e na retomada da imagem em preto e branco como suporte para um olhar retrospectivo que assume a elegia de um mundo que sabe estar condenado pelo tempo, problemático em sua feição social, mas cenário das lutas decisivas que uma visão teleológica da formação nacional celebra como elo necessário, o que Ford também não deixa de fazer, num movimento que funde o elogio da superação e a nostalgia.

Robert Pippin[9] insiste nesse ponto de encontro entre o sentimento de distância e diferença diante de um passado, cuja superação se considera necessária e bem-vinda, e o sentimento de fascínio e nostalgia por esse mesmo passado. Procurando conciliar perdas e ganhos, a construção pública de um imaginário sedutor vem dar expressão a essa duplicidade, que envolve idealização do ritual da violência, encarnada nos gestos de personagens fora do comum, e o temor de quem, embora em terreno seguro, percebe o que está implicado na realidade que a ficção transfigura. A ironia deste metawestern de John Ford é levar ao extremo a distância entre a versão oficial (a idealização expressa na lenda) e o teor do acontecido, de modo a comprometer o herói civilizador e revelar como a mentira é algo essencial em sua vida. Após tantos anos, quando ele julga imperativo desfazer o equívoco, acaba encontrando a resistência do homem de imprensa que vem zelar pela função política da lenda, depósito de valores que interessa preservar. Refreando o ímpeto do jovem repórter amante da verdade e ansioso por publicar tal furo de reportagem, o dono do jornal rasga as anotações da entrevista e arremata com a célebre frase: "Aqui é o Oeste, senhor; quando a lenda se torna fato, imprima-se a lenda".

Tal frase culmina no movimento de reflexão sobre o western como gênero e sobre as relações entre o mito e a história, a realidade e a lenda, restando ao espectador analisar as implicações dessa sentença, relativa a um imaginário que a indústria do cinema e o western em particular alimentaram a partir do núcleo duro dos filmes de gênero mais convencionais, mas que John Ford e outros cineastas, vez ou outra, trabalharam de forma diferente. Na trilogia aqui em foco, verifica-se uma dose crescente de reflexão e consciência crítica que tem seu ponto de formulação explícita em *O homem que matou o facínora*, não tanto porque haja um impulso de negar a legitimidade da presença de tal imaginário na tradição do western, mas porque, reconhecendo a sua relação com a própria constituição do gênero, o filme faz o duplo movimento de se valer da capacidade de sedução do que é canônico dentro dele e, ao mesmo tempo, fazer seus esquemas conviverem com essa desmontagem no lance final.

9. Robert Pippin, *Hollywood Westerns and American Myth: The Importance of Howard Hawks and John Ford for Political Philosophy* (New Haven: Yale University Press, 2010), pp. 69-101.

Ransom Stoddard sabe que a violência competente construiu o alicerce do seu triunfo, o qual encarna a consolidação da ordem constitucional e, ao mesmo tempo, o recalque de um dos seus alicerces, recalque que uma indústria editorial do século XIX, acrescida da cinematográfica no século XX, transformou em pressuposto do imaginário hegemônico de uma ordem liberal no mascaramento das reiteradas medidas de exceção apoiadas na violência, incluindo a incorporação do mito do *frontier* na construção de novos cenários de expansão e conflitos próprios à potência imperial.[10]

O enunciado do jornalista não diz respeito apenas à regra de formação do western como gênero. A frase *"this is the West"*, ouvida nas salas de cinema mundo afora, projeta seu lema para outras esferas de produção de imaginário ligadas a confrontos, dando ensejo a uma reflexão sobre o que está aí implicado no plano político, dado que a intervenção dos Estados Unidos no contexto de guerras, ainda coloniais, e de golpes de Estado, tudo temperado pela Guerra Fria, marcou o momento em que o filme circulou nos anos 1960.[11]

Posto o enunciado, o epílogo do filme de John Ford se volta para a forma como ele ressoa na experiência de Ransom Stoddard, absorto na assimilação de todo o episódio e seu efeito na sua vida com Hallie. Mergulhamos no universo do casal, no qual rebate o desconforto do senador, que parece observar de forma incômoda a sua condição, depois de ver o que poderia ser uma confissão reparadora se reduzir a um pretexto para que o dono da notícia enunciasse um princípio a ser seguido pelos construtores da memória, princípio que mostra a sua força nas palavras do homem comum que atende o casal no trem em sua última cena, orgulhoso em servir o herói do famoso duelo, "o homem que matou Liberty Valance".

---

10. Citando Walter Benjamin, Márcio Seligmann-Silva analisa a violência fora da lei do herói — com referência ao western e ao cinema brasileiro que trata da guerra do tráfico — em sua conexão com um dado estrutural do poder, notadamente quando este precisa de inimigos (externos ou internos): o "estado de exceção". Ver Márcio Seligmann-Silva, "Violência e cinema: reflexões sobre o dispositivo trágico no cinema brasileiro hoje", *Grumo* (Buenos Aires, São Paulo, Rio de Janeiro, n. 7, dez. 2008), pp. 56-65.

11. Richard Slotkin aponta, em seu livro, a forma como John Kennedy se apropriou do mito expansionista do *frontier* em sua campanha para a presidência, trabalhando a Guerra Fria e a emulação, naquele momento dramática, com a União Soviética na corrida pela conquista do espaço como "The New Frontier". Ver op. cit., pp. 1-5.

O ponto-chave — e aqui retorno à questão do carisma dos homens de ação, cuja violência competente incide de forma decisiva nessas tramas — está na forma como, consideradas as duas figuras que se complementam na viabilização do futuro, o objeto da redenção elegíaca é o herói que encarna os códigos marciais cuja indispensabilidade se faz um princípio na trilogia. Ressalvada a diferença de perfil e de valor que distancia os protagonistas dos três filmes, o que lhes é comum é a posse de intuições e saberes que os orientam no mundo prático e na violência tomada como necessária. Há nuances e contradições, mas a mise en scène reforça a sua feição carismática e seu papel na construção de uma nova ordem da qual serão excluídos por obra de tramas cada vez mais complexas, que encontram sua versão final justamente na variante em que a ironia incide com maior intensidade no destino do herói atropelado pela história.

Borges-Bibliotecário

Jorge Schwartz

*De los diversos géneros literarios, el catálogo y la enciclopedia
son los que más me placen. Son anónimos como las catedrales
de piedra y como los generosos jardines.
No hay clasificación del universo que no sea arbitraria y conjetural.
La razón es muy simple: no sabemos qué cosa es el universo.*

Jorge Luis Borges

Assim como, para Mallarmé, "tudo no mundo existe para chegar a um livro",[1] também para Borges há uma estreita correlação entre a experiência vivida e os livros. Aliás, a mera associação de Borges à biblioteca ou ao livro constitui uma das imagens clássicas do escritor argentino. Nos últimos anos, além das incontáveis indicações dispersas por sua obra, essa imagem de Borges-Bibliotecário tornou-se consagrada na personagem do monge cego Jorge de Burgos, responsável pela famosa biblioteca do mosteiro em que ocorre a intriga de *O nome da rosa*, de Umberto Eco.[2]

Graças ao *Ensaio autobiográfico*, texto precioso para a arqueologia borgiana, nos inteiramos de uma série de experiências infantis do escritor, que tiveram como centro os livros e fizeram deles fator determinante de toda a sua existência. "Se me pedissem para nomear o acontecimento mais importante de minha vida, eu diria que foi a descoberta da biblioteca do meu pai", rememora Borges.[3] No resgate genealógico incluído no *Ensaio autobiográfico*, a avó inglesa Fanny Haslam é caracterizada como leitora inveterada, e o

---

1. "[...] *tout, au monde, existe pour aboutir à un livre.*" Stéphane Mallarmé, "Le Livre, instrument spirituel", in *Divagations* (Paris: Fasquelle, 1922), p. 273.
2. Para um estudo das relações entre Borges e Umberto Eco, ver Donald McGrady, "Sobre la influencia de Borges en *Il nome della rosa*, de Eco", *Revista Iberoamericana*, n. 141 (Pitsburgo, Universidade de Pitsburgo, n. 141, out.-dez. 1987), pp. 786-806; e Mariarosaria Fabris, "Jorge Luis Borges e sua sombra", *O Estado de S. Paulo*, 12 nov. 1988, pp. 10-1.
3. Jorge Luis Borges, *Ensaio autobiográfico*, trad. de Maria Carolina de Araújo e Jorge Schwartz (São Paulo: Companhia das Letras, 2009), p. 16. Neste artigo, todas as citações desse livro se reportam a essa edição.

pai, como leitor guiado por dois interesses: a metafísica e psicologia ocidentais, e a literatura do Oriente. A identificação com o pai, de quem Borges herda não apenas a cegueira mas o destino de escritor, o leva a concluir: "Desde minha infância", período em que ao pai sobreveio a cegueira, "considerava-se de modo tácito que eu cumpriria o destino literário que as circunstâncias haviam negado a meu pai [...]. Esperava-se que eu fosse escritor".[4] Assim, a valorização de sua vocação literária fez a experiência literária se sobrepor a qualquer outra: "Sempre cheguei às coisas depois de encontrá-las nos livros", confessa Borges.[5]

A biblioteca como metáfora do infinito universo e como possibilidade de conceber e organizar o mundo, de dar forma ao caos, tem, assim, origem na infância do escritor. Muitos anos depois, esta ideia seria aperfeiçoada no decorrer da longa e curiosa experiência de Borges como funcionário de uma unidade de subúrbio da rede municipal de bibliotecas de Buenos Aires. Aos 38 anos, foi esse seu primeiro emprego, no qual permaneceria nove anos, de 1937 a 1946, ano em que Juan Domingo Perón elegeu-se presidente.

Esse período coincide com a etapa mais fértil de sua produção literária, justamente aquela na qual escreve grande parte dos contos que compõem *Ficciones* (1944) e *El Aleph* (1949). O tema da biblioteca está, portanto, estreitamente relacionado a esse cotidiano que ele rememora no *Ensaio autobiográfico*. Apesar de longo, vale a pena reproduzir a passagem, pelo tom coloquial e pelo interesse que hoje apresenta para nós:

> Em 1937, consegui meu primeiro emprego em tempo integral [...]. Por intermédio de amigos, consegui um cargo de primeiro auxiliar na seção Miguel Cané da Biblioteca Municipal, num bairro cinzento e monótono a sudoeste da cidade. Embora houvesse abaixo de mim um segundo e terceiro auxiliares, havia também acima um diretor e um primeiro, segundo e terceiro oficiais. O salário era de 210 pesos mensais, e depois aumentou para 240. Essas somas equivaliam então a setenta ou oitenta dólares.

4. Ibidem, p. 18.
5. Ibidem, p. 20.

Na biblioteca trabalhávamos muito pouco. Éramos em torno de cinquenta funcionários, produzindo o que podia ter sido feito com facilidade por quinze. Minha tarefa, compartilhada com quinze ou vinte colegas, consistia em classificar os livros da biblioteca que até aquele momento não haviam sido catalogados. No entanto, a coleção era tão reduzida que podíamos encontrá-los sem necessidade de recorrer ao catálogo, o qual elaborávamos com esforço mas nunca usávamos, porque não fazia falta. No primeiro dia trabalhei com total honestidade. No dia seguinte, alguns colegas me chamaram e disseram que eu não podia continuar assim, porque ficava mal para eles. "Além do mais", acrescentaram, "como essa classificação foi pensada para dar aparência de trabalho, você nos deixará sem emprego." Eu lhes disse que, em vez de classificar cem livros como eles, classificara quatrocentos. "Bem, se você continuar assim, o chefe vai se zangar e não saberá o que fazer conosco", responderam-me. Para que tudo fosse mais verossímil, pediram-me que classificasse 83 livros em um dia, noventa no dia seguinte e 104 no terceiro.

Resisti na biblioteca por aproximadamente nove anos. Foram nove anos de contínua infelicidade. Os funcionários só se interessavam por corridas de cavalos, jogos de futebol e piadas obscenas. Certa vez uma das leitoras foi violentada no toalete das senhoras. Todos disseram que isso tinha de acontecer, já que o banheiro dos homens e o de senhoras ficavam um ao lado do outro.

[...] nessa época eu era um escritor bastante conhecido, mas não na biblioteca. Uma vez um colega encontrou numa enciclopédia o nome de um tal Jorge Luis Borges, fato que o surpreendeu pela coincidência de nossos nomes e datas de nascimento.[6] [...]

Continuei escrevendo na biblioteca. Embora meus colegas me considerassem um traidor por não compartilhar sua buliçosa diversão, continuei escrevendo no porão da biblioteca ou, quando fazia calor, no terraço. Meu conto kafkiano "A biblioteca de Babel" foi concebido como uma versão de pesadelo ou uma magnificação daquela biblioteca municipal, e certos detalhes do texto não têm significado especial algum. A quantidade de livros e de prateleiras que figura nele era literalmente aquela que eu tinha junto do cotovelo [...].[7]

6. Ibidem, pp. 58-60.
7. Ibidem, p. 62.

Em 1946, subiu ao poder um presidente cujo nome não quero lembrar. Pouco depois fui honrado com a notícia de que havia sido "promovido" ao cargo de inspetor de aves e coelhos nos mercados municipais.[8]

Essa experiência aparece, transfigurada, em extraordinários momentos de sua produção literária. As especulações metafísicas de Borges sempre encontraram terreno propício e forma de expressão privilegiada nas referências a livros, catálogos, enciclopédias e bibliotecas. Um dos exemplos mais impressionantes dessa estratégia narrativa encontra-se no conto "Tlön, Uqbar, Orbis Tertius". A descoberta casual, pelo amigo Bioy Casares, de uma edição pirata do volume XXVI da *The Anglo--American Cyclopaedia* de 1917 (por sua vez, uma reimpressão literal da *Encyclopaedia Britannica* de 1902), leva o narrador, ao notar que o volume tinha 921 páginas, em vez das 917 da *Britannica*, a um artigo sobre um fictício país e a uma outra enciclopédia, *A First Encyclopedia of Tlön*, cujo volume XI, *Hlaer to Jangr*, contém a história de Tlön, um planeta também fictício, que serve a Borges para simbolizar o infinito. Processo análogo acontece na narrativa de mistério "O jardim de caminhos que se bifurcam", na qual o livro a ser decifrado revela uma estrutura labiríntica, metáfora do tempo:

> [...] eu tinha me perguntado de que modo um livro pode ser infinito. Não conjecturei nenhum outro procedimento a não ser o de um volume cíclico, circular. Um volume cuja última página fosse idêntica à primeira, com possibilidade de continuar indefinidamente. Recordei também aquela noite que está no centro d'*As mil e uma noites*, quando a rainha Xerazade (por uma mágica distração do copista) começa a relatar textualmente a história d'*As mil e uma noites*, com o risco de chegar outra vez à noite em que ela a relata, e assim até o infinito. Imaginei também uma obra platônica, hereditária, transmitida de pai para filho, à qual cada novo indivíduo acrescentasse um capítulo ou corrigisse com piedoso cuidado a página de seus ancestrais.[9]

---

8. Ibidem, p. 62.
9. Jorge Luis Borges, *Ficções*, trad. de Davi Arrigucci Jr. (São Paulo: Companhia das Letras, 2007), p. 89.

O livro como metáfora do infinito está em praticamente toda a produção ficcional de Borges. Em 1975, aos 76 anos, ele publica *O livro de areia*, "porque nem o livro nem a areia têm princípio ou fim".[10] Nele vislumbramos a instância concreta do conceito de infinito:

> Abri [o livro] ao acaso. Os caracteres eram estranhos para mim. As páginas, que me pareceram gastas e de pobre tipografia, estavam impressas em duas colunas à maneira de uma Bíblia. O texto era cerrado e disposto em versículos. No canto superior das páginas havia algarismos arábicos. Chamou minha atenção que a página par trouxesse o número (digamos) 40514 e a ímpar, a seguinte, 999. Virei-a; o dorso era numerado com oito algarismos. Trazia uma pequena ilustração, como é de uso nos dicionários: uma âncora desenhada à pena, como pela mão inábil de um menino [...].[11]

Ao procurar a primeira página deste livro, Borges descreve: "Apoiei a mão esquerda sobre a portada e abri com o dedo polegar quase grudado ao índice. Tudo foi inútil: sempre se interpunham várias folhas entre a portada e a mão. Era como se brotassem do livro".[12]

Assim como o livro, a rosa, a adaga, o tigre, o labirinto e o espelho servem como metáforas do tempo e do espaço infinitos. E um dos temas de Borges é precisamente a vã tentativa de organização, de extrair ou atribuir algum sentido à caótica multiplicidade da existência. Note-se que, para um temperamento agnóstico como o do escritor, sentenças como "se o espaço for infinito, estamos em qualquer ponto do espaço. Se o tempo for infinito, estamos em qualquer ponto do tempo"[13] são afirmações que só podem levar ao desespero — desespero que ele procura redimir por meio da criação artística.

Qual é então o sentido do afã classificatório em Borges? Qual o significado das famosas enumerações, referências a bibliotecas, dicionários, enciclopédias, arquivos, catálogos, sistemas de classificação, obras raras, apócrifas, falsificadas, facsimilares e inexistentes?

---

10. Jorge Luis Borges, *O livro de areia*, trad. de Davi Arrigucci Jr. (São Paulo: Companhia das Letras, 2009), p. 102.
11. Ibidem, p. 101.
12. Ibidem, p. 102.
13. Ibidem, p. 103.

Por que essa obsessão com a organização dos livros e, em última instância, do mundo? Seria arriscado afirmar que, desesperado perante a ideia do infinito e do caos por ele intuído, Borges-Bibliotecário parodia as tentativas humanas de organizar o conhecimento?

À série infinita, por exemplo, ele resolve adicionar mais um elo, sabendo de antemão ser uma empresa falida, análoga à tentativa por Mallarmé de abolir o acaso. É assim que, no ensaio "O idioma analítico de John Wilkins", Borges observa que o ensaio em questão tem o valor de um verbete que ele decide escrever, uma vez que o filósofo do século XVII não consta na décima quarta edição da *Encyclopaedia Britannica*. John Wilkins tentara criar uma linguagem universal "que organizasse e abrangesse todos os pensamentos humanos".[14] O verbete é uma tentativa de modificar o universo por meio da inserção de mais um elemento na sua cadeia infinita. Com esse gesto, Borges não só escreve mais um verbete para o futuro, mas, ao acrescentar um novo elemento à já existente enciclopédia, altera também o passado, com isso dando à literatura um sentido muito original de influência retroativa. Para justificar a empresa do filósofo inglês, Borges menciona duas iniciativas anteriores, absolutamente inusitadas em termos de catalogação. Certa passagem de uma famosa enciclopédia chinesa afirma que os animais dividem-se em: "a) pertencentes ao Imperador, b) embalsamados, c) amestrados, d) leitões, e) sereias, f) fabulosos, g) cachorros soltos, h) incluídos nesta classificação, i) que se agitam feito loucos, j) inumeráveis, k) desenhados com um pincel finíssimo de pelo de camelo, l) *et cétera*, m) que acabam de quebrar o jarrão, n) que de longe parecem moscas". A outra iniciativa, não menos delirante, é a do Instituto Bibliográfico de Bruxelas, que "parcelou o universo em mil subdivisões, das quais a 262 corresponde ao papa; a 282, à Igreja católica romana; a 263, ao Dia do Senhor; a 268, às escolas dominicais; a 298, ao mormonismo; e a 294, ao bramanismo, budismo, xintoísmo e taoismo".

O exemplo mais famoso de Borges-Bibliotecário é provavelmente o conto "A biblioteca de Babel", cujas salas hexagonais, escadas em espiral e corredores labirínticos aparecem tão fielmente

---

14. Idem, "O idioma analítico de John Wilkins", in *Outras inquisições*, trad. de Davi Arrigucci Jr. (São Paulo: Companhia das Letras, 2007), p. 123.

reproduzidas por Umberto Eco em *O nome da rosa*. A bíblica torre das infinitas línguas, símbolo da incompreensão e da arrogância do ser humano, serve a Borges para dar forma à ideia de tempo e espaço infinitos na estrutura labiríntica da biblioteca. Concebida como síntese do universo, sua estrutura é assim descrita no conto:

> [...] um número indefinido, e talvez infinito, de galerias hexagonais, com vastos poços de ventilação no meio, cercados por balaustradas baixíssimas. De qualquer hexágono, veem-se os andares inferiores e superiores: interminavelmente. A distribuição das galerias é invariável. Vinte prateleiras, com cinco longas prateleiras por lado, cobrem todos os lados menos dois; sua altura, que é a dos andares, mal ultrapassa a de um bibliotecário normal. Uma das faces livres dá para um corredor apertado, que desemboca noutra galeria, idêntica à primeira e a todas. [...] A luz procede de umas frutas esféricas que levam o nome de lâmpadas. Há duas em cada hexágono: transversais. A luz que emitem é insuficiente, incessante. [...]
>
> A cada um dos muros de cada hexágono correspondem cinco prateleiras; cada prateleira contém trinta e dois livros de formato uniforme; cada livro tem quatrocentas e dez páginas; cada página, de quarenta linhas; cada linha, umas oitenta letras de cor negra. Também há letras no dorso de cada livro; essas letras não indicam ou prefiguram o que dirão as páginas.[15]

Borges não se limita a representar apenas uma delirante biblioteca, mas a própria Biblioteca das Bibliotecas, o Catálogo dos Catálogos, o Livro dos Livros. Ele mostra que ela pode incluir todo o conhecimento, o passado e o futuro, e que a descoberta da origem dessa Biblioteca significaria a descoberta da origem do tempo. Tarefa não menos árdua seria provar a existência de Deus, e a adaptação da parábola da Torre de Babel para a Biblioteca borgiana não deixa de ser uma das manifestações divinas. Durante séculos a isso se dedicaram os infatigáveis mas mortais bibliotecários: a descobrir que eles não passam de meras repetições, uma vez que a revelação do seu próprio texto em algum dos hexágonos os levaria a se perceberem

15. Idem, *Ficções*, op. cit., pp. 69-70.

seres e textos já previstos. Até mesmo "falar é incorrer em tautologias", afirma ele. Borges-Bibliotecário imagina este caótico panteão como uma instância infinitamente superior aos homens, a qualquer um e a todos os bibliotecários que por ventura nele habitem. Se o homem é mortal, o mesmo não se pode dizer da Biblioteca: "Talvez a velhice e o medo me enganem, mas suspeito que a espécie humana — a única — está em vias de extinção e que a Biblioteca perdurará: iluminada, solitária, infinita, perfeitamente imóvel, armada de volumes preciosos, inútil, incorruptível, secreta".[16]

Quando, muitos anos depois, o governo argentino procurou reparar a injustiça de ter destituído Borges da biblioteca suburbana, designou-o diretor da Biblioteca Nacional de Buenos Aires. Coincidência borgiana ou não, mas José Mármol e Paul Groussac, antigos diretores da Biblioteca Nacional, também haviam ficado cegos. Borges não só rememora esses cegos bibliotecários, mas também Homero e Milton, grandes poetas desprovidos da visão. Em *O fazedor*, livro composto durante a época em que exerceu a direção da Biblioteca Nacional, e num de seus momentos poéticos mais inspirados, ele fala de sua cegueira com resignação:

Nadie rebaje a lágrima o reproche
Esta declaración de la maestría
De Dios, que con magnífica ironía
Me dio a la vez los libros y la noche.[17]

---

16. Ibidem, p. 78.
17. "Ninguém rebaixe a lágrima ou rejeite/ esta declaração de maestria/ de Deus, que com magnífica ironia/ deu-me a um só tempo os livros e a noite." Jorge Luis Borges, *O fazedor*, trad. de Josely Vianna Baptista (São Paulo: Companhia das Letras, 2008), p. 57.

Duas irmãs

Vilma Arêas

Para o Davi

> *Ao lado de Inês de Castro*
> *Estava Armando Duval;*
> *No fundo, forma de lastro*
> *Os Sete Infantes de Lara,*
> *Que não faziam má cara*
> *Ao "Demi Monde" imortal.*
> Joaquim Serra, *Semanário Maranhense*

> *Sou mulher faceira*
> *Faceira, muito faceira,*
> *Já tive muita nobreza*
> *Junto dos Reis já vivi.*
> Ponto cantado de Maria Padilha

Esta é uma história de coincidências supostamente mágicas, de poder real e imaginário, de lendas mescladas a intrigas políticas. Além disso, é uma história de adivinhas, só para citar o belo livro — também de suposições — de Agustina Bessa Luís.[1] O cenário é o de uma sociedade convulsionada e agonizante, que se desestrutura a partir do século xiv, na qual a busca por novos mercados se mistura a práticas mágicas demoníacas. Nesse cenário, os pares se arranjam, simétricos: dois reis — Afonso xi, de Espanha, e Afonso iv, de Portugal, este, sogro do primeiro — com seus dois filhos, Pedro i, sobrinho espanhol de Pedro i, português. Ambos têm ao lado suas prediletas, Doña María de Padilla e Inês de Castro, ambas espanholas, atravessando os tempos e os mitos que se criaram ao redor delas.[2]

---

1. Agustina Bessa Luís, *Adivinhas de Pedro e Inês* (Lisboa: Guimarães, 1983).
2. Quanto a Inês de Castro, o mito foi sendo elaborado no correr do século xv, quando foi transformada em heroína e mártir do amor. Cf. Paul Teyssier, "Le Mythe d'Inès de Castro: la reine morte", in *Arquivos do Centro Cultural Português*, v. i, ii e iii, para um levantamento da criação do mito e suas relações com obras espanholas. Para a divulgação do mito amoroso de Inês de Castro em outras nações europeias, cf. Maria Leonor Machado de Sousa, *D. Inês e D. Sebastião na literatura inglesa* (Lisboa: Vega, s/d).

Pelo recorte deste texto, meu ponto de chegada será apenas referencial, seja quanto às contradições visíveis no tratamento do tema inesiano (Camões), seja pela transformação do mito em outro (Jorge de Lima), seja na refração operada por poemas cômicos (Joaquim Serra,[3] Eça de Queirós),[4] seja, ainda, ao enfrentamento intencional do mesmo mito, em textos de Fiama Hasse Pais Brandão[5] e Herberto Helder.[6]

Por outro lado, pode parecer temerária a união de María de Padilla, nobre espanhola, com a Maria Padilha, rainha das Pombajiras nos ritos afro-brasileiros. Mas a inspiração se impôs a partir de cruzamentos e de histórias de bruxaria examinadas por Marlyse Meyer[7] e Laura de Mello e Souza,[8] costurando história e mitos com orações de conjuro de feiticeiras portuguesas degredadas no Recife no século XVIII, invocando nossa Maria Padilha. Ela então ressurge com sua sandalinha de pau, navegando na ondulação do tema por meio da memória coletiva culta e popular, ágrafa ou escrita, instalando-se, por fim, no terreno das elucubrações. O procedimento não será absurdo em nossa cultura, formada, desde o início, de ressonâncias culturais de outros povos e de outros continentes.[9]

Em relação a Inês de Castro, Jorge de Lima o disse melhor que ninguém, no canto IX de sua paradoxal "epopeia subjetiva". Trata-se do mais breve dos cantos do poema e o mais perfeito formalmente. Na variação sem sossego de *Invenção de Orfeu* ele exerce a função de ruído, afirma Fábio de Souza Andrade,[10] dissonante justamente pela perfeição, aliada à fricção dos paradoxos que arrepiam os versos à inspiração camoniana.

---

3. Apud Vagner Camilo, "Sobre a poesia humorística de Joaquim Serra, entre romantismo e realismo", *Cadernos de Pesquisa em Literatura* (Porto Alegre: PUC, 2010), v. 16, pp. 64-72.

4. Eça de Queirós et al., "Um poema jocoso sobre Inês de Castro", in Vicente de Faria Coelho, *Eça de Queiroz: Poesias* (Rio de Janeiro: Pen Club, 1973), pp. 81-99.

5. Fiama Hasse Pais Brandão, "Inês de manto", in *O texto de João Zorro* (Porto: Inova, 1974).

6. Herberto Helder, "Teorema", in *Os passos em volta* (Lisboa: Estampa, 1970).

7. Marlyse Meyer, *Maria Padilha e toda a sua quadrilha* (São Paulo: Duas Cidades, 1993).

8. Laura de Mello e Souza, *O diabo e a terra de Santa Cruz* (São Paulo: Companhia das Letras, 1986).

9. Cf. especialmente as pesquisas de Marlyse Meyer, *Pireneus, caiçaras... Da* commedia dell'arte *ao bumba-meu-boi*, 2. ed. (São Paulo: Unicamp, 1991); e *Caminhos do imaginário no Brasil* (São Paulo: Edusp, 1993).

10. Fábio de Souza Andrade, *O engenheiro noturno* (São Paulo: Edusp, 1993).

Estavas, linda Inês, nunca em sossego
e por isso voltaste neste poema,
louca, virgem Inês, engano cego,
ó multípara Inês, sutil e extrema,
ilha e mareta funda, raso pego,
Inês desconstruída, mas eurema,
chamada Inês de muitos nomes, antes
depois, como de agora, hojes distantes.

Entrando no jogo, na estrofe 13 estão as palavras que desejo. Após a recusa da súplica da infeliz, segundo Camões ("Levai-me à Cítia fria, ou à Líbia ardente,/onde em lágrimas viva eternamente"), diz nosso Jorge de Lima:

Não podendo em sossego Inês estar,
seus algozes mudaram-na na lida,
na continuada lida — mar e mar —
E eis que a sombra colaça e a luz ardida
são nos espaços elo circular,
asas obsidionais à asa da vida,
morta de amor, amada que se mata
para se amar depois em morta abstrata.

É a sombra colaça de Inês, metaforicamente sua irmã de leite, a quem invoco. Essa sombra e "luz ardida" é, nesse texto, Doña María de Padilla, amante de Pedro de Castela, "cruíssimo", diz Camões no Canto III de sua epopeia, certamente para diferençá-lo do seu tio Pedro, "o cru", de Portugal, amante ou consorte de Inês. Mas, apesar das diferenças, eles parecem decalcados um no outro, afirmam todos. A contemporaneidade que partilham facilita o espelhamento mútuo.

Segundo Fernão Lopes,[11] Pedro, o cru, de Portugal, era "muito gago, viandeiro", generoso, com a obsessão da justiça em relação a grandes e pequenos e, além disso, com "preciosos dotes de administrador". A isso Agustina Bessa Luís acrescenta "tímido e não muito inclinado às

---

11. Fernão Lopes, *Crónica de d. Pedro I*, intr., sel. e notas de Torquato de Sousa Soares (Lisboa: Livraria Clássica, 1943), pp. 63 ss.

mulheres",[12] o que pode parecer duvidoso. Não precisamos recordar seus tortuosos amores, principalmente com D. Inês P(i)eres de Castro, intimamente entrelaçados, entre muitas e outras lucubrações,[13] aos motivos políticos do momento e à guerra de fronteiras entre Espanha e Portugal. Quanto à violência e à crueldade da vingança de Pedro com relação aos matadores de Inês, teria sido ela realmente excessiva, num tempo que autorizava a crucificação e a lapidação, a cegueira para os réus de latrocínio e o corte das mãos para os ladrões e os cativos?

Nesse terreno de dúvidas, não podemos deixar de seguir os dois fios que o tempo desenrolou no traçado do retrato de Inês: até o final do século XIV, sua imagem era negativa, confirmada pela tradição popular, que sempre a considerou antipática e intriguista (no norte de Portugal e na Galícia, por exemplo, até hoje uma mulher perversa e volúvel é considerada "uma Inês de Castro"; durante muito tempo, na região nortenha, o significado de Inês de Castro era injurioso; "depois foi substituído por *heroína*", isto é, uma "aventureira").[14] O outro fio a contrapelo desse é de cunho literário, seguido por Garcia de Resende, Camões e António Ferreira, entre muitos outros, que apresentam Inês como vítima inocente e infeliz. No episódio estão todos os ingredientes para o tema do amor trágico, melhor ainda se descolado de motivações sociais, o que aconteceu principalmente após o século XVII. Mas no século anterior o mito já estava pronto, embora Camões tenha revestido seus versos amorosos com metáforas bélicas, repondo neles seus fundamentos históricos.

Acompanhando essa pauta dupla, Bessa Luís sugere a contaminação da Inês de Pedro com a protagonista da farsa *Inês Pereira*, de Gil Vicente, fantasiosa, faladeira e ambiciosa, com base no retrato

---

12. Agustina Bessa Luís, op. cit., p. 24.

13. Entre razões e suposições: a expulsão de Inês pelo rei Afonso IV e desobediência de Pedro, que se instalou com ela nos Paços de Santa Clara, construídos pela rainha santa Isabel para seus descendentes com suas legítimas esposas (mas Pedro se dizia casado com Inês, embora "não se lembrasse do dia"); razões de parentesco: bisneta de Sancho IV de Castela e filha bastarda de D. Pedro Fernandes de Castro, o da Guerra, privado de D. Dinis, Inês foi madrinha do segundo filho de Pedro e Constança; o compadrio impedia a união pelo laço do parentesco religioso; além disso, Pedro era primo em primeiro grau do pai de Inês, união sexual também impedida pela necessidade de, na defesa das terras, a fidalguia contrair entre si alianças "sem risco de que a disciplina eclesiástica viesse invalidá-las um dia". Cf. Alexandre Herculano, *Composições várias* (Lisboa: Alves Bastos, s/d), p. 250.

14. Agustina Bessa Luís, op. cit., p. 91.

"mais ou menos popular" da Inês Peres de Castro, pois o povo "detestava Inês e a tinha por impostora".[15] Com maior gravidade, Jorge de Sena[16] não deixou de anotar as comparações mitológicas camonianas referentes a Inês, as quais sugerem "mais íntimos níveis de sentido". E sinistros, podemos acrescentar:

> Na sua fala ao rei, Inês menciona uma outra mãe, Semíramis — mãe que havia sido abandonada em criança pela sua, e que havia cometido incesto com o próprio filho, e tivera relações bestiais com um cavalo, tudo coisas que Camões não se esquece de mencionar em VII, 53, e o incesto ainda outra vez em IX, 34. É Camões apenas descuidado quando faz Inês de Castro comparar-se *a uma tal criatura?* [...] *Absolutamente não.* [...] *tudo é ambíguo, perigoso, incestuoso, monstruoso, e ao mesmo tempo, redentor e glorioso.*

Quanto às circunstâncias que cercaram a condenação de Inês, Fernão Lopes afirma que um dos assassinos, Diego Lopes, foi erroneamente considerado culpado e felizmente escapara,[17] pois mandara aviso a D. Pedro, por seu privado Gonçalo Vasques, "que guardasse aquella molher". Escrevendo duzentos anos depois dos acontecimentos, Duarte Nunes de Leão confirma esse dado:[18]

> Porque da grande saudade que dela havia, por o muito que lhe queria, lembrava-lhe que por sua causa a mataram, sem culpa dela, e *que sendo avisado da morte que lhe haviam de dar, o não creu, nem a pôs a salvo.*[19]

---

15. Ibidem, pp. 141 ss.
16. Jorge de Sena, "Camões: novas observações acerca de sua epopeia e do seu pensamento", in *Ocidente*, 1972. Apud Yara Frateschi Vieira, "Mitologia, alegoria e erotismo, observações sobre o 'discurso alusivo' de Camões", Separata da *Revista Camoniana*, São Paulo, 1980, 2. série, v. 3. (Grifos meus.)
17. Diego Lopez escapou, segundo o cronista, por ter sido avisado por "hum pobre manco", de quem folhetinescamente vestiu "os sayos rotos" para fugir para a França "pera o comde Dom Hemrrique".
18. Eugenio Asensio, "Inês de Castro: de la Crónica al Mito", in *Estudios portugueses* (Paris: Fondation Calouste-Gulbenkian; Centro Cultural Português, 1974). Asensio observa que o arcebispo de Braga também avisou Pedro do risco de morte que Inês corria, mas que "tal pormenor não prosperou na poetização do episódio".
19. Apud Agustina Bessa Luís, op. cit., p. 78. (Grifos meus.)

Também os versos de Jorge de Lima, citados anteriormente ("amada que se mata/para depois se amar em morta abstrata") parecem reter algo desse sentido. Corroborando esse viés e analisando as palavras de D. Pedro em *A Castro*, Bessa Luís percebe nelas a premonição da tragédia e do martírio,[20] como a sugerir que o príncipe estava a par das maquinações a partir de alianças políticas tidas por perigosas, pelas quais ele era também responsável. Em suma, o assassinato de Inês foi *a diplomatic murder*,[21] revelando medo de que seus filhos[22] se colocassem na linha direta da sucessão, além do perigo da interferência castelhana nos assuntos portugueses através dos cunhados e aliados de Pedro.

A vulgarização da versão da Inês-inocente amplia-se no século XVIII, com a expansão das artes gráficas e da literatura de cordel, muitas vezes teatralizada, que fixaram o mito. As versões começam a multiplicar-se com detalhes e reinterpretações: Maria Lucília Estanco Louro[23] observa que o desfecho "desvairado e macabro", com beija-mão de ossos e coração devorado, deve ter se originado na Espanha ("mais ao gosto castelhano que português"), após o século XIV. E Maria Leonor Machado de Sousa[24] anota que as versões mais antigas, o *Breve chronicon alcobacence* e o *Livro da Noa*, apenas mencionam a data da morte (7 de janeiro de 1355), sem mais detalhes.

Quanto ao suplício dos assassinos de Inês, vale a pena observar que arrancar o coração de alguém, como o fez Pedro, por vingança, ciúmes ou prova de amor é frequente na balada popular.[25] Mas são

20. Agustina Bessa Luís, op. cit., p.144.
21. William C. Atkinson, *A History of Spain and Portugal* (Reino Unido: Penguin, 1960), p.93.
22. Ironicamente, a nova dinastia portuguesa (Avis), após a Revolução de 1383, iniciou-se com D. João I, filho bastardo de Pedro com outra dama galega, talvez pertencente à casa de Inês de Castro.
23. Maria Lucília Estanco Louro, *Dicionário de História de Portugal e do Brasil*, dir. por Joel Serrão (Porto: Figueirinhas, s/d).
24. Maria Leonor Machado de Sousa, *Mito e criação literária* (Lisboa: Horizonte, 1985).
25. Não nos esqueçamos do nosso tango-canção "Coração materno", isto é, o tango argentino misturado com a canção sertaneja e com romances ibéricos, sucesso nacional em 1937, interpretado pelo extraordinário Vicente Celestino, que o grande Caruso quis levar para a Itália após ouvi-lo num coro infantil de *Carmen*. Cf. Marlyse Meyer, "Vicente Celestino ou A força do destino", in *Caminhos do imaginário no Brasil*, op. cit. Virgínia Peixoto também falou-me de uma versão carnavalesco-burlesca da troca de corações, que diz o seguinte: "Tiraram o coração de minha sogra/ Puseram o coração de um jacaré/ Sabe o que aconteceu?/ A velha se mandou/ o jacaré morreu".

variados os matizes das versões, nem sempre acompanhando fielmente a história (por exemplo, parece que Inês foi degolada, cena descrita na rosácea no túmulo de D. Pedro;[26] por isso, Lopes de Mendonça afirma que o rei depôs a coroa sobre o cadáver, "sem uma localização precisa", acrescenta Machado de Sousa). Movendo o foco para Pedro de Castela, o "cruíssimo", seu retrato o afirma alto, branco e louro, caçador, homem de guerra, de pouco dormir e leviano nos costumes. Fez jus ao epíteto de Camões, pois iniciou seu reinado em 1350 com a execução de D. Leonor de Guzmán, amante do pai, seguindo-se longa luta fratricida, na qual o rei acabou prisioneiro dos irmãos bastardos. Entre os motivos da revolta figura, em primeiro lugar, sua paixão por Doña María de Padilla. Por ela e "loucamente enamorado" abandona D. Branca de Borbon poucos dias depois do casamento, peripécia registrada por um romance espanhol:

> [...] *empero el rey permite*
> *a pesar de Castilla*
> *Muera suy mujer propia*
> *Por dar gusto a Padilla.*[27]

Outro motivo: o poder que alcançaram os irmãos da mesma D. María de Padilla. Portanto, aqui os destinos dos dois pares de amantes espelham-se perfeitamente: são histórias de amores intensos e extraconjugais, afinal nada raros, mas perigosos se misturados a razões de Estado. Acrescente-se um pormenor de muita importância: para que a vingança de Pedro acontecesse após a morte de Inês, pela primeira vez no Ocidente houve a troca internacional de criminosos, autorizada por esses dois soberanos, tio e sobrinho, o que causou espécie: "huum muito d'avorreçer escambo", escreve Fernão Lopes, "concerto duro e

---

26. Na descrição minuciosa que faz da rosácea, Antonio José Saraiva se refere à cena completa do assassínio: no primeiro quadro há uma luta corpo a corpo entre uma mulher e um homem de saiote, certamente Inês e seu assassino; a princípio ela leva a melhor, mas surge um outro homem de traje comprido, que a agarra pelos cabelos e lhe torce o pescoço; no quadro seguinte, a cabeça de Inês jaz por terra, pois o homem de saiote, retornando, a degola. Cf. "Os túmulos de Alcobaça", in *O crepúsculo da Idade Média em Portugal* (Lisboa: Gradiva, 1988).
27. Apud Marlyse Meyer, *Maria Padilha e toda a sua quadrilha*, op. cit., p. 36.

injusto", diz Camões, "ideia nova e tirana", afirma Prosper Mérimée. Por essa artimanha, Pedro pôs as mãos em Pero Coelho e Álvaro Gonçalves, que, certamente confiantes na estirpe a que pertenciam, não foram para longe do reino, ao contrário do terceiro matador de Inês, Diogo Lopes Pacheco, que conseguiu fugir, conforme foi dito, só retornando a Portugal após o falecimento do soberano português.

A diferença na ciranda entre María de Padilla e Inês de Castro é aprofundada com o correr do tempo, pois, ao contrário desta última, a dama espanhola nunca teve fama de inocente. Fama de bela,[28] sim, conforme lemos no romance de Góngora (n. 979) e no de Francisco de Quevedo:

> *Era hermosa la Padilla:*
> *Manos blancas y ojos negros;*
> *Causa de muchas desdichas,*
> *Y desculpa de más yerros.*[29]

Outra diferença, esta realmente perturbadora, a que já nos referimos, embora também baseada em suposições, presume que ela seja a mesma Maria Padilha ou Pombajira brasileira do candomblé e da umbanda;[30] a personagem espanhola é também mostrada como feiticeira e é invocada por *Carmen*, na obra homônima de Mérimée, musicada por Georges Bizet, em 1875.[31] Pois essa entidade, como a espanhola da lenda, é também feiticeira e rainha, sendo mulher de Lúcifer. Bonita e manipuladora de homens, tem algo de prostituta, segundo antiquíssima tradição.

---

28. A beleza da Padilha a afasta da versão moderna das bruxas, sempre horrendas, mesmo nos contos de fadas e no imaginário infantil.
29. Francisco de Quevedo, *Romance*, n. 1646. Apud Marlyse Meyer, *Maria Padilha e toda a sua quadrilha*, op. cit., p. 40.
30. Há duas linhas complementares de interpretação da umbanda e do candomblé: a primeira afirma o sincretismo da origem africana das divindades com a tradição católica; a outra diz que a umbanda "desvirtuou" o sentido original das crenças africanas e nela é possível reconhecer outras influências, como a indígena e o espiritismo branco. Patrícia Birman, em *O que é umbanda* (São Paulo: Abril Cultural; Brasiliense, 1985), despreza a busca das origens dessas práticas religiosas, preferindo privilegiar a transformação dos símbolos na sociedade que os utiliza.
31. Cf. Proper Mérimée, *Carmen*, trad. e posf. de Samuel Titan Jr. (São Paulo: Ed. 34, 2015).

Bruxaria? Sim, por artes da bruxaria. Muitas portuguesas foram degredadas para a África e para o Brasil por atividades mágicas, e é provável que tenham continuado nas mesmas práticas entre nós. Não nos esqueçamos também de que, do século XVII ao XIX, associava-se o calundu/candomblé à feitiçaria, e muitas calundeiras afro-brasileiras foram processadas como feiticeiras pelo Santo Ofício, entre as culpas constando o conjuro de Maria Padilha. "Quem fazia essas associações?" — pergunta Laura de Mello e Souza — "os poderes estabelecidos, os aparelhos de repressão ou o imaginário popular?"

Por sua vez, Marlyse Meyer interroga sobre as metamorfoses pelas quais foi passando a "hermosa María de Padilla", "de senhora de um rei", tal como aparece em romances castelhanos, a "senhora dos cemitérios" no Brasil.

Mas é importante lembrar que, sendo a demonização procedimento comum usado em relação ao "outro" no correr da história,[32] independentemente da diferença social, foi comum animalizar e demonizar as classes subalternas. No Brasil — basta-nos ler as cartas jesuíticas —, essa qualificação passou do indígena ao africano, estendendo-se por fim aos demais colonos. Quanto à terra, a visão edênica inicial do século XVI desvaneceu-se e já no século XVIII surgiu o aspecto "danado" da colônia: "terras palúdicas, inóspitas, habitadas por homens e por animais degenerados, portadores dos germes da rebelião".[33] (King Kong não passa longe disso, principalmente em sua última versão.) Por tudo isso, no século XVIII já não se degredavam para o Brasil feiticeiras portuguesas da "viração", isto é, mulheres pobres que tinham de "se virar", "fazer qualquer coisa", para sobreviver. Entende-se: a colônia, supostamente verdadeiro inferno, não podia ter a essa altura a função purgativa necessária para a salvação de suas almas.

De qualquer modo, a religiosidade popular, relacionada principalmente a camadas pobres e unida por vezes à feitiçaria, também

---

32. Cf. Alfredo Margarido, *La Vision de l'autre (african et indien d'Amérique) dans la renaissance portugaise* (Paris: Fondation Calouste Gulbenkian; Centre Culturel Portugais, 1984).
33. Laura de Mello e Souza, op. cit., p. 375. Cf. também *Visão do paraíso* (São Paulo: Editora Nacional; Secretaria da Cultura, Ciência e Tecnologia, 1977), notável ensaio de Sérgio Buarque de Holanda sobre temas básicos que interagiram em nossa formação, sem esquecer que, "assim como essas ideias se movem no espaço, há de acontecer que também viajem no tempo..." (pp. IX-XX).

estratégia ambígua de sobrevivência, e muitas vezes recurso único dessas camadas, persistia no reino do indistinto, defendendo-se tais pessoas do poder dominante pelo sincretismo e pela inversão, o que, entre nós brasileiros, foi a lei. Um exemplo interessante é o caso do escravo negro José Francisco Pereira. Todos sabemos que para o homem branco o demônio é negro, mas Pereira, sob tortura, confessou aos inquisidores que "o diabo que o possui e é possuído por ele aparece sempre na forma de homem ou mulher branca".[34] É o que explicita Paulo de Carvalho Neto em seu notável *Meu tio Atahualpa*: a ancestral luta entre Deus e o Diandre (Diabo) era guerra feroz entre opressores e oprimidos em toda a América Latina:

> [...] e esse Diandre era um branco. Não era um negro, como pintam, mas um branco. Um branco bem branco, com chifres e rabo, tridente na mão e sem coração no peito. O Diandre vestido de Padre, o Diandre vestido de General, o Diandre vestido de Embaixador, o Diandre vestido de Deputado, o Diandre vestido de Rainha, o Diandre em suas mil formas, assassinando meu povo, oprimindo ele e enganando ele. Porra! Era uma luta feroz.[35]

Quanto à nossa Maria Padilha, repito, não é impossível sua passagem da nobreza real à imaginária, inclusive por um pormenor: nos versos que a invocam, ela também é considerada rainha, a única dentre as Pombasjiras a merecer um nome próprio. Nas orações de conjuro ela aparece sempre como "Maria Padilha e toda a sua quadrilha", ou como "Maria da Calha[36] e toda a sua canalha", vez por outra surgindo com Santo Erasmo ou na companhia de Marta, "a perdida". Não é extraordinário que não haja rastro dela no Brasil antes do século XVII, inexistindo registros em documentos quinhentistas, pois são necessários pelo menos dois séculos para que os mitos se formem. Mello e Souza arrisca a hipótese de a travessia de práticas mágicas e religiosas na península ter se dado durante a

---

34. Ibidem, p. 375.
35. Paulo de Carvalho Neto, *Mi tio Atahualpa*, trad. de Remy Gorga Filho (Rio de Janeiro: Salamandra, 1978).
36. Calha: "sulco, pequeno rego aberto ou moldado em pedra, madeira, barro ou metal, para facilitar o curso de um líquido ou de qualquer objeto". Certamente alusão à vagina.

União Ibérica, existindo orações bilíngues de conjuro para fins amorosos, como esta, num processo de 1674:[37]

> Paloma, paloma, todos te chamam paloma, só eu te chamo hermana senhora, pelo poder que em ti mora, que vás à cama de fulano, dos lençóis lhe faças espinhos, dos cobertores lagartos vivos, que o espinhes e o atravesses, que não possa dormir nem sossegar, sem que comigo venha estar.

Doña María de Padilla, irmã colaça de Inês por obra de mitos paralelos e/ou invertidos, figura, como foi dito, nos romances relativos à História de Espanha, ciclo de D. Pedro I, de Castela. São catorze romances seguidos, mais dois no Suplemento; um sobre Blanca de Borbon, anônimo, outro, romance burlesco do grande Quevedo.[38]

Esses cruzamentos espelham-se nos textos que tratam deles. Doña María de Padilla habita o mito da bruxa consumada, mas sua conterrânea e contemporânea Inês não deixa também de surgir em outros tons, às vezes semelhante às mensageiras trágicas, como na abertura de *Frei Luís de Sousa*, de Almeida Garrett, peça de 1843, e pelo menos uma vez roçando o fogo da subversão, como em Jorge de Lima: "Queimada viva, logo ressurrecta,/ subversiva, refeita das fogueiras". Aqui a alusão a Joana d'Arc é clara, ampliando a esfera mítica.

Talvez se possa julgar "Ecletismo", poema humorístico de Joaquim Serra, uma das primeiras desmistificações do mito de Inês de Castro, ao considerá-la mera moda literária ultrapassada, no embate entre romantismo e realismo. O poema é organizado como um ritual sabático, presidido pela própria Inês. Esta é expelida do palco pelo mau gosto, "sem ter c'roa, sem ter cetro.../ Ó Céus! Pavoroso espectro!/ Nova moda me matou". A nova moda, claro, era o realismo, também criticado por Serra.[39] Com a mesma disposição, Eça de Queirós, com sua esposa, sua cunhada, mais Olavo Bilac, entregaram-se ao passatempo de compor um drama jocoso sobre

---

37. Laura de Mello e Souza, pref. a Marlyse Meyer, *Maria Padilha e toda a sua quadrilha*, op. cit., p. 11.
38. Marlyse Meyer, *Maria Padilha e toda a sua quadrilha*, op. cit., p. 36.
39. Cf. Vagner Camilo, op. cit.

Inês de Castro, durante o inverno de 1890, em Paris, sublinhando seus aspectos comicamente sinistros:

Caminhante! Na página fronteira,
Tu vês Dom Pedro, o Cru, forte e sem medos,
Ceando! Pedro para quem o coração humano
Depois de assado, já não tem segredos.

Foi preciso transcorrer mais um século para que o mito de Inês de Castro fosse examinado em seus fundamentos por dois escritores portugueses, decididos a desfazer as *"ganancias de la imaginación sobre la herencia documental"*,[40] esta aliás contraditória, imprecisa. Os escritores são Fiama Hasse Pais Brandão e Herberto Helder.

A partir mesmo do título, "Inês de Manto", Fiama confessa sua intenção de desnudar a personagem,[41] desmontar a máquina amorosa, construída como objetos de marca da realeza.

Teceram-lhe o manto Assim como o trono Só a morte trouxe
para ser de morta e como o espaldar todo o veludo
assim como o pranto foi igual o modo no corte da roupa
se tece na roca de a chorar no cinto justo

Também com o choro O vestido dado Também de pranto
lhe deram um estrado como a choravam a vestiram toda
um firmal de ouro era de brocado era como um manto
o corpo exumado não era escarlata mais fino que roupa

Apesar da delicada variação rítmica, que sublinha o sentido do poema, para o objetivo deste texto basta a observação de que, formalmente, o uso da redondilha menor, metro popular intensificado pela organização em quadras, descreve uma estrutura comunicativa

---

40. Eugenio Asensio, op. cit., pp. 37-58.
41. Com certa licença poética, apoiada na afirmação de Fiama de que Inês fora apenas construída no interior dos discursos, podemos aproximar o "de manto" a seu sinônimo "de mantel", raiz da forma verbal "desmantelar" (do francês *démanteler*), isto é, "desmanchar", "arruinar", "derrubar fortificações, defesas".

apropriada ao recado, que deve ser insistentemente dado e repetido: não existe nada de sentimental na história cifrada de Inês, tudo foi construído, inclusive as marcas do sofrimento, pranto tecido como o manto (invisível) com que a cobriram.

Por sua vez, o conto "Teorema", de Herberto Helder, surpreende a partir do título. Pois o que significa a palavra "teorema"? Qualquer dicionário informará: "o que se pode contemplar, espetáculo, festa"; em sentido figurado, "objeto de estudo ou de meditação, regra, princípio"; por analogia, "conceito moral". Além disso, o "teorema" precisa de demonstração, o que não se dá com o axioma, ou proposição evidente. Ora, o que Fiama e Helder pretenderam foi desmanchar a proposição que congelou o espetáculo sentimental de Pedro e Inês por séculos, demonstrando sua ilusão e seus fundamentos ideológicos.

"Teorema" está centrado no suplício de Pero Coelho, um dos assassinos de Inês, que, ainda vivo, teria tido o coração arrancado e devorado por Pedro i, num banquete. A festa armada, sob aplausos populares, dá-se ritualmente como uma missa, mas invertida, missa negra em que a tríade divina se transforma em outra, infernal, nas pessoas de Pedro i, Pero Coelho, o assassino, e Inês. Como narrador, o supliciado afirma:

> No crisol do Inferno manter-nos-emos todos três perenemente límpidos. O povo só terá de receber-nos como alimento, de geração em geração. Que ninguém tenha piedade. E Deus não é chamado para aqui.[42]

Assim, num passe de mágica, ou com a força da melhor literatura, Inês é atirada também no Inferno, domínios da Maria Padilha, sua irmã colaça, pondo fim a estas páginas leves ou levianas, como convém ao trato dos seres imaginários.

---

42. Herberto Helder, op. cit., p. 108.

Notas para um leitor do mundo italiano

Maria Betânia Amoroso

1. Em muitas ocasiões, em que me pegava imaginando a figura esguia de Murilo Mendes rondando pelas ruas de Roma, ambos, Murilo e Roma, surgiam flutuando no espaço como peças de um cenário, como partes intercambiáveis e presenças teatrais.

A teatralidade em Murilo não constitui novidade alguma: abrir um guarda-chuva em um concerto, ou uma janela para gritar para o mundo, e enviar telegrama para Hitler são gestos que fazem parte de seu conhecido anedotário. Conta-se ainda que cumprimentou efusivamente o dono de uma loja no Rio antigo pela disposição dos botões, por cores e tamanhos, na vitrine. Mais grave e mais dramática foi a cena da sua conversão paulina enquanto acontecia o velório do amadíssimo amigo Ismael Nery.

Murilo encontrava cenários por onde andava, ou os construía. O legendário apartamento onde viveram, ele e Maria da Saudade Cortesão, na via del Consolato 6 em Roma, era uma espécie de *theatrum memoriae*,[1] repleto de obras de arte moderna esparramadas pelas paredes, fotografias autografadas sobre os móveis, tudo milimetricamente disposto de modo a constituir o teatro de uma íntima experiência da arte e de artista. Completando a disposição cenográfica, no mesmo prédio morou Audrey Hepburn.

Os rastros das relações entre Murilo e Roma são encontráveis no conhecido texto que escreveu em 1963 para a revista *Fiera Letteraria*.

---

1. Ettore Finazzi-Agrò, "O teatro da memória e a encenação de si mesmo", in *Murilo Mendes: O poeta brasileiro de Roma*, org. de Maria Betânia Amoroso (Juiz de Fora: Museu de Arte Murilo Mendes; São Paulo: Editora Unesp, 2013), p. 20.

Vivo em Roma porque aqui posso exercer meu trabalho de professor, escritor e membro de uma sociedade secreta que se propõe dinamitar o monumento de Piazza Venezia. Porque Roma, segundo um célebre soneto de Quevedo, não está mais em Roma, portanto não me sinto mais obrigado a seguir os rastros dos Césares. Porque seu povo é humano e simpático. Porque Roma tem belas mulheres, praças estupendas; este ocre de suas casas me serve de tônico. Porque aqui encontrei amigos deliciosos: que geralmente não creem que $2+2=4$. Porque em Roma existe o Museu de Valle Giulia: quando entro ali me transformo num etrusco. Porque raramente se topam rinocerontes nos seus parques. Pois que é a cidade que vive sob o signo do juízo universal e da mais formidável história em quadrinhos, exatamente o juízo universal de Miguel Ângelo, o "Arrabbiato" por excelência. Porque vivendo em Roma não sinto necessidade de ir à lua. Somos aqui, todos, lunáticos. Porque em Roma posso ver João 23, isto é, a excomunhão da bomba, o progresso do ecumenismo e da paz.[2]

O monumento a ser dinamitado faz parte de um conjunto arquitetônico maior, o Vittoriano, construído ao final do século XIX e início do XX em homenagem ao rei italiano Vittorio Emanuele II. Em 1929, Benito Mussolini escolhe o Vittoriano como sede do governo, e sua sacada sobre Piazza Venezia se transforma em palanque; por sua vez, a praça que abrigou, sob o fascismo, multidões delirantes em escuta passou a ser chamada Fórum da Itália.

A Roma grandiloquente, a dos césares e a dos fascistas, não é a de Murilo, embora o conhecido tom visionário de muitos dos seus poemas e, mais uma vez, a teatralidade neles embutida, fossem familiares ao poeta, à sua poesia e a seus leitores. Num trecho do retrato-relâmpago "Victor Hugo", expõe, embaralhando as fronteiras entre a autobiografia e a crítica, a vigilante luta pessoal contra a *fala das alturas*.[3]

---

2. Murilo Mendes, "Vivo em Roma", in *Poesia completa e prosa*, org., preparação de textos e notas de Luciana Stegagno Picchio (Rio de Janeiro: Nova Aguilar, 1995), pp. 47-8.

3. "Foi de fato avô para mim; eu, neto pródigo. Passamos a vida a litigar. Em breve ele passou a ter ciúmes de Baudelaire, que segundo sua própria definição criara um *frisson nouveau*; imaginem o que não seria com Aquele das *Illuminations*, isto é, Shakespeare *enfant*. [...] Ele quis dizer tudo, e pouco ainda se disse. Eu era um narciso-polvo. Aplico-lhe uma palavra de Macedonio Fernández: o leitor já partira, ele continuava falando. Faltou-lhe o tom menor; que lhe roubassem a arca dos adjetivos; faltou-lhe a precisão, a medida; possuía a dimensão dos patriarcas; cósmico (ou cosmocômico) demais, humano de menos; só falava, escrevia e respirava com as maiúsculas." Ibidem, p. 209.

Ao antigo romano, prefere o mais antigo etrusco e na contemporaneidade, o *povo humano e simpático* que se faz ver na figura do popular João XXIII. A concretude ocre da Roma popular ganha mais densidade e presença em outro texto, escrito dois anos depois, intitulado "Da Settimio a Via dei Cartari".

> Situada num "quartiere" tipicamente romano, a "osteria" de Settimio é frequentada por gente do povo — que ainda existe. Nunca lá vejo turistas — pois não posso considerar turistas o poeta Rafael Alberti e sua encantadora mulher Maria Teresa Léon, que às vezes lá encontro. Foram eles que, devido às pinturas que a decoram de alto a baixo, crismaram a osteria de "Capela Sistina". E não vejo nisto nenhuma irreverência para com Miguel Ângelo.
>
> Já com Metastasio, cuja estátua se levanta na vizinha praça da Chiesa Nova, poderíamos nos mostrar menos respeitosos: pois não conta Alfieri na sua Autobiografia que, tendo ido a Viena, quis conhecer o célebre poeta, renunciando ao projeto diante dos seus salamaleques à imperatriz e aos outros personagens da corte?
>
> Dunque, nada tem a ver com Metastasio o soldado que vai ali cear com a namorada, o pequeno burocrata tristíssimo, os velhos que se reúnem em torno de uma mesa para pôr em movimento a roda do passado. O sig. Settimio, mestre de cerimônia do modesto ritual, inicia os clientes nos altos mistérios da sua cozinha que é sã, e repele as novidades. Também nós, em matéria de osteria, preferimos a sabedoria clássica, as sólidas tradições, os pratos que gozam de livre entrada nos labirintos do estômago e dos intestinos, isentos do ataque dos minotauros e das bombinhas atômicas que são certos ingredientes traiçoeiros e picantes.
>
> Ao voltar para casa, depois das "fettuccine" ou do "abbacchio al forno", deparamos às vezes, dobrando a esquina, com o fantasma de Belli que também habita, como nós, este bairro.[4]

O poeta espanhol Rafael Alberti e sua mulher Maria Teresa Léon são os vizinhos reais. Ronda, contudo, o bairro, frequenta as *oste-*

---

4. Mario Dell'Arco, *L'Osteria cucinante III — Diario di Roma* (Roma: Il Nuovo Cracas, 1965), pp. 63-4.

rie o fantasmático Belli, Giuseppe Gioachino Belli, que escolheu como sujeitos de sua obra o dialeto romanesco e a vida dos populares — *gente do povo* — de Roma justamente pela condição marginal, tanto do dialeto como do povo. Para ele, eram depositários de uma verdade *única* e *descarada*, segundo palavras do próprio poeta. Até onde sua elegância senhoril permite — há labirintos e minotauros que não frequentavam a poesia belliana e provavelmete as "bombinhas atômicas" seriam chamadas por outro nome —, na contraluz ou à sombra da autobiografia que toda escrita contém, Murilo mimetiza à sua maneira Belli, descrevendo a descida aos intestinos, passando antes pelo estômago, da comida saudável feita pelo sr. Settimio da *osteria* da via dei Cartari, não muito distante da via del Consolato.

2. O convite a Murilo para que escrevesse algo sobre os restaurantes romanos populares que pudesse constar da série *Roma perduta e ritrovata* deve ter sido feito pelo arquiteto e poeta Mario Dell'Arco. Ele esteve à frente de uma série de publicações voltadas para a produção ou recuperação da poesia dialetal feita na Itália. A passagem de Murilo Mendes pelo mundo romano-romanesco foi pontual. Mas não a de Dell'Arco — na verdade, seu nome de batismo era Mario Fagiolo. De certo modo e para certos leitores, é associado ao de Pier Paolo Pasolini, com quem, em 1952, publicou um alentado e importante estudo sobre a poesia dialetal italiana, intitulado *Poesia dialettale del Novecento*.[5] Na sequência que a associação de nomes traz, uma carta de 1946 une os dois poetas, Pasolini e Dell'Arco. É provável que seu autor, o filólogo, crítico e historiador da literatura Gianfranco Contini, seja o responsável pela aproximação entre ambos. Diz a carta:

5. Numa carta escrita a Giacinto Spagnoletti, de março de 1952, o tipo de colaboração é descrito com clareza: "Agora que estou fazendo a antologia com ele vejo quem ele é, vejo que não possui a mínima dignidade, chegando a consentir que se ponha o seu nome em um livro totalmente feito (também no sentido braçal) por mim". [*Adesso che sto facendo l'antologia con lui* [Dell'Arco] *vedo chi è, vedo che non possiede un minimo di dignità: fino a consentire di mettere il suo nome in un libro fatto tutto e completamente (anche nel senso manuale) da me.*] Pier Paolo Pasolini, *Saggi sulla letteratura e sull'arte* (Milão: Arnoldo Mondadori, 1999), v. II (A cura di Walter Siti e Silvia De Laude), pp. 2921-2.

Caro sr. Dell'Arco,

Sou fanático pela bela poesia dialetal e portanto, ao me mandar seu livrinho, minhas inclinações mais secretas se viram lisonjeadas. Ainda mais considerando que hoje me parece clara a tendência da poesia dialetal em direção à lírica, digamos assim, "pura" e ao (repito as aspas) "canto". Veja por exemplo, se passarem pelas suas mãos, as poesias friulanas de Pier Paolo Pasolini, um jovem que vive em Casarsa. Sei que Pasolini tinha à mão um dialeto quase língua (embora precisasse reagir ao prorrompente zoruttismo). Também a sua poesia canta à perfeição em primeira pessoa e por conta do autor, deixando para trás a necessidade da materialização e da intermediação do grande Belli e do pequeno Pascarella. Não que tenha deixado de carregar consigo algo da cultura dialetal, entendendo-a como cultura "psicológica". Sem dúvida o dialeto lhe sugere uma postura poética menos direta e uma chave ligeirissimamente cômica. Em língua, se é que posso me abandonar a essa hipótese gratuita, estaria mais evidente certo grotesco a la Morgenstern dos seus epigramas e o graciossíssimo secentismo, porém italiano, isto é, tão bonário quanto refinado. Considero um erro relacioná-lo com Govoni, isto é, a um impressionismo engavelado, sem talho necessário e freio interno. Posta a tal chave, seu impressionismo, se essa hipótese é possível, é menos remoto, quem sabe, daquele do próprio Ungaretti: barroco mas de primeira linha.[6]

6. [*Contini a Dell'Arco. Domodossola, Natale 1946.*
Caro signor Dell'Arco,
io sono un fanatico della bella poesia dialettale, e perciò Lei ha lusingato, mandandomi il Suo libretto, i miei gusti più segreti. Tanto più che oggi mi par chiara una tendenza della poesia dialettale alla lirica, diciamo così, "pura" e al (ripeto le virgolette) "canto". Veda per esempio, se mai le capitassero alle mani, le poesie friulane di Pier Paolo Pasolini, un ragazzo che sta a Casarsa. Capisco che Pasolini aveva tra mano un dialetto quase lingua (benchè dovesse reagire all'impervesante zoruttismo). Anche la Sua è una poesia che canta ottimamente in persona e per conto dell'autore, senza più bisogno dell'oggettivato e interposto personaggio del grande Belli e del piccolo Pascarella. Non che non Le sia rimasto addosso qualcosa della cultura dialettale, intendo della cultura "psicologica". È fuor di dubbio che il dialetto Le sugerisce una presa poetica meno diretta e qualche chiave legerissimamente comica. In lingua, se posso abbandonarmi a questa gratuita ipotesi, sarebbe stato semmai più evidente un certo grotesco alla Morgenstern dei Suoi epigrammi; e il graziosisimo secentismo, ma italiano, cioè non meno bonario che preciozo. Mi pare sbagliato ricondurLa a Govoni, cioè a un impressionismo affastellato, senza taglio necessario e freno interno. Posta quella tal chiave, il Suo impressionismo è semmai meno remoto, che so io?, dallo stesso Ungaretti: barocco, però di prima qualità.] In Carolina Marconi, "Gianfranco Contini — Mario Dell'Arco. Il carteggio (1946--1949)". *Ermeneutica Letteraria: Interpretazioni di Gianfranco Contini* (v. II, n. VII, 2011).

Os nomes que Contini cita são em si sínteses críticas: destacando os dialetais, entre os poetas que usam o romanesco, Belli é grande, Pascarella pequeno; Pietro Zorutto, dialetal da mesma área linguística do jovem Pasolini, muito festejado como poeta friulano oficial, produzindo o nefasto *zoruttismo*, a visão, impregnada na poesia dialetal da região, segundo a qual o friulano (o dialeto) seria língua para tratar de coisas menores. Não são menos notas críticas as hipóteses sobre como se poderia analisar a poesia de Dell'Arco aproximando--a da produção da poesia em língua italiana: a poesia grotesca de Morgenstern, a transbordante poesia de Corrado Govoni ou o barroquismo de Ungaretti. Esse limiar — o registro linguístico-poético que os adeptos do dialeto como reforço da cor local e do pitoresco, como os zoruttistas, procuram manter viva — deixa de ser o *limite* porque a operação linguística executada por Pasolini realça a voz pessoal do eu lírico que se torna, portanto, único e autônomo.

Essa carta foi escrita apenas quatro anos depois da resenha de Contini ao primeiro livro do jovem poeta de Casarsa, Pier Paolo Pasolini. A resenha, em paralelo às discussões e propostas avançadas por Contini sobre a poesia dialetal e a poesia em friulano de Pasolini, pela importância inconteste de Contini, é tida hoje como o cartão de visita do poeta no mundo literário italiano. O livro se intitulava *Poesie a Casarsa*, e a resenha escrita pelo crítico e filólogo, "Al limite della poesia dialettale".[7]

"À primeira vista, este Pier Paolo Pasolini poderia parecer um autor dialetal [...]. E no entanto [...] neste livrinho se avista a primeira acepção de literatura 'dialetal' sob os ventos da poesia de hoje, e portanto uma profunda modificação daquele atributo."[8]

A análise segue destacando a particularidade do "dialeto" — as aspas são de Contini — escolhido, já que "a estrutura fonética e, em particular, morfológica extremamente diferenciada, levou os glotólogos a pensar em uma unidade linguística distinta do italiano".[9]

---

7. In *Interpretazioni di Pasolini*, a cura di G. Borghello (Roma: Savelli, 1977), pp. 119-22.
8. [*Sembrerebbe un autore dialettale, a prima vista, questo Pier Paolo Pasolini* [...]. *E tuttavia,* [...] *in questo fascicoletto si scorgerà la prima accessione della letteratura "dialettale" all'aura della poesia d'oggi, e pertanto una modificazione in profondità di quel attributo.*] Ibidem, p. 119.
9. [*Per la sua struttura fonetica e specialmente morfologica differenziatissima, hanno fatto pensare i glottologi a un'unità linguistica distinta dall'italiano.*] Ibidem, p. 120.

Tentando seguir de perto a argumentação de Contini, diz ele ser a unidade linguística aventada para esse *dialeto quase língua* já sinal de "relativa autonomia cultural e jurídica, mas de uma pré--história independente muito mais do que de uma história: essa pré-história passiva, isto é, natureza, somente seria mudada em história por uma consciência literária".[10]

Portanto Pasolini teria, com sua *consciência literária*, conseguido fazer com que o dialeto quase língua ganhasse a luz da história, isto é, aquele mundo particular, o da experiência das coisas dialetais e a do sujeito lírico, foi formado linguisticamente e forçado a se exprimir. Essa não poderia ser a interpretação para a frase-síntese na carta de Contini para Dell'Arco? Ao afirmar que lhe parecia "clara a tendência da poesia dialetal em direção à lírica, digamos assim, "pura" e ao (repito as aspas) "canto", não estaria jogando todas as suas fichas naquela linha, a que na modernidade tem Mallarmé e Baudelaire como máximos nomes e que ligaria toda a poesia à lírica moderna, numa mesma tradição? E ainda, os narradores sob a mira de Contini — entre outros, Gadda, Joyce e também Guimarães Rosa — não teriam poéticas muito diferentes da enunciada acima: iam da prosa para a poesia.[11]

---

10. [*Relativa autonomia culturale e giuridica, ma d'una indipendente preistoria piuttosto che d'una storia: quella passiva preistoria cioè natura, solo una coscienza letteraria potrebbe mutarla in storia.*] Ibidem.
Prevalecem os pressupostos linguísticos na resenha que entretanto se expande em outras direções por exemplo, quando comenta o narcisismo, a posição *violentamente subjetiva* de Pasolini: "Chamemos de narcisismo, para nos entendermos com rapidez, esta posição violentamente subjetiva, como diríamos narcisista o anjo loiro que obsessiona a imaginação de Campana. Mas aqui o lamento narcisista é de alguém que profere um pranto perpétuo sobre a morte de *sé donzèl*, de *sé lontàn frut peciadôr* que vive somente nas fontes e águas do vilarejo também já tão remotas" [*Chiamiamola pure narcissismo, per intenderci rapidamente, questa posizione violentamente soggettiva; come diremo narcissitico l'angelo biondo che ossessiona l'immaginazione di Campana. Rimpianto narcissistico, però, qui: d'uno che leva un pianto perpetuo sulla morte di sé donzèl, di sè lontain frut peciadôr, solo vivo nelle fonti e acque del paese ormai altrettanto remoto.*] Ibidem, p. 119.
11. Estabeleço aqui um jogo de palavras com o título do livro de Berardinelli, *Da poesia para a prosa*, V. N. 14.

3. Passado tanto tempo e tantos mundos depois, chama a atenção que diante de tamanha riqueza do pensamento crítico e diante da beleza e precisão de seu ensaísmo (nem de longe aqui tocados pelas amostras traduzidas) Contini seja tão pouco citado pela crítica italiana contemporânea. Seria de perguntar por qual razão há mesmo certa hostilidade dirigida contra o crítico.

Em uma árvore genealógica da crítica italiana, publicada em 1995 na revista, nada acadêmica, *L'Espresso*, são dispostas fotos com os respectivos nomes dos críticos que atuaram ao longo do século xx na Itália. O desenho ilustrava uma longa matéria sobre o livro do então jovem Massimo Onofri, *Ingrati Maestri. Discorso sulla critica da Croce ai contemporanei.* Ocupa o ponto mais alto, o topo da árvore, o mestre número um, o indefectível Benedetto Croce; na primeira ramificação foram dispostos, lado a lado, os nomes de Giuseppe Antonio Borgese e Renato Serra; na segunda ramificação, de um lado — o da linhagem borgesiana — estão os nomes de Franco Fortini e Giacomo Debenedetti; do outro, Gianfranco Contini e Per Vincenzo Mengaldo.

O sentido mais geral da dicotomia — o que oporia o que a quem — será explicitamente tratado cinco anos mais tarde, quando Alfonso Berardinelli, do lugar de pai ou irmão mais velho, dramatizou a passagem do tempo e das gerações. O título do texto, talvez redacional, talvez do próprio Berardinelli, é "O esnobismo aplicado à filologia". Brevíssimo, foi publicado em 24 de outubro de 2000, no jornal *La Reppublica*.

> Não duvido que Gianfranco Contini seja um dos maiores críticos e talvez o maior filólogo italiano do século xx. Nele porém o filólogo é superior ao ensaísta, significando isso que a sua influência tecnicizou (e academizou) a atividade crítica, em detrimento de um discurso mais amplamente político e moral sobre a literatura. O ponto fraco da obra de Contini me parece ser a sua "poética", a oscilação entre esnobismo técnico e idiossincrasias do gosto. Faz parecer que conhece todo tipo de escritor ou quase todo. Mas em seguida ignora por completo autores de primeira ordem, como Penna, Savinio, Morante, Bertolucci, Caproni, Silone, Chiaromonte, Fortini, Noventa... Suas preferências são os rondistas e os herméticos, os poetas mais

líricos (Ungaretti) e a prosa de arte (Cecchi), os experimentais expressionistas mais do que os verdadeiros narradores. É verdade que Contini é o nosso maior dantista do século xx. Mas o risco é que o seu Dante venha lido como precursor de Montale.[12]

A síntese do método, do estilo e sobre a importância de Gianfranco Contini na atual crítica italiana poderia ser vista como o diálogo de Berardinelli com outro importante crítico, Pier Vincenzo Mengaldo. Em 1991, Mengaldo publicou um longo ensaio, no qual faz uma minuciosa descrição do "método" continiano e um retrato de sua figura pública. O texto foi intitulado "Preliminari al dopo Contini".[13] Em certo momento, enfrenta algumas das críticas mais constantes ao filólogo-crítico e que reaparecem na citação anterior. Diz ele:

> O estilo de Contini, mesmo quando é mais árduo pelo nível de concentração, tecnicismo, velocidade nas passagens, não o é tanto pelo aristocratismo intelectual, no limite, esnobismo, e pelo hedonismo (embora esses componentes estejam presentes). Antes de mais nada,

---

12. [*Non dubito che Gianfranco Contini sia uno dei maggiori critici e forse il massimo filologo italiano del Novecento. Ma in lui il filologo è superiore al saggista: il che significa cha la sua influenza ha tecnicizzato (e accademizzato) l'attività critica, a scapito di un discorso più largamente politico e morale sulla letteratura. Il punto debole dell'opera di Contini è secondo me la sua "poetica", il suo oscillare fra snobismo tecnico e idiosincrasie di gusto. Sembra che capisca ogni tipo di scrittore o quase. Ma poi trascura o ignora del tutto autori di prim'ordine come Penna, Savinio, la Morante, Bertolucci, Caproni, Silone, Chiaromonte, Fortini, Noventa... Le sue predilezioni vanno ai rondisti e agli ermetici, ai poeti più lirici (Ungaretti) e alla prosa d'arte (Cecchi), agli sperimentatori espressionisti più che ai veri narratori. È vero che Contini è anche il nostro maggior dantista novecentesco.ma il rischio è che il suo Dante venga letto come un precursore di Montale.*]

Há outra passagem de Berardinelli que traz alguma luz, necessária, para a afirmação anterior: "Só podemos ler Dante com as lentes de Montale e de Eliot, mas se o assimilamos em demasia à poesia do século xx, acabamos, acredito, por perder o melhor, isto é, a ideia que nem todas as civilizações se assemelham e que existiram tempos nos quais o modo de ser e de pensar foram radicalmente diferente do nosso". [*Non possiamo che leggere Dante con le lenti di Montale e di Eliot, ma se lo assimilamo troppo alla poesia del Novecento, finiamo, credo, per perdere il meglio: e cioè l'idea che non tutte le civiltà si somigliano e che sono stati tempi un cui il modo di essere e di pensare è stato radicalmente diverso dal nostro.*] Alfonso Berardinelli, *La forma del saggio: definizione e attualità di un genere letterario* (Veneza: Marsilio Editore, 2001), pp. 49-50.

13. Pier Vincenzo Mengaldo, *La tradizione del Novecento. Terza serie.* (Turim: Einaudi, 1991), pp. 159-73.

afirmam que certo grau de tecnicismo é inseparável da crítica como ele a concebe e mais — e principalmente — porque a dificuldade estilística está de acordo com uma dificuldade intrínseca e, se poderia dizer, com a dramaticidade da aproximação à verdade, que é sim "humana", mas é também árdua, exigindo a tensão máxima das próprias capacidades humanas. O leitor, e também o colega de trabalho, são alertados quanto a isso.[14]

A compreensão positiva das dificuldades trazidas pelo estilo de Contini é sombreada pela percepção de que essa crítica tem em si elementos de esnobismo — relembrados, com outro tom, por Berardinelli —, que são aqueles que certa crítica destacará com mais insistência com o passar dos anos. É muito provável que essa voz, a de Mengaldo, amiga, que apenas faz notar o possível "esnobismo" de Contini, tenha ganhado forças na mesma medida que a crítica atenta aos elementos formais, ou ao estudo de autores de complexidade textual maior, decresceu. Mas há uma outra passagem no mesmo texto que aponta para uma questão mais abrangente no universo da crítica italiana com a qual, de algum modo, todos prestam conta desde o século passado, mas que atinge seu ápice neste momento.

Nessa passagem, depois de citar o "objetivismo inveterado", a "ausência de autobiografismo" e o "caráter antinarrativo do descritivismo crítico continiano" como parte e exigência da sua própria crítica exitosa, traz à tona o desejo de Contini de escrever "um livro sobre Manzoni em que se pudesse passear como se passeia no *Port-Royal* de Sainte-Beuve". Logo em seguida, como se pudesse dar conta de tal desejo, Mengaldo arremata:

---

14. [*Lo stile di Contini, anche quando è piú arduo per concentrazione, tecnicismo, velocità di trapassi, non lo è tanto per aristocrazia intellettuale, al limite snobismo, e per l'edonismo di cui oltre (anche se certo queste componenti ci sono). Lo è prima di tutto per affermare che un certo grado di tecnicismo è inseparabile dalla critica come lui la intende; e poi e specialmente perché quella difficoltà stilistica fa tutt'uno con la difficoltà stessa e si vorrebbe dire la drammaticità dell'approccio alla verità; che è sì "umana", ma è anche ardua, e richiede la tensione massima delle proprie umane capacità. Il lettore, e anche il compagno di lavoro, sono messi sull'avviso.*] Ibidem, pp. 169-70.

É prazeroso encontrar em um crítico dessa estatura a discrepância entre a forte aspiração à crítica como "narração", moral e ideologicamente participante, e a efetiva prática marcada pelo objetivismo, pela compressão, pelo descontínuo, pelo necessário eclipsamento do sujeito. Isso é tão certo que os grandes críticos o são também pela força e coerência com as quais reprimem uma parte de si, aguçando ao limite uma outra.[15]

Nas observações dos críticos, o embate contemporâneo na crítica italiana — mas não somente nela — se anuncia. O embate futuro já está sugerido (para quem o lê como antecipação) no desejo recalcado de Contini de escrever um livro de crítica que pudesse ser lido com o prazer de alguém que passeia: o leitor *mais* comum e *menos* especializado se faz sub-repticiamente presente, mas é ainda discreto (ele crescerá desmesuradamente em direção ao leitor da cultura dos *midia*). É sincera e certeira a compreensão do desejo de Contini por Mengaldo — uma espécie de sacrifício de uma *parte* do crítico — a que tensiona a crítica aproximando o seu fazer do "pensamento da poesia" e do ensaísmo literário — em prol de outra, a que se vê como fruto de uma precisão que é estilística e mais próxima ao fazer na ciência ou, dito de outro modo, rigorosa e técnica. Contemporaneamente a primeira vertente predomina e as questões anunciadas extravasam os pressupostos anteriores, crescem, se monumentalizam, deixando no ar algumas perguntas: autobiografismo, narratividade na crítica, até que ponto? Até que ponto se é "subjetivo" sem fazer o jogo da crítica como parte da lógica promocional (e portanto nada crítica) das mercadorias que independe do *objeto*?

É nesse ponto que estamos.

---

15. [*Piace cogliere in un critico di tale stazza questa discrepanza fra un'aspirazione forte alla critica come "narrazione" moralmente e ideologicamente partecipe, e un'effettiva pratica improntata all'oggettivismo, al compresso e al discontinuo, al necessario eclissarsi del soggetto: tant'è vero che i grandi critici sono tali anche per la forza con cui reprimono una parte di sé, acuminandone allo spasimo un'altra.*] Ibidem, p. 168.

Do mosto ao vinho:
variações sobre o conceito de *experiência*

Marcus Vinicius Mazzari

LITERATURA E EXPERIÊNCIA

Se quiser seguir-me, narro-lhe; não uma aventura, mas experiência.

Guimarães Rosa, "O espelho", in *Primeiras estórias*

Este texto sobre o conceito de *experiência* remonta, em uma de suas raízes, ao privilégio de ter podido assistir a cursos de Davi Arrigucci Jr. já durante os primeiros tempos da graduação em letras. Professor do mais amplo horizonte, notoriamente apaixonado pelo seu trabalho, oferecia-nos aulas sempre densas, carregadas de erudição e vivacidade analítica, também de uma fluência que em momento algum deixava transparecer o esforço que certamente fora despendido na preparação. Foi em um de seus cursos que me deparei pela primeira vez com o ensaio de Walter Benjamin "O narrador", o qual — falando de modo tão sugestivo sobre o significado do trabalho artesanal e industrial, da experiência, memória e morte para a arte da narrativa — "tem sido para mim, desde aqueles tempos", citando palavras de Manuel Bandeira a respeito de um soneto de Camões, "fonte de inesgotáveis reflexões".[1]

Eram, em primeiro lugar, as considerações benjaminianas sobre *experiência* que o nosso professor destacava em suas exposições, não apenas ao abordar a prosa narrativa, mas também nas aulas sobre lírica, quando então vivenciávamos a integridade da linguagem poética à luz de versos tomados ao volume *Estrela da vida inteira*. É certo que a lírica, em sua expressão *mais pura* — por exemplo, nos poemas musicados por Schubert em seus *Lieder*, ou numa peça como "Cantiga", de *Estrela da manhã* —, só muito indiretamente tem que

---

1. Manuel Bandeira, *Itinerário de Pasárgada* (Rio de Janeiro: Nova Fronteira, 1984), p. 36.

ver com a esfera da *experiência*; contudo, para a discussão da vertente por assim dizer *meditativa* da poesia bandeiriana, o recurso a reflexões desdobradas no "narrador" trazia resultados sobremaneira fecundos. Essa lírica meditativa era analisada como uma forma de organização estética da experiência — sobretudo da experiência elaborada no convívio com a pobreza, solidão, doença e com a constante ameaça da morte, como também vem à tona na bela e límpida prosa do *Itinerário de Pasárgada*: "A morte de meu pai e a minha residência no morro do Curvelo de 1920 a 1933 acabaram de amadurecer o poeta que sou. [...] Sem ele eu me sentia definitivamente só. E era só que teria de enfrentar a pobreza e a morte".[2]

Encantava-nos profundamente os vínculos que Davi Arrigucci Jr. sabia estabelecer com as reflexões de Montaigne sobre a morte, com a verdade da experiência *basse et sans lustre* do filósofo de Périgord que, no entanto, se debruça pela primeira vez sobre *l'humaine condition* como algo problemático num sentido moderno. Se, para Montaigne, filosofar é aprender a morrer, como se formula no título de um de seus mais célebres ensaios, a lírica meditativa de Bandeira nos era apresentada também como um esforço do poeta em atenuar a angústia perante a inevitabilidade do sofrimento e da morte, como uma elaboração da experiência de vida sob a perspectiva de seu término, do advento da "indesejada das gentes" aguardada desde os dezoito anos, conforme as palavras finais do septuagenário narrador do *Itinerário*: "tenho a impressão que ela encontrará, como em 'Consoada' está dito, 'a casa limpa, a mesa posta, com cada coisa em seu lugar'".[3]

E o professor incursionava pela longa história do *Ubi sunt?*, apresentava-nos poetas de várias literaturas (Walther von der Vogelweide, Jorge Manrique, François Villon), rastreando ainda o *topos* no Antigo Testamento e também em nomes mais próximos de nosso tempo, como Dante Gabriel Rossetti ou o americano, menos conhecido, Edgar Lee Masters. E os alunos se familiarizavam também com grandes estudos sobre o *Ubi sunt?*, não só de eruditos estrangeiros, mas também com textos de autoria de Augusto Meyer, Otto Maria Carpeaux e Franklin de Oliveira.

2. Ibidem, p. 65.
3. Ibidem, p. 132.

Alguns anos depois, pudemos reencontrar muita coisa das aulas de Davi Arrigucci Jr. no seu primoroso livro *Humildade, paixão e morte*, publicado em 1990. Mas agora o confronto crítico com poemas bandeirianos se aprofunda em níveis com poucos paralelos em estudos de poesia. Um exemplo se encontra no capítulo "A festa interrompida", em que a abordagem do poema "Profundamente" relaciona o topos do *Ubi sunt?* não apenas com a tradição literária e a biografia do poeta, mas também com o processo de industrialização e modernização da sociedade brasileira. E eis despontarem, num dos segmentos desse capítulo, as considerações de Benjamin sobre as transformações que a imagem e a experiência da morte sofrem na moderna sociedade burguesa, com seus ritos de assepsia e recalque. E lá se observa também o extraordinário esforço crítico em amalgamar organicamente as inúmeras fontes mobilizadas nesse livro sobre "a poesia de Manuel Bandeira", conforme formula o subtítulo:

> Ora, o tema do *Ubi sunt?* representa, no universo da lírica, precisamente o momento de concentração e organização da experiência diante da morte, sob a forma da meditação elegíaca, quando é possível pensar o sentido de uma vida e da própria existência humana como um todo, quando o aprender a morrer se impõe como necessidade de pensar o horizonte da própria vida.[4]

Três anos antes de seus *opus eximium* sobre o nosso lírico que se definira *menor* (pois "grande é Dante"), Davi Arrigucci Jr. publica *Enigma e comentário*, coletânea de ensaios que se abre justamente com "O humilde cotidiano de Manuel Bandeira".[5] Nos limites do breve ensaio não há referências explícitas ao "narrador" de Benjamin, mas é possível perceber a presença sub-reptícia dessa leitura nas considerações sobre o significado das vivências cotidianas do

---

4. Davi Arrigucci Jr., *Humildade, paixão e morte: A poesia de Manuel Bandeira* (São Paulo: Companhia das Letras, 1990), pp. 224-5.
5. Idem, *Enigma e comentário: Ensaios sobre literatura e experiência* (São Paulo: Companhia das Letras, 1987). Originalmente, o ensaio "O humilde cotidiano de Manuel Bandeira" foi publicado em *Os pobres na literatura brasileira*, org. de Roberto Schwarz (São Paulo: Brasiliense, 1983), pp. 106-22.

poeta na constituição de seu *estilo humilde*—por exemplo, a experiência lapidada em seu quarto na rua Morais e Vale e que ressoa num de seus raros poemas de *emoção social*: "O martelo". E o quarto bandeiriano nos é apresentado como o lugar por excelência da mediação entre o poeta recluso pela doença e o mundo exterior—o quarto como espaço principal de uma experiência individual cuja *palavra fraterna*, entretanto, é forjada igualmente na esfera da "experiência comum com os outros homens".[6]

Implícita e explicitamente, Benjamin e seu "narrador" estão presentes em outros textos dessa coletânea cujo subtítulo diz *Ensaios sobre literatura e experiência*. Em "Móbile da memória", lemos logo na abertura que Pedro Nava "foi acumulando aos poucos uma ampla e profunda experiência, amadurecida depois sem pressa, pacientemente, puxando pela memória raízes distantes, da infância, de outrora, para só então começar a narrar".[7] E deparamo-nos ainda com o apoio do "narrador" e de seu conceito-chave em "Gabeira em dois tempos", enfocando *O que é isso, companheiro?*; também nos "Fragmentos sobre a crônica" ou em "Braga de novo por aqui", do qual se diz numa nota de rodapé que "o ensaio de Walter Benjamin referido diretamente no item final, mas muito presente todo o tempo é 'O narrador'".[8]

Mas, certamente, em nenhum outro texto de Davi Arrigucci Jr. o conceito de experiência teorizado por Benjamin desempenha papel tão decisivo quanto no ensaio "O mundo misturado", dedicado a *Grande sertão: veredas*, um espaço épico que representa, assim como o oeste americano de John Ford, uma das grandes obsessões do crítico. "Romance e experiência em Guimarães Rosa" são as palavras que—mais uma vez, não por acaso—figuram no subtítulo desse ensaio cuja proposta é apreender a mescla de formas épicas (mas também líricas e dramáticas) que constitui a singularidade do romance, numa construção estética que corresponderia às múltiplas faces do *mundo*

6. Davi Arrigucci Jr., *Enigma e comentário*, op. cit., p. 27.
7. Ibidem, p. 67.
8. Ibidem, p. 50.

misturado vivenciado por Riobaldo, em seus anos de andanças pelo sertão, quase sempre com desconcerto e perplexidade.[9]

Nessa densa constelação de *misturas* que o ensaio indica em *Grande sertão: veredas* (já o título mescla concepções espaciais da amplidão e do delimitado), Arrigucci empenha-se em elucidar a maneira pela qual Guimarães Rosa faz o romance ressurgir lenta e paradoxalmente de "uma nebulosa poética primeira", isto é, a ancestral tradição épica que, vinculada à oralidade, em princípio, nada teria que ver com a forma romanesca. Como se percebe, nesse ponto o crítico se apoia inteiramente na visão de Benjamin, tal como apresentada, em primeiro lugar, no ensaio "O narrador", mas também na resenha sobre *Berlim Alexanderplatz*, intitulada "A crise do romance", ou nos textos dedicados a narrativas de Johann Peter Hebel (quatro ensaios ao todo, dois publicados em 1926 e dois em 1929), Robert Walser (1929) e Oskar Maria Graf (1931).

E se no quinto segmento de "O narrador", Benjamin sustenta que o "romance de formação" (*Bildungsroman*) não se desvia em nada da estrutura fundamental do gênero "romance", pois precisamente nele o "insuficiente" (*das Unzulängliche*) se torna "acontecimento" (*Ereignis*),[10] configura-se assim uma posição teórica em que o crítico brasileiro encontra apoio crucial para apresentar *Grande sertão* como proeminente avatar, no sertão rosiano, do tipo narrativo que tem o seu paradigma nos *Anos de aprendizagem de Wilhelm Meister*, publicado por Goethe no final do século XVIII. Pois na mesma medida em que os *causos* desfiados por Riobaldo, isto é, as diversas veredas narrativas tributárias de uma cultura oral e popular, vão confluindo aos poucos num caudal épico mais volumoso, este é logo direcionado, conforme se lê no subcapítulo "A mistura das formas", no rumo do "romance de aprendizagem ou formação, com sua específica busca do sentido da experiência individual, própria da sociedade burguesa".[11] Abrindo-se

---

9. Davi Arrigucci Jr., "O mundo misturado: Romance e experiência em Guimarães Rosa", in *América Latina: Palavra, literatura e cultura*, org. de Ana Pizarro (São Paulo: Fundação Memorial da América Latina, 1995), v. 3, pp. 447-77.

10. "O insuficiente/ Aqui se torna acontecimento", diz o *Chorus mysticus* que fecha o *Fausto*, de Goethe.

11. Davi Arrigucci Jr., "O mundo misturado", op. cit., p. 465.

assim um amplo horizonte teórico para a interpretação do romance de Guimarães Rosa, o crítico aponta, com grande originalidade, para um paralelismo simbólico entre a *travessia* de Riobaldo em meio às movimentadas aventuras guerreiras e sentimentais desdobradas ao ouvinte da cidade (e, por conseguinte, ao leitor) e a *travessia* secular do gênero romance através das formas da épica tradicional, sendo que, em ambos os planos, se poderia observar a experiência individual (relacionada ao romancista) emancipando-se paulatinamente da experiência comunitária, fonte em que haurem os narradores orais.

Também quanto ao significado da *experiência* no mundo desdobrado em *Grande sertão*, Benjamin assoma, portanto, como a grande referência teórica do estudo de Arrigucci. A palavra *experiência*, como assinalado, aparece já no subtítulo e recorre inúmeras vezes ao longo da argumentação crítica, sendo que em várias de suas formulações surge associada ao filósofo alemão, precisamente a reflexões desenvolvidas no "narrador". Não terá sido antes de tudo essa influência benjaminiana que levou o crítico brasileiro a ler a narrativa de Riobaldo sob a perspectiva da tradição do romance de formação e desenvolvimento? Pois *experiência* possui significado essencial, ainda que quase sempre labiríntico, para Wilhelm Meister, herói prototípico do gênero *Bildungsroman*, mas não para o pactário Fausto; desempenha papel dos mais relevantes na trajetória do "filho enfermiço da vida" Hans Castorp, na *Montanha mágica*, mas não para o Adrian Leverkühn, protagonista do romance tardio de Thomas Mann, a quem o diabo, votando total desprezo ao mundo da *experiência*, promete mandar "às favas a lerdeza, a timidez, os castos escrúpulos e as dúvidas".[12] A experiência individual do homem urbano não pode evidentemente ser comparada com a comunitária, que na obra de Guimarães Rosa se encarna em personagens como as que aconselham Augusto Matraga (mãe Quitéria, pai Serapião, o padre) ou pelo Jõe Bexiguento que conta a Riobaldo o *causo* de Maria Mutema. No entanto, é essa mesma experiência individual, a cuja insuficiência também o narrador de *Grande sertão* se vê remetido, que constitui uma dimensão essencial do romance de

---

12. Thomas Mann, *Doutor Fausto: A vida do compositor alemão Adrian Leverkühn narrada por um amigo*, trad. de Herbert Caro (São Paulo: Companhia das Letras, 2015), p. 276.

formação e desenvolvimento, como se pode depreender das considerações — tão caras a Davi Arrigucci Jr. — que Benjamin esboça em seu ensaio de 1936, ensejado pela arte narrativa de Nikolai Leskov.

O CONCEITO DE EXPERIÊNCIA NO JOVEM WALTER BENJAMIN

> *Diga-lhe*
> *Que pelos sonhos da sua juventude*
> *Ele deve ter consideração, quando for homem*
> Friedrich Schiller, *Don Carlos*

Vale lembrar, entretanto, que o interesse de Benjamin pelo conceito em questão vem de muito antes, pois em 1913 a revista estudantil berlinense *Der Anfang — Zeitschrift der Jugend* [O início — revista da juventude] trazia de sua autoria, sob o pseudônimo Ardor, um texto intitulado justamente "Experiência". Ao contrário, porém, da valorização por que passa o conceito no ensaio de 1936, ele é visto pelo jovem estudante de maneira fundamentalmente negativa, isto é, como *máscara* que o adulto coloca — máscara "inexpressiva, impenetrável, sempre a mesma" — para refutar de antemão todas as aspirações da juventude. Na boca do adulto, a palavra *experiência* se apresenta assim como expressão do *vulgar* e do *eternamente-ontem*, pois a vida lhe teria ensinado havia muito a vacuidade e a falta de sentido de toda aspiração mais elevada, que possa levar além do que está dado e constituído — em outras palavras, levar além do status quo burguês. Sempre "cinzenta e prepotente", a experiência seria um apanágio incontestável do adulto, e o único conselho que este pode dar ao jovem é aprender a "zombar de si mesmo".[13]

Uma vez exposto tal *evangelho* da experiência propagado pelo filisteu, o autor passa a articular, do alto da infalibilidade de seus 21 anos, as próprias concepções, referindo-se então às "coisas grandiosas" que se fundamentam apenas em si mesmas — como o "verdadeiro", o "bem", o "belo" — e não se deixam rebaixar à condição de objeto de experiências. Na sequência, a linha argumentativa do ensaio envereda no

---

13. Walter Benjamin, "Experiência", in *Reflexões sobre a criança, o brinquedo e a educação*, trad. de Marcus Vinicius Mazzari (São Paulo: Duas Cidades; Ed. 34, 2002), pp. 21-5.

rumo de um impetuoso protesto, que o jovem filósofo procura alicerçar sobre outro relevante conceito na história da filosofia, que surgiu primeiramente como tradução da palavra grega *pneuma* (e da correspondente latina *spiritus*), mas que ao longo dos séculos foi adquirindo variados significados: trata-se do conceito de *espírito* (*Geist*). Em que sentido o termo é introduzido no texto assinado pelo jovem Ardor? Ao leitor não é oferecida nenhuma definição mais precisa, mas se pode perceber que com essa inflexão o conceito de *experiência* é como que cindido ao meio, pois ao *espírito* se atribui subitamente uma força que pode dotar as vivências (mesmo as do adulto) de sentido e conteúdo e, desse modo, promover uma modalidade de experiência que não se prestaria mais a ser usada como *máscara*. Se isso não acontece, é porque tal adulto — ou, antes, filisteu — encontra-se inteiramente alheado do espírito. No entanto, em relação à juventude conclamada no ensaio as coisas se configuram de modo diferente:

> Por acaso guiamos a vida daqueles que não conhecem o espírito, daqueles cujo "eu" inerte é arremessado pela vida como por ondas junto a rochedos? Não. Pois cada uma de nossas experiências possui efetivamente conteúdo. Nós mesmos conferimos-lhe conteúdo a partir do nosso espírito.[14]

Da contraposição entre *espírito* e *experiência* vemos desentranhar-se então uma nova dicotomia, agora entre os valores e aspirações do jovem (como articulados também nos ensaios "O posicionamento religioso da nova juventude" e, sobretudo, "A vida dos estudantes") e o evangelho desiludido do adulto, que teria afivelado ao rosto o embuço da experiência como consequência da traição perpetrada contra a "voz do espírito", que um dia também o teria convocado, como a todos os homens: "A juventude lhe é a lembrança eternamente incômoda dessa convocação".[15]

Mas será que essa relação antagônica entre os dois conceitos pode ser vista como um pensamento original do jovem Benjamin ou ela se manifesta também em épocas anteriores à redação, pou-

14. Ibidem, p. 23.
15. Ibidem, p. 24.

co antes da Primeira Guerra Mundial, de seus textos de militância estudantil?[16]

Quem pode pensar algo de tolo ou sensato que já não tenha sido pensado nas gerações anteriores? Sob o ensejo dessa ponderação de Mefistófeles (verso 6809-10), vamos proceder a um novo recuo — após termos recuado de ensaios de Davi Arrigucci Jr. aos de Benjamin — e incursionar por uma obra construída, como poucas em toda a literatura mundial, sobre uma experiência de vida que foi sendo depurada ao longo de várias décadas. Trata-se do *Fausto II*, de Goethe, mais precisamente da cena que abre o segundo ato estabelecendo uma relação retrospectiva com a primeira parte da tragédia, uma vez que o título "Quarto gótico" remete ao gabinete de estudo em que o doutor Fausto surgira pela primeira vez diante de nossos olhos.

16. Walter Benjamin teve participação destacada no movimento estudantil e, em maio de 1914, assumiu a presidência do chamado Estudantado Livre de Berlim (*Berliner Freie Studentenschaft*). Essa sua militância pauta-se de maneira extremamente rigorosa pelo "compromisso com a ciência", conforme se lê no denso ensaio de 1915 "A vida dos estudantes", in *Reflexões sobre a criança, o brinquedo e a educação*, op. cit., pp. 31-47.

Tal compromisso — que pioneiramente estivera presente nas concepções dos fundadores da moderna universidade alemã, em primeiro lugar Wilhelm von Humboldt, que coordena a fundação em 1810 da Universidade de Berlim — exige "independência total" perante objetivos pragmáticos, econômicos, assim como políticos ou ideológicos: "Onde cargo e profissão constituem, na vida dos estudantes, a ideia dominante, esta não pode ser a ciência. Não pode consistir na dedicação a um conhecimento do qual é de se temer que desvie do caminho da segurança burguesa".

Se, desse modo, a ideia de "ciência", presente nas concepções e projetos de um Wilhelm von Humboldt e apresentada no ensaio também a partir dos grandes questionamentos filosóficos — "de Platão e Espinosa, dos românticos e de Nietzsche" — evita, por um lado, "o enriquecimento do estudo em um amontoado de conhecimentos"; pelo outro, ela não pode dar ao estudante nenhuma garantia de segurança profissional e econômica no futuro, uma vez que "a profissão decorre tão minimamente da ciência que esta pode até excluí-la".

Todavia, do mesmo modo como o militante Walter Benjamin denuncia "a naturalidade com que a ideologia da profissão acorrenta a consciência intelectual", sua concepção da vida estudantil mostra-se igualmente antagônica a quaisquer compromissos aprioristicos com facções ou grupos ideológicos alheios à vida universitária, por mais relevante que possa ser sua atuação no cenário político do país. Na visão do jovem Benjamin, portanto, tão pernicioso quanto orientar seus anos de estudo por uma perspectiva futura de sucesso econômico seria trazer para dentro da vida universitária palavras de ordem ou diretrizes ideológicas que não derivaram da própria ideia de "ciência", carecendo assim do compromisso com a independência e universalidade do conhecimento.

O CONCEITO DE EXPERIÊNCIA NO VELHO GOETHE

> *Quem de três mil anos de história*
> *Não sabe prestar-se contas*
> *Vive em turvação inglória,*
> *Sem experiência e às tontas*
> Goethe, *Divã ocidental-oriental*

Conduzindo-nos agora ao quarto gótico da segunda parte, Goethe comunica que este se tornou o palco em que vem atuando Wagner, o antigo fâmulo que se converteu durante a ausência do doutor numa sumidade do mundo das ciências e está prestes a realizar, no laboratório ao lado, um feito inaudito: a criação de um homenzinho de proveta. Mas, antes de travarmos conhecimento na cena subsequente com o *homúnculo*, adentra o palco outra figura que nos foi apresentada na primeira parte: o estudante novato a quem Mefistófeles, na sequência final da segunda cena "Quarto de trabalho", impingira impagável sátira ao sistema universitário (versos 1868-2050). E do mesmo modo como a fina ironia do poeta octogenário fez Wagner avançar meteoricamente nas pesquisas científicas, também o ingênuo calouro da primeira parte realizou progressos consideráveis em sua trajetória acadêmica, acaba de obter o título de *baccalaureus* e com esse trunfo volta ao quarto gótico para vingar-se da pilhéria de que fora vítima anos antes. Retorna, contudo, ostentando ilimitada arrogância, transbordando certezas sobre o "certo" e o "errado", o "progressista" e o "reacionário", o "bem" e o "mal"; além disso, traz consigo a convicção de que com sua existência iluminada o mundo entrou num rumo verdadeiramente promissor. A seu modo, parece ter cumprido o vaticínio que Mefistófeles, cerca de 4600 versos antes, registrara como despedida em seu álbum de estudante: *Eritis sicut Deus, scientes bonum et malum.*

Pois é com essa citação do Gênesis que se arrematara o episódio satírico que Goethe espelha agora, de maneira intensificada e polar,[17]

---

17. Os conceitos de "intensificação" (*Steigerung*) e "polaridade" (*Polarität*) foram elaborados por Goethe, no âmbito de suas pesquisas científicas, como as "duas grandes forças motrizes de toda a natureza". Mas em diversas ocasiões o próprio Goethe estendeu esses dois conceitos para outras esferas, como a estética, moral e existencial. Veja-se, nesse sentido, a conversa de três de maio de 1827 com Eckermann, em que Torquato Tasso, herói do drama homônimo publicado em 1790, é apresentado como "um Werther intensificado".

na cena "Quarto gótico". No confronto inicial com o estudante novato e, agora, com o bacharel, Mefistófeles exibe duas de suas grandes performances no drama. Mas há também diferenças significativas: enquanto na primeira parte ele exibe esfuziante irreverência, Mefisto irá adotar uma postura humilde, irá mostrar-se compreensivo, complacente e, sobretudo, *experiente*. Entre a redação das duas cenas há, afinal, mais de meio século e, pelo visto, nesse meio-tempo também o diabo goethiano realizou novas experiências e, consequentemente, aprofundou sua sabedoria de vida.

Mas em que circunstâncias se configura a disputa entre Mefistófeles e o arrogante bacharel? Tendo desmaiado durante a seção ocultista que, por meio da *laterna magica*, materializara na corte imperial os espectros de Helena e Páris, Fausto é conduzido de volta aos antigos aposentos e acomodado em sua cama *patriarcal*. Mefisto dirige-se em seguida ao gabinete de estudo, e seu primeiro gesto é vestir novamente a toga acadêmica que anos antes usurpara do doutor para receber o estudante novato que viera em busca de orientação vocacional: "Vem, uma vez ainda meus ombros cobre!/ Eis-me de novo Reitor Nobre./ Mas que uso há em que assim me chame,/ Se não há quem aqui me aclame?".

Mefisto dá mostras de conhecer muito bem a dolorosa experiência que Machado de Assis faz o seu Jacobina atravessar no conto "O espelho": de que nos adianta o uniforme se não há ninguém para nos admirar e sancionar nossa identidade (ou alma exterior)? Mas como não lhe interessa o estratagema do espelho, logo que se mete na peliça vem-lhe a comichão de mais uma vez emproar-se "como docente que cem por cento com a razão se sente": não só estudantes arrogantes, mas também professores sabichões caem sob a fina ironia mefistofélica. E eis que surge a ocasião para voltar a desfraldar certezas professorais, ao perceber a chegada de um antigo conhecido, isto é, o calouro da primeira parte que viera a esse lugar atraído pela fama do doutor Fausto. Todavia, a aparência enfatuada do

---

Entre os mais importantes trabalhos sobre o pensamento científico goethiano estão ensaios dos físicos Werner Heisenberg ("A visão goethiana da natureza e o mundo da técnica e das ciências naturais") e Carl Friedrich von Weizsäcker ("Alguns conceitos das ciências naturais de Goethe" — ver aqui, em especial, o segmento "Polaridade e intensificação").

visitante deixa entrever que se trata agora de um membro da vanguarda universitária alemã, formada nas lutas de libertação contra o domínio napoleônico e nutrida pela filosofia do idealismo: não haverá limites para o seu atrevimento, conforme observa Mefisto com clarividência instantânea.

"Ora, experiência! Fumo e espuma!/ E não está à altura do espírito": se estas palavras que o *baccalaureus* logo arremessa contra o encarquilhado professor que supõe ter pela frente estivessem frescas na memória de Benjamin ao escrever o ensaio anteriormente comentado, talvez ele não tivesse desenvolvido com tanta desenvoltura a contraposição entre *experiência* e *espírito*. Pois Goethe a coloca igualmente no centro dessa cena de "Quarto gótico", mas de uma perspectiva muito diferente daquela que o jovem Benjamin assumiria cerca de oitenta anos mais tarde.

Primeiro equívoco do recém-chegado: embora Mefistófeles tenha vivenciado, desde o encontro inicial entre ambos, inúmeras aventuras acompanhando Fausto pelo "pequeno e grande mundo" (entre elas, a criação do papel-moeda), ele presume reencontrar o professor estagnado no mesmo bolor que presenciara anos antes nesse quarto gótico. Considera também que as turvas águas do rio Lete possam ter submergido completamente a memória do professor — ou, mais concretamente, sua cabeça encanecida e calva, no atrevido linguajar que lhe é característico. Se isso, entretanto, ainda não aconteceu, que o professor renda o devido tributo ao seu retorno triunfante na nova condição de *baccalaureus*: "Ainda vos acho, como então vos vi;/ Mas diferente eu estou aqui".

É o que faz Mefisto, que rende o tributo reivindicado lembrando a colorida borboleta que se anuncia na lagarta. Goethe considerava essa metamorfose o mais belo fenômeno do mundo orgânico; mas aqui a metáfora é mobilizada para adensar a próxima sequência de imagens, pois a peluda lagarta parece corresponder ao calouro que anos atrás se apresentara no quarto gótico com a cabeça envolta em "longos cachos". E ei-lo agora ostentando um corte rente, "à sueca", após ter passado pelo estágio do "rabicho". E Mefisto arremata então a sequência: "Brioso e resoluto pareceis,/ Mas absoluto à casa não torneis". O jovem percebe que "absoluto" é um termo ambíguo, pois conota o estágio seguinte ao corte à sueca — isto é, cabeça inteiramente raspada — e, ao mesmo tempo, faz ressoar um conceito central da filosofia idealista em voga: "Poupai-nos termos de duplo sentido./ Quem vos ouve hoje, anda mais entendido". Mefisto aparenta buscar a conciliação: há um tempo para aprender e outro para ensinar; após "muitas luas, vários sóis", o seu interlocutor terá acumulado experiências de sobra. A ironia é notória, pois ele sabe muito bem que *experiência* é algo de que o bacharel carece por completo. Se este, contudo, não se dá conta da intenção irônica, as palavras do ancião lhe oferecem ensejo para arrojar-se à contraposição que seria retomada mais tarde pelo jovem Benjamin: "Ora, experiência! fumo e espuma!/ E não está à altura do espírito". Todos os tradutores do *Fausto II* para o português (Agostinho d'Ornellas, Jenny Klabin Segall, João Barrento) optam aqui por "experiência", mas o correspondente alemão é *Erfahrungswesen*, composto que parece estender o desprezo da personagem também às ciências experimentais, ao "sistema de experiências" de que julga prescindir como adepto da filosofia idealista.

A postura submissa em que Mefisto aparenta encolher-se não impede que sofra novas agressões, que culminam na equiparação de sua cabeça calva aos crânios espalhados pelo gabinete de estudo, sendo que um deles, lembremos, fora apostrofado por Fausto no monólogo da cena "Noite" (v. 664). O atrevimento ultrapassa todos os limites: "O quanto és grosseirão, rapaz, não vês?". E a resposta: "Em alemão, mente quem é cortês". De maneira surpreendentemente moderna, Goethe faz então o velho professor acuado (e aparentemente preso a uma cadeira de rodas) dirigir-se aos espectadores em busca de abrigo: "Faltam-me aos poucos aqui ar e luz;/ Ao refúgio entre vós não farei jus?".

Que inovação mais extraordinária o velho poeta insere em seu drama, ao lançar mão de um procedimento que se tornaria central no teatro épico de Bertolt Brecht. E a interpelação ao público no sentido de posicionar-se perante o que se desenrola sobre o palco intensifica-se no fecho do ato: aos espectadores mais jovens, que teriam tomado o partido do *baccalaureus* e, portanto, não estão aplaudindo, ele lembra que o diabo é muito velho (rico em experiências!), sendo necessário envelhecer para compreendê-lo. Mas a *pointe* é motivada pelo discurso triunfante com que o bacharel se despede e retorna de fato *absoluto* para casa, cumprindo o prognóstico lançado por Mefisto em suas primeiras palavras (e propiciando talvez a Goethe desferir uma alfinetada no *espírito absoluto* hegeliano).

Apanágio da juventude revolucionária, o *espírito* engendra-se, segundo a intrépida personagem, no *sangue*, e onde se moveriam seus fluxos com mais força do que em veias jovens? Por isso, o que de melhor pode acontecer à pessoa que ultrapassou os trinta anos é morrer o mais cedo possível ou suicidar-se. Mefisto mostra simpatizar com a interessante sentença de morte ("nada aqui tem de acrescentar o diabo"), mas sua aquiescência não é bem-vinda e a ela se opõe de imediato um solipsismo radical, que pode ser visto como o ataque final ao conceito de experiência. Pois não apenas o diabo como também tudo o mais no mundo não poderiam existir sem esse bacharel: "Fui eu quem trouxe o sol que do mar brota;/ Comigo a lua iniciou sua rota;/ Em meu caminho abrilhantou-se o dia,/ A terra ao meu encontro florescia./ Na noite primordial, ao meu aceno,/ Dos astros desfraldou-se o brilho ameno".

Nessa estrofe de catorze versos assomam à boca da personagem nada menos do que doze ocorrências de pronomes pessoais e formas verbais da primeira pessoa do singular. Assim se reflete, no plano sintático, o egotismo de quem se presume coberto de certezas (filosóficas, políticas etc.) e cujo caminho estaria iluminado pelo *espírito* e pela própria *luz interior.* Alardeando essa pretensão, o bacharel se retira então do quarto gótico para prosseguir em sua jornada rumo a glorioso futuro: "Livre, eu, tal como o espírito mo induz,/ Sigo ditoso a minha íntima luz,/ E, rápido, meu êxtase me leva,/ Diante de mim a luz, detrás a treva".

Saindo de cena o representante dessa presumível vanguarda universitária, Goethe dá a derradeira pincelada no confronto entre espírito e experiência ao fazer com que Mefistófeles dirija o olhar na direção oposta à que medusa o seu oponente e se reporte ao legado das gerações precedentes. Desse modo, enquanto para o *enfant terrible* guiado pelo espírito o que já é sabido "não vale a pena que se saiba", o porta-voz da experiência, numa estrofe de oito versos em que a primeira pessoa aparece uma única vez (e, mesmo assim, no plural), exprime a convicção, respaldada implicitamente pela célebre passagem do Eclesiastes, de que não há nada de inteligente, e tampouco de estúpido, neste mundo que já não tenha sido pensado antes de nós.

Mas justamente por se mostrar enraizado no solo das experiências, Mefisto busca antes a conciliação do que o acirramento das posições conflitantes. Pois se o tempo constitui a dimensão em que o "ovo da experiência" é lentamente "chocado", para usar livremente a conhecida metáfora do ensaio "O narrador", será também nessa dimensão que o *baccalaureus* haverá de passar por lições destinadas a aparar-lhe as arestas e, por conseguinte, corrigir sua prepotência. Goethe faz então o diabo exprimir essa confiança no poder transformador do tempo, recorrendo a uma esfera que ele — a exemplo do homenageado deste volume — conhecia como poucos e da qual tirou expressivas imagens para o seu *Fausto*: a vinicultura.[18] Em dialeto frankfurtiano, como prestando tributo aos excelentes vinhos da terra natal do poeta, Mefisto refere-se a um momento inicial da fermentação em que, por vezes, o *mosto* (palavra que, em sua origem latina, *mustum*, conota o estágio da mocidade) parece estar desandando, mas sem que o resultado final esteja irremediavelmente comprometido: "Ainda que o mosto obre de forma absurda,/ No fim acaba dando um bom vinho".

No início de dezembro de 1829, conforme registrado nas *Conversas com Goethe nos últimos anos de sua vida*, o poeta fez a Johann Peter Eckermann a leitura da cena com o *baccalaureus*. Após ouvir o elogio do vigor e da concisão desses versos, Goethe observou que a concepção do *Fausto II* contava mais de cinquenta anos, acrescentando em seguida: "Mas reverterá certamente em prol dessa segunda parte o fato de que somente agora eu a esteja redigindo, após as coisas do mundo se terem tornado muito mais claras para mim". É bastante significativo que o poeta, justamente nessa conversa sobre a cena "Quarto gótico", tenha ressaltado o papel que sua longa experiência de vida desempenhava para a conclusão do drama. À continuação, Eckermann pergunta se a figura do bacharel não teria que ver com "certa classe de filósofos idealistas". A resposta do poeta é tergiversante: nele se personificaria

---

18. No "Prólogo no céu" — ainda antes, portanto, do início da tragédia terrena —, Mefistófeles diz que a "fermentação" (*Gärung*) impele Fausto (que, para o Altíssimo, ainda estaria em estado de mosto) ao longínquo.

a prepotência que é própria sobretudo da juventude, da qual tivemos demonstrações tão ostensivas nos primeiros anos depois da nossa guerra de libertação. E também cada um acredita em sua juventude que no fundo o mundo começou com a própria existência, que tudo existe apenas em função de si mesmo.

Se, por um lado, não cabe duvidar de que a intenção mais geral do poeta tenha sido apreender excessos de arrogância juvenil, por outro, dificilmente um leitor contemporâneo terá deixado de enxergar as irônicas farpas contra a "certa classe de filósofos", aludida por Eckermann. Contudo, o mais importante talvez seja assinalar que no embate entre os porta-vozes da *experiência* e do *espírito*, Goethe procurou elaborar uma daquelas fórmulas ético-estéticas por meio das quais, como escreveu ao amigo Boisserée em novembro de 1826, o mundo se lhe tornava "apreensível e suportável". Pois extrapolando o contexto histórico imediato dos primeiros anos após as guerras contra a ocupação francesa, esse episódio traria em si o potencial para ser relacionado a toda situação conflituosa em que uma geração emergente busca emancipar-se da anterior, levantando não raro a bandeira de uma reconfiguração radical das estruturas sociais. Assim, a fórmula ético-estética articulada na cena "Quarto gótico" valeria não apenas para a imediata conjuntura pós-napoleônica, mas também para o advento, meio século antes, do movimento "Tempestade e ímpeto", que teve no jovem Goethe um de seus grandes protagonistas. Ela poderia aplicar-se, além disso, ao movimento de 1968 (*soyez réalistes: demandez l'impossible*) como também às aspirações da geração estudantil conclamada por Benjamin nos textos "Experiência" ou "A vida dos estudantes".

É bem provável que para um *baccalaureus* hodierno tal *fórmula ético-estética* não seja suficientemente dialética, pois estaria fixada na generalidade de uma condição humana a-histórica. Acusações desse tipo (e outras muito mais agressivas) foram escandidas contra o poeta em seus últimos anos de vida e após sua morte — por exemplo, pelo brioso ideólogo do período conhecido como *Vormärz*, Wolfgang Menzel. Adentrar esse vasto campo não é possível nos limites deste ensaio; lembro apenas que Reinhart Koselleck, no ensaio "A história extemporânea de Goethe", alerta para a improcedência de submeter Goethe a juízos ideológicos e qualificá-lo, por exemplo, como "conservador ou inimigo da revolução", uma vez que a força de sua linguagem o subtrai a semelhantes reducionismos: "Sua linguagem produzia uma mais-valia que nenhuma exegese esgota, uma mais-valia que não autoriza nenhuma exploração".[19]

Aceitando, porém, a legitimidade da fórmula ético-estética esboçada nas imagens contrastantes e complementares da cena "Quarto gótico", poderíamos aproximar a cruzada antiexperiência movida pelo jovem Ardor, em 1913, ao comportamento *absurdo* do mosto metaforizado por Mefistófeles. É o que, de certo modo, reconhece o próprio Benjamin numa nota redigida em 1929:

> Num de meus primeiros ensaios mobilizei todas as forças rebeldes da juventude contra a palavra "experiência". E eis que agora essa palavra se tornou um elemento de sustentação em muitas de minhas coisas. Apesar disso, permaneci fiel a mim mesmo. Pois o meu ataque cindiu a palavra sem a aniquilar. O ataque penetrou até o âmago da coisa.[20]

Se, portanto, não se mostra improcedente relacionar essa retrospectiva de Benjamin às imagens goethianas de *mosto* e *vinho*, vale acrescentar que o "elemento de sustentação" aqui referido — isto é, o conceito de experiência após o estágio metafórico da *fermentação* — se intensificaria ainda mais em seus trabalhos subsequentes, como no ensaio sobre o "narrador", elevada expressão do mundo da experiência e "figura na qual o justo se encontra a si mesmo".

Mas, quanto a Goethe, será que a seu modo também pôde se manter fiel aos ideais juvenis em meio a tão longa e complexa trajetória? De seu herói Werther, que certamente está bem mais próximo das aspirações do *espírito* e do *gênio* do que da esfera da experiência (veja-se, por exemplo, o final da carta de 26 de maio), pode-se dizer que protesta contra a ordem estabelecida por meio do suicídio. Mas o gesto de protesto, de resistência a formas sociais vivenciadas como heterônomas não volta a manifestar-se, num patamar *intensificado*, em

---

19. Reinhart Koselleck, "Goethes unzeitgemäße Geschichte", in *Vom Sinn und Unsinn der Geschichte. Aufsätze und Vorträge aus vier Jahrzehnten* (Berlim: Suhrkamp, 2010), p. 291.
20. Nota de Walter Benjamin ao ensaio "Experiência", op. cit., p. 21.

vários momentos da obra de velhice, como nas cenas do *Fausto II* que articulam profunda crítica ao progresso econômico e tecnológico? Também a Goethe, portanto, não caberiam as acusações que Benjamin lançou em 1913 aos adeptos do evangelho cinzento e prepotente da experiência: desvalorizar de antemão os anos de juventude convertendo-os no "êxtase infantil que precede a longa sobriedade da vida séria". As palavras pronunciadas na cena "Quarto gótico" por um Mefisto que assume o papel de porta-voz da experiência devem ser entendidas, antes de tudo, como resistência irônica a inelutáveis arroubos de prepotência e, por conseguinte, como corretivo salutar a exigências incondicionadas (*soyez réalistes: demandez l'impossible*) num mundo que Goethe concebia como inteiramente condicionado.[21] Dessa perspectiva se poderia dizer então que, assim como o jovem Benjamin, em nome do espírito, cindiu a palavra *experiência* sem a aniquilar, em nome da experiência o velho Goethe cindiu a palavra *espírito*, mas também sem a aniquilar, uma vez que soube separar — para depois voltar a aproximar — o mosto do vinho.

---

21. Em suas *Máximas e reflexões*, Goethe exprime esse pensamento nas sentenças 252 e 1081 (na numeração estabelecida em 1907 por Max Hecker): "Não há nada mais triste de se ver do que a aspiração imediata pelo incondicional neste mundo inteiramente condicionado"; "Atividade incondicionada, não importa de que espécie seja, acaba por fim em bancarrota".

A canção de Siruiz[1]

Murilo Marcondes de Moura

Nenhum leitor deixará de atribuir ao romance *Grande sertão: veredas* alto teor poético. Este não se manifesta, porém — longe disso —, pela presença direta de versos, cuja incidência é nessa obra muito reduzida se comparada a tantas outras narrativas que também contêm poemas ou canções. Afora alguns pequenos trechos esparsos (cinco ou seis), que passam quase despercebidos, de tão submersos no profuso fluxo narrativo, há aquela canção que se inicia por "Olererê, baiana" (transcrita quatro vezes no livro):

> *Olererê, baiana...*
> *eu ia e não vou mais:*
> *eu faço*
> *que vou*
> *lá dentro, oh baiana!*
> *e volto do meio pra trás...*

Apesar do gingado da canção evocar as relutâncias típicas de Riobaldo, ela é entoada sempre coletivamente, como insiste o narrador: "aqueles aprontados versos, que a gente cantava, tanto toda-a-vida, indo em bando por estradas jornadas"; "cantiga de se viajar e cantar, guerrear e cantar, nosso bando, toda a vida".[2]

---

1. Este texto é uma versão bastante revista de "Riobaldo, Siruiz e a moça virgem", concebido inicialmente como comunicação em evento dedicado a Guimarães Rosa, promovido pela Universidade Federal de Juiz de Fora, em 2008, e depois publicado no livro *ROSA, João Guimarães* (Juiz de Fora: UFJF; MAMM, 2012), pp. 171-85.
2. João Guimarães Rosa, *Grande sertão: veredas*, ed. de bolso (Rio de Janeiro: Nova Fronteira, 2006. Coleção Biblioteca do Estudante), respectivamente pp. 67 e 177. Todas as citações desse livro aqui se reportam a essa edição.

Mas há, sobretudo, a canção de Siruiz, canção anônima de boiadeiro, que, para Riobaldo, estará sempre vinculada ao nome do jagunço que a cantou numa madrugada inesquecível de sua primeira juventude. A canção, contrariamente, diz respeito apenas a Riobaldo, como se tivesse sido cantada para ele. O encanto foi tão profundo (é uma das epifanias do livro), que conduz o narrador às esferas da beleza e do mistério, domínios já de Diadorim, e contrapontos à "vida cachorra" da jagunçagem, e, embora fonte maior da angústia de Riobaldo, as coisas nunca se apresentem assim demarcadas, pois nos belos olhos "esmartes" de seu "amor de ouro" brilham igualmente a quietude mais terna e a fúria guerreira. Do fascínio que nele exerceu a canção, o narrador nunca se cansa de frisar, a tal ponto que ele próprio se transforma em poeta, ao compor muitos versos:

> O que me agradava era recordar aquela cantiga, estúrdia, que reinou para mim no meio da madrugada, ah, sim. Simples digo ao senhor: aquilo molhou minha ideia. Aire, me adoçou tanto, que dei para inventar, de espírito, versos naquela qualidade. Fiz muitos, montão.[3]

Em sua narrativa, no entanto, apenas duas dessas canções aparecem reproduzindo o mesmo esquema estrófico, métrico e rímico da canção original. A primeira delas, cantada apenas para si ("Mas estes versos não cantei para ninguém"); a segunda, já depois do suposto pacto e a ele fazendo referência, é cantada por todos, menos Diadorim, que "era o em silêncios".[4]

De fato, portanto, a presença de versos é muito discreta em *Grande sertão: veredas*, quase irrelevante, sobretudo tendo em vista o avantajado da narrativa, caudalosa e ocupando mais de seiscentas páginas. Não se trata aqui, em absoluto, de *prosimetrum*, em que a alternância entre as duas formas é sistemática. O medievalista inglês Peter Dronke analisa diversas obras dessa natureza produzidas entre os séculos I e XIII, entre o *Satíricon*, de Petrônio, e a *Vita nuova*, de Dante. Dronke sustenta que as "flutuações" entre o poético e o empírico, o universal e o específico, são "particularmente congeniais à forma misturada", normal

---

3. João Guimarães Rosa, op. cit., p. 171.
4. Cf. as duas canções, respectivamente, in ibidem, pp. 317 e 463.

mente, o verso mais afeito ao transporte e à transfiguração; a prosa, ao registro empírico.[5] De passagem, Dronke lamenta que a crescente especialização praticamente tenha extinguido uma forma que durante mais de dez séculos vicejou no Ocidente, mas não deixa de citar uma publicação póstuma de Pasolini, *Petrolio* (1992), pensado pelo próprio escritor--cineasta como um moderno *Satíricon*.

Nesse contexto, cabe evocar *Grande sertão: veredas* pela sua "mistura" intrínseca, na qual insiste o próprio narrador, e que foi o centro de algumas das interpretações mais duradouras da obra, como aquela de Davi Arrigucci Jr., num ensaio justamente intitulado "O mundo misturado",[6] que mostra como a característica formal mais profunda do livro é a da mescla entre o romanesco e o romance, o primeiro vinculado às vivências mais arquetípicas do herói — isto é, àquilo que nele pode ser associado à aventura humana mais geral; o segundo, às suas questões mais individuais, àquilo que, inversamente, o singulariza.

As "diversas temporalidades narrativas" que constituem o livro, seu amálgama entre formas narrativas arcaicas e o romance moderno, acolhem as misturas mais heterogêneas, da estilização tão peculiar da linguagem, que força o leitor a se dobrar ao pormenor, à abertura para o quadro fraturado e problemático da realidade brasileira, poroso, por sua vez, a reflexões universais sobre a condição humana. Não por acaso, na investigação da "forma mesclada" de *Grande sertão: veredas*, Davi conclui seu ensaio voltando-se precisamente para a canção de Siruiz, como se esta fosse o ápice da mistura, não apenas como balada em que o épico e o lírico se fundem, mas como uma espécie de caroço da narrativa, seu núcleo fundamental, do qual esta se nutre e se expande.

Mas, antes de nos lançarmos à torrente de *Grande sertão*, pode valer a pena nos determos ao menos um pouco num exemplo clássico do *prosimetrum*, a *Vita nuova*, de Dante, escrito entre 1292 e 1294. As diferenças são profundas, mas algo essencial do nosso assunto talvez se deixe entrever nessa aproximação.

---

5. Peter Dronke, *Verse with Prose from Petronius to Dante: The Art and Scope of the Mixed Form* (Cambridge: Harvard University Press, 1994).
6. Publicado originalmente em *Novos Estudos Cebrap* (São Paulo, n. 40, nov. 1994), pp. 7-29. Muitas das ideias desse ensaio foram retomadas em "Sertão: mar e rios de histórias", texto recolhido em *O guardador de segredos* (São Paulo: Companhia das Letras, 2010), pp. 113-29.

Os quarenta capítulos do breve livro mesclam *poesia lírica* (e a *Vita nuova* pode ser considerada uma espécie de antologia da primeira produção de Dante, embora seja muito provável que um ou outro poema tenha sido escrito diretamente para o livro, quando este começou a adquirir autonomia); *prosa narrativa*, que expõe cronologicamente a singular experiência do narrador em torno de Beatriz, desde o primeiro encontro, quando ambos tinham perto de nove anos, em 1273, até pouco além da morte desta, em 1290; uma *prosa crítica*, que analisa e comenta os poemas incluídos. Composto estritamente, portanto, como *prosimetrum*, um modelo fundamental para Dante terá sido a *Consolação da filosofia*, de Boécio, escrito nas mais dramáticas condições, no ano de 524, e que alterna versos, prosa narrativa e prosa filosófica.

Os 31 poemas presentes na *Vita nuova* foram compostos em diálogo confesso com a poesia escrita em língua vulgar: a provençal do século anterior; a italiana, que antecede imediatamente à do próprio Dante — a dos poetas do *dolce stil nuovo* (nome proposto em passagem conhecida do "Purgatório"), sobretudo a de Guido Guinizzelli; a de poetas mais próximos, em especial Guido Cavalcanti, o grande amigo (*il primo amico*) do autor e dedicatário da *Vita nuova*. A esse respeito, comenta Erich Auerbach: "A obra da primeira fase de Dante não apresenta uma verdadeira mudança nem de conteúdo nem de modo de pensar; mas ressoa nela uma voz nova, de plenitude e vigor até então inauditos".[7]

Há séculos a crítica italiana e a internacional reafirmam esse vigor do *libello* dantesco, o primeiro livro da literatura italiana, ainda que as divergências de interpretação sejam numerosas e encubram desde os pormenores mais recônditos até o próprio título, às vezes lido literalmente como referência a eventos concretos ocorridos na *età giovanile* de Dante, outras vezes interpretado como relato do itinerário de sua vocação de poeta,[8] consolidada na adoção de

---

7. Cf. Erich Auerbach, "Dante, poeta del mondo terreno", in *Studi su Dante* (Milão: Feltrinelli, 1980), p. 52.
8. Em termos semelhantes, Davi Arrigucci Jr. aproximou o livro de Dante ao *Itinerário de Pasárgada*: "Na história da literatura, a narrativa do encontro com a poesia tem um modelo ímpar e altíssimo, a *Vita nuova* de Dante. Nesta, o texto em prosa, entremeado de poemas, assume a forma da mescla entre biografia e alegoria para expor os motivos da inspiração,

uma *"matera nuova"*, que se define no miolo do livro, a partir do capítulo XVII. Grosso modo, uma linha de abordagem rente aos fatos narrados, outra mais interpretativa e atenta à dimensão alegórica do relato e às visões que o constituem. "Dante soube representar esses fatos esotéricos [ligados a Beatriz] de tal modo que se impõem como autêntica realidade, até mesmo quando são absolutamente misteriosos nos seus motivos e nas suas alusões",[9] afirma Erich Auerbach. Na mesma linha, de realce do frescor e da concretude da invenção dantesca, Domenico De Robertis, em estudo famoso, fala em *"senso di vita"*,[10] e Guido Favati em um *"ricupero di realtà"*[11] em relação à lírica italiana, especialmente a de Guido Cavalcanti.

A comparação parece agora mais inadequada: além da esmagadora diferença quantitativa da presença de versos, nada mais distante da rusticidade, que é o decoro básico de *Grande sertão: veredas*, do que essa poesia escrita no âmbito de uma sociabilidade aristocrática, a de uma fraternidade artística dos *fedeli d'amore*.

Contudo, de início, pode-se reconhecer uma analogia de contornos, por assim dizer: tudo o que se narra na *Vita nuova* se refere a Beatriz, assim como tudo o que se narra em *Grande sertão: veredas* está, de algum modo, vinculado a Diadorim, ambas alçadas a autênticos símbolos. No momento da narração, e esse é outro traço comum, as duas mulheres já estão mortas, e Dante denomina a *Vita nuova* de *"libro de la mia memoria"*, do qual extrairá *"i maggiori paragrafi"*, enquanto em sua narrativa de reminiscências Riobaldo procurará igualmente se restringir àquilo que ele denomina de "apontação principal" ou ao que ele viveu "com mais pertença". Creio que, nesse sentido, Dante (ou o narrador da *Vita nuova*) poderia dizer de Beatriz aquilo que Riobaldo disse de Diadorim: "Mistério que a vida me emprestou" (e depois tomou de volta...), as-

---

da 'razão', a partir da história da vida íntima do poeta, alçando-se da memória afetiva, enlaçada à imagem do encontro com Beatriz, ao esplendor da visão espiritual, da inteligência e do conhecimento, movidos pelo 'amor racional' e voltados para a atração de Deus". Cf. Davi Arrigucci Jr., *Humildade, paixão e morte: A poesia de Manuel Bandeira* (São Paulo: Companhia das Letras, 1990), p. 125.

9. Cf. Erich Auerbach, op. cit., p. 54.

10. Domenico De Robertis, *Il libro della "Vita nuova"* (Florença: Sansoni, 1970), pp. 15 e 89.

11. Guido Favati, *Inchiesta sul dolce stil nuovo* (Florença: Felice Le Monnier, 1975), p. 279.

sim como Riobaldo poderia também ter formulado aquele propósito expresso no final da *Vita nuova*: "*Io spero di dicer di lei quello che mai non fue detto d'alcuna*".[12] Assim, a caracterização que Hugo Friedrich faz da *Vita nuova*, "[breve] romance de amor",[13] poderia ser estendida igualmente a *Grande sertão: veredas*.

Mas existe uma intersecção mais entranhada entre os livros, na esfera da composição. Na *Vita nuova* os poemas são *anteriores* à prosa, diferentemente da obra de Boécio, mencionada anteriormente, em que tudo foi escrito na mesma circunstância. Giorgio Petrocchi fala de "*prosimetrum* sincrônico" na *Consolação da filosofia*, enquanto em Dante haveria um "*prosimetrum* diacrônico",[14] isto é, dotado de profundidade temporal, em que a poesia é sempre regente. Na *Vita nuova*, o poeta dispõe os poemas, escritos anteriormente, como núcleos dos acontecimentos a serem narrados, de modo que é possível afirmar que a narrativa está aqui submetida à poesia. Mas isso ocorre também em *Grande sertão: veredas*, embora de modo muito singular, e vinculado apenas à canção de Siruiz, como se tentará mostrar. Nesse ponto talvez resida a analogia maior entre esses dois livros tão diferentes: algo que é apenas pressentido, no início, é posteriormente confirmado; algo inicialmente obscuro encontra afinal uma espécie de elucidação. A *Vita nuova* se inicia por um sonho, no qual ocorre uma "maravilhosa visão". Esse sonho com a respectiva visão é o assunto do primeiro poema do livro, o soneto "A ciascun'alma presa e gentil core",[15] que De Robertis denomina de "*sonetto-enigma*". Depois de comentar o poema, o narrador diz: "*Lo verace giudicio del detto sogno non fue veduto allora per alcuno, ma ora è manifestissimo a li più semplici*",[16] pois o sonho é interpretado como premonitório da morte de Beatriz. Nesse percurso progressivo do conhecimento, os dois livros podem ser lidos como narrativas que contêm um processo de aprendizado.

---

12. "Eu espero dizer dela aquilo que jamais foi dito de nenhuma outra." (Tradução minha.)

13. Hugo Friedrich, *Epoche della lirica italiana* (*Dalle origini al Quattrocento*) (Milão: Mursia, 1974), p. 84.

14. Giorgio Petrocchi, "Il prosimetrum nella *Vita nuova*", in *Prosimetrum e spoudogeloion* (Gênova: Istituto di Filologia Classica e Medievale, 1982), pp. 101-13.

15. "A toda alma enamorada e de coração gentil." (Tradução minha.)

16. "O verdadeiro sentido do dito sonho não foi visto então por ninguém, mas agora é manifestíssimo aos mais simples." (Tradução minha.)

A propósito de romance de aprendizado, outra digressão comparativa poderia ser feita: aproximar a função dos inúmeros lieder presentes no romance inacabado de Novalis, *Heinrich von Ofterdingen*, com o papel da canção de Siruiz no livro de Guimarães Rosa;[17] em especial aquele entoado pelo eremita, que Heinrich encontra numa galeria subterrânea, e no qual também pressente uma cifra de seu destino, exatamente como ocorre com Riobaldo em relação à canção de Siruiz. Também se observa no livro de Novalis, em sentido forte, a formação de um poeta — inicialmente, os lieder compostos e cantados por outros, no final, quando o aprendizado se consolida, Heinrich canta um poema de sua autoria, algo mais ou menos análogo ao que faz Riobaldo a partir da canção.

Se não fosse também pela diferença quantitativa, *Heinrich von Ofterdingen*, com sua impregnação paroxística do sublime e do poético, se afasta muito da mistura de *Grande sertão: veredas*, que teria mais proximidade, talvez (ou distância menor...), com *Os anos de aprendizado de Wilhelm Meister*, de Goethe.

Nesse livro inaugural do "romance de formação", as personagens "italianas e românticas" (conforme as denomina Marcus Vinicius Mazzari)[18] do harpista e de Mignon fascinam Wilhelm desde o início, ainda que elas representem exatamente o oposto da temperança que irá se impor como virtude maior ao longo da história. "Olhou assombrado aquela figura [Mignon], sem poder atinar se devia tomá-la por um menino ou uma menina"; "Wilhelm se sentia, entretanto, cada vez mais atraído pela figura e natureza de Mignon. Em tudo que fazia, a criança tinha algo de singular [...] falava um alemão canhestro, entremeado de francês e italiano".[19]

As canções entoadas por essas duas personagens, sobretudo por Mignon, são profundamente enigmáticas e, apenas no final, revelarão seu sentido pleno, sempre desolado. Da famosa canção "Conheces o país

---

17. A sugestão é de Suzi Frankl Sperber, em seu livro *Caos e cosmos: Leituras de Guimarães Rosa* (São Paulo: Duas Cidades, 1976).
18. Cf. "Apresentação", in Johann Wolfgang von Goethe, *Os anos de aprendizado de Wilhelm Meister*, trad. de Nicolino Simone Neto (São Paulo: Ed. 34, 2006), p. 10.
19. Ibidem, pp. 100 e 117.

onde florescem os limoeiros", o narrador sublinha o efeito perturbador em Wilhelm: "Música e letra agradaram especialmente a nosso amigo, ainda que não tivesse podido compreender todas as palavras. [...] E tampouco era possível comparar o encanto da melodia a qualquer outra coisa".[20] Em relação ao harpista e Mignon, tudo está sob o signo do funesto: pai e filha, desconhecidos um do outro, mas íntimos no dom musical e no infortúnio, como no dueto "Só quem conhece a nostalgia/ Sabe o que padeço". Esses dois "romances de formação", com sua alternância mais ou menos intensa entre prosa e verso, podem ser considerados também modalidades de *prosimetrum*.[21]

Em síntese, se é impossível não admitir a presença comparativamente ínfima de versos em *Grande sertão: veredas*, tanto em relação ao *prosimetrum* medieval como em relação a alguns exemplos modernos, esse pouco é aqui potencializado por uma dialética típica desse livro entre o detalhe e o conjunto, entre o mínimo e o imenso. É nesse sentido que se pretende comentar aqui a importância da canção de Siruiz no romance.

Para efetuar esse comentário, farei o percurso do pequeno ao grande, isto é, começarei pela leitura mais imanente da canção e tentarei desdobrá-la até o conjunto da narrativa, numa espécie de amplificação progressiva; esse percurso é, aliás, indicado pelo narrador que *realiza* tal movimento.

> *Urubu é vila alta,*
> *mais idosa do sertão:*
> *padroeira, minha vida —*
> *vim de lá, volto mais não...*
> *Vim de lá, volto mais não?...*
> *Corro os dias nesses verdes,*
> *meu boi mocho baetão:*
> *buriti — água azulada,*
> *carnaúba — sal do chão...*

---

20. Ibidem, p. 152.
21. Cf. Judith Ryan, "Hybrid Forms in German Romanticism", in *Prosimetrum: Crosscultural Perspectives on Narrative in Prose and Verse*, org. de Joseph Harris e Karl Reichl (Cambridge: D. S. Brewer, 1997), pp. 165-81.

Remanso de rio largo,
viola da solidão:
quando vou p'ra dar batalha,
convido meu coração...[22]

Buscando observar na canção algo válido por ela mesma, isto é, abstraindo-a da narrativa em que se acha incrustada, chama nossa atenção alguns aspectos mais diretos: lugares dos Gerais, caracterizados pelos verdes, o buriti,[23] o rio largo; um lugar específico, Urubu, como a vila mais antiga do sertão (situada na Bahia, como saberemos depois); o boi mocho, indicando a função de boiadeiro do cantor, enfatizada também pela forte presença de alguns verbos de movimento: vir, voltar, correr, ir; a viola que empunha no ócio; certa religiosidade, atestada pela evocação da padroeira. Trata-se, desse ângulo, de uma canção simples de vaqueiro, que relata suas andanças pelo sertão.

Num plano menos imediato, em cada uma das estrofes há uma espécie de jogo antitético: na primeira, a afirmação logo seguida da interrogação; na segunda, a passagem mais diretamente bela que contrasta, em dois versos de paralelismo estrito, não apenas duas palmeiras, mas o masculino e o feminino, o alto (o azul) e o baixo (o chão), o aquoso e o terreno; na terceira, as dimensões desencontradas de paz (remanso), guerra, e afeto (coração).

Numa primeira associação muito geral com o romance, seríamos tentados a relacionar essas tensões, sobretudo as da primeira parte, com as hesitações do jagunço Riobaldo, sua natureza hamletiana ("Riobaldo oscila permanentemente", dirá o próprio escritor do seu mais famoso personagem). O mote da canção — "Siruiz, cadê a moça virgem?", além da referência imediata à "padroeira", o leitor não tem como deixar de relacionar com Diadorim/Maria Deodorina e seus olhos verdes em que o herói se abismou.

Para evitar o arbitrário dessas associações, porém, é preciso mergulhar fundo na narrativa. Comecemos pelo trecho em que a

---

22. João Guimarães Rosa, op. cit., p. 119.
23. Leia-se esse trecho que associa buriti e Gerais: "Me deu saudade de algum buritizal, na ida duma vereda em campim tem-te que verde, termo da chapada. Saudades, dessas que respondem ao vento; saudade dos Gerais". Ibidem, p. 119.

canção é escutada pela primeira vez. Trata-se de um dos episódios fundamentais do livro,[24] aquele em que o jovem Riobaldo, órfão de mãe e morando com o padrinho-pai Selorico Mendes na Fazenda São Gregório, vê chegar, numa madrugada de maio, um exército de jagunços, comandado por Joca Ramiro, secundado este, por sua vez, por Ricardão e Hermógenes.

Nesse episódio tão marcante, em que o narrador-protagonista trava contato com o mundo masculino guerreiro dos jagunços, que mais tarde será tão profundamente o dele, já se anuncia o problema que irá assombrá-lo, o do conflito entre o bem e o mal, representado aqui através das figuras antípodas de Joca Ramiro e de Hermógenes, ambos descritos minuciosamente pelo narrador maduro, que já guarda, portanto, o desenho de todo o vivido, mas que busca reconstituir para seu ouvinte a emoção juvenil, o frescor daquela madrugada de descobertas. De Joca Ramiro: "E vi que era um homem bonito, caprichado em tudo. Vi que era homem gentil"; de Hermógenes: "O outro — Hermógenes — homem sem anjo da guarda".

Como ocorre em tantos momentos de passagem da vida de Riobaldo, dá-se aqui também uma abertura cósmica: "Aí mês de maio, falei, com a estrela-d'alva. O orvalho pripingando, baciadas". O mais é a descrição tão pitoresca dos homens a cavalo ("E deviam ser perto duns cem"), em silêncio ("A bem dizer, aquela gente estava toda calada"), mas trazendo consigo "uma porção de barulhinhos" e de muitas outras sensações, como sintetiza essa bela e comovida passagem:

> A gente se encostava no frio, escutava o orvalho, o mato cheio de cheiroso, estalinho de estrelas, o deduzir dos grilos e a cavalhada a peso. Dava o raiar, entreluz da aurora, quando o céu branquece. Ao o ar indo ficando cinzento, o formar daqueles cavaleiros, escorrido, se divisava. E o senhor me desculpe, de estar retrasando com tantas minudências. Mas até hoje eu represento em meus olhos aquela hora, tudo tão bom; e, o que é, é saudade.[25]

24. Ibidem, pp. 115-22.
25. Ibidem, p. 118.

É então que o rapaz ouve a canção de Siruiz, que culmina aquela madrugada de coisas tão altas. Tudo é fascinante aqui: o nome do jagunço, sem gênero determinado (como Diadorim?) e de sonoridade exótica (mesmo para um livro repleto de idiossincrasias de linguagem); o mote curioso, "Cadê a moça virgem?", que o leitor, posteriormente, vai associar ao destino tão admirável quanto trágico de Maria Deodorina; as palavras enigmáticas da canção das quais o rapaz se deixa impregnar ("assim como do orvalho então reinante"), sem nada compreender mas tudo pressentindo ("Antes de poder ver eu já pressentia"). Como foi dito, na canção pode-se entrever a índole hesitante do jagunço Riobaldo, além, é claro, da presença absoluta de Diadorim, a personagem que acolhe todas as reversibilidades de que o livro está repleto.

Sempre no trecho, e seguindo sua sequência, outras duas referências do narrador à canção: "O que me agradava era recordar aquela cantiga, estúrdia, que reinou para mim no meio da madrugada, ah, sim. Simples digo ao senhor: aquilo molhou minha ideia"; passagem, em que, muito ao gosto do escritor, o mundo físico se mescla ao mundo dos afetos ou ao mundo interior do personagem, ou, dito de outro modo, o concreto ao abstrato, uma vez que o orvalho molha tanto a cabeça como a ideia. (Outro exemplo notável, e análogo, é aquele presente na história de Matraga, quando o padre sentencia: "a sua vida foi entortada no verde", associando intimamente mundo moral e mundo vegetal, para enfatizar a necessidade tanto maior da penitência). A segunda referência:

> O que eu guardo no giro da memória é aquela madrugada dobrada inteira: os cavaleiros no sombrio amontoados, feito bichos e árvores, o refinfim do orvalho, a estrela-d'alva, os grilinhos do campo, o pisar dos cavalos e a canção de Siruiz. Algum significado isso tem?[26]

A pergunta procede: qual significado? A revelação do destino? Da poesia? Seja como for, algo sempre superlativo. Mas a pergunta com que o trecho se encerra é típica desse narrador caprichoso, que se apresenta sempre rebaixado por fórmulas de modéstia, embora tenha um domínio efetivo sobre a "matéria vertente" de sua narração. É certo, porém,

---

26. Ibidem, p. 122.

que a perplexidade é algo autêntico nele, como se as coisas de fato vividas ultrapassassem sua própria capacidade de compreensão. Numa síntese veloz, no episódio em questão, do qual a canção é o fecho luminoso, Riobaldo trava contato com o mundo guerreiro e com o mundo da poesia, além de já revelar o pendor para a especulação. De alguma maneira temos aqui o topos *"sapientia et fortitudo"*, que propõe a "união da vida intelectual e guerreira", segundo Ernst Robert Curtius; mais exatamente o topos das *"armas y letras"* — "*tomando ora la espada, ora la pluma*", para relembrar o verso de Garcilaso de la Vega.

Mas é claro que Riobaldo nunca chega a ser um herói pleno, sendo antes intermitente entre essas duas instâncias, entre contemplação e ação; e o paroxismo dessa alternância ocorrerá justamente no clímax do livro, quando sobrevém a paralisia no momento em que a ação era mais necessária, marcando para sempre de culpa (e de dor) a sua condição intrinsecamente dividida de jagunço especulativo.

Caso a canção aparecesse apenas nesse momento da obra, ainda assim guardaria um poderoso encanto, pela presença irradiante. Mas, como não podia deixar de ser, algo que ocupa lugar nuclear num episódio igualmente fulcral para a trajetória desse sujeito deve retornar, todas as vezes que esse sujeito venha justamente interrogar-se sobre a própria identidade.

De fato, referências à canção estão disseminadas por toda a narrativa, mas há um momento em que ela retorna de modo sistemático, praticamente dividindo a narrativa em duas metades. O segmento em que isso ocorre é dos mais significativos de todo o livro, imediatamente antes do longo trecho de arremate, como se para realizar o que estava por vir, e que era decisivo, fosse necessário mais uma vez voltar. Esse regresso da canção evoca também a estrutura de recorrências labirínticas do livro, que é uma de suas marcas mais notáveis.

Sobre a estrutura, ou o desenho mais geral, de *Grande sertão: veredas* é possível afirmar o seguinte: trata-se de um processo progressivo de esclarecimento (mesmo que nunca se chegue a um sentido pleno); uma progressão descontínua e não finita, é verdade, mas resoluta. Basta pensar na sequência: o menino > Reinaldo > Diadorim > Maria Deodorina. Várias declarações, nessa direção, são feitas pelo narrador: "Um está sempre no escuro, só no último derradeiro é que clareiam a sala"; "Só aos poucos é que o escuro é claro"; "Como clareia é aos golpes [...] a escuridão puxada aos movimentos"; "O que meus olhos não estão vendo hoje, pode ser o que vou ter de sofrer no dia de-pois-d'amanhã"; e, sobretudo, "De manhã cedo, o senhor esbarra para pensar que a noite já vem vindo?".[27]

Refazendo a pergunta aos nossos propósitos: como, naquela longínqua madrugada de maio, prever o que viria e que estava anun-ciado na canção? Ocorre que a noite já veio, e o narrador conhece o sucedido (embora não necessariamente o compreenda) e pode agora atribuir significação ao que apenas intuía.

Vejamos, pois, qual é o sentido da canção atribuído pelo pró-prio narrador, já que o trecho[28] em questão propõe exatamente isso.

O trecho se inicia pela palavra "Urubu" e prossegue ao longo de quase cinco páginas sem divisão em parágrafos, nem nenhuma outra marca hierárquica, de modo paratático, torrencial, em que se acumulam os *mas* e os pontos de interrogação (reveladores tanto da perplexidade quanto do impulso especulativo de Riobaldo) até as palavras finais, das quais selecionamos: "Estou dando batalha [...] E meu coração vem comigo". O início e o final, portanto, coincidem espantosamente com os da canção de Siruiz, como diversos críticos já constataram de modo sempre estupefato.

O que é exatamente esse trecho?[29] Não narrativo, ele é uma síntese de todo o livro: inventário extensivo de lugares, motivos e personagens; além de recolha de diversas expressões fundamentais ("O demônio na rua..."; "Viver é muito perigoso" etc.). Ora, como tal trecho é, estritamente, o desdobramento da cantiga, verso a verso,

---

27. Ibidem, pp. 64, 189, 518 e 442.

28. Ibidem, pp. 309-13.

29. Vale ressaltar que esse trecho é dos que mais permitem uma divisão do livro em partes, que poderia ser assim proposta, conforme a edição utilizada: Prólogo, até a p. 27; Primeiro segmento narrativo (abrupto, desrespeitando frontalmente a cronologia, já com Medeiro Vaz), pp. 27-98; Primeiro intermezzo (suspensão breve do fluxo narrativo, logo depois da referência a um "tiro-teio ganho na fazenda São Serafim", quando o narrador afirma "disse ao senhor quase tudo"), pp. 98-100; Segundo segmento narrativo (preponderantemente cronológico), pp. 100-309; Se-gundo intermezzo, exatamente este que estamos analisando (outra rápida suspensão do fluxo narrativo, logo depois de nova referência a um "fogo que demos, bem dado e bem ganho, na Fazenda de São Serafim", quando o narrador agora afirma com mais ênfase, uma vez que um círculo se fechou, "o que eu acho é que o senhor já sabe mesmo tudo"), pp. 309-13; Terceiro seg-mento narrativo (inteiramente cronológico), pp. 313-600; Epílogo, pp. 600-8.

imagem a imagem, então esta também é uma síntese do livro. Feita a constatação, a pergunta retorna: "Algum significado isso tem?".

Para tentar uma primeira resposta, recolhamos outra pergunta do narrador, feita justamente no meio dessa passagem: "O senhor se alembra da canção de Siruiz?". Poderíamos arriscar uma primeira explicação, lúdica. Riobaldo, narrador manhoso, brinca mais uma vez com seu interlocutor, diante do qual às vezes se diminui ou pelo menos afeta grande modéstia. De repente, aqui, parece quase adverti-lo: o senhor, tão sábio, está se dando conta do que estou fazendo, de como toda essa fala não passa de uma ampliação daquela cantiga? Mas a explicação, nessa linha, pode resvalar para algo maior, que diria respeito, agora, ao próprio modo de contar, isto é, à própria natureza da narrativa, cheia de recorrências caprichosas, na qual o minúsculo pode conter o grandioso.

Ampliando, outra explicação pode ser tentada, que atenda ao caráter não apenas construtivista, mas também dramático do livro. A pergunta diz respeito a um problema de percepção: o que significa perguntar por alguma coisa quando se está justamente falando dessa mesma coisa? Riobaldo é um homem culpado por não ter identificado os inúmeros sinais de que Diadorim era mulher, essa não percepção — erro fundamental desse atirador de pontaria infalível — acarretou a perda de seu amor de ouro e mesmo a sua morte. Quando ele pergunta ao interlocutor, e a nós mesmos leitores, ele também está perguntando: o senhor percebe? Não? Pois assim também ocorreu comigo: tinha tudo diante dos olhos e não me dei conta e com essa distração pus tudo a perder. Ao nos expor ao engano, ele não encontra exatamente consolo para o próprio erro, mas uma espécie de compreensão.

Mas o enigma da canção exige sempre novas explicações. No horizonte desse texto, ensaiemos uma última. Para isso vale a pena destacar, naquele fluxo aparentemente indiferenciado, o que a prosa reteve da canção: "Urubu? Um lugar, um baiano lugar, com as ruas e as igrejas, antiquíssimo — para morarem famílias de gente"; "Mas minha padroeira é a virgem, por orvalho"; "Saí, vim, destes meus Gerais: voltei com Diadorim. Não voltei?"; "Travessias... Diadorim, os rios verdes [...] vejo esses vaqueiros que viajam a boiada"; "Buriti quer todo azul, e não se aparta de sua água — carece de espelho";

"Ao que Joca Ramiro pousou que se desfez, enterrado lá no meio dos carnaubais, em chão arenoso salgado"; "Otacília sendo forte como a paz, feito aqueles largos remansos do Urucúia, mas que é rio de braveza. Ele está sempre longe. Sozinho. Ouvindo uma violinha tocar o senhor se lembra dele"; "Estou dando batalha. [...] E meu coração vem comigo".

De todas essas associações, a mais surpreendente é a que se refere à morte de Joca Ramiro, morte esta que é um dos motores principais da ação, ao desencadear a busca de vingança (especialmente por parte de Diadorim) e a necessidade de se encontrar outro líder capaz de recuperar o equilíbrio perdido e de instaurar uma nova lei. Com essa função, sucederam-se os chefes Medeiro Vaz e Zé Bebelo, até que coubesse ao próprio Riobaldo o comando final. A canção antecipava isso? É esse o sentido da estrofe final, quando se fala em "dar batalha"? Tudo aqui é intrigante, porque, convém insistir, o verso "Carnaúba — sal do chão" foi ouvido logo depois do narrador ter se impressionado com a visão do próprio Joca Ramiro. Isto é, no mesmo episódio em que o narrador avista o "homem príncipe", no auge de seu poder, também ouve algo que antecipa a morte dele, já que este seria depois enterrado "no meio dos carnaubais, em chão arenoso salgado". É como se a morte de Joca Ramiro já estivesse "em edital", para relembrar outra fala do mesmo Riobaldo. Vista desse ângulo, a canção de Siruiz equivale a uma espécie de oráculo, que vaticina coisas essenciais acerca do *destino* de Riobaldo, e que ele pressente arrebatado: "aquilo era bonito e *sem tino*".

Uma das inquietações mais profundas de Riobaldo é justamente a de ter o "destino preso" ou por demais "cerzidinho". "Na minha vida as coisas importantes, todas, em caso curto de acaso foi que se conseguiram."[30] Essa afirmação tão sugestiva ocorre não muito depois de Riobaldo ter ouvido a canção. Ele foge da fazenda São Gregório, agastado com o padrinho (que ele já sabe ser seu pai); na fuga, acaba conhecendo Zé Bebelo, de quem se torna professor, e em cujas fileiras se alinha para combater... Joca Ramiro e os seus; sentindo-se uma espécie de traidor, foge novamente e encontra o... Reinaldo. Isto é, quanto mais foge, mais se aproxima das pessoas e

---

30. Cf. João Guimarães Rosa, op. cit., p. 126.

mais se aprofunda nas situações que definirão sua vida. Aparentemente fatalizado, sente-se um "pobre menino do destino", e anseia, mais do que tudo, ter a vida por "seu próprio querer governada". Talvez se justifique que um herói assim seja um pactuário: no afã de ser ele mesmo, transige com o Outro.

Seja como for, cabe sublinhar que a canção de Siruiz está no centro da questão acerca da essência do herói Riobaldo, profundamente dividido entre determinações muito gerais, por assim dizer acima de sua vontade, e a demanda, nele sempre radical, pelo mais específico e íntimo de sua experiência; o que nos remete à "mistura" referida no início, e que foi tão bem analisada por Davi Arrigucci Jr.

Poema tirado de um quadro de Brueghel

Betina Bischof

"*No ideas but in things.*" A expressão, espécie de pedra de toque da poética modernista de William Carlos Williams, expõe a peculiaridade da elaboração do poema: extrair do objeto (linhas e estrofes) a reflexão que esse próprio objeto contém, e que se desdobra na concretude e desbastamento dos versos que lhe desenham e determinam, com singular clareza, o recorte de sentido. Que o foco de alguns desses poemas seja por vezes, na obra de Williams, uma pintura (no caso que nos propomos a desdobrar, a pintura de Pieter Brueghel) força o leitor a considerar, por sua vez, uma dupla imbricação de formas (a da tela e a do poema), bem como uma sobreposição de contextos (o tempo em que se escreveu o poema, o tempo em que foi elaborado o quadro).

Buscando aclarar esse caminho, podemos começar por indagar qual é, em sentido amplo, a origem do interesse de Williams pela pintura de Brueghel. Desenvolver a resposta a essa pergunta é uma das intenções deste texto, que se estrutura também, de certo modo, em torno às origens do meu próprio interesse pela comparação entre pintura e literatura. E, se abro espaço para o comentário (lateral) de meu próprio percurso, é porque ele leva aos estudos e interpretações que o influenciaram. Entre esses figuram com peso as reflexões de Davi Arrigucci Jr., fixadas em ensaios, mas também desenvolvidas em aulas muito vivas e iluminadoras, que se voltavam aos laços (desentranhados pela lucidez e paixão do pensamento) entre a maçã de Bandeira e aquela de Cézanne; entre o cacto, também bandeiriano, e as formas da estatuária (Laocoonte); entre a arquitetura (ou suas ruínas) e os versos de Murilo Mendes.

Para que, uma vez exposto o percurso, os próprios objetos (os poemas de Williams sobre a pintura de Brueghel) detenham a primazia, como defende justamente aquela tradição voltada ao concreto, voltemos nosso foco à história da recepção dos quadros do pintor, o que nos levará, assim esperamos, às possíveis razões de sua retomada, na arte e pensamento modernos.

Um dos motivos para o expressivo interesse em torno à pintura de Brueghel no século XX, depois de ela ter sido relegada a parcial esquecimento no tempo que se seguiu à sua morte,[1] seria, como defendem alguns críticos, uma aprendizagem do olhar, decorrente das inovações formais levadas a cabo pelo impressionismo e depois por expressionismo e cubismo:[2] o espectador, chocado e por fim reeducado pelos pintores contemporâneos, pôde novamente se voltar aos "personagens broncos, às cores terrosas e rústicas de Brueghel, assim como aos corpos estropiados" de alguns de seus quadros.[3]

Que a aceitação das figuras mais rústicas da pintura de Brueghel tenha sido impulsionada por uma transformação no modo de olhar é um ponto a considerar. E, no entanto, o enfoque que se volta ao aspecto meramente tosco de seus quadros deixa de lado elementos importantes, que contribuíram significativamente para a afinidade entre certo pensamento e arte do século XX e o pintor do XVI: sua recusa aos motivos tradicionais e elevados; a especificidade de sua forma e composição; a razão da escolha de seus temas singularmente simples e humildes e, principalmente, a razão de seu enquadramento e a reorganização do foco e do olhar.

William Carlos Williams certa vez exprimiu o aspecto inquieto das telas de Brueghel como a característica capaz de afastá-lo dos rígidos preceitos da pintura do seu tempo, aproximando-o da busca constante por outro tipo de estrutura e configuração:

From the Nativity
which I have already celebrated
the Babe in its Mother's arms

---

1. As razões desse apagamento foram mapeadas pela crítica: seus quadros não responderiam mais às novas regras estéticas, definidas pelo culto aos heróis, aos santos e aos soberanos; seriam avessos à mentalidade burguesa e também à visão romântica e sublimada da natureza. Cf. Rose-Marie e Rainer Hagen, *Pieter Brueghel l'Ancien. Paysans: fous et démons* (Köln: Taschen, 2007), p 88. Traduzido do alemão por Thérèse Chatelain-Südkamp.
2. Assim pensam Rose-Marie e Rainer Hagen, op. cit., p. 88.
3. Ibidem.

the Wise Men in their stolen
splendor
and Joseph and the soldiery

attendant
with their incredulous faces
make a scene copied we'll say

from the Italian masters
but with a difference
the mastery

of the painting
and the resourceful mind
that governed the whole

the alert mind dissatisfied with
what it is asked to
and cannot do [...]⁴

O olhar atento e límpido lançado ao objeto (a cena pintada) e ao seu funcionamento e estrutura; a interpretação que vê na obra uma recusa a modos de representação tradicionais; a ênfase na mente que governa o todo, ao mesmo tempo insatisfeita com aquilo que deveria fazer (na composição) e não pode: é possível afirmar que esses elementos (que comentam o quadro) pertencem, de certo modo, também à poética do autor desses versos. Também a continuação do poema é significativa para a afinidade entre a sua poesia e o modo como ele vê (e poeticamente interpreta/recria) as formas expressivas do pintor do século XVI:

---

4. William Carlos Williams, "The Adoration of the Kings", in *Pictures from Brueghel and Other Poems*, 23. ed. (Nova York: New Directions, 1967). "Da Natividade/ que já celebrei/ o bebê nos braços de sua mãe// os reis magos em seu roubado/ esplendor/ e José e a soldadesca// presentes/ com suas expressões incrédulas/ formam uma cena imitada, digamos// dos mestres italianos/ mas com uma diferença/ a mestria// da pintura/ e a mente engenhosa/ que dominou o todo// a mente alerta insatisfeita com/ o que é chamada a/ e não pode fazer [...]."

the alert mind dissatisfied with
what it is asked to
and cannot do

accepted the story and painted
it in the brilliant
colors of the chronicler

the downcast eyes of the Virgin
as a work of art
for profound worship[5]

Aqui a inquietude da mente alerta, *insatisfeita com o que deve fazer,* encontra uma inesperada solução: a da tranquila aceitação do tema, que é por um lado dessublimizado (os reis magos teriam roubado suas roupas, o rosto de José é incrédulo) e, por outro, adensado numa espécie de linha ou movimento, criada pela direção do olhar da virgem. É a direção desse olhar (e não as cores brilhantes, ou os esplendores, aliás surrupiados) que determina a feitura e o interesse da obra, numa composição que reúne estrutura (o movimento do olho), dessacralização (a descrença, o furto) e uma espécie ainda de alumbramento muito contido e despido de toda emoção (a *profunda adoração* devotada à obra não a partir do tema, mas por uma espécie de desenho da forma, que por sua vez acompanha a linha do olhar).[6]

---

5. Continuação do poema: "aceitou a história e pintou-/a nas magníficas/ cores do cronista// o olhar descendente da virgem/ como uma obra de arte/ para profunda adoração".

6. Compare-se esse poema com "The Right of Way" ("O direito de passagem"), do livro *Spring and All* (1923), em que a força da composição gira igualmente em torno à direção do olhar, num subúrbio americano imerso no cotidiano mais banal (que, no entanto, não permanece assim depois que o verso de Williams incide sobre ele): "*In passing with my mind/ on nothing in the world// but the right of way/ I enjoy on the road by// virtue of the law —/ I saw// an elderly man who/ smiled and looked away// to the north past a house —/ a woman in blue// who was laughing and// leaning forward to look up// into the man's half/ averted face// and a boy of eight who was/ looking at the middle of// the man's belly/ at a watchchain —// The supreme importance/ of this nameless spectacle// sped me by them/ without a word [...]*". (Grifo meu.) Há tradução para o português: "Ao caminhar sem pensar/ em nada deste mundo// a não ser no direito de passagem/ desfruto a estrada por/ virtude da lei —/ vi// um homem de idade que/ sorriu e desviou o olhar// para o norte, para lá de uma casa —/ uma mulher de azul// ria-se e/ inclinava-se para diante para ver// o rosto meio voltado/ do homem// e um

A aproximação de Brueghel e Williams, iniciada a partir do poema transcrito anteriormente, não deseja ensaiar uma abstrata *mútua iluminação das artes*, mas sim pensar num campo intrincado, constituído por uma forma renascentista (com significativos desvios, no entanto, em relação ao que era hegemônico na época), lida por sua vez por um poeta, cujo olhar se formou no estreito convívio com obras e artistas do modernismo e da vanguarda. Se as afinidades entre eles podem dizer respeito à escolha de objeto e tema (o cotidiano banal de uma pequena cidade ou aldeia, por exemplo, seria um importante ponto em comum), elas se constroem, muito mais (e essa seria uma segunda afinidade, *descoberta por Williams* nas telas de Brueghel), pela importância dada à forma e à transformação que a pintura (e o poema) podem trazer aos hábitos engessados de olho, ouvido e pensamento.

Muito do interesse do encontro entre pintor e poeta está no modo concreto como Williams reflete, no poema, sobre a pintura de Brueghel. Ele não se aproxima dos quadros fazendo uso de um pensamento abstrato, que vertesse sobre as imagens pictóricas uma reflexão que as vê de cima ou à distância, ou projetando sobre a cena um conteúdo subjetivo ou uma interpretação já dada, ou um conceito; antes, procura desenvolver o seu pensamento (*objetivista*) a partir da relação imanente e intensa com o quadro e suas singularidades. Esse caminho é já uma espécie de poética. Pois essa relação é semelhante àquela que, de acordo com Williams, se estabelece de maneira geral entre poesia, pensamento e seu objeto:

> The poet does not [...] permit himself to go beyond the thought to be discovered in the context of that with which he is dealing: no ideas but in things. The poet thinks with his poem, in that lies his thought, and that in itself is the profundity.[7]

---

menino de oito anos que/ olhava para o meio// da barriga do homem/ para uma corrente de relógio — //A suprema importância/ de tão anônimo espetáculo/ fez-me passar por eles depressa/ sem dizer palavra [...]". Cf. William Carlos Williams, *Antologia breve*, sel. e trad. de José Agostinho Baptista (Lisboa: Assírio & Alvim, 1995).

7. "O poeta não se permite ir além do pensamento a ser encontrado no contexto daquilo com o que lida: não há ideias senão nas coisas. O poeta pensa com o seu poema, nisso reside seu pensamento, e isso em si é a profundidade." William Carlos Williams, *Paterson*, pref. do autor (Nova York: New Direction, 1968).

Aqui, algumas perguntas se impõem: como delimitar o modo pelo qual o pensamento elabora a reflexão a partir do objeto (ou quadro, no exemplo que nos interessa)? *Como ele se articula, desenvolvendo a carga reflexiva que o próprio objeto (tela) contém?* Como incidem um sobre o outro o quadro e o pensamento/poema, que se curva com atenção quase obsessiva (mas em linhas singularmente despojadas) sobre a imagem, procurando iluminá-la a partir das relações que esse pensamento estabelece entre forma, técnica e contexto histórico?

Um dos corpus de versos que podem ajudar a responder a essas questões é justamente aquele constituído pelos poemas de Williams voltados a quadros de Brueghel (aos quais pertence também o poema que antes comentamos brevemente). O conjunto não é grande, mas alcançou expressiva repercussão: em 1942 foi publicado o primeiro, "The Dance", a partir da tela *A dança camponesa* (*A quermesse*). *Paterson*, o longo poema em cinco volumes,[8] traz uma passagem que tem por motivo a tela *Adoração dos reis magos*, na parte 3 do quinto tomo (1958).[9] Por fim, mais dez poemas surgiram em *Pictures from Brueghel and Other Poems* (1962), último volume publicado em vida por Williams e que lhe valeu postumamente o prêmio Pulitzer.[10]

A partir desse conjunto, talvez se pudesse voltar a perguntar: por que Williams escolheu os quadros de Brueghel como um dos repertórios de imagens às quais dedicou, ao longo de vinte anos, alguns de seus poemas mais incisivos? A pergunta leva a muitas direções; entre elas está o tipo de relação que o poeta (e contista, ensaísta, romancista, editor bissexto e médico de uma clientela humilde e provinciana) estabeleceu com as artes visuais.

Se "a formação do modernismo de um modo geral e especialmente do modernismo literário se fez num meio cultural caracterizado por uma colaboração sem precedentes entre pintores, escultores, escritores, músicos, críticos [...], William Carlos Williams talvez seja o paradigma por excelência dessa tendência, articulando, como poucos,

---

8. A escrita dos volumes, dedicados ao cotidiano de uma pequena cidade, Paterson, teve início nos anos 1940 e se estendeu até 1958.

9. Essa passagem constitui o primeiro comentário desse quadro, depois retomado pelo poema visto por nós algumas páginas atrás.

10. Cf. James A. W. Heffernan, "William Carlos Williams' Brueghel Poems", in *Museum of Words: The Poetics of Ekphrasis Form Homer to Ashbery* (Chicago: Chicago Press, 1993), p. 152.

uma 'fertilização cruzada das artes'",[11] que se traduziu na participação em grupos ligados à literatura e à pintura, na colaboração (mesmo que esparsa) na elaboração de revistas, em ensaios sobre as artes visuais, em uma formação substancialmente voltada às artes plásticas. O panorama é amplo e não há espaço aqui para o seu aprofundamento.[12] De todo modo, com o enfoque nos poemas dedicados a Brueghel talvez seja possível entender como essa relação amplia uma poética (que envolve fundamentalmente, como já apontado, forma, técnica e um olhar atento para determinado contexto e seu jogo de forças). Comecemos, tendo em vista um poeta que defende que o pensamento se origine do objeto, com... um objeto complexo, que se desdobra em dois: o quadro *Queda de Ícaro*, de Brueghel, e o poema "Paisagem com queda de Ícaro", de Williams (1962).

O poema insere-se numa sequência de leituras. A primeira delas terá sido provavelmente a de outro poema (que também se estrutura em torno ao mesmo quadro). Pois no horizonte da retomada da tela de Brueghel está também o poema de W. H. Auden, "Musée des Beaux Arts", escrito 24 anos antes (em 1938). Nele, Auden recupera telas expostas nesse e em outro museu,[13] dedicando, no entanto, mais versos ao quadro que Williams tem sob o crivo: *Queda de Ícaro*.

Também o pintor teve como fonte uma referência literária: o mito, tal como narrado por Ovídio, no livro 8 de *As metamorfoses*. Há, no entanto, uma diferença fundamental entre o Ícaro de Brueghel e aquele de Ovídio. Em *As metamorfoses*, lavrador, pastor e pescador veem Ícaro e Dédalo voar e os tomam por deuses. É mais à frente (quando se dirigem a Samos, já tendo passado por Delos e Paros) que Ícaro cai no mar e morre. Brueghel juntou as duas cenas (as testemunhas e a queda), como era usual nas representações do mito, à época, mas inseriu aí uma mudança significativa: escolheu

---

11. Cf. Peter Halter, *The Revolution in the Visual Arts and the Poetry of William Carlos Williams* (Cambridge: Cambridge University Press, 1994), p. 1. A última frase é uma expressão de James Breslin.

12. Outra boa fonte sobre esse assunto é o livro de Bram Dijkstra, *The Hieroglyphics of a New Speech: Cubism, Stieglitz, and the Early Poertry of William Carlos Williams* (Princeton: Princeton University Press, 1969).

13. Ainda que alguns críticos julguem que ele tem em mente algumas cenas não representadas em quadro algum. Cf. James A. W. Heffernan, "Auden's 'Musée des Beaux Arts'", in op. cit., pp. 146-7.

PIETER BRUEGEL, O VELHO
A queda de Ícaro (circa 1558), Musées Royaux des Beaux-Arts de Belgique, Bruxelas.
© Art Media/Print Collector/Getty Images

pintar pescador, pastor e lavrador olhando em direção oposta àquela em que se precipita Ícaro (e sem abandonar, em função da sua morte, suas atividades corriqueiras). O ponto central do poema de Auden volta-se precisamente a essa indiferença. O que está em jogo, no modo como ele recupera o quadro, é o posicionamento diante do sofrimento, o alheamento em relação ao infortúnio, a atenção aos próprios afazeres.

MUSÉE DES BEAUX ARTS

About suffering they were never wrong,
The Old Masters: how well they understood
Its human position; how it takes place
While someone else is eating or opening a window or just walking
[dully along;
How, when the aged are reverently, passionately waiting
For the miraculous birth, there always must be
Children who did not specially want it to happen, skating
On a pond at the edge of the wood:
They never forgot
That even the dreadful martyrdom must run its course
Anyhow in a corner, some untidy spot
Where the dogs go on with their doggy life and the torturer's horse
Scratches its innocent behind on a tree.

In Brueghel's Icarus, for instance: how everything turns away
Quite leisurely from the disaster; the ploughman may
Have heard the splash, the forsaken cry,
But for him it was not an important failure; the sun shone
As it had to on the white legs disappearing into the green
Water; and the expensive delicate ship that must have seen
Something amazing, a boy falling out of the sky,
Had somewhere to get to and sailed calmly on.[14]

---

14. "No que respeita ao sofrimento, nunca se enganavam/ Os Velhos Mestres: quão bem lhe compreendiam/ A humana posição; de que maneira ocorre/ Enquanto alguém está comendo ou abrindo uma janela ou somente andando ao léu./ Como, quando os de idade aguardam

O poema enfatiza a mistura de martírio e banalidade; de reverência e indiferença; de tortura e inocência; da urgência do grito e do lento movimento de afastamento daqueles que não o escutam (ou estão por demais ocupados para se voltarem àquele que sofre).

Mas se, de fato, o alheamento em relação ao que acontece é importante na tela de Brueghel, assim como a estranha mistura de acontecimentos, entre urgentes e banais, há outro aspecto de seu quadro que o poema de Auden toca apenas de leve: a sua estrutura intrínseca, mais do que inusitada, principalmente com relação ao espaço que ali ocupa aquela que deveria ser sua figura central (Ícaro). Pois é diferente um tema não observado pelas outras figuras da cena (o que é salientado por Auden) e um tema não observado, quase, por nós (por conta de uma estrutura que parece expulsá-lo da tela, na medida em que o reduz a um pequeno ponto sobre a superfície das águas, já quase desaparecendo de todo).[15] Assim, se de fato uma das primeiras questões relevantes na tela de Brueghel é a indiferença com a qual todos (lavrador, pastor, pescador, homens que trabalham no cordame do navio) reagem à queda, *pode-se dizer que essa indiferença contamina também a própria forma* — no sentido de que aquilo que vemos de Ícaro escapa quase ao enquadramento; resta ao espectador a visão algo patética das diminutas pernas (para alguns, difíceis de encontrar, em meio à ampla paisagem) a se agitar na superfície luminosa do mar.

Esse aspecto encontra paralelo apenas no seco e objetivo poema de Williams, cujos versos parecem se ocupar, justamente, da complexa estrutura do quadro, *buscando o desdobramento do conteúdo*

---

reverentes, apaixonadamente/ O milagroso nascimento, deve sempre haver/ Crianças que não desejam particularmente que aconteça, patinando/ Num lago junto à beira da floresta:/ Eles jamais esquecem/ Que mesmo o pavoroso martírio deve prosseguir seu curso/ De qualquer modo num canto, nalgum lugar desasseado/ Onde os cães levam sua vida canina e o cavalo do algoz/ Raspa o traseiro inocente de encontro a uma árvore.// No Ícaro de Brueghel, por exemplo: como tudo volta as costas/ Pachorrentamente ao desastre: o arador bem pode ter ouvido/ A pancada n'água, o grito interrompido,/ Mas para ele não era importante o malogro; o sol brilhava/ Como cumpria sobre as alvas pernas a sumir-se nas águas/ Esverdeadas; e o delicado barco de luxo que devia ter visto/ Algo surpreendente, um rapaz despencando do céu,/ Precisava ir a alguma parte e continuou calmamente a velejar." W. H. Auden, *Poemas*, sel. de João Moura Jr., trad. de José Paulo Paes e João Moura Jr. (São Paulo: Companhia das Letras, 2013).

15. Compare-se, por exemplo, o quadro de Brueghel com outras representações do mesmo mito, em que as figuras ocupam lugar de destaque: Rubens, Hans Bol, entre outros.

crítico presente na inusitada estrutura da composição (que o poema de Auden recupera de modo mais superficial, atento apenas à temática: a morte solitária, a indiferença). O parcial apagamento da figura mítica no quadro de Brueghel tem um curioso desenvolvimento, no interior de sua própria obra. Podemos cotejar o quadro que viemos comentando (exposto nos Musées Royaux des Beaux-Arts, em Bruxelas), com outra versão de *Queda de Ícaro*, também de Brueghel (pertencente ao museu David and Alice van Buuren, na mesma cidade). Os dois são praticamente idênticos, a não ser pelo fato de que no primeiro[16] ainda há espaço para a representação de corpo inteiro de uma personagem mitológica: ali vemos, no alto, à esquerda, Dédalo e suas asas. É em direção a ele que olha o pastor, que manterá, no segundo quadro, idêntica posição de corpo e rosto (mas o olhar voltado agora para o vazio). A segunda composição, apagando Dédalo, faz que nenhum olhar (dentro do quadro) se volte à figura mítica e à tragédia (esse é, como visto, o ponto de Auden); será preciso ainda observar, no entanto, que o fato de deixar aparentes só as pequeninas e brancas pernas de Ícaro (apagando ainda a figura de seu pai, e confrontando o rosto do pastor com o vazio), torna problemático o encontro de um ponto estável em torno ao qual — e em função de que — os outros elementos pudessem se ordenar, de modo a conduzir o olhar para o que seria (na tradição então hegemônica) o mais importante: a figura elevada do mito. O aspecto patético e deslocado das perninhas mal sobressaindo das vagas torna difícil pensar que esse (a despeito do título) seja o motivo central do quadro, que se abre em decorrência da sua peculiar estrutura às trocas de importância e valor (esse será precisamente um dos pontos desenvolvidos por Williams, em seu intenso, vivo e despojado comentário da tela, condensado em versos).

Nesse sentido, também as testemunhas, que antes viam Ícaro voar, sofrem uma transformação substancial: se Ovídio as representa como aquelas que veem (cumprindo meramente a função de testemunhar), agora passam *a ser vistas* pelo espectador. Pois a posição

---

16. As datas de ambas as pinturas são incertas. De todo modo, a crítica tende a ver o quadro do museu van Buuren como uma cópia, feita por Jan Brueghel (filho do pintor), de uma primeira versão da queda de Ícaro, pintada por Pieter Brueghel. Cf. Larry Silver, *Pieter Brueghel* (Londres; Nova York: Abbeville, 2011), pp. 126-34.

do observador favorece não a figura mítica (tornada patética), mas a impressionante paisagem e o lavrador, o qual sobressai tanto pelo lugar proeminente (em primeiro plano) que ocupa como pela seriedade com que leva a cabo o seu trabalho; situado em posição alta e vestindo a cor mais destacada de toda a composição (o vermelho), o camponês afasta--se da diminuta tragédia que se desenrola às suas costas, muito mais abaixo, no mar, e domina, com o volume de seu corpo e seus afazeres, grande parte da tela.

A representação de uma vasta paisagem, em *Queda de Ícaro*, relacionada por sua vez à escolha do ponto de vista elevado, tem origem em inovações levadas a cabo por pintores pertencentes a uma ou duas gerações anteriores a Brueghel. Joachim Patenier é considerado o primeiro mestre desse gênero; a ele também se associa o aprimoramento da técnica que sugere profundidade por meio de cores gradualmente diluídas, criando uma ilusão de distância.[17] Rose-Marie e Rainer Hagen estabelecem um interessante vínculo entre esse ponto de vista (situado no alto) e a promissora atividade mercantil e comercial da região dos Países Baixos, à época: "A necessidade de abraçar com o olhar uma parte da superfície terrestre não existia somente entre os pintores e seus clientes. Nós a encontramos notadamente entre os capitães e os negociantes de extensas relações comerciais, na figura do atlas".[18]

Que o ponto de vista muito alongado de um pássaro ou de alguém que está sobre uma montanha traga de modo latente a alusão a um mundo voltado ao comércio (cuja abrangência e alcance, imitados pela forma, são sem igual para essa região, nessa época)[19] é algo que encontra eco não apenas na presença dos vários barcos e cidades que ocupam a baía, no quadro de Brueghel, mas também na curiosa disposição de suas figuras — que parecem desestabilizar o olhar que busca por um centro, sugerindo, por essa via, também a movimentação (de dinheiro, de bens, de posições, de valores) que tomava corpo nessa região, no século XVI.

Vejamos com mais cuidado: o que estrutura a disposição das tes-

---

17. Cf. Rose-Marie e Rainer Hagen, op. cit., p. 55.
18. Ibidem.
19. Cf. Simon Schama, *O desconforto da riqueza: A cultura holandesa na época de ouro*, trad. de Hildergard Feist (São Paulo: Companhia das Letras, 1992).

temunhas, de um lado, e da figura de Ícaro prestes a desaparecer, de outro, é uma espécie de deslocamento de importâncias — em relação ao que seria, de acordo com a tradição voltada aos temas sublimes ou elevados, o motivo central do quadro. A tela de Brueghel, escolhendo o momento em que Ícaro já quase desapareceu (e um ponto de vista muito afastado dele), instaura um jogo de forças entre a presumível centralidade de sua figura (amparada pelo título) e o seu quase apagamento na superfície do quadro. O que substitui a importância da figura mítica é um espaço que se deixa preencher de movimento, em mais de um sentido: com o quase desaparecimento do motivo central, o olhar está livre para errar sobre a superfície da tela; aliás, é preciso que o olho procure o que seria o tema central, varrendo, então, o amplo panorama. Daí, talvez, o título do poema de Williams: "*Paisagem com queda de Ícaro*" (grifo meu), em que ao mito se sobrepõem as linhas de profundidade que abarcam — a partir do ponto de vista muito elevado — a ampla natureza, os muitos barcos, a cidade, o lavrador e o seu trabalho, o comércio.

De certo modo, é a essa estrutura — movente, armada como um campo de forças, sem um centro estável — que o poema de William Carlos Williams parece responder:

LANDSCAPE WITH THE FALL OF ICARUS

1 *According to Brueghel*
2 *when Icarus fell*
3 *it was spring*

4 *a farmer was ploughing*
5 *his field*
6 *the whole pageantry*

7 *of the year was*
8 *awake tingling*
9 *near*

10 *the edge of the sea*
11 *concerned*

12 *with itself*
13 *sweating in the sun*
14 *that melted*
15 *the wings' wax*

16 *unsignificantly*
17 *off the coast*
18 *there was*

19 *a splash quite unnoticed*
20 *this was*
21 *Icarus drowning*[20]

A forma é construída em torno a uma radical ausência de pontuação, à qual se somam por sua vez a expressiva irregularidade dos versos (de uma a seis sílabas poéticas), os cortes muito bruscos, os repentinos enjambements. As palavras surgem, aqui e ali, isoladas no verso (*"concerned"*; *"near"*), como se condensassem pontos de apoio, que são os da leitura, mas também aqueles do olho, em seu passeio pelo quadro. Contração dos meios expressivos e acuidade do olhar são constitutivos do esforço reflexivo que procura ler o quadro e derivam (como se pode depreender das próprias reflexões de Williams sobre o modo de ser da poesia) de uma espécie de concentrada adesão ao objeto:

> The constraint, in that all poetry is constraint, lies in a fidelity to the object, the thought about it and their passionate welding. It is the movement of this constrained passion, limiting itself to the objective of its immediate purpose, which creates the meter as the obstructions in a river create the pattern of its flow.[21]

20. Esse é o segundo poema da série sobre Brueghel. Cf. William Carlos Williams, "Paisagem com queda de Ícaro", in *Pictures from Brueghel and Other Poems*, op. cit.: "De acordo com Brueghel/ quando Ícaro caiu/ era primavera// um lavrador arava/ os seus campos/ todo o esplendor// do ano/ formigava ali/ à// beira do mar/ consigo mesmo/ preocupado// suando ao sol/ que derretia/ a cera das asas// perto/ da costa/ houve// uma pancada quase imperceptível/ era Ícaro/ que se afogava". Trad. de José Agostinho Batista, in *Antologia breve*, op. cit.
21. "A restrição, no sentido de que toda poesia é restrição, reside numa fidelidade ao objeto, no pensamento sobre ele e na apaixonada fusão de uma e outro. É o movimento dessa paixão restrita, limitando-se ao objetivo de sua determinação imediata, que cria o metro como as obstruções

O ritmo da divisão irregular não apenas dos versos, mas também das possíveis teias de sentido, que se armam e desarmam ao longo da leitura, dá a dimensão do esforço que lê em várias frentes, variando os pontos de vista. Pode-se observar, por exemplo, que se formam frases que não se dobram a uma única articulação; os sentidos das relações sintáticas abrem-se, antes, a mais de um arranjo possível: os versos 11 e 12 (*"concerned/ with itself"*) podem ser uma continuação lógico-sintática dos versos 6 e 7 (*"the whole pageantry..."*) *ou* do verso 10 (*"the sea"*). O trecho *"near// the edge of the sea"* pode ser vinculado por sua vez a diferentes predicados:

> a farmer was ploughing/ *his field* [...] *near// the edge of the sea;*
> *near// the edge of the sea* [...] *there was// a splash quite unnoticed;*
> *the whole pageantry// of the year was/ awake tingling/ near the edge of the sea.*

Cada uma dessas leituras supõe distintas pausas e rupturas na fluidez do verso; nesses, como em outros trechos, não se sabe bem a que sujeito amarrar os predicados, que antes parecem abertos a diferentes articulações, como uma espécie de objeto com dobraduras, a ser estruturado em novas formações, a partir de diferentes soluções lógicas e rítmicas (o que parece configurar, por assim dizer, um programa para verso e pensamento crítico). O sentido, no poema, se move de modo não linear — *como nosso olhar, na tela de Brueghel,* à procura do tema que já não dispõe de centralidade.[22] A ausência de centro (e o âmbito movimentado e livre que isso oferece) é desse modo um conteúdo construído pelo ritmo (forma).

---

num rio criam o motivo de seu fluir." William Carlos Williams, *Something to Say: William Carlos Williams on Younger Poets* (Nova York: New Directions, 1985), pp. 27-8. O trecho citado pertence a uma resenha de Williams ao livro de Norman Macleod, *Horizons of Death* (Nova York: The Parnassus, 1934).

22. Em relação ao quadro, pode-se lembrar que ele foge em alguma medida aos esquemas tradicionais de sua época, tornando-se, pelo parcial apagamento daquela que deveria ser sua figura central, uma obra mais intrincada (na relação tema/observador) do que o usual, no século XVI. Nos quadros em perspectiva (hegemônicos, como se sabe, no tempo de Brueghel), as cenas são usualmente estruturadas em concordância com o ponto de fuga, que, por sua vez, pressupõe o olhar fixo de um observador face ao objeto (bem delimitado e relativamente estável) que esse olhar enquadra, em seu posicionamento sem variações.

O sentido dos versos 4 e 5 ("*a farmer was ploughing/ his field*"), por exemplo, reaparece subitamente nos versos 13, 14 e 15 ("*sweating in the sun/ that melted/ the wings' wax*"), distantes três estrofes do sujeito a que se ligam e ressurgindo, por assim dizer, fora de lugar, quando já não se espera que aquele sujeito sintático, abandonado em favor de outros, se faça novamente ouvir. Quando o poema retoma o predicado ligado ao camponês, o faz por meio de um verbo — *sweating* — que se liga a um adjunto adverbial — *in the sun* —, que por sua vez se vincula a uma oração subordinada adjetiva (*that melted the wings's wax*). Quais asas e qual cera?, se poderia perguntar. Elas não estão em lugar nenhum, no poema, para serem designadas pelo artigo definido. Apenas esvoaçam, levemente, tanto no poema quanto na tela. Ícaro é apenas roçado, nessas sentenças que consideram a sua presença ainda como uma espécie de ausência (e cujo apoio está mais no título da obra do que nas relações formais de quadro ou poema). Alude-se a Ícaro por dados muito laterais, do ponto de vista da sintaxe e do ritmo. Todo o restante vem antes e tem mais peso ou relevância (tal como no quadro de Brueghel). Assistimos, ao longo do desenvolvimento complexo dos versos, à corrosão do que seria o tema central (o mito) e à abertura do espaço de representação, antes ocupado por ele, a outras cenas e figuras (desprovidas de importância, anteriormente). As brechas entre os versos (e seu sentido), a possibilidade de combinar diferentemente as orações, o ritmo muito fragmentado e a sequência não linear compõem um todo experimental, arejado e aberto à rearticulação e ao rearranjo dos pesos. Aqui, de modo muito patente, está presente aquilo que caracteriza um dos âmbitos da expressão lírica, de acordo com William Carlos Williams: "*It is always a mark of a poet that he has eyes that are never still and a mind that is constantly searching about for a place to alight*".[23]

Mas qual o sentido, nesse poeta, da forma brusca e angulosa? Qual a razão dos cortes que vão à essência não da metáfora, o mais das vezes inexistente, mas do objeto e da fidelidade a esse objeto? A resposta, na poética modernista de William Carlos Williams, não

---

23. "O que distingue um poeta é que ele tenha olhos que nunca se detêm e uma mente que constantemente procura por um lugar que se possa iluminar." William Carlos Williams, *Something to Say*, op. cit., p. 217.

está apenas na filiação a uma poesia estilizada,[24] mas na criação de um material aberto a uma possível nova ordem (na história, na sociedade), profundamente devedor, na sua percepção, do desenvolvimento de técnica e forma poéticas:

An imaginable new social order would require a skeleton of severe discipline for its realization and maintenance. Thus by a sharp restriction to essentials, the seriousness of a new order is brought to realization. Poetry might turn this condition to its own ends. Only by being an object sharply defined and without redundancy will its form project whatever meaning is required of it. It could well be, at the same time, first and last a poem facing as it must the dialectic necessities of its day.[25]

O objeto sem rebarbas, definido e afiado abre-se a uma imaginada (e por assim dizer utópica) *nova* organização, que o problema da ausência de centro na tela de Brueghel parece apoiar, como se também em suas telas a forma lutasse por uma estrutura capaz de suportar o olhar que se volta — nos termos de Williams — a uma *nova ordem*, tal como *imaginada* e *realizada* na estrutura da obra de arte.

Os versos recortados de Williams parecem se vincular (repetimos a sua própria acurada definição) a uma *necessidade dialética de seu tempo*, preparando uma leitura que extrai do Brueghel a dimen-

---

24. Talvez se possa pensar essa característica da poesia de Williams (a estilização, o enxugamento, as elipses) a partir de uma reflexão de Adorno que, voltada originalmente à poesia de Stefan George, pode, no entanto, aclarar também — assim pensamos — a lírica de Williams, mesmo que em sentido um pouco diverso (abrangendo o contexto de elaboração e publicação desses poemas sobre Brueghel nos Estados Unidos nas décadas de 1950 e 1960): "[...] seu princípio de estilização resguarda o poema do conformismo. O espaço deixado para a reconciliação orgânica de elementos conflitantes, no poema, é tão reduzido quanto o que em sua época havia para o seu apaziguamento real: eles só são subjugados por seleção e por elipse". Theodor W. Adorno, "Palestra sobre lírica e sociedade", in *Notas de literatura I*, trad. e apres. de Jorge de Almeida (São Paulo: Ed. 34, 2003).
25. "Uma imaginada nova ordem social demandaria uma estrutura de severa disciplina para sua concretização e manutenção. Assim, por uma vigorosa restrição ao essencial, a seriedade de uma nova ordem é levada à realização. A poesia pode trazer essa condição para seus próprios objetivos. A sua forma só será capaz de projetar o sentido requerido, qualquer que seja ele, se se constituir como um objeto agudamente definido e sem redundâncias. O que poderia bem ser, igualmente, no conjunto, um poema enfrentando, como deve ser, as necessidades dialéticas do seu tempo." Cf. William Carlos Williams, *Something to Say*, op. cit., p. 57.

são do novo (em relação também à sociedade e a seus movimentos). A estrutura do quadro oferece um espaço inquieto (mas não menos preciso), pelo qual olhar e pensamento podem vagar mais livremente, iluminando de modo diverso a realidade da cena, que se abre, pela sua forma (ritmo, sintaxe), à possibilidade de transformação.

Para dar continuidade à reflexão que se volta ao vínculo entre forma, movimento e sua função, na poesia de Williams, veja-se ainda brevemente outro poema seu, "Flowers by the sea", do livro *An Early Martyr* (1935):

> *When over the flowery, sharp pasture's*
> *edge, unseen, the salt ocean*
>
> *lifts its form — chicory and daisies*
> *tied, released, seem hardly flowers alone*
>
> *but color and the movement — or the shape*
> *perhaps — of restlessness, whereas*
>
> *the sea is circled and sways*
> *peacefully upon its plantlike stem*[26]

Nesse poema, os cortes têm papel fundamental (como tantas vezes na poesia de Williams) no movimento dos versos e do pensamento que os anima; vejamos mais de perto a quarta estrofe, notável pela sua construção:

> *but color and the movement — or the shape*
> *perhaps — of restlessness, whereas*

A importância da forma (*shape*) é enfatizada por aquilo que a contém: os travessões, que se equilibram, por sua vez, precariamente,

---

26. "Flores à beira do mar": "Quando sobre a nítida, florida orla da/ pastagem, o oceano invisível e salgado// ergue a sua forma — chicória e margaridas/ atadas, soltas, quase não parecem flores// mas somente cor e movimento — ou talvez a/ forma — do desassossego, enquanto// fechado em círculo o mar se move tranquilamente/ como uma planta sobre o caule." William Carlos Williams, *Antologia breve*, op. cit.

entre dois versos; a isso se segue a palavra que anima toda a estrutura: *restlessness* (desassossego). O efeito instila na estrofe um ritmo marcado não pela recorrência (tal como na versificação tradicional), mas pela constante invenção de novos acentos e cortes. Ao final da segunda linha surge ainda uma palavra que, em aberto (com o corte do enjambement), parece uma sugestão para mente e olho: *whereas* (enquanto, ao passo que, considerando que, visto que). Como se a estrofe subordinasse a importância do inquieto movimento à necessidade de que o olhar (ou pensamento) gire em torno a seus objetos (*whereas*), deslocando-os de seu lugar e função habituais. Ou seja, uma espécie de *dialética* ancorada, primordialmente, em forma e ritmo[27] (ou, se puxarmos a questão para os poemas dedicados à pintura de Brueghel, uma dialética extraída do objeto — o quadro e sua forma — sobre o qual se debruça, com obsessão, depuramento e alcance crítico, o poema e sua carga reflexiva).

Pode-se talvez vincular o sentido e a origem dessa forma complexa (ainda que radicalmente simples e sem rebarbas) também à longa e intensa convivência de Williams com as artes plásticas. Algo do interesse pela consideração do objeto a partir de ângulos distintos (seguramente devedor de um esforço crítico que busca ler na imagem a latência das forças estético-históricas que compõem o quadro, como no *objetivismo*) pode ser atribuído também aos movimentos artísticos que atraíram o jovem poeta.

Em seu início, os interesses mais efetivos de Williams estariam voltados "à escola de fotografia bruta,[28] ligada a Stieglitz, aos pintores precisionistas, ao cubismo europeu e sua adaptação americana e aos movimentos dadaismo e surrealismo".[29]

A amplitude dos movimentos e escolas teria determinado, também, de acordo com a crítica, a complexidade da sua relação com a pintura. Peter Halter adiciona àqueles lembrados anteriormente a influência do pós-impressionismo, vorticismo, futurismo e expressionismo. É preciso notar, no entanto, que o interesse de Williams por

---

27. Retomo aqui as suas próprias reflexões sobre esse ponto.
28. Que produzia fotografias sem tratamento da imagem (*straight photographers*).
29. Peter Halter, op. cit. Halter comenta nessa passagem o texto de Peter Schmidt, *William Carlos Williams: The Arts, and Literary Tradition* (Baton Rouge: Louisiana State University Press, 1988).

esses movimentos não se articula apenas a partir da observação de telas, ou leituras de artigos e crítica, mas vem do intenso convívio com alguns grupos (mais precisamente três), especialmente na década de 1910, a partir dos quais aquelas influências frutificaram: o primeiro se reuniu em torno a Stieglitz e a sua galeria, *291*; o segundo organizou-se junto a Walter Arensberg, e incluía Mina Loy, Marcel Duchamp, Albert Gleizes e Wallace Stevens; o terceiro se desenvolveu em Grantwood, onde Kreymborg começou a publicação da revista *Others*, com a ajuda esporádica mas entusiasmada de Williams (frequentavam esse grupo, de tempo em tempo, Man Ray, Arensberg, Duchamp, Marianne Moore, entre outros). Os grupos, como se vê, não eram estanques, e tanto pintores e fotógrafos quanto poetas moviam-se livremente entre um e outro.[30]

Em sua *Autobiografia*, Williams fala desse ambiente:

> [...] the focus of my own enthusiasm was the house occupied by Alfred and Gertrude Kreymborg to which, on every possible occasion I went madly in my flivver to help with the magazine which had saved my life as a writer.[31]

Outro depoimento seu é revelador das relações muito próximas de poesia e pintura, à época:

> I'd sneak away mostly on Sundays to join the gang, show what I had written and sometimes help Kreymborg with the make-up[32] [...] We'd have arguments over cubism which would fill an afternoon. There was a comparable whipping up of interest in the structure of the poem.[33]

---

30. Cf. Bram Dijkstra, op. cit., p. 22.

31. "O foco de meu entusiasmo era a casa ocupada por Alfred e Gertrude Kreymborg, à qual eu me dirigia em meu calhambeque, sempre que podia, para ajudar na confecção da revista que salvara minha vida como escritor." *The Autobiography of William Carlos Williams*, 5. ed. (Nova York: New Directions, 1951), p. 135.

32. Ele se refere à edição da revista.

33. "Geralmente aos domingos, eu escapava para me unir ao grupo, mostrar o que eu havia escrito e às vezes ajudar Kreymborg com a feitura [da revista]. [...] Tínhamos discussões sobre cubismo que enchiam uma tarde. Havia uma comparável excitação e interesse quanto à estrutura do poema." Cf. *The Autobiography of William Carlos Williams*, op. cit., p. 136. (Grifo meu.)

Mas, se a inclinação pelas artes plásticas (vanguarda e modernismo) influencia os versos de Williams,[34] o que o leva a voltar o poema à interpretação de um quadro do século XVI (Brueghel), muito distanciado, obviamente, das formas da vanguarda? Qual o seu interesse em relação à cena que ali se arma? Ou, visto por outro lado: qual questão, ali latente, deixa-se por assim dizer "iluminar" a partir de uma composição moderna (o poema)?

Um dos pontos, para que se ensaie uma resposta, talvez esteja na já mencionada singularidade da forma, que, apesar das especificidades de cada objeto, aparece de modo complexo tanto no quadro quanto no poema. Guardadas as óbvias diferenças entre procedimentos e materiais modernos e aqueles do século XVI, é possível afirmar que poeta e pintor estão às voltas — e em luta — com a estrutura, por sua vez (como já apontado neste texto) a serviço de uma nova ordenação de pesos: um deles, se estamos certos, em oposição aos modelos renascentistas (nos quais dominava a representação em perspectiva de temas elevados — mito, cena religiosa — *com tratamento sério e elevado*); outro, criando uma expressão próxima do coloquial (*"his poetic line is organically welded to American Speech like muscle to bone"*)[35] e um verso que adere ao objeto, capaz de extrair relevância (e tensão e movimento) mesmo das cenas e situações mais banais (ou *precisamente* das situações mais banais).

Variando o ponto de vista, e tornando ainda uma vez à singularidade da forma em Brueghel, vejamos (para que o assunto que buscamos abordar se deixe aprofundar) as telas com temas religiosos, que formam quase metade do que pintou.[36] Em grande parte delas, não é o motivo apontado no título o que chama a atenção, mas a multidão em torno, o grupo de certo modo aleatório de pessoas, que parecem inscientes da importância do acontecimento que se desenrola (e quase se perde) em meio a elas.

---

34. É interessante que, no texto acima, a reflexão sobre a estrutura do poema venha logo depois de uma reflexão sobre a pintura *cubista*.

35. "O seu verso está organicamente ligado à fala americana como o músculo ao osso." John C. Thirlwall, "Ten Years of a New Rhythm", in *Pictures from Brueghel and Other Poems*, op. cit., p. 184.

36. Cf. Rose-Marie e Rainer Hagen, op. cit., p. 27.

No grande panorama que forma *Censo em Belém*, por exemplo, José e Maria estão mais ou menos no centro do quadro, mas quase não são percebidos, porque seu perfil distanciado (José puxa o burrinho sobre o qual está Maria) se dilui, por assim dizer, entre as inúmeras outras figuras, em seus afazeres corriqueiros e banais. Vemos nessa tela, um tanto a esmo, um vasto panorama que cobre as atividades humanas: à esquerda, há um aglomerado de pessoas que prestam informações ao censo e pagam impostos ao rei espanhol[37] (à época, os Países Baixos estão sob domínio de Madri). Se a representação desse grupo traz uma referência política, um sem-número de outras atividades sem maior importância ocupa a superfície da imagem (e talvez não seja descabido afirmar que o olhar sobre elas se deixa adensar, para os leitores de Williams, pela influência de seus poemas, igualmente voltados a uma simplicidade terra a terra): ao fundo, no centro, crianças brincam de atirar bolas de neve umas nas outras; acima, uma mulher busca consertar sua carroça, cuja roda se soltou; no canto inferior, à esquerda, um porco foi sacrificado (e sua gordura é vertida num recipiente); à direita, sobre um pequeno lago gelado, crianças calçam seus patins, puxam umas às outras em trenós improvisados, fazem rodar peões. A questão que se coloca ao olho a princípio incapaz de determinar o motivo central desse espaço parece ser: em que a história de José e Maria é mais importante do que o vasto panorama de cenas corriqueiras, imersas no dia a dia da pequena cidade do século XVI?

A pergunta não leva necessariamente a ver Brueghel como um pintor antirreligioso;[38] antes, parece sugerir algo mais incisivo: ele teria procurado um inusitado deslocamento (ou embaralhamento) no peso e importância das cenas e figuras que seriam objeto do

37. Para uma boa análise e comentário desse quadro, ver o livro de Rose-Marie e Rainer Hagen, op. cit., pp. 47-8.

38. Rose-Marie e Rainer Hagen acreditam que a diluição das figuras religiosas no seu entorno talvez fosse um modo de Brueghel buscar atingir o fervoroso rei católico Felipe II, cujos domínios se estendiam aos Países Baixos. O pintor faria isso guardando o respeito à fé cristã, mas buscando ferir as estruturas da igreja (principalmente aquelas ligadas ao catolicismo espanhol). Cf. *Pieter Brueghel l'Ancient*, op. cit., p. 27. A interpretação é verossímil e bastante interessante, mas não parece dar conta de todas as implicações contidas na inusitada forma (que extravasa também, como se viu em Ícaro, os temas que se voltam à religião cristã). Além disso, é Jesus, muitas vezes, a figura que está quase apagada em meio ao vasto panorama (o que atingiria também a fé cristã como um todo).

olhar. Com o apequenamento da cena religiosa (que se dilui em meio a tantas outras), a sua pintura lança aos homens comuns e às ações corriqueiras uma luz e tratamento inusitados.[39]

Aqui, tocamos o ponto sensível para a crítica — porque muito controverso — da *representação séria* (ou não) dos camponeses na pintura de Brueghel. De acordo com Larry Silver, Brueghel não inventou o tema do camponês tão frequentemente creditado a ele:

> Gravadores alemães da geração anterior, seguidos em Antuérpia por gravadores assim como pelo pintor Pieter Aertsen, anteciparam as atividades camponesas de Brueghel, ainda que aqueles frequentemente empregassem um tom mais abertamente satírico, e enfatizassem excessos camponeses e funções corpóreas.

Nesse ponto, o crítico faz o seguinte comentário sobre a fortuna crítica do pintor (intencionando, ao que parece, caracterizar as duas tendências que a constituem, em relação ao assunto do camponês e à sua representação):

> [...] as mais ferozes discussões acadêmicas modernas irromperam, em relação à visão que Brueghel tinha dos camponeses. Alguns veem os camponeses [...] como seres que se comprazem de modo animalístico e instintivo tanto na gula quanto no desejo (no limite em que se queira atribuir sentido às ações dessas criaturas de menor importância [sic]). Outros veem o artista celebrando de modo benigno, talvez até mesmo expressando sentimentos nostálgicos em relação a seus conterrâneos. [...] Sem dúvida, Brueghel, o burguês citadino, e seus clientes nunca teriam se identificado com aqueles camponeses.[40]

Se o tema é controverso (e os termos utilizados na tentativa de apresentar tanto um quanto outro lado da fortuna crítica expressam a

---

39. Principalmente em sua obra madura, a partir de 1560. Cf. Larry Silver, *Pieter Brueghel*, op. cit., p. 134.
40. Ibidem, p. 434. A continuação do texto atenua (se isso é possível) o que foi exposto. De todo modo, resta um lastro incômodo no resumo (certamente parcial — e por isso revelador) dos dois lados (e dois pontos de vista) em que supostamente se organizaria a fortuna crítica do pintor.

dificuldade de apreender essa pintura com um olhar — digamos assim — menos saturado), talvez seja o caso de voltar a atenção a outro quadro de Brueghel, buscando, a partir de sua configuração, o desenvolvimento do juízo reflexivo, tal como prevê o próprio Williams (*"no ideas but in things"*). Continuemos assim a observar o imbricamento de cena religiosa e cotidiano banal, tomando como objeto *Procissão do Calvário*. Também nessa tela não é o tema principal que salta aos olhos, mas a dispersa multidão, que em parte acompanha (sem muita reação ou compreensão) o cortejo, em parte segue simplesmente com seus próprios afazeres, que meramente coincidem com a passagem da cruz. Nessa tela, Jesus está por assim dizer solitário, sem o amparo do olhar, seja daqueles presentes ao momento de sua passagem (a própria Maria, em primeiro plano, lhe volta as costas, ainda que acusando a dor), seja do espectador, que tem dificuldade em eleger como mais importante uma figura que se dilui no amplo panorama da paisagem e do ajuntamento de cidadãos. A erosão de uma estrutura que ressalte o motivo central diz respeito, ao que parece, a um giro do olhar, que se afasta do que seria tradicionalmente o ponto de maior peso. Mas há outro aspecto a considerar, que soma, em vez de dividir, a população humilde e a figura elevada. Pois talvez seja possível afirmar que o sentido desse e de outros quadros similares volta-se à representação pictórica do mais simples, *justamente pelo modo singular como estrutura a cena religiosa*, que, não se destacando do seu entorno, força o olhar a considerar *com a mesma seriedade* o que não se distingue dela: a vida do camponês, do artesão, das crianças etc. (Não será demais lembrar que essa leitura toma corpo, em grande medida, a partir das linhas de força que os próprios poemas de Williams descobrem — e iluminam — nos quadros de Brueghel).

Se esse é o ponto de interesse, será preciso observar que a peculiar estrutura não se restringe necessariamente aos quadros com essa temática. Variando o ponto de vista e estendendo-o a um quadro não religioso (*Queda de Ícaro*), pode-se afirmar que talvez seja também a *desconsiderada mistura*[41] uma das razões da singularidade da cena, com a diferença de que nesse quadro se transfere a seriedade, antes dispensada ao mito, para o camponês, cujo espaço na tela, cor

---

41. A expressão é de Erich Auerbach, no livro *Mimesis*, 2. ed. (São Paulo: Perspectiva, 1987), p. 500.

de vestimenta e concentração (também em relação ao olhar do observador) dão apoio à elevação do tratamento, antes destinado aos *homens melhores do que nós*. Se a representação de Ícaro, por sua vez, é quase jocosa, isso acontece — tal é a premissa — porque, num movimento cruzado, também o tom satírico anteriormente reservado ao lavrador, de acordo com a tradição da separação dos níveis de estilo, parece ter sido transferido à figura mítica (representada agora por um ponto — o das pernocas brancas que se agitam sobre o mar — francamente desfavorável ao sublime). Se lembrarmos a estrutura muito viva e movimentada do poema de Williams ("Paisagem com queda de Ícaro"), veremos que ela recria precisamente esse movimento. Nele quase vemos, nos versos que apresentam, encobrem e reapresentam o lavrador (por sua vez vinculado à conformação do vasto panorama), o *processo* muito significativo da troca de importância entre os componentes do quadro — ou, visto por outro lado, do tratamento sério agora dispensado à figura mais humilde e lateral.

Se é esse o movimento de tela e poema, talvez não seja inexato propor aqui, como intentamos, a leitura de um trecho do livro *Mimesis*, de Erich Auerbach (trecho singular, também porque nele o crítico se refere explicitamente às artes plásticas, de resto ausentes nesse estudo inteiramente voltado à representação da realidade *na literatura*).

O parágrafo, pertencente ao epílogo, diz respeito aos momentos em que a clássica divisão entre estilo sublime e humilde[42] foi revogada (ou ameaçada):

> a revolução contra a doutrina clássica dos níveis do princípio do século xix não poderia ter sido a primeira de sua espécie; as barreiras que os românticos e os realistas quebraram então foram levantadas somente ao redor do fim do século xvi e durante o século xvii pelos partidários da rígida imitação da literatura antiga. Antes, tanto durante a Idade Média toda como ainda no Renascimento, houve

---

42. De acordo com a regra clássica da diferenciação dos níveis, "a realidade quotidiana e prática só poderia ter seu lugar na literatura no campo de uma espécie estilística baixa ou média, isto é, só de forma grotescamente cômica ou como entretenimento agradável, leve, colorido e elegante". Ibidem, p. 500.

um realismo sério; *tinha sido possível representar os acontecimentos mais corriqueiros da realidade num contexto sério e significativo, tanto na poesia como nas artes plásticas*; a doutrina dos níveis não tinha validez universal.[43]

Auerbach não diz, nessa breve alusão, a que *obras plásticas* dessa época atribui a *representação séria de acontecimentos corriqueiros*. É provável, no entanto, que ele tenha em mente não o renascimento italiano, em que comumente prevalecem os temas elevados (religiosos, míticos, representados com o decoro próprio ao gênero), mas sim a pintura dos países nórdicos.[44]

De todo modo, o paralelo (a que fomos levados também, como já dito, pelo verso de Williams, profundamente voltado à escavação do valor guardado no cotidiano e, como tal, à *desconsiderada mistura* que essa representação implica) ilumina a espécie de quase obsessão de Brueghel pelo ângulo não contemplado do que é corriqueiro e desimportante (que por sua vez leva à estrutura sem centro de muitas de suas telas).

Assim, se o pintor do século XVI e o poeta do XX guardam aspectos distintos (a começar pela óbvia diferença entre estilos, contexto, escolas), um dos pontos que os aproximam é a atenção àquilo que não pode contar com a primazia do olhar. Que isso venha acompanhado, em Brueghel, de uma forma complexa e inusitada não terá sido um dos menores aspectos a atrair Williams, também interessado, sobremaneira, na questão da forma, em suas pesquisas de uma expressão moderna.

Aliás, sobre forma, é de Williams uma definição lapidar do seu modo de funcionamento:

---

43. Ibidem, p. 500.
44. Com relação a isso, ver o que dizem Rose-Marie e Rainer Hagen: "Os pintores europeus do século de Brueghel voltavam-se o mais das vezes a temas religiosos e antigos. [...] Os retratos de figuras importantes e os autorretratos constituíam uma terceira categoria de motivos. [...] Apenas nos Países Baixos se procedia de maneira totalmente diversa. Muitos dos artistas flamengos adicionaram a seus quadros elementos do seu ambiente cotidiano, não pintando unicamente os ricos e poderosos, mas também os anônimos, os camponeses, os trabalhadores do campo, os artesãos, suas casas, suas vilas. Brueghel era à época a figura de proa dessa tendência realista." Cf. "La Vie au village", in *Pieter Brueghel l'Ancient*, op. cit., p. 47.

[...] form is the major significance in a work of art: to dislocate ordinary sense and to achieve extraordinary sense the form of the writing, to speak of writing, must change. [...] Thus to emphasize, form is a "word", a complex but definite meaning compressing into itself all the major aspects of the intelligence in its day.[45]

Voltando essa reflexão ao pintor do século XVI, talvez não fosse de todo infundado descrever os quadros de Brueghel (tal como lidos por Williams) como obras que *deslocam um sentido ordinário e atingem sentido extraordinário por meio, justamente, da forma.*

Fazendo incidir esse ponto de vista ainda uma vez sobre uma obra específica, consideremos, para ampliar a questão, outra tela de Brueghel (*Os colhedores* ou *A colheita de grãos*) novamente a partir dos versos de Williams:

THE CORN HARVEST

Summer!
the painting is organized
about a young
reaper enjoying his
noonday rest
completely

relaxed
from his morning labors
sprawled

in fact sleeping
unbuttoned
on his back
the women

---

45. "[...] forma é o aspecto significativo mais importante de uma obra de arte: para que se afaste um sentido ordinário, e se alcance um sentido extraordinário, a forma da escrita, se falarmos de escrita, precisa ser modificada. [...] Assim, enfatizando, forma é uma 'palavra', um sentido complexo mas preciso, condensando em si todos os principais aspectos da inteligência do seu tempo." William Carlos Williams, *Something to Say*, op. cit., 1985, p. 100.

have brought him his lunch
perhaps

a spot of wine
they gather gossiping
under a tree

whose shade
carelessly
he does not share the

resting
center of
their workaday world[46]

O quadro, de acordo com o poema, organiza-se em torno a uma figura central, que por sua vez escapa ao corpus usual do renascimento (cena religiosa, personagem proeminente etc.); o que se vê é um camponês adormecido e desprovido, no sono, de qualquer pose ou postura mais afeita à digna e elevada pintura do corpo humano. A absoluta distensão (*sprawled, unbuttoned*) presente no seu abandono ao sono é um dos pontos da estrutura do poema (que responde à estrutura do quadro, armado em torno a uma desconcertante simplicidade). Os enjambements, mais do que constituir cortes bruscos, parecem alongar em ritmo mais lento a expressão, articulando as estrofes: "*young// reaper*" estende-se da primeira à segunda *terzine*, como se a entonação fosse preguiçosamente suspensa (na relativa pausa); "*perhaps// a spot of wine*" tem a mesma função de lento entrelaçamento entre as estruturas, à qual se adiciona o aspecto delicado da indefinição (*perhaps*), que imagina com cuidado a variedade da cena camponesa e seu desdobramento e detalhes; o enjambement em "*tree// whose shade*", também equilibrando-se entre duas *terzine*,

46. "Verão!/ o quadro se organiza/ em torno a um jovem// colhedor desfrutando seu/ descanso do meio-dia/ completamente// relaxado/ de seu trabalho matinal/ escarrapachado// de fato dormindo/ desabotoado/ de costas// as mulheres/ trouxeram seu almoço/ talvez// um trago de vinho/ elas se juntam fofocando/ debaixo de uma árvore// cuja sombra/ descuidadamente/ ele não partilha o// centro/ em descanso/ de seu mundo trivial."

PIETER BRUEGEL, O VELHO
A colheita (1565), Metropolitan Museum of Art, Nova York.
© Art Media/Print Collector/Getty Images

pode ser igualmente lido como marca dessa passagem vagarosa entre as estrofes, como se aqui se buscasse uma organização em torno ao sono relaxado (e ao corpo *esparramado*), que assim reúne as partes do poema a partir desse centro, expresso com clareza nos últimos versos: *"the// resting/ center of/ their workaday world"*. O enjambement vincula assim as estrofes ao todo por meio da continuidade de ritmo e frase, assim como o sono do jovem colhedor de grãos se propõe como *centro* de um olhar que articula espaço e paisagem em torno a uma instância — o humilde descanso — que desse modo encontra um lugar inusitado num século em sua maior parte profundamente avesso à representação não cômica ou satírica do cotidiano, ou à representação do trabalho (de que o sono durante o almoço e o descanso é espécie invertida de centro).

Isso é conseguido, no poema de Williams, por uma atenção à fatura do quadro. O poeta toma partido da tela, para que, refletindo sobre ela (ou seja, de acordo com sua concepção, devotando-se ao objeto que condensa essa reflexão), possa dar vazão ao que está na sua pauta do dia: como dar interesse à representação do que é cotidiano e sem importância? Como pensar as linhas de força e tensão presentes na cena do trabalho/descanso camponês? Ao mesmo tempo: como vincular isso ao problema maior da técnica? A resposta talvez passe, necessariamente, pela reflexão sobre a função da poesia, encontrada mais uma vez nos textos críticos de Williams:

> The appearance of a book of poems, if it be a book of good poems, is an important event because of relationships the work it contains will have with thought and accomplishment in other contemporary reaches of the intelligence. This leads to a definition of the term 'good.' If the poems in the book constitute necessary corrections of or emendations to human conduct in their day, both as to thought and manner, then they are good. But if these changes originated in the poems, causing thereby a direct liberation of the intelligence, then the book becomes of importance to the highest degree.[47]

47. "O surgimento de um livro de poemas, quando se trata de um livro de bons poemas, é um evento importante por causa das relações que a obra terá com pensamento e realização em outros âmbitos contemporâneos da inteligência. Isso nos leva à definição do termo 'bom'. Se

Ele faz ainda uma observação central (tanto para a compreensão de sua própria poesia, como para a compreensão daquilo que o atraiu em Brueghel):

> But this importance cannot be in what the poem says, since in that case the fact that it is a poem would be a redundancy. The importance lies in what the poem is. Its existence as a poem is of first importance, a technical matter, as with all facts, compelling the recognition of a mechanical structure. A poem which does not arouse respect for the technical requirements of its own mechanics may have anything you please painted all over it or on it in the way of meaning but it will for all that be as empty as a man made of wax or straw.[48]

A intensa atenção dispensada à forma e à técnica (enjambements, cortes, ênfases, sintaxe fracionada etc.) faz parte do arcabouço desenvolvido pelo poeta moderno (com influência, como já apontado, também da pintura e da fotografia). O olhar assim treinado terá sido responsável por descobrir em outra época (e especificamente em Brueghel) uma forma peculiar e a contrapelo dos movimentos regrados do renascimento, em suas linhas mais gerais. É provável que a afinação moderna de ouvido, olho e pensamento (aliada ainda a uma sensibilidade e alinhamento políticos) tenha sido determinante para a acurada atenção de Williams à pintura de Brueghel, capaz de recuperar (para o observador do quadro e para o leitor do poema) a

---

os poemas no livro constituem necessariamente correções ou emendas à conduta humana em seu tempo, tanto com relação a pensamento quanto a comportamento, então eles são bons. Mas se essas mudanças se originarem nos poemas, ocasionando por isso uma direta liberação da inteligência, então o livro adquirirá uma importância do mais alto grau." William Carlos Williams, *Something to Say*, op. cit., p. 55. Esse texto é uma resenha ao livro de George Oppen, *Discrete Series* (Nova York: The Objectivist, 1934), publicada originalmente em *Poetry* (Chicago, v. 44, n. 4, jul. 1934).

48. "Mas essa importância não pode residir naquilo que o poema diz, porque nesse caso o fato de ser um poema seria uma redundância. A importância está no que o poema é. A sua existência como poema é de suma importância, um artefato técnico, como com todos os fatos, tornando obrigatório o reconhecimento ali de uma estrutura mecânica. Um poema que não desperta respeito pelas demandas técnicas da sua própria mecânica pode ter qualquer significado que se queira pintada sobre ele ou em seu interior, mas será, apesar disso, tão vazio como um homem feito de cera ou palha." William Carlos Williams, *Something to Say*, op. cit., p. 55.

estrutura e a complexidade das suas cenas, que por sua vez parecem reter a complexidade das próprias linhas de força históricas e estéticas ali condensadas.

É assim que a atenção à forma, segundo a concepção que se extrai do trecho de Williams anteriormente citado, não leva a um formalismo, no sentido de recusa ao histórico. Ela, ao contrário, limpa o poema da crosta de outras e confusas conotações, abrindo-o ao tempo presente (e ao devir):

> The form, the new form that is, in this case clears the words of old connotations pasted upon them by old forms with their quondam contemporary meanings (of another day) and allows the present, eternal, clear meaning of the word in our day to come through clean.[49]

Procedendo assim, poema ou quadro aproximam-se dos embates do seu tempo, tal como na notável designação do que é forma: "[...] *form is anything formal that modifies a work of art to the dimensions of its times*".[50]

Assim, tal como Brueghel (mas com óbvias variações de técnica, material e ponto de vista), Williams dedicou-se com renovado ímpeto à representação do cotidiano e às estruturas (forma) capazes de lhe dar suporte e significação, buscando, a partir das inovações do verso, abrir olho e pensamento a uma apreensão mais arguta (e justa) da realidade. Com isso, levou seu verso objetivo, despido até o âmago de qualquer afetação ou rebuscamento, a figurar como um dos expoentes, na poesia do século xx, da possibilidade de um olhar moderno que se volta ao que é lateral, ao que é comumente deixado de lado, sentindo-lhe as linhas de força, que então enformam o poema. O sentido político desse movimento não escapará ao leitor, ainda que Williams seja comedido ao falar a respeito (com receio talvez de que se perca de vista o poema como artefato, forma e técnica, na inclinação temática por um determinado assunto ou interesse?).

---

49. "A forma, isto é, a nova forma, nesse caso limpa as palavras de velhas conotações coladas sobre elas por velhas formas — com seu antigo sentido contemporâneo (de outras eras) — fazendo que o presente, eterno e claro sentido da palavra em nosso tempo, apareça em sua limpidez." Ibidem, p. 100.

50. "Forma é qualquer coisa formal que modifica a obra de arte para as dimensões do seu tempo." Ibidem.

O grau de importância daquilo a que se volta a poesia, tanto quanto o comedimento ao falar disso, podem ser inferidos num trecho do notável poema "Asphodel, that Greeny Flower":

It is difficult
to get the news from poems
yet men die miserably every day
for lack
of what is found there.

Qual é o sentido, então, dessa poesia? Como e por que ela relê a obra de Brueghel? Talvez se possa voltar, aqui, às razões de sua recepção. Numa sociedade moderna, dividida e contraditória (como é a dos Estados Unidos no século xx),[51] Williams retoma, com sua leitura de Brueghel, uma história pregressa de personagens laterais e sem importância, cuja movimentação latente (na pintura que lhe capta as linhas de força) é trazida a nossa atenção pela forma inusitada e complexa que viemos discutindo; a recuperação dessa forma e de seu movimento, na sociedade americana, tem algo de crítico e importante. Lembremos, para perceber o interesse da leitura de Williams, os termos (já citados neste texto) por meio dos quais um dos especialistas na obra de Brueghel resumiu (ou tentou resumir...) as duas tendências da fortuna crítica em torno ao debate sobre o realismo e ao tratamento dado ao camponês, em sua pintura:

Alguns veem os camponeses, especialmente em festas em torno às tavernas da aldeia, como seres que se comprazem de modo animalístico e instintivo tanto na gula quanto no desejo (no limite em que se queira atribuir sentido às ações dessas criaturas de menor importância [sic]). Outros veem o artista celebrando de modo benigno, talvez até mesmo expressando sentimentos nostálgicos em relação a seus conterrâneos. [...] Sem dúvida, Brueghel, o burguês

---

51. Pode-se citar, lembrando apenas um dos pontos possivelmente implicados nesse contexto, a difícil década, marcada pelo macartismo, que antecedeu a publicação do livro (1962) em que figuram os poemas sobre Brueghel.

citadino, e seus clientes nunca teriam se identificado com aqueles camponeses.[52]

Se o *sentimento de mundo* de Williams não poderia nunca se aproximar do primeiro ponto de vista, ele tampouco pode ser encontrado na descrição (nesse aspecto também tendenciosa) que Larry Silver faz da segunda parcela da fortuna crítica. Pois o seu verso seco, obsessivamente voltado para técnica e configuração, arma um despojado e complexo arcabouço em que subjaz paradoxalmente uma profunda adesão ao tema retratado (sem, no entanto, qualquer traço de condescendência).[53] É como se o enfoque de Williams, dirigindo-se ao passado a partir de sua experiência moderna (que lê o pintor por meio de um olhar tornado incisivo também pelo contato recorrente com as vanguardas e sua *forma*), criasse para Brueghel um outro devir — que o salva, por assim dizer, de uma certa parcela de sua própria crítica especializada (em relação à qual o trecho citado seria um exemplo radical). Acolhidos pelos versos *objetivistas* de Williams, os quadros recuperam a complexidade que a sua forma pictórica desenvolveu, a partir dos campos de força que Brueghel soube extrair das tensões e possibilidades de seu lugar e tempo histórico. Especificando um pouco mais, digamos que os poemas recompõem, pela precisa e séria atenção dedicada às cenas, algo do movimento e da complexidade do objeto, captando assim, pela forma dos versos, a estrutura de mundo de Brueghel — ou, ao menos, de um Brueghel visto pelos olhos inquietos e incisivos de Williams, para o qual parece ter significativo peso a *representação séria do que antes era destituído de importância* (*o acontecimento banal, o objeto sem relevo, os humildes*), imbricada ainda com um sentimento de mundo

---

52. Larry Silver, *Pieter Brueghel*, op. cit., p.434.

53. A ausência de qualquer condescendência deve-se também ao tom seco e elíptico do poema, que esgrima em várias frentes. Em relação a seus ritmos e cortes enxutos talvez se pudesse dizer (tomando emprestada ainda uma reflexão de Adorno, forjada para outro poeta — e sem esquecer as diferenças entre eles), que "esse estilo é alcançado não pelo recurso fácil a certas figuras de retórica e a determinados ritmos, mas na medida em que economiza asceticamente tudo aquilo que poderia diminuir a distância em relação à linguagem degradada pelo comércio". Cf. "Palestra sobre lírica e sociedade", op. cit., p.87. Se pensarmos que na degradação da linguagem pode tomar lugar igualmente a empatia que deriva para o sentimentalismo, teremos também por esse lado a dimensão da importância da contenção, nos versos de Williams.

voltado para uma temática e técnica irmãs da renovação — ou da revolução — nas formas e, a partir delas, na história.

Nesse embate, os poemas de William Carlos Williams sobre Brueghel iluminam também a sua própria poética e o modo como a contemplação cerrada do objeto (seja aquele do subúrbio pobre, nos Estados Unidos; seja o da realidade cotidiana, no quadro do século XVI) leva a uma expressão poética que está no centro do debate sobre a representação e sobre os sentidos — estéticos, mas também fundamentalmente políticos, num âmbito muito amplo — de forma e verso, no século XX.

A escassa fórmula e a prolixidade do real: Borges e Berkeley

Marta Kawano

I offer you the memory of a yellow rose seen at sunset,
years before you were born.
Jorge Luis Borges, "Two English Poems"

"*Ser é ser percebido e perceber.* O cavalo permanece no estábulo e o livro no gabinete, como antes." Esse aforismo de George Berkeley, extraído dos *Comentários filosóficos*,[1] não é uma das inúmeras passagens desse filósofo do século XVIII citadas ou relembradas por Jorge Luis Borges em seus ensaios, na sua ficção e na lírica — desde os primeiros escritos. Não é, mas bem poderia ser. Em sua brevidade e nas imagens que mobiliza, pode ser um bom ponto de partida para traçar alguns percursos que ligam a obra do escritor à do filósofo.

"O idealismo de Berkeley foi meu acicate":[2] ao longo de toda a produção de Borges, o pensamento berkeleiano foi um estímulo, ponto de apoio e também trampolim para suas próprias invenções e indagações. Procuraremos neste ensaio acompanhar o impulso dessa leitura criativa e recriadora.

A relação entre ambos pode ser lida em diferentes direções. A primeira é aquela por meio da qual se busca rastrear as marcas berkeleianas na criação de Borges, e os frutos (variados) que ele extrai da leitura do filósofo. Numa segunda direção, inversa e complementar, podemos ler Berkeley *com* Borges. Em ambos os casos a reflexão ressoará em indagações mais gerais: como Borges lê a filosofia, e como, *com* Borges, podemos ler os filósofos?

Há também outra via, menos palpável, talvez, do que as duas primeiras — mas delas tributária — pela qual é possível ler Borges

---

1. George Berkeley, *Philosophical Commentaries*, in *The Works of George Berkeley*, org. de A. A Luce e T. E. Jessop (Nendeln: Kraus Reprint, 1979), v. 1, aforismo n. 429 A, p. 53.
2. Jorge Luis Borges, "La encrucijada de Berkeley", in *Inquisiciones* (Barcelona: Seix Barral, 1993), p. 117.

à luz de Berkeley. Nesse caso, a perspectiva se inverte, na tentativa de captar certo *pendor* e certa *entonação* borgianos que se deixam ler pela aproximação com o filósofo. Então, a filosofia empirista e nominalista (na figura de Berkeley) pode servir de diapasão — ou de instrumento óptico — para quem sabe chegar, sobre Borges, a algum *modo de verdade*, mesmo que *angular* e fragmentada.[3]

O aforismo de Berkeley será o mote para uma breve exposição de seu pensamento, sem a qual não é possível trilhar essas diferentes vias de leitura entre as obras dos dois autores: *"Esse est percipi or percipere. The horse is in the stable, the books are in the study as before."* O que vem *antes* dessa afirmação são os argumentos de Berkeley a favor de sua metafísica e de sua teoria da linguagem, argumentos que visam devolver o mundo à sua percepção corriqueira, reconciliar a filosofia com o *senso comum* e tirá-la das mãos dos filósofos abstratos. É o que diz a fórmula — em sua simplicidade — num primeiro plano. Mas convém recuar mais um pouco e retraçar as linhas mestras desse sistema metafísico.

Ser é ser percebido ou perceber: a essas duas categorias se resume a ontologia de Berkeley, cujo propósito primeiro reside na eliminação da crença na matéria, noção abstrata e descarnada de determinações empíricas que estaria na origem de muitos equívocos e seria responsável pelo problema do conhecimento do mundo exterior. A substância material é, por definição, inacessível à percepção e, para Berkeley só existe o que é (ou pode ser) percebido por alguém. Contra uma filosofia das hipóstases, Berkeley propõe uma ontologia das relações. Pode-se então entender os "ismos" usados para caracterizar sua doutrina: *empirismo* — pela valorização incondicional da percepção; *imaterialismo* e *idealismo* — pois o mundo se converte numa vasta combinatória de ideias *sensíveis*, organizadas por Deus como uma linguagem, como o livro da natureza, dirá também Berkeley;[4] e *nominalismo* — pela economia das entidades que pressupõe, a saber, ideias sensíveis e aquele que as

---

3. Epígrafe de Borges a *Evaristo Carriego*: *"a mode of truth, not of truth coherent and central, but angular and splintered"*. De Quincey, *Writings*, xi, 68 (Buenos Aires: Emecé, 1955), p. 8.
4. "[...] *so in perusing the volume of nature* [...]" No parágrafo 109 de *Treatise Concerning the Principles of Human Knowledge*. George Berkeley, *Principles*, in op. cit., p. 230.

percebe, pela valorização do singular e pela recusa das abstrações e dos universais, que podem ser encontrados apenas nos *nomes* e jamais nas *coisas*.

Mas o aforismo também é uma resposta a objeções, uma reafirmação de que o *imaterialismo* é uma versão válida da realidade e não transforma o mundo numa série infindável de intermitências.[5] A objeção tem sentido. No mundo de Berkeley, cada objeto é um composto de qualidades criado e mantido por Deus. E o conjunto do mundo é uma linguagem que relaciona todas essas percepções dos objetos e de cada uma de suas qualidades. Mas sem o substrato material, como garantir a permanência dos seres?

Deus é o criador do livro da natureza, mas é também aquele que jamais levanta os olhos de sua criação, garantindo a existência de cada um dos seres quando nenhum outro espírito os percebe. O mundo se torna transparente e se converte, plenamente, no mundo que percebemos e no qual vivemos — *as before*: o livro na biblioteca é apenas uma combinação particular de forma, extensão, cor e cheiro que deve ser *percebida* por alguém.

Esse resumo procura acompanhar algumas das sínteses que Borges realizou do "idealismo" berkeleiano. Uma delas se encontra em "La encrucijada de Berkeley",[6] precedida das palavras "esquadrinhemos os pormenores de sua argumentação", e seguida de considerações gerais a respeito do sistema berkeleiano que trazem a marca borgiana. Os termos usados por Borges merecem atenção, sobretudo o curioso emprego de adjetivos para caracterizar um sistema filosófico — sobre "o truísmo *genial*" e a "*escassa fórmula*" (Borges se refere ao *esse est percipi*), se erige a "*ilustre fábrica*" do sistema de Berkeley, pela qual a realidade deixa de ser "um enigma longínquo, arisco e trabalhosamente decifrável"...[7] Esses adjetivos dão a medida de sua sem-cerimônia com o discurso filosófico e de sua tentativa de captar o *espírito*, ou o pro-

---

5. "[...] *it will be objected from the foregoing principles it follows, things are every moment annihilated and created a new.*" George Berkeley, *Principles*, parágrafo 45. "*Supposing you were annihilated, cannot you conceive it possible, that things perceivable by sense may still exist.*" Idem, *Three Dialogues between Hylas and Philonous*, in op. cit., p. 230.

6. Jorge Luis Borges, *Inquisiciones*, op. cit.

7. Ibidem, p. 118.

pósito primeiro da metafísica berkeleiana: reconverter o mundo a uma *"cercanía íntima"*, nas palavras de Borges. Esse é, porém, apenas um lado da questão, pois a doutrina de Berkeley pode ser lida na direção oposta.

O fato é que talvez não haja em toda a história da filosofia sistema mais apto a produzir o espanto do que o *imaterialismo* berkeleiano (que Borges soube escolher a dedo): pela categórica recusa do mundo exterior, independentemente da percepção. Mas, curiosamente, ao ler Berkeley, a perplexidade parece se intensificar pelo estilo simples e despojado com que o filósofo formula sua tese, como se fosse uma banalidade — ao modo da *escassa fórmula*[8] (e como se ela estivesse em perfeita sintonia com o senso comum). Há aqui uma relação inversamente proporcional entre o tamanho do espanto provocado por aquilo que se afirma e a economia de meios empregados para fazê-lo,[9] o que se soma à constante afirmação, de Berkeley, de que não procura senão dar conta da visão comum do mundo.[10] Tal combinação de fatores — brevidade e espanto — é especialmente propícia a agradar e intrigar um escritor como Borges.

8. O que se liga à chamada "navalha de Occam": "O nominalismo inglês do século xiv ressurge no escrupuloso idealismo inglês do século xviii; a economia da fórmula de Occam *entia non sunt multiplicanda praeter necessitatem,* permite ou prefigura o não menos taxativo *esse est percipi"*. Jorge Luis Borges,"O rouxinol de Keats", in *Outras inquisições*, trad. de Davi Arrigucci Jr. (São Paulo: Companhia das Letras, 2007), p. 140. Note-se que Borges parece vincular a parcimônia proposta pela tese ("entidades não devem ser multiplicadas para além da necessidade") à economia da sua formulação, em Occam e em Berkeley.

9. No parágrafo 22 dos *Principles*, após argumentar contra a existência do mundo exterior e apresentar sua versão imaterialista da realidade (o que tomou apenas 21 parágrafos), Berkeley pergunta-se: *"I am afraid I have given cause to think me needlessly prolix in handing this subject. For to what purpose is to dilate on that which may be demonstrated with the utmost evidence in a line or two, to anyone that is capable of the least reflexion?"*.

10. Ainda: *"I assure you, Hylas, I do not pretend do frame any hypothesis at all. I am of a vulgar cast, simple enough to believe my senses, and leave things as I find them"*. *Three Dialogues between Hylas and Philonous*, op. cit., p. 29. Esse aspecto do berkeleianismo poderia ser comentado pelas seguintes palavras de G. K. Chesterton, de quem Borges era um grande leitor: *"The curious thing about the representative Englishman of the last few centuries is that he instinctively pursued the wildest paradox and then accepted it as a solid truism [...]. What is curious about the English psychology is this; that it has this purely artistic appetite and then persuades itself that it is practical"*. *On Lying in Bed and Other Essays by G. K. Chesterton* org. de Alberto Manguel (Calgary: Bayeux Arts, 2004), p. 44.

Com o propósito de reaproximar a filosofia da percepção corriqueira do mundo, Berkeley cria uma versão do mundo dificilmente conciliável com o senso comum, segundo muitos de seus leitores, desde David Hume. O Borges dos ensaios também indica (e explora) certa incongruência essencial da doutrina berkeleiana, ao constatar que "compreendê-la é fácil, difícil é pensar dentro de seus limites".[11] Na ficção borgiana, porém, o jogo se inverte: o juízo segundo o qual "os argumentos de Berkeley não admitem a menor réplica e não suscitam a menor convicção" é "totalmente verídico quando aplicado à Terra", mas é "totalmente falso em Tlön". O que, na Terra, causa estranhamento, em Tlön se converte em senso comum, pois "as nações desse planeta são congenitamente idealistas" e a visão de mundo desse universo fantástico se afina, em muitos de seus aspectos, com a visão berkeleiana.[12]

No conto "Tlön, Uqbar, Orbis Tertius", Borges vira do avesso a filosofia de Berkeley, opera algo como uma *reductio ad absurdum*, extraindo de seu raciocínio uma série de consequências fantásticas, como será visto adiante. Antes, porém, olhemos com mais atenção algumas *operações de leitura* levadas a cabo pelo escritor quando se debruça sobre textos filosóficos.

UM ARGENTINO EXTRAVIADO NA METAFÍSICA

Tomemos a "Nota preliminar" de "Nova refutação do tempo",[13] ensaio que, a começar pelo título, cria a expectativa de que se trata de uma "*inquisición*" de *cunho* filosófico. Mas, nas primeiras linhas, o leitor já se desconcerta:

> Publicada em meados do século XVIII, esta refutação (ou seu nome) perduraria nas bibliografias [...]. Publicada em 1947 — depois de Bergson —, é a anacrônica *reduction ad absurdum* de um sistema

---

11. "Nova refutação do tempo", in *Outras inquisições*, op. cit., p. 210.
12. Jorge Luis Borges, "Tlön, Uqbar, Orbis Tertius", in *Ficções*, trad. de Davi Arrigucci Jr. (São Paulo: Companhia das Letras, 2007), p. 19.
13. Idem, *Outras inquisições*, op. cit., p. 197.

pretérito ou, o que é pior, o frágil artifício de um argentino extraviado na metafísica.

A *refutação* de Borges não pode, de saída, ser lida como um texto metafísico e talvez se trate apenas de um *frágil artifício*. Mas, então, de que modo lê-la? Talvez seja o caso de inverter a questão: como ela lê (por ela se leem) os textos filosóficos? Lê anacronicamente, lê por torção (*redução ao absurdo*) e lê pelo *extravio*.[14]

O autor da *inquisição* é um argentino extraviado na metafísica, mas é também aquele que converte a metafísica num ramo da literatura fantástica.[15] A boutade é bastante conhecida... Mais do que extravio, o jogo pode ser ainda o da inversão: "O que é a pedra bezoar diante da harmonia preestabelecida [de Leibniz] [...], que são todas as noites de Scherazade diante de um argumento de Berkeley?".[16] Nesse ponto, Borges inverte vertiginosamente os termos, colocando o maior impulso ficcional do lado do discurso metafísico. Há ainda, em Borges, a leitura que encontra na filosofia uma fonte de metáforas (a esfera de Pascal, o rio de Heráclito, o eterno retorno nietzcheano...), a confessada "tendência a apreciar as ideias religiosas ou filosóficas por seu valor estético e mesmo pelo que encerram de singular e maravilhoso"[17] e a ideia de que a poesia se encontra em toda parte: em "letras de tango", "em livros de metafísica" e "até mesmo em versos"...[18] Por prudência hermenêutica, a consideração das relações de Borges com a filosofia deve partir do exame do modo como ele lê filosofia.

Tomemos uma ideia de Coleridge a que Borges se refere algumas vezes, aquela segundo a qual "todos os homens nascem aristotélicos ou platônicos. Os últimos sentem que as classes, as ordens, os

---

14. Cf. Ricardo Piglia, *O último leitor* (São Paulo: Companhia das Letras, 2006), p. 27: "Uma das chaves desse leitor inventado por Borges é a liberdade no uso dos textos [...]. Uma certa arbitrariedade, uma inclinação para ler mal, ler fora do lugar".

15. Ainda: "As invenções da filosofia não são menos fantásticas do que as da arte". Jorge Luis Borges, "Magias parciais do *Quixote*", in *Outras inquisições*, op. cit., p. 64.

16. Idem, "Leslie D. Weatherhead", in *Discussão*, trad. de Josely Vianna Baptista (São Paulo: Companhia das Letras, 2008), p. 168.

17. Idem, "Epílogo", in *Outras inquisições*, op. cit., p. 223.

18. Idem, "Ejercicio de análisis", in *El tamaño de mi esperanza* (Madri: Alianza, 1998), p. 99.

gêneros são realidades; os primeiros, que são generalizações; para estes, a linguagem não passa de um jogo aproximativo de símbolos; para aqueles, é o mapa do universo".[19] É uma curiosa síntese da história da filosofia (e da humanidade!), e que leva a perguntar, com respeito a Borges, se ele seria aristotélico (e nominalista...) ou platônico?[20] Mas essa talvez seja uma falsa questão, e prevaleça para o "pensamento" de Borges aquilo que ocorre no universo de Tlön — "cada livro contém o seu contralivro"[21] —, e ele seria então platônico *e* nominalista, ou nenhuma das duas coisas... Com isso, alguns seriam levados a caracterizá-lo como cético. Quanto a todos esses pontos suspendemos o juízo e, diante do risco da *petição de princípio* em que se pode incorrer, ao pressupor (que Borges assume esta ou aquela posição filosófica) aquilo que se trata de elucidar (o modo como ele se relaciona com o discurso filosófico), preferimos o incômodo do modo tautológico: o grande interesse da leitura que Borges realiza dos filósofos está nas maneiras como ele *lê* (e nos *faz ler*) os filósofos.

São variados os caminhos pelos quais Borges lê Berkeley. O "idealismo berkeleiano" é a inspiração para diversos jogos metafísico--fantásticos e fornece a Borges elementos para refletir sobre a "arte da leitura"; o nominalismo de Berkeley encontra ainda eco na sensibilidade borgiana para a experiência particular, que se pode captar em alguns de seus temas e traços de estilo. Comecemos pelo *modo* fantástico, com o exemplo mais exuberante da leitura que Borges realiza da filosofia de Berkeley: o conto "Tlön, Uqbar, Orbis Tertius".

---

19. Idem, "O rouxinol de Keats", in *Outras inquisições*, op. cit., p. 139. Cf. também, do mesmo livro, "Das alegorias aos romances", p. 179.

20. A questão já foi respondida ora numa, ora noutra direção. Cf. Jaime Rest, *El laberinto del universo: Borges y el pensamiento nominalista* (Buenos Aires: Librerias Fausto, 1976). Também Juan Nuño, *La filosofia en Borges* (Cidade do México: Fondo de Cultura Económica, 1986), leitura que aproxima Borges do pensamento platônico.

21. Jorge Luis Borges, "Tlön, Uqbar, Orbis Tertius", op. cit., p. 26: "Os [livros] de natureza filosófica contêm, invariavelmente, a tese e a antítese, o rigoroso pró e o contra de uma doutrina. Um livro que não inclua seu contralivro é considerado incompleto".

A MAÇÃ, O ESPELHO E A BIBLIOTECA

> *Uma das laranjas da sobremesa foi seu instrumento*
> *para me iniciar no idealismo de Berkeley;*
> *o tabuleiro de xadrez bastou-lhe para os paradoxos eleáticos.*
>
> Jorge Luis Borges, *Livro de areia*

Parto do breve comentário à primeira frase, tão condensadora de tudo o que está por vir — "Devo à conjunção de um espelho com uma enciclopédia a descoberta de Uqbar" — e que é uma espécie de antessala. Recuando um pouco, porém, e conjecturando um caminho de leitura, é possível aproximá-la de um tipo de mise en scène e de estratégia expositiva muito corrente no discurso metafísico, que com frequência elege objetos concretos e neles se ancora.

É o que ocorre no primeiro parágrafo dos *Principles* de Berkeley, a que Borges se refere diversas vezes:

> Assim, por exemplo, certa cor, certo sabor, cheiro, figura e consistência, tendo sido observados conjuntamente, são tomados como uma coisa distinta, significada pelo nome *maçã*. Outras coleções de ideias constituem uma pedra, uma árvore, um livro e todas as outras coisas sensíveis.

A maçã concreta pode estar ligada à *invenção* da tese, mas os objetos do mundo podem constituir também apenas um ponto de partida para a *exposição*, como o célebre pedaço de cera das *Meditações metafísicas* de Descartes. Tais objetos são correntes no discurso metafísico, que deles parece não poder prescindir, como pontos de apoio, elementos de síntese ou metáforas para a descoberta (ou invenção) de leis e mundos. Esse é um dos aspectos que podemos encontrar nos textos metafísicos com a ajuda de Borges: o pensamento que toma corpo e que, além de ser demonstrado, pede, de alguma maneira, para ser *mostrado*. Os termos empregados pelo narrador — "Devo à conjunção de um espelho com uma enciclopédia a descoberta de Uqbar", sua posição na abertura do conto, além de algumas considerações que seguem ("os espelhos e a cópula são abomináveis porque multiplicam o número de homens"), permitiriam tal conjectura. Mas Borges parece mesmo não dar ponto sem nó e, na frase citada, a palavra "conjunção" torna as coisas mais complexas ao introduzir, no jogo, o acaso: da "conjunção entre o espelho e a enciclopédia".[22] E nos arriscaríamos a dizer, à luz de Borges, que, como ocorre com a fantástica descoberta de Uqbar (e Tlön), toda descoberta metafísica (ao menos na época moderna) talvez se deva, no fim das contas, à conjunção de um objeto e de uma biblioteca. Noutros termos, trata-se ao mesmo tempo de uma meditação sobre as coisas e de um *culto dos livros*.[23] Numa combinação de ambos, seria a leitura do *livro do mundo*, metáfora presente no discurso metafísico e nas penas de Borges e de Berkeley.

O fato é que o cenário (explícito ou tácito) de muitos textos metafísicos seria de fato a biblioteca, o escritório ou qualquer lugar que permita o recolhimento para a leitura e a meditação. A representação desses espaços e dos objetos que os povoam é um traço frequente do discurso metafísico e uma de suas estratégias expositivas.[24]

É no gabinete de estudos (ou na biblioteca...) que, frequentemente, vêm à luz o discurso metafísico e os mundos que recria. Um exemplo disso estaria no terceiro parágrafo dos *Principles* de Berkeley (citado por Borges), que trata, curiosamente, da hipotética saída do gabinete: "Digo que a mesa sobre a qual escrevo existe, ou seja, eu a vejo e a sinto, e se saísse do meu gabinete deveria percebê-la, ou algum outro espírito a perceberia".[25]

Ler os filósofos *com* Borges é ficar mais atento à mise en scène, ao estilo, às estratégias, às idiossincrasias, aos hábitos e à retórica do discurso filosófico,[26] que uma leitura voltada apenas às teses não permite captar, mas que ele parece se comprazer em desnudar e em desautomatizar da maneira mais arguta, inventiva... e paródica.

---

22. Beatriz Sarlo, *Jorge Luis Borges, um escritor na periferia*, trad. de Samuel Titan Jr. (São Paulo: Iluminuras, 2008). Cf. especialmente pp. 102 ss, nas quais a autora trata das *situações filosófico-narrativas* em Borges.

23. Jorge Luis Borges, "Do culto dos livros", in *Outras inquisições*, op. cit., pp. 131-6.

24. Um exemplo de René Descartes encontra-se na primeira das *Meditações metafísicas*: "[...] por exemplo, que eu esteja aqui, sentado ao pé do fogo, vestido com uma *robe de chambre* e tendo este papel entre as mãos, e outras coisas dessa natureza".

25. O trecho é citado em Jorge Luis Borges, "La encrucijada de Berkeley", in *Inquisiciones*, op. cit., p. 120. Cf. também parágrafo 23 dos *Principles*, op. cit., que, assim como o parágrafo 3, é citado por Borges em "Nova refutação do tempo", op. cit., p. 200.

26. Para a retórica de Berkeley, cf. Peter Walmsley, *The Rhetoric of Berkeley's Philosophy* (Cambridge: Cambridge University Press, 1990).

Feito o introito do conto (comentado anteriormente) e estabelecida a sua moldura inicial, em que é esclarecido o concurso de circunstâncias que levou à descoberta de Uqbar, algumas páginas adiante o narrador anuncia o que fará a seguir: "Atrevo-me a pedir alguns minutos para o seu conceito de universo [de Tlön]". O pedido de licença é intrigante: pela desproporção entre o tamanho da tarefa ("expor o seu conceito de universo") e o parco tempo que tomará para fazê-lo ("alguns minutos"). Aqui, como em Berkeley, o *espanto* e a *brevidade* (e o *understatement*) andam de mãos dadas. Como quer que seja, logo no início da brevíssima exposição do narrador-inquiridor há a primeira referência a Berkeley, cujos argumentos seriam incapazes de produzir, na Terra, a menor convicção, mas que estariam na base do conceito de universo de Tlön...[27]

O desenho geral de "Tlön, Uqbar e Orbis Tertius" — a narrativa da criação de um universo por uma "dispersa dinastia de solitários" (da qual faria parte o bispo de Berkeley)[28] — traz o tema borgiano do sonho dentro do sonho, da ficção dentro da ficção[29] e, como desdobramento, o tema (também recorrente em Borges) do mundo como um sonho, que ele chega a ligar diretamente ao que denomina a "doutrina idealista", cujos representantes seriam Berkeley e Schopenhauer.[30] Por essa ideia (e sua concretização ficcional), "não só se desmascara o efeito realista da ficção, mas também se impregna a realidade de imaginação, diluindo fronteiras. Onde começa e acaba o imaginário? Onde começa o real? A ambiguidade se instala no cerne desse tipo de visão".[31] O fato é que, ao final do conto, alguns objetos daquele mundo de feições idealistas criado por uma dinastia de solitários de fato atravessam a fronteira entre ficção e realidade...

---

27. Jorge Luis Borges, "Tlön, Uqbar, Orbis Tertius", op. cit., p. 19. A mesma frase abre o ensaio "A postulação da realidade", in *Discussão*, op. cit., p. 71.
28. Idem, "Tlön, Uqbar, Orbis Tertius", op. cit., p. 33.
29. Jorge Luis Borges, "Cuando la ficción vive en la ficción", in *Textos cautivos, Obras completas IV* (Buenos Aires: Emecé, 2007). Cf. também idem, "Magias parciais do *Quixote*", op. cit.
30. O mundo pode ser "o sonho de alguém que agora esteja nos sonhando e que sonha a história do universo, como prega a doutrina idealista". Idem, "Nathaniel Hawthorne", in *Outras inquisições*, op. cit., p. 81.
31. Davi Arrigucci Jr., *O escorpião encalacrado: A poética da destruição em Julio Cortázar* (São Paulo: Companhia das Letras, 1995), p. 171.

Para além da visão geral contida no conto, o *idealismo* de Berkeley — e sua recusa da matéria como aquilo que garante a existência constante dos objetos do mundo — está presente na configuração do mundo *idealista* de Tlön, e na natureza intermitente de seus seres: em Tlön, o mundo "não é o concurso de objetos no espaço; é uma série heterogênea de atos independentes".[32] O mesmo princípio da intermitência estaria na origem dos paradoxos relativos ao princípio de identidade dos objetos (e dos objetos denominados, em Tlön, *hrönir*),[33] que não poderia ser dada por qualquer substrato material. Em Berkeley, é Deus, como *percebedor* universal, que impede que o mundo "se aniquile e ressurja constantemente". Em Tlön, porém, a existência dos objetos é dependente do "capricho das atenções individuais":[34] por isso, nesse universo fantástico, "é clássico o exemplo de um umbral que perdurou enquanto um mendigo o visitava e que se perdeu de vista com a sua morte. Por vezes pássaros, um cavalo, têm salvado as ruínas de um anfiteatro".[35]

O mundo de Tlön parece então se constituir nas brechas abertas pelas objeções à doutrina de Berkeley, como aquela, antevista pelo filósofo, segundo a qual, se as coisas existem apenas pela percepção, consequentemente elas seriam "a cada momento aniquiladas e criadas novamente".[36] Porém, o que no *imaterialismo* está do lado das objeções a serem retrucadas e causa incômodo e espanto nos leitores, em Tlön se torna *senso comum* e lei do mundo.[37] Os

---

32. Jorge Luis Borges, "Tlön, Uqbar, Orbis Tertius", op. cit., p. 20. Ademais, a ausência de vínculo material entre os seres e os eventos tem consequências diretas (no imaterialismo de Berkeley e no universo de Tlön) sobre a questão das causalidades (ou sua negação): "A percepção de uma fumaça no horizonte, em seguida a de um campo incendiado, em seguida do cigarro mal apagado que produziu a queimada, é considerada um exemplo de associação de ideias". Ibidem, p. 21. Em Berkeley, a conexão das percepções deixa de ser interpretada à luz da causalidade material para ser vista como uma simples relação de sinalização, sem lastro material, como se lê no parágrafo 65 dos *Principles of Human Knowledge*: "[...] the connexion of ideas does not imply the relation of cause and effect, but only of a mark of sign with the thing signified".
33. Jorge Luis Borges, "Tlön, Uqbar, Orbis Tertius", op. cit., pp. 23 e 26.
34. Idem, "La encrucijada de Berkeley", op. cit., p. 122.
35. Idem, "Tlön, Uqbar, Orbis Tertius", op. cit., p. 28.
36. George Berkeley, *Principles*, op. cit., p. 45.
37. Jorge Luis Borges, "Tlön, Uqbar, Orbis Tertius", op. cit., pp. 27, 26 e 24. Cf. Beatriz Sarlo, op. cit., p. 119: "é possível inventar Tlön à medida que se inventam ideias na contramão do *senso comum*: o paradoxo como espelho invertido".

termos invertem-se, e o estupor tantas vezes expresso por Berkeley diante da tese "inconcebível"[38] da existência da matéria se espelha no fato de que: "entre as doutrinas de Tlön, nenhuma mereceu tanto escândalo quanto o materialismo".[39] O que não deixa de ser uma maneira de dizer o assombro provocado, na Terra (ou entre os seus leitores), pela doutrina berkeleiana... "Borges, o ficcionista" era mesmo um "um manipulador intelectual do espanto".[40]

O *imaterialismo* está também presente na curiosa conjunção da ontologia com a teoria da linguagem de Tlön. Se (para Berkeley) os objetos são apenas combinações de qualidades sensíveis, e se os termos da linguagem referem-se apenas a seres individuais, por que não se permitir com a metafísica a *licença poética* de criar

> numerosos objetos ideais, convocados e dissolvidos num só momento, segundo as necessidades poéticas. [...] Há objetos compostos de dois termos [...]: a cor do nascente e o remoto grito de um pássaro. Existem aqueles compostos de muitos: o sol e a água contra o peito do nadador, o vago rosa trêmulo que se vê com os olhos fechados, a sensação de quem se deixa levar por um rio e ainda pelo sonho.[41]

Esses objetos condensam de modo fantástico e poético o nominalismo e a centralidade da percepção que se encontram na doutrina de Berkeley. Ainda em *Ficções*, o paroxismo da percepção (e da memória) é responsável pela "balbuciante grandeza" de "Funes, o memorioso", para quem uma teoria da linguagem análoga à de Locke (filósofo que foi alvo de muitas críticas de Berkeley) — que, "no século XVIII,

---

38. Alguns exemplos do estupor de Berkeley diante da tese do materialismo: "*It is indeed an opinion strangely prevailing amongst men, that houses, mountains, rivers* [...] *have an existence natural or real, distinct from their being perceived* [...]". George Berkeley, *Principles*, op. cit., parágrafo 4. "[...] *it being perfectly ininteligible and involving all the absurdity of abstraction, to atribute to any single part of them an existence independent from spirit.*" Ibidem, parágrafo 6. Cf. também parágrafos 100 e 133.
39. Jorge Luis Borges, "Tlön, Uqbar, Orbis Tertius", op. cit., p. 23.
40. Davi Arrigucci Jr., *O escorpião encalacrado*, op. cit., p. 282.
41. Jorge Luis Borges, "Tlön, Uqbar, Orbis Tertius", op. cit., p. 21. Ainda, na mesma página: nos "idiomas do hemisfério boreal" ocorre a valorização da percepção (na própria constituição da linguagem) pelo princípio de que "o substantivo é formado pelo acúmulo de adjetivos. Não se diz 'lua: diz-se 'aéreo-claro sobre redondo-escuro'".

postulou (e reprovou) um idioma impossível no qual cada coisa individual, cada pedra, cada pássaro e cada ramo tivesse um nome próprio" — seria demasiado ambígua e geral. O fato é que "Funes não apenas se recordava de cada folha de cada árvore de cada morro, mas ainda de cada uma das vezes que a tinha percebido ou imaginado".[42] Mais uma vez estão ligadas, em *Ficções*, a percepção, o apego ao individual e a visão particularizante da realidade e da linguagem. Talvez seja possível tomar como palavras de Borges (ou como o seu "pensamento") aquelas pelas quais o narrador do conto se refere a Funes, um uruguaio de "cara singularmente remota" do qual ele suspeita, "contudo, que não fosse capaz de pensar", já que "pensar é esquecer as diferenças, é generalizar, abstrair".[43] Seria possível,[44] mas sugiro aqui um caminho que vai na direção oposta. Pode ser que pensar seja mesmo "esquecer as diferenças...". Mas parece que não é apenas pela via do pensamento — assim entendido — que Borges lê os filósofos. Vejamos.

Há pouco lemos um trecho em que Borges encontra em Coleridge a afirmação de que "todos os homens nascem aristotélicos ou platônicos", o que estabelece uma divisão entre os homens que se daria pela diferença entre dois *modos de sentir* a realidade. Borges volta à questão quando afirma que os platônicos *intuem* que as ideias (gerais) são realidades e, para os aristotélicos (e nominalistas...), essa ideias são generalizações, afinal, a "história da filosofia não é um vão museu de distrações e jogos verbais; verossimilmente, as duas teses correspondem a dois modos de intuir a realidade".[45] Em "O rouxinol de Keats", Borges conjectura que os ingleses não teriam compreendido o rouxinol platônico da ode de Keats, pois o real, "para essa mente, não são os conceitos abstratos, mas os indivíduos; não o rouxinol genérico, mas os rouxinóis concretos". Ele recomenda que "ninguém leia uma reprovação" nas palavras anteriores e prossegue: "O inglês recusa o genéri-

---

42. Idem, "Funes, o memorioso", in *Ficções*, op. cit., p. 107.
43. Indico, ainda, outros ecos do *esse est percipi* em "Funes, o memorioso", op. cit., p. 107: "Este [Funes], não o podemos esquecer, era quase incapaz de ideias gerais [...] incomodava-o que o cachorro das três horas e catorze minutos (visto de perfil) tivesse o mesmo nome que o cachorro das três e quinze (visto de frente)".
44. Cf. Beatriz Sarlo, op. cit., pp. 62-3.
45. Jorge Luis Borges, "Das alegorias aos romances", in *Outras inquisições*, op. cit., p. 179.

co porque sente que o individual é irredutível, inassimilável e ímpar. Um escrúpulo ético, e não uma incapacidade especulativa, impede-o de transitar em abstrações, como os alemães. Não entende a 'Ode ao rouxinol'; essa valiosa incompreensão lhe permite ser Locke, ser Berkeley e ser Hume".[46] Nesse ponto, Borges dá um passo curioso na compreensão da mente (e da filosofia) inglesa,[47] ligando-a a um modo de *sentir*, de *intuir*—e a um *escrúpulo ético*. E então nos perguntamos se não há algo desse modo de sentir em sua obra e na sua maneira de ler (a Biblioteca e o mundo). Seguindo os rastros de Berkeley na obra de Borges, afastamo-nos agora dos jogos metafísicos para nos aproximarmos da concretude da experiência da leitura em Borges.

A ESTÉTICA DE BERKELEY

> *La poesía es el encuentro del lector con el libro,*
> *el descubrimiento del libro. [...] Segun se sabe, en latín*
> *las palavras "inventar" y "descobrir" son sinónimas.*
> Jorge Luis Borge, "La poesía"

> *Shakespeare y Brahms, con la infinita variedade de su mundo.*
> *Sepa quien se detiene maravillado, trémulo de ternura y de gratitud,*
> *ante cualquier lugar de la obra de esos dos felices,*
> *que yo también me detuvo ahí, yo el abominable.*
> Jorge Luis Borges, *El Aleph*

Este prólogo poderia denominar-se a estética de Berkeley, não que a tenha professado o metafísico irlandês, uma das pessoas mais adoráveis que perduram na memória dos homens, mas porque aplica às letras o argumento que ele aplicou à realidade. O sabor da maçã (declara Berkeley) está no contato da fruta com o paladar, não na própria fruta; analogamente, (diria eu) a poesia está no comércio do poema com o leitor [...]. O essencial é o fato estético, o *thrill*, a modificação física que uma leitura suscita.[48]

---

46. Idem, "O rouxinol de Keats", op. cit., p. 140.
47. Com a ressalva de que Hume é escocês, e Berkeley, irlandês.
48. Jorge Luis Borges, "Prólogo" de *Obra poética 1923-1977* (Buenos Aires: Alianza; Emecé, 1977).

O trecho acima se encontra na abertura do volume que reúne a produção poética de Borges entre os anos de 1923 e 1977. Nele, o autor formula uma ideia central de sua obra: o caráter produtivo da leitura.[49] É pela via do leitor — e novamente com a ajuda de Berkeley — que, noutro momento, ele procura elucidar o *enigma da poesia*, afirmando que ela é "algo que ocorre quando alguém lê um livro".[50] É o que ele denomina, em diversas ocasiões, o *fato estético* (*el hecho estético*) — pelo qual se vinculam a criação e a leitura — uma ideia que parte de alguns pressupostos e tem muitos desdobramentos.

Enfatizar a relação de leitura — a *recepção* ou a *percepção*, entender um livro como um diálogo, equivale a afirmar que "a literatura não é esgotável, pela simples razão de que um livro não o é. O livro não é um ente incomunicado: é uma relação, é um eixo inumerável de relações".[51] A lógica, aqui, é relacional e tem efeito multiplicador, mas também de abertura, de potencial variação de foco e ponto de vista:[52] "Um fato estético se produz quando um poeta escreveu, quando o leitor o lê, e sempre se produz de modo ligeiramente distinto".[53] De maneira geral, parece haver, "no comércio do poema com o leitor" e na "arte detida e rudimentar da leitura"[54] — que Borges descreveu e exerceu de forma tão peculiar e percuciente — uma valorização daqui-

49. Idem, "Prólogo" de *História universal da infâmia*, trad. de Davi Arrigucci Jr. (São Paulo: Companhia das Letras, 2012): "Ler, antes de tudo, é uma atividade posterior à de escrever: mais resignada, mais civil, mais intelectual". Cf., ainda, Davi Arrigucci Jr., "Da fama à infâmia: Borges no contexto literário latino-americano", in *Outros achados e perdidos* (São Paulo: Companhia das Letras, 1999), p. 196: "Rigorosamente, a sua é uma *poética da leitura*, seu modo de conceber e realizar a obra pressupõe sempre um modo de ler". Cf., ainda, Gérard Genette, "La Littérature selon Borges", in *Cahiers de l'Herne* (*Jorge Luis Borges*), 1964, pp. 323-27.
50. Jorge Luis Borges, "O enigma da poesia", in *Esse ofício do verso*, trad. de José Marcos Macedo (São Paulo: Companhia das Letras, 2000).
51. "Nota sobre (em busca de) Bernard Shaw", in *Outras inquisições*, op. cit., p. 183. Ainda: "Um volume, em si, não é um fato estético, é um objeto físico entre outros; o fato estético só pode ocorrer quando o escrevem ou o leem". Jorge Luis Borges, "Prólogo" de *Elogio da sombra*, in *Poesia*, trad. de Josely Vianna Baptista (São Paulo: Companhia das Letras, 2009), p. 22.
52. Sobre o caráter inesgotável da literatura, cf. Davi Arrigucci Jr., "Em busca do sentido (Entrevista)", in *O guardador de segredos* (São Paulo: Companhia das Letras, 2010), p. 234: "para a literatura, a explicação cabal do que está por baixo pode ser desastrosa [...]. Não existe interpretação definitiva, porque o enigma é inesgotável".
53. Roberto Alifano, *Conversaciones con Borges* (Buenos Aires: Atlântida, 1984), p. 129: "um fato estético se produz quando o poeta escreve, quando o leitor o lê, e sempre se produz de modo ligeiramente distinto".
54. Jorge Luis Borges, "Pierre Menard, autor do Quixote", in *Ficções*, op. cit., p. 44.

lo que é (ou se torna, pela leitura) ligeiramente distinto: o pormenor, o detalhe concreto e também a idiossincrasia. Uma formulação célebre com respeito à natureza criativa do ato de ler e de sua complexa temporalidade se encontra em "Kafka e seus precursores". Nesse ensaio, menciona-se a possibilidade de encontrar (retrospectivamente) precursores insuspeitados do escritor tcheco, em cada um dos quais "reside a idiossincrasia de Kafka, em grau maior ou menor, mas se Kafka não tivesse escrito, não a perceberíamos; ou seja, ela não existiria". É a *percepção* que traz à *existência* esses precursores, que os cria a posteriori (*ser é ser percebido*). A leitura (ou as sucessivas leituras) são reveladoras e criadoras. É por elas que o pormenor significativo passa a existir. Recortar um detalhe de tal poema, de tal conto, conferir-lhe sentido e ligá-lo a outros elementos são ações realizadas por alguém, situado num lugar e num tempo determinado. A leitura (do todo e de seus pormenores) trará a marca desse leitor, de seu olhar e de sua *situação*. Mas a ênfase de Borges parece estar na percepção do pormenor vibrante:[55]

> Se não há palavra em vão, se uma *milonga de almacén* é uma órbita de atrações e repulsões, como elucidar esse *"tide of pomp, that beats upon the high shore of this world"*?: as 1056 páginas in-quarto menor atribuídas a Shakespeare? Como julgar seriamente aqueles que as julgam em massa, sem outro método além da maravilhada emissão de aterrorizados elogios, e sem examinar uma linha?[56]

O Borges leitor e crítico parece atento ao particular, ou afeito a um modo não platônico (não generalizante) de considerar a literatura.[57] E a valorização, na leitura, do particular *percebido* faz lembrar muito, na *letra* e no *espírito*, o pensamento de Berkeley.

---

55. Cf. Davi Arrigucci Jr., "Borges, Quevedo e a construção do nada", in *Outros achados e perdidos*, op. cit., p. 137.
56. Jorge Luis Borges, "Elementos de preceptiva", in *Ficcionário: Una antología de sus textos*, org. de E. R. Monegal (México: Fondo de Cultura Económica, 1997), p. 58.
57. O que Borges chega a afirmar: "A arte sempre opta pelo individual, pelo concreto; a arte não é platônica", em "A poesia gauchesca", in *Discussão*, op. cit., p. 13.

Mas o "Prólogo" da *Obra poética* traz também outro aspecto da relação de leitura, do *fato estético*, em Borges: ele é uma *experiência* — viva e intensa — um "thrill", uma "modificação física", algo que se sente fisicamente, como "a carne e o sangue".[58] Quanto à poesia, o que dela se espera é que seja capaz de "comunicar um fato preciso e tocar-nos fisicamente, como a proximidade do mar".[59] O fato estético deve então ser uma experiência que tem a dose de imponderável que toda experiência guarda... Ou, ainda, ele nos diz:

> Creio sentir a poesia e creio tê-la ensinado; não ensinei o amor a este ou àquele texto: ensinei meus estudantes a amarem a literatura, a verem na literatura uma forma de felicidade [...]. Melhor do que falar abstratamente de poesia, que é uma forma de tédio e de indolência, poderia tomar dois textos em castelhano e examiná-los.[60]

Sigo a recomendação de Borges e encerro essas considerações sobre sua poética da leitura e as afinidades que nutre com a "estética de Berkeley" com um comentário do "Prólogo" de *O fazedor*, o que abrirá caminho para prosseguir na tentativa de apontar uma sensibilidade e um modo de olhar *nominalista* (e berkeleianos) em alguns traços de seu estilo:

> Os rumores da praça ficam para trás e entro na Biblioteca. De modo quase físico sinto a gravitação dos livros, o espaço sereno de uma ordem, o tempo dissecado e conservado magicamente. À esquerda e à direita, absortos em seu lúcido sonho, perfilam-se os rostos momentâneos dos leitores, à luz das lâmpadas estudiosas, como na hipálage de Milton. Lembro-me de já haver recordado essa figura, naquele lugar, e depois daquele outro epíteto que também se define pelo contorno, *o árido camelo*

---

58. Jorge Luis Borges, "Prosa y poesía de Almafuerte", in *Prólogos, con un prólogo de prólogos, Obras completas*, op. cit., v. IV, p. 17. "Housman escreveu que a poesia é algo que sentimos fisicamente, como a carne e o sangue, devo a Almafuerte minha primeira experiência dessa curiosa febre mágica." Cf. "Enigma da poesia", in *Esse ofício do verso*, op. cit., 14. Cf., ainda, Davi Arrigucci Jr., "Epílogo" de *Enigma e comentário: Ensaios sobre literatura e experiência* (São Paulo: Companhia das Letras, 1987), p. 231.
59. "Prólogo" de *A rosa profunda*, in *Poesia*, op. cit.
60. Jorge Luis Borges, "La poesía", in *Siete noches, Obras completas*, op. cit., v. III, p. 306.

do *Lunário*, e depois daquele hexâmetro da *Eneida*, que maneja e supera o mesmo artifício: *Ibant obscuri sola nocte per umbram*. [Iam obscuros sob a noite, pelas sombras.][61]

Nesse trecho se condensa uma experiência particular na qual se enlaçam o interno e o externo, o pensado e o percebido, o relembrado e o lido. A condensação se intensifica pela eleição de uma figura — a hipálage — que traz, em miniatura, o sentido do trecho, pelo deslocamento da adjetivação, que, na "definição pelo contorno", marca a fusão entre *ser* e *ser percebido* (*lâmpadas estudiosas, árido camelo, iam obscuros...*). Tudo é uma análise da percepção. Sobre ela, noutro momento, Borges se indaga, a partir do verso "*El silencio verde de los campos*", de Carducci: "O que é a nossa percepção? Sentimos várias coisas ao mesmo tempo (a palavra coisa talvez seja demasiado substantiva). Sentimos o campo, a vasta presença do campo, sentimos o verdor e o silêncio [...]".[62]

Tentativas de dar conta de uma experiência particular (para a qual, numa desconfiança muito berkeleiana, a palavra "coisa" levaria a uma hipóstase indesejável): a eternidade daquele minucioso instante (o vivido), as particularidades e variações da hipálage (o lido), cada um deles *ligeiramente diverso* dos outros. O trecho de *El hacedor* se constrói também pela presença de um sujeito que percebe (e se recorda): "à direita", "à esquerda", "essa figura", "naquele lugar", e depois "aquele outro epíteto" [...], todos indicadores da *deixis*, e que trazem a marca da percepção e do sujeito da enunciação,[63] para quem "certos lugares", "certas pessoas", "certos livros", "certas passagens" se adensam em sua peculiaridade e, com isso, se

---

61. Idem, "Prólogo" de *O fazedor* (A Leopoldo Lugones), trad. de Josely Vianna Baptista (São Paulo: Companhia das Letras, 2008), p. 9.
62. Jorge Luis Borges, "La poesía", in *Siete noches*, op. cit., p. 304.
63. Cf. Émile Benveniste, "De la Subjectivité dans le langage", in *Problèmes de linguistique générale* (Paris: Gallimard, 1966), p. 263: "[...] os indicadores da *deixis*, demonstrativos, advérbios, adjetivos, que organizam as relações espaciais e temporais em torno do 'sujeito' tomado como referência". Alguns versos do poema "El Golem" podem ser lidos como uma ilustração do funcionamento da *deixis*, pela qual se construiria uma "rede sonora": "De Antes, Después, Ayer, Mientras, Ahora/ Derecha, Izquierda, Yo, Tú, Aquellos, Otros". Jorge Luis Borges, "El Golem", in *El otro, el mismo, Obras completas*, op. cit., v. II, p. 306.

alçam a experiências essenciais, das quais *tanta coisa* parece *depender: "lo mucho y lo precioso que he perdido:/esa fragua, esa luna y esa tarde [...]"*.[64]

A MINUCIOSA REALIDADE

> *Yo, que me he resignado a poner en duda la indefinida perduración de Voltaire o de Shakespeare, creo (esta tarde de uno de los últimos días de 1965) en la de Schopenhauer y en la de Berkeley.*
>
> Jorge Luis Borges, "Sobre los clásicos"

Defronto-me com a tarefa de condensar em algumas linhas algo que, em Borges, parece não poder ser resumido — a "irredutível, inassimilável e ímpar" experiência particular — e com a tentativa de ler, em alguns traços de estilo, sua sensibilidade para o individual e seu pendor para as minúcias. A tarefa é ingrata, mas um breve inventário de alguns adjetivos frequentes em sua pena pode fazer as vezes de uma análise pormenorizada. São adjetivos que indicam a *profusão* e a *precisão* do real, para a "enigmática e incalculável realidade"[65] para o "gosto exato daquele instante",[66] para um homem que olha "com minucioso amor para as plantas e pássaros",[67] para a chuva que cai, "minuciosa",[68] para o poema em que estava "inteiro e minucioso o palácio enorme",[69] para a "minuciosa e vasta evidência de um planeta ordenado?",[70] para certa casa, "minuciosa de realidade",[71] para o universo de certa noite, que "tem a vastidão do olvido e a precisão da febre",[72] para "aquela ordem de coisas pre-

---

64. Idem, "Ewigkeit", in ibidem, p. 354.

65. Idem, "Penúltima versão da realidade", in *Discussão*, op. cit., p. 45.

66. Idem, "O fazedor", in *O fazedor*, op. cit., pp. 11-2.

67. Idem, "Martín Fierro", in ibidem, p. 37.

68. Idem, "A chuva", in ibidem, p. 93.

69. Idem, "Parábola do palácio", in ibidem, p. 45.

70. Idem, "Tlön, Uqbar, Orbis Tertius", op. cit., p. 32.

71. Idem, "A noite em que no sul o velaram", in *Nova antologia pessoal* (São Paulo: Companhia das Letras, 2013), p. 15.

72. Idem, "El insomnio", in *El otro, el mismo*, op. cit., p. 279.

cisa e humildes",[73] para a confissão do "laborioso amor por estas minúcias"...[74] e tudo o que faz ver a "prolixidade do real"[75] e o "minucioso presente".[76]

O olhar para a profusão do real se faz ainda presente no gosto borgiano pelas enumerações,[77] tão numerosas em sua obra:

El hombre es demasiado. Las innúmeras
generaciones de aves y de insectos,
del jaguar constelado y de la sierpe,
de ramas que tejen y entretejen,
del café, de la arena y de las hojas
oprimen las mañanas y prodigan
su minucioso labirinto inútil.[78]

* * *

Gracias quiero dar al divino
laberinto de los efectos y de las causas
por la diversidad de las criaturas
que forman este singular universo [...]
por el fulgor del fuego,
que ningún ser humano puede mirar sin un asombro antiguo,
por la caoba, el cedro y el sándalo,
por el pan y la sal,
por el misterio de la rosa
que prodiga color y que no lo ve,

73. Idem, "Adrogué", in *O fazedor*, op. cit., p. 146.
74. Idem, "Prólogo" de *Discussão*, op. cit., p. 10.
75. Idem, "A noite em que no sul o velaram", op. cit., p. 16.
76. Idem, "Nova refutação do tempo", in *Outras inquisições*, op. cit., p. 204.
77. No "Prólogo" de *História universal da infâmia*, Borges afirma sua tendência para as "enumerações díspares". Quanto às enumerações, remetemos à citação feita por Michel Foucault (no prefácio de *Les Mots et les choses*) do "Idioma analítico de John Wilkins" de *Outras inquisições*, op. cit., p. 124.
78. Jorge Luis Borges, "Poema de la cantidad", in *El oro de los tigres, Obras completas*, op. cit., v. II, p. 561. "O homem é excessivo. As gerações/ Inúmeras de aves e insetos,/ Do jaguar constelado e da serpente,/ De galhos que se tecem e entretecem,/ Do café, da areia e das folhas/ Oprimem as manhãs e nos prodigam/ Seu minucioso labirinto inútil." Trad. de Josely Vianna Baptista. *Poesia*, op. cit., p. 118.

por ciertas vísperas y días de 1955,
por los duros troperos que en la llanura
arrean los animales y el alba,
por la mañana en Montevideo,
por el arte de la amistad,
[...]
por el mar, que es un desierto resplandeciente
y una cifra de cosas que no sabemos,
por la música verbal de Inglaterra,
por la música verbal de Alemania,
[...]
por el valor y la felicidad de los otros
por la patria, sentida en los jazmines
o en una vieja espada
[...]
por el hecho de que el poema es inagotable
y se confunde con la suma de las criaturas
[...]
por los íntimos dones que no enumero[79]

A gratidão pelo que se recebe do "labirinto dos efeitos e das causas" toma aqui a forma de uma longa enumeração que acolhe o matiz e o sabor de cada uma das coisas enumeradas. Mas o "poema dos dons" é também uma maneira de *dar a ver* aquilo que se contemplou e experimentou. É, mais fundamentalmente, uma forma de perceber a vasta realidade e todas as suas minúcias.[80] Como marca, no estilo,

---

79. "Outro poema de los dones", in *El otro, el mismo*, p. 362. Cf., ainda, "O inventário" de *A rosa profunda*, op. cit.

80. Cf. de Leo Spitzer, "La enumeración caótica en la poesía moderna", in *Lingüística e historia literária* (Madri: Gredos, 1974). Há outras leituras possíveis para as enumerações borgianas, como a que nelas vislumbra um anseio de totalidade e uma propensão para o universal. A longa enumeração do conto "O Aleph", por exemplo, se deixa ler de duas maneiras: como criação de um objeto total (visão universalizante) e como consideração de cada uma das coisas percebidas (visão particularizante). De qualquer modo, nesta longa enumeração, a repetição do verbo "ver", que precede a cada uma das coisas enumeradas, traz a marca de um sujeito que percebe: "Cada coisa [...] eram infinitas coisas, porque eu via claramente todos os pontos do universo. Vi o mar populoso, vi a alvorada e a tarde, vi as multidões da América, vi uma teia de aranha prateada no centro de uma negra pirâmide, vi um labirinto truncado (era Londres) [...]". Jorge Luis Borges, *O Aleph*, trad. de Davi Arrigucci Jr. (São Paulo: Companhia das Letras, 2008).

da sensibilidade para o particular, as enumerações ligam-se à *deixis*: as primeiras são uma maneira de representar cada uma das coisas em sua singularidade, a *deixis* traz para a linguagem a presença de um sujeito (que percebe algo em determinada situação). Mas tudo aqui está ligado, pois o real se multiplica por força das infindáveis possibilidades de percepção (afinal, como recortá-lo para chegar às categorias gerais?), e podemos então ser enredados no "divino" e "minucioso labirinto" das coisas enumeradas ou lançados à dimensão abissal do apego ao detalhe, como "no mundo entulhado" de Funes...

Esses traços do estilo (a adjetivação, a enumeração e a *deixis*) se vinculam ao tema borgiano da vigília, pois

> para um verdadeiro poeta, cada momento da vida, cada fato, deveria ser poético, já que profundamente o é. Que eu saiba, ninguém alcançou até hoje essa alta vigília. [...] Whitman a propôs, mas suas deliberadas enumerações nem sempre passam de catálogos insensíveis.[81]

Noutros termos, Borges parece querer nos lembrar que "no todo es vigília la de los ojos abiertos"...[82]

O *hacedor* seria também um *percebedor* minucioso e dedicado — "certos crepúsculos e certos lugares querem nos dizer algo, ou algo disseram que não deveríamos ter perdido..."[83] —, mas seria também um percebedor um tanto angustiado. O Deus de Berkeley é o *"hacedor* das coisas", mas é sobretudo um "meditador da vida ou um universal e ubíquo espectador do viver".[84] Desprovido, porém, do dom da ubiquidade, o espectador borgiano parece tantas vezes buscar reter cada ínfimo detalhe do que está prestes a se perder... E é então que o apego à percepção do particular e os temas da vigília e do sonho do mundo podem se revestir de uma tonalidade elegíaca.

É a vigília (ou a insônia), que se faz presente no "Amanhecer" berkeleiano de *Fervor de Buenos Aires*, em que o eu lírico se vê diante

---

81. "Prólogo" de *O ouro dos tigres*, in *Poesia*, op. cit., p. 81.
82. Título de livro de Macedônio Fernandez.
83. Jorge Luis Borges, "A muralha e os livros", in *Outras inquisições* op. cit., p. 12.
84. "La encrucijada de Berkeley", op. cit., p. 122. O *percebedor* então seria uma figura do Deus berkeleiano — que agencia o mundo e o salva por percebê-lo, incansavelmente.

da gigantesca tarefa de salvar — pela percepção — a cidade vazia, enquanto todos dormem:

[...]
Curioso de la sombra
y acobardado por la amenaza del alba
reviví la tremenda conjectura
de Schopenhauer y de Berkeley
que declara que el mundo
es una actividad de la mente,
un sueño de la almas,
sin base ni propósito ni volume.
Y ya que las ideas
no son eternas como el mármol
sino immortals como un bosque o un rio,
la doctrina anterior
asumió otra forma en el alba
y la superstición de esa hora
[...]
doblegó mi razón
y trazó el capricho siguiente:
Si están ajenas de substancia las cosas
y si esta numerosa Buenos Aires
no es más que un sueño
que erigen en compartida magia las almas,
hay un instante
en que peligra desaforadamente su ser
y es cuando son pocos los que sueñan el mundo
y solo algunos trasnochadores conservan,
cenicienta y apenas bosquejada,
la imagen de la calles
que definirán después con los otros.
[...][85]

---

85. "Amañecer", in *Fervor de Buenos Aires, Primeira poesia*, trad. de Josely Vianna Baptista (São Paulo: Companhia das Letras, 2008), pp. 63-5: "Curioso da sombra/ e acovardado pela ameaça da aurora/ revivi a tremenda conjectura de Schopenhauer e Berkeley/ que afirma que

A percepção da cidade e a recordação da leitura se encontram na experiência solitária, lírica e efêmera da "numerosa" Buenos Aires, em que a "tremenda conjectura de Berkeley e Schopenhauer" se revive e se metamorfoseia no mais íntimo alvorecer, de modo que a razão do *eu lírico trasnochador* se "dobra" e a eternidade cambiante da "doutrina anterior" se torna agora imagem.

A poética borgiana é uma poética da leitura. De forma mais geral, talvez seja também uma poética da percepção e da vigília. Ocorre que um dos efeitos estéticos da inteligência e sensibilidade de Borges — sempre tão alertas e agudas — é despertar no leitor (ou dele solicitar) um estado de elevada atenção, pois é também disso que se faz o "fato estético" e a "arte da leitura" (*ser é ser percebido*).

Mas não é pelos *modos de ler* que se vão mostrando os *modos de ser* das obras? Isso vale para os textos filosóficos, lidos literariamente. E então, curiosamente (e perfazendo um círculo), a leitura desviante que Borges realiza de Berkeley teria como um dos seus *precursores* o próprio *esse est percipi* berkeleiano. E seria ainda, pela leitura borgiana, que um filósofo que concebeu o seu sistema no século do surgimento da Estética como disciplina — mas a ela não se dedicou — se converteria, anacronicamente, no autor de uma Estética.

---

o mundo/ é uma atividade da mente,/ um sonho das almas,/ sem base nem propósito nem volume./ E como as ideias/ não são eternas como o mármore/ mas imortais como um bosque ou um rio,/ a doutrina anterior/ assumiu outra forma no alvorecer/ e a superstição dessa hora/ [...]/ dobrou minha razão/ e traçou o seguinte capricho:/ Se as coisas carecem de substância/ e se esta numerosa Buenos Aires/ não passa de um sonho/ que erigem em partilhada magia as almas,/ há um instante/ em que seu ser se vê em desmedido perigo/ e é o instante estremecido da aurora,/ quando são poucos os que sonham o mundo. [...]/ e só alguns notívagos conservam,/ acinzentada e apenas em esboço,/ a imagem das ruas/ que depois definirão com os outros".

Rua dona Veridiana, 2017

Mauro Restiffe

O direito ao Romance

Samuel Titan Jr.

Nas primeiras páginas do capítulo de *Mimesis* dedicado à ficção naturalista, Erich Auerbach observa que, até a publicação dos primeiros romances de Zola e dos irmãos Goncourt, no final da década de 1860, "as camadas mais baixas do povo e mesmo o povo em geral quase não aparecem" na obra dos grandes narradores realistas. Quando figuram, elas não o fazem nunca "a partir de seus próprios pressupostos, mas vistas de cima", e "mesmo em Flaubert", prossegue o crítico, essas mesmas camadas aparecem "quase sempre" na figura de "criados ou coadjuvantes". Prova disso seria Catherine Leroux, personagem que emerge da servidão apenas para receber uma medalha do prefeito de Yonville no episódio do festival agrícola de *Madame Bovary* (1857); e o mesmo valeria para outra personagem subalterna, a criada Félicité de *Um coração simples*, primeiro dos *Três contos* (1877) que Flaubert só publicou "uma década após a *Germinie Lacerteux*" dos irmãos Goncourt.[1]

A observação não é incidental, pois remete a uma das noções centrais de *Mimesis*. Se as literaturas antigas tratavam de separar — diz Auerbach — o sério, o heroico e o trágico do baixo, do cotidiano e do cômico, as literaturas ocidentais modernas aventuram-se no âmbito, antes interdito ou apenas incipiente, do que o crítico chamou, num ensaio de 1937, de "imitação séria da vida cotidiana". Não por acaso, a marca verbal característica desse modo de escrita estaria na mistura de estilos (*Stilmischung*), em contraste com a separação de estilos (*Stiltrennung*) antiga: ir além das clivagens clássicas e neoclássicas supõe a capacidade de levar a escrita além das fronteiras das belas-letras, para uma zona

---

1. Erich Auerbach, *Mimesis* (Berna: Francke, 1946), p. 441 (trad. minha).

povoada por registros linguísticos diversos e avessos à hierarquização temática. O projeto de Auerbach consiste em historiar a gênese desses dois fenômenos conexos, a mistura de estilos e a imitação séria da vida cotidiana, ao longo da história das literaturas europeias, num arco que nos conduz da *Odisseia* homérica e da Bíblia hebraica a um romance de Virginia Woolf, *Rumo ao farol*, publicado em 1927, meras duas décadas antes de *Mimesis*, que é de 1946. Como sabem os leitores do livro, isso não se faz na forma de uma narrativa com aspirações à completude, e sim por meio de uma série de leituras estilísticas, muito minuciosas e muito penetrantes, de fragmentos de obras-chave, por sua vez argutamente selecionadas.[2] Sob o risco de incorrer em alguma grosseria conceitual, gostaria de ressaltar dois momentos decisivos desse percurso imaginado por Auerbach.

O primeiro é a emergência do *sermo humilis* cristão, no âmbito tanto do Novo Testamento como dos Pais da Igreja, em especial na obra de Santo Agostinho. Se Auerbach dedica tanta atenção ao "estilo humilde" da narrativa e da pregação cristã,[3] ele o faz por detectar aí uma fratura importante com a tradição antiga: com efeito, narrar a história — *sublimis* entre todas — do filho de Deus que desce a este mundo e vive entre pescadores, publicanos e prostitutas antes de consentir morrer de morte vil supõe a invenção de uma linguagem narrativa funcionando à margem e mesmo à revelia da separação de estilos antiga. Seus personagens podem ser de baixa extração, mas o tratamento estilístico dado a eles não será nem baixo nem satírico, uma vez que doravante será entre os humildes que se dará a mais literalmente crucial de todas as histórias — a história da salvação (*Heilsgeschichte*) da humanidade.

Ora, esse conjunto de temas, formulados a propósito do *sermo humilis* já a partir do segundo capítulo de *Mimesis*, reaparecerá com força na outra ponta do livro, em particular nos três capítulos

---

2. Escrevi muito brevemente sobre esse aspecto distintivo de *Mimesis* na introdução ao volume de ensaios de Auerbach que organizei com Davi Arrigucci Jr., *Ensaios de literatura ocidental* (São Paulo: Ed. 34, 2007), em especial às pp. 7-9.

3. Não apenas em diversos momentos de *Mimesis*, mas também nos ensaios "Sacræ scripturæ sermo humilis" (1941) e "Sermo humilis" (1952), recolhidos e traduzidos em *Ensaios de literatura ocidental*, op. cit., pp. 15-28 e 29-78, respectivamente.

finais, quando se analisam a emergência e a formação do romance moderno, em particular do romance realista. E se agora o romance interessa tanto a Auerbach, isso se dá porque o gênero marca uma segunda grande fratura: nele, a imitação séria da vida cotidiana se exerce não apenas em âmbitos sociais e temáticos cada vez mais amplos e baixos, mas também sempre mais fora dos quadros da história providencial, da *Heilsgeschichte* cristã. Herdeiro longínquo do *sermo humilis* cristão, o romance moderno volta a essa fonte uma e outra vez: basta notar que, no trecho de *Germinie Lacerteux* analisado por Auerbach, fala-se da miséria "*des petits et des pauvres*", numa locução de raiz perfeitamente evangélica. Mas, ao mesmo tempo que cumpre esse movimento de constante retomada, o romance leva o *sermo humilis* além de seus limites retóricos e teológicos, rumo a uma história radicalmente mundana, secularizada e mesmo desencantada — para usar o termo clássico de Weber, nada estranho à órbita intelectual de *Mimesis*. De modo muito sucinto: à Lei e à Graça, que davam lastro ao *sermo humilis*, sucede, nestes tempos "de sufrágio universal, de democracia, de liberalismo", o direito ou, mais precisamente, o "direito ao Romance", esse gênero que nos reabre os olhos para a "Humanidade" — para dizê-lo, com as maiúsculas do original, nos termos do trecho de *Germinie Lacerteux* estudado por Auerbach.

Vem daí, portanto, o peso do trecho citado mais acima a respeito daqueles mesmos autores que Auerbach estudara com tanta perspicácia e simpatia no capítulo anterior de *Mimesis*. Os louros, contudo, não irão para os irmãos Goncourt, também eles, em última análise, incapazes de representar as gentes do povo "a partir de seus próprios pressupostos" — e sim para os romances de Zola, cuja estatura, afirma Auerbach, não deixará de crescer a nossos olhos. Que pensar a respeito? Um juízo assim, de vasto alcance, pede discussão do mesmo fôlego, coisa que não há como fazer nesta circunstância, nem com os meios a meu dispor. Pode-se, contudo, imitar os mestres — no caso, o próprio Auerbach — e partir de um detalhe verbal para tentar contribuir de forma concreta para a discussão. Reparemos como Auerbach se refere a "Balzac, Stendhal e mesmo Flaubert" — para então, poucas linhas abaixo, repetir a construção "mesmo Flaubert", imediatamente seguida de "cujo *Co-*

ração simples, de resto [*übrigens*], só foi publicado uma década depois de *Germinie Lacerteux*". "Mesmo", "mesmo", "de resto", "só". Auerbach parece prever uma objeção plausível, suficientemente plausível para merecer resposta antecipada — que, entretanto, é sumária demais para ser satisfatória, de modo que o leitor de Flaubert tem, digamos, algum direito à Dúvida...

O que segue é uma tentativa de ponderar esse juízo de *Mimesis* à luz da releitura de *Um coração simples* — e isso de uma perspectiva marcada a fundo pela leitura das obras do próprio Auerbach. Li *Mimesis* pela primeira vez há mais de três décadas, graças a uma sugestão certeira de Modesto Carone, mas sem me deter no trecho citado; alguns anos mais tarde, agora a bordo de um doutorado sobre os *Três contos* de Flaubert sob a orientação de Davi Arrigucci Jr., eu me vi forçosamente às voltas com a passagem sobre o narrador francês e sobre a figuração da criada Félicité. Não podia ter escolhido melhor orientador para enfrentar o tema: leitor arguto de Auerbach, Davi nunca fez segredo de sua dívida para com o crítico alemão, de quem, ao mesmo tempo, fez uso original e fecundo. Recordo apenas, para o gasto da conversa, a importância da noção de *sermo humilis* para suas leituras de Rubem Braga e Manuel Bandeira ou ainda o uso que ele fez da noção de mistura de estilos em "O mundo misturado", seu magistral ensaio sobre *Grande sertão: veredas*. Expurgado de alguma tolice juvenil, o texto abaixo retoma o primeiro capítulo de minha tese de doutorado, defendida em 2003 na Universidade de São Paulo.

1. Do conto, o século XIX sempre esperou e recebeu a surpresa. O gênero não podia dispensar a reviravolta e a revelação final, fossem elas de feição cômica ou fantástica, exótica ou policial. Nesse quesito, a vasta produção oitocentista exibe grande coerência: os praticantes do gênero não podiam ser mais díspares, mas esse viés formal do conto é suficientemente forte para lhes garantir certo ar de família que atravessa o século. Seja qual for o tema, todos ou quase todos se irmanam no propósito de surpreender seu público. Poe não fez escola à toa: ao aviar uma poética da expectativa, do suspense e, portanto, da surpresa, ele partia de um fundo mais ou menos comum a todo

o gênero.[4] Esse traço formal avança pelo século xx, ainda que sem a mesma onipresença, e está por trás de boa parte das fórmulas críticas sobre o conto como gênero. As célebres fórmulas de Cortázar sobre a "esfericidade" do conto breve, por exemplo, seriam impensáveis sem Poe: impondo-se limites estreitos, proibindo-se recheios romanescos, o contista produz artefatos explosivos, feitos para surpreender o leitor e fazê-lo entrever realidades muito além do enredo enxuto,[5] numa "fabulosa abertura do pequeno para o grande".[6]

Nessa tradição, espera-se de uma abertura narrativa que prenuncie muito, mas ainda não revele grande coisa. Nesses momentos cruciais que são as primeiras frases de um conto, toda a perícia do narrador está em sugerir possibilidades e criar expectativas, sem contudo satisfazê-las: é preciso saber esperar até que episódios e revelações amadureçam, até que se encaixem ou contrastem perfeitamente. Por isso mesmo, vale a pena investigar por que Flaubert terá decidido abrir *Um coração simples* ao arrepio da boa norma, isto é, sem sombra de suspense.[7] Desdenhando semear alusões e pistas numa grande cena inaugural, o escritor inicia assim a primeira seção do conto:

> Durante meio século, as burguesas de Pont-l'Évêque invejaram à senhora Aubain sua criada Félicité.

4. O que não diminui em nada seu lugar decisivo na história do gênero. De Poe, leiam-se a resenha dos *Twice-Told Tales* de Nathaniel Hawthorne e o ensaio "The Philosophy of Composition", onde se fala da "combinação de eventos surpreendentes", ambos in *The Fall of the House of Usher and Other Writings* (Harmondsworth: Penguin, 1986), pp. 446 e 480. Ver ainda D. Grojnowski, "De Baudelaire à Poe: l'effet de totalité", in *Poétique* (n. 105, 1996), especialmente pp. 101-4.

5. Leia-se "Do conto breve e seus arredores", incluído por Davi Arrigucci Jr. em sua antologia de ensaios de Cortázar, *Valise de cronópio* (São Paulo: Perspectiva, 1993), p. 228. Para Cortázar, o conto deve "recortar um fragmento da realidade, fixando-lhe determinados limites, mas de tal modo que esse recorte atue como uma explosão que abra de par em par uma realidade muito mais ampla", explosão cuja intensidade provém da "eliminação de todas as ideias ou situações intermédias, de todos os recheios ou fases de transição que o romance permite e mesmo exige". Cf. o mesmo texto, pp. 151 e 157. Sobre Poe, Cortázar afirma que suas narrativas curtas são "instrumentos de domínio" que se apossam do leitor até "reduzi-lo à passividade". Cf. "Poe: o poeta, o narrador e o crítico", in op. cit., pp. 121 e 146.

6. Cf. "Do conto breve e seus arredores", op. cit., p. 155.

7. Todas as citações remetem à tradução de Milton Hatoum e Samuel Titan Jr., *Três contos* (São Paulo: Ed. 34, 2019), e a edição original de referência é a de Pierre-Marc de Biasi, *Trois Contes* (Paris: Flammarion, 1986), doravante citadas apenas como *Três contos* e *Trois Contes*. Todas as demais traduções de Flaubert são de minha autoria.

Por cem francos ao ano, ela cuidava da casa e da cozinha, costurava, lavava, passava, sabia arrear um cavalo, engordar as aves de criação, fazer manteiga — e continuou fiel à patroa, que entretanto não era uma pessoa amável.[8]

É um começo memorável, mas não é fácil dizer por quê. Nenhuma frase de efeito, nenhum malabarismo verbal, nenhuma promessa de alta aventura. Mais — ou menos — que uma abertura, esta é a abreviatura de uma vida inteira, dominada pela monotonia das tarefas repetitivas, dos infinitivos e dos pretéritos imperfeitos. Meio século de trabalho duro e salário apertado não deve permitir peripécias interessantes; a lista de tarefas cotidianas tampouco parece tema promissor. E os dois verbos no pretérito perfeito ("invejaram" e "continuou") confirmam o efeito de encerramento que a rubrica temporal ("Durante meio século") sugere.[9] A vida da sra. Aubain, resumida em um parágrafo, não é muito mais auspiciosa; sua casa em Pont-l'Évêque, apresentada em seguida, é tomada de "lembranças de um tempo melhor e de um luxo esvaído"; e imagina-se que, se a casa da patroa vive da lembrança de tempos melhores, o quartinho da criada, no segundo andar, iluminado por uma claraboia, não deve ser palco que se preste a grandes lances. Caso haja dúvida, temos uma amostra do que seria uma narrativa que acompanhasse passo a passo, dia a dia, os trabalhos de Félicité (e por cinquenta anos...), seguida de um retrato da protagonista, nos parágrafos finais dessa seção:

Ela se levantava ao nascer do sol, para não perder a missa, e trabalhava até a noite sem interrupção; depois, terminado o jantar, a louça em ordem e a porta bem fechada, cobria a lenha com as cinzas e adormecia diante do fogo, o rosário nas mãos. Na hora da barganha, ninguém

---

8. *Três contos*, p. 15; *Trois Contes*, p. 43.

9. Foi o que Joyce, talvez por causa da preposição *pendant*, não percebeu quando acusou o suposto erro gramatical de Flaubert: a um comentário elogioso sobre o conto, e apesar de sua admiração por Flaubert, "Joyce exclamou: '*Pas si bien que ça. Il commence avec une faute*'. E, tomando o livro em suas mãos, ele mostrou que, na primeira oração de *Un Cœur simple* [...], *envièrent* deveria ser *enviaient*, uma vez que a ação era contínua, e não concluída". Apud Richard Ellmann, *James Joyce* (Nova York: Oxford University Press, 1959), p. 506.

era mais obstinado. Quanto à limpeza, o brilho de suas panelas era o desespero das outras criadas. Econômica, ela comia com lentidão e, com o dedo, recolhia da mesa as migalhas de seu pão — um pão de doze libras, assado especialmente para ela e que durava vinte dias. Em qualquer estação, trazia às costas um lenço de chita preso por um alfinete, uma touca escondendo-lhe os cabelos, meias cinzentas, uma saia vermelha e, por cima da camisa, um avental de babador, como as enfermeiras de hospital.

O rosto era magro e a voz, aguda. Aos vinte e cinco anos, davam-lhe quarenta. A partir dos cinquenta, não aparentou mais idade nenhuma; e sempre silenciosa, o porte rijo e os gestos comedidos, parecia uma mulher de madeira, funcionando de maneira automática.[10]

Os verbos no pretérito imperfeito têm a dupla conotação de duração e repetição indefinidas, borrando a sequência bem marcada de eventos e resultando numa narrativa de contornos vagos. As indicações temporais reforçam este duplo aspecto temporal: "Durante meio século", "Por cem francos ao ano", "ao nascer do sol [...] até a noite sem interrupção", "Em qualquer estação". Serve de confirmação uma das poucas orações com verbos no pretérito perfeito — "A partir dos cinquenta, não aparentou mais idade nenhuma" —, na qual o verbo é negado, de modo que se apaguem ainda mais os traços singulares da criada. E a própria repetição será recolhida num símile: Félicité "parecia uma mulher de madeira, funcionando de maneira automática".

A caracterização é despida de toda psicologia profunda: este é um retrato atemporal de Félicité. Sem mais idade precisa, nós a vemos, por pesada que seja a tarefa, sempre com a postura erguida, os gestos medidos, sempre indo à igreja e falando baixo. Nela parece interessar menos este ou aquele gesto do que seu caráter exemplar, sua imagem de criada modelar, cristalizada no tipo moral da freira-enfermeira: como no caso das "enfermeiras de hospital", só vemos seu rosto — magro e, por conotação, frugal. Outras indicações aparentemente circunstanciais podem ser lidas como outros tantos *exempla* das virtudes de Félicité: ela é religiosa ("para não perder a missa"), industriosa ("cuidava da casa e da cozinha"), leal e ciosa dos interesses da patroa

10. *Três contos*, pp. 16-7; *Trois Contes*, pp. 44-5.

("Na hora da barganha, ninguém era mais obstinado"), parcimonio-
sa ("Econômica, ela comia com lentidão e, com o dedo, recolhia da
mesa as migalhas de seu pão") e asseada ("o brilho de suas panelas
era o desespero das outras criadas").
É claro que tanta virtude não passa incólume. A primeira oração, cujo sujeito não é Félicité, e sim "as burguesas" ("as burguesas
de Pont-l'Évêque invejaram à sra. Aubain sua criada Félicité"), enquadra todo o segundo parágrafo, indicando a quem interessam os
vários dotes da criada.[11] De modo mais elíptico, há certo tom mes-
quinho e mexeriqueiro, a sugerir as vozes das comadres norman-
das que se intrometem no discurso do narrador: "Por cem franco ao
ano", "quanto à limpeza", "que entretanto não era uma pessoa amável". (O mesmo tom reaparece no verbete "Félicité" do *Dictionnaire
des idées reçues*: "É sempre 'perfeita'. '— Se a sua criada se chama
Félicité, então ela é perfeita'.")[12] Nesta sua versão ou imagem, Félicité está nas mãos das patroas, seja como alvo de inveja, seja como
exemplo a ser brandido contra as outras criadas, como figura de feições polidas e unívocas a ser mirada e imitada por elas.
Tudo isso talvez pareça apressado e soturno demais, quando
ainda temos vinte e tantas páginas de conto pela frente, mas recor-
demos outra personagem de Flaubert, que anuncia quase literalmente o destino de Félicité. Trata-se de Catherine Leroux, a criada
assustada que vem receber uma reles medalha por seu "*demi-siècle
de servitude*" e contribui com uma nota patética para a jovialidade
grosseira da feira agrícola em *Madame Bovary*:

> Alguma coisa de uma rigidez monacal sublinhava a expressão de seu
> rosto. Nada de triste ou de enternecido abrandava aquele olhar pálido.
> No trato com os animais, ela absorvera seu mutismo e sua placidez.[13]

Este parece ser o pobre e breve destino literário de quem nega
ao narrador maiores possibilidades dramáticas: o próprio Flaubert

---

11. Cf. Gerhard Penzkofer, "La Chambre de Félicité: Überlegungen zur Syntagmatik und Pa-
radigmatik in Flauberts *Un Cœur simple*", in *Romanische Forschungen* (v. 101, 1989), pp. 222-5.
12. *Dictionnaire des idées reçues*, in *Bouvard et Pécuchet* (Paris: Gallimard, 1993), p. 516.
13. *Madame Bovary* (Paris: Gallimard, 1972), p. 205.

anotou, num dos manuscritos, a necessidade de começar o conto com uma *"phrase résumant tout le reste"*.[14] De um ponto de vista comparativo, arrisquemos a ideia de que este mandamento de brevidade é diverso do que rege a maior parte do conto oitocentista, uma vez que sua *pertinência* parece decorrer justamente da *falta* de apelo num assunto tão menor quanto a vidinha sem graça de Félicité: umas poucas palavras darão conta do pouco que aconteceu, e basta. Ao mesmo tempo, não deixa de haver força mimética, avessa a sentimentalismos, nesse modo de narração, afinal de contas fiel a uma vida que parece feita apenas de trabalho ininterrupto.

Flaubert conhecia bem as dificuldades técnicas que esse tipo de situação narrativa impunha. Mais ou menos à época da criação de *Madame Bovary*, quando se viu às voltas com o tema da mulher sonhadora afogada na "vida besta" da província, o escritor cogitou tomar caminho diverso daquele que afinal trilhou para escrever o romance de 1857. Cogitou mas desistiu, demovido talvez pela mesma falta de apelo que notávamos acima a propósito do conto de 1876.[15] O documento mais importante no que diz respeito à composição narrativa é uma carta à srta. Leroyer de Chantepie:

> Mas a primeira ideia que tive foi de fazer dela uma virgem, vivendo no meio da província, envelhecendo em amargura e chegando assim aos últimos estágios do misticismo e da paixão sonhada.
>
> Desse primeiro plano, conservei todo a ambientação (paisagens e personagens muito negros), enfim, a cor. Mas, para tornar a história mais compreensível e mais divertida [*amusante*], no bom sentido do termo, inventei uma heroína mais humana, uma mulher como tantas que se veem. De resto, eu entrevia tais dificuldades na execução desse primeiro plano que achei melhor não me arriscar.[16]

---

14. Apud Raymonde Debray-Genette, *Métamorphoses du récit: Autour de Flaubert* (Paris: Seuil, 1988), p. 155; a mesma autora aponta, à p. 264, a destruição de "qualquer interesse fundado na expectativa"; e Alan Raitt escreve em *Flaubert: Trois Contes* (Londres: Grant & Cutler, 1991), p. 29: "ao encapsular virtualmente toda a vida de Félicité na primeira seção [...], Flaubert remove todo toque de suspense da história".

15. Alan Raitt coligiu as evidências esparsas desse caminho não trilhado. Cf. Raitt, op. cit., p. 11.

16. Flaubert à srta. Leroyer de Chantepie, 30 mar. de 1857, in *Correspondance*, edição de Jean Bruneau (Paris: Gallimard; Bibliothèque de la Pléiade, 1973-2007), v. II, p. 697.

Mais tarde comentaremos esse parentesco inesperado entre Emma e essa virtual antepassada de Félicité. Por ora, é importante reter que Flaubert se decide por Emma por conta das *dificuldades* que a outra personagem impunha à construção de um romance: as exigências do gênero tornavam a jovem impetuosa mais adequada, mais "divertida" que a virgem camponesa, que afinal seria "uma personagem impossível".[17]

As dificuldades se reapresentam em 1876, quando o autor teve de exercer controle rígido sobre sua pluma, como confessava à sobrinha Caroline:

> [...] acho que não vai ficar ruim. Mas, no começo, eu me deixei empolgar por muitas descrições. Estou excluindo algumas que têm lá seu encanto. A literatura é a arte dos sacrifícios...[18]

Em outras palavras, ao fazer de Félicité a protagonista do conto, Flaubert vê-se obrigado a excluir todo elemento que não diga imediatamente respeito a essa "personagem impossível" e aparentemente fixada de uma vez por todas nas primeiras páginas. Devem ficar de fora vida conjugal da sra. Aubain, quase toda a infância de Félicité, bem como tudo, nas vidas de Paul, Virginie e Victor, que Félicité não tem como testemunhar. Do mesmo modo, a caracterização das personagens secundárias não pode ter a mesma densidade que conhecemos dos romances: o farmacêutico Bourais é figura discreta se comparado a seu patrono Homais em *Madame Bovary*; o marquês de Grémanville, primo pobre do marquês de Andervilliers, parece não ter mansão onde organizar um baile comparável àquele que fascinara Emma; e mesmo a sra. Aubain é um vulto vago, privada dos traços mais marcados que a exploração de suas relações com Félicité

---

17. A fórmula consta de um desabafo anotado pelos irmãos Goncourt. Cf. seu *Journal* (Monaco: Imprimerie Nationale, 1956), v. IV, p. 167: "*Ce devait être, dans le même milieu et la même tonalité, une vieille fille dévote et ne baisant pas. Et puis j'ai compris que ce serait un personnage impossible*".

18. Carta a Caroline de 8 jul. 1876, in *Correspondance*, op. cit., v. V, p. 67. Escrevendo um pouco depois, R. L. Stevenson afirmava que "*the proper method of literature is by selection, which is a kind of negative exaggeration*", e exclamava ainda: "*There is but one art — to omit!*". Apud Shaw, op. cit., pp. 32 e 40.

exigiria. Finalmente, o dinheiro sonante e a herança familiar, molas romanescas tão comuns, são quase ausentes do conto, de modo que possíveis conflitos monetários entre a sra. Aubain e seus filhos — assunto de *Le Père Goriot*, por exemplo — não recebem grande atenção. Finalmente, o trabalho em *Um coração simples* é apenas servidão: não tem dialética, como em Marx, nem gera conflito, como em Zola.

Vimos que a primeira seção do conto não sorria muito para o destino de Félicité; suas consequências não são muito melhores no plano compositivo. Como demonstra o primeiro episódio de contornos mais nítidos, nem mesmo aos amores da criada será dado romper o circuito das obrigações cotidianas. O primeiro parágrafo da segunda seção reza: "Ela tivera, como qualquer outra, sua história de amor". O leitor, mais vivido que Félicité, logo adivinha as intenções de Théodore e sabe que o romance está fadado ao fracasso — aliás, desde sua enunciação, à qual "faltava" uma conjunção adversativa (*mais, or, cependant*) que marcasse o contraste com o que vinha antes.[19] Toda possível exceção tornará à regra, como sói acontecer a tanta gente ("como qualquer outra").

Este primeiro episódio prefigura o curso dos demais, da esperança ao malogro. Foi assim com Théodore, assim será com todos os outros, como estipulava o autor em carta famosa:

> Ela ama sucessivamente um homem, os filhos da patroa, um sobrinho, um velho de quem ela cuida, depois o papagaio — quando o papagaio morre, ela manda empalhar — e, morrendo por sua vez [*à son tour*], ela confunde o papagaio com o Espírito Santo.[20]

Mais que sumarizar a fábula de *Um coração simples*, esta sinopse determina também para os episódios subsequentes uma regra estrita: submetidos que estão a um esquema repetitivo ("*à son tour*"), limitam-se à função de exemplos reiterativos de um destino já traçado, não lhes restando espaço para desenvolvimento interno. O paralelismo dos vários segmentos não será subvertido pela tênue concatenação

---

19. Flaubert riscou sistematicamente tais conjunções em seus manuscritos (apud Debray--Genette, op. cit., p. 77).

20. Flaubert à sra. Des Genettes, 19 jun. 1876, in *Correspondance*, op. cit., v. v, p. 57.

dramática e causal entre eles ("sucessivamente", "depois", "e"), que dota a série de uma direção geral e limita a invenção de episódios.[21] Breves e desconexos como são, eles criam um ritmo singular de intermitência, de alternância entre umas poucas cenas nítidas e passagens temporalmente difusas, ao qual retornaremos mais adiante.[22]

2. A essa altura, isto é, à altura em que vai se constatando que este coração simples é um objeto *difícil* e refratário à representação narrativa, vai se produzindo igualmente uma curiosa inversão. Objeto silencioso da narrativa, Félicité passa a ser também sua chave de abóbada — como aliás já acontecia sutilmente naquela mesma frase inicial que a punha na mira das burguesas de Pont-l'Évêque: a anteposição da locução adverbial temporal faz que seja ela a providenciar a cláusula sintática e rítmica ("*sa servante Félicité*"). Albert Thibaudet observou com perspicácia que o conto se ocupa da "história cotidiana em que vivemos e que por isso mesmo não se deixa captar como história"; a bem da justiça, podia ter acrescentado que é só por obra de Félicité que a vida cotidiana de Pont-l'Évêque torna-se narrável, ainda que tenuamente.[23] Pois o esquema narrativo, por exíguo que seja, deve ao menos, sob pena de incoerência, ceder o primeiro plano a Félicité: é o ponto de vista da criada que, se não responde pelo próprio ato de narrar, ao menos governa a seleção dos episódios. O narrador deve assim se proibir longas descrições da vida de Virginie no convento, como não pode pormenorizar a morte de Victor na distante e ensolarada Cuba (evocada apenas pela miragem de "negros numa nuvem de fumaça"); também não há um flashback sobre a vida pregressa do Père Colmiche, mais jovem e *enragé* em meio às agitações de

---

21. Cf. Gerhard Penzkofer, op. cit., pp. 224 e 226.
22. Sobre o ritmo de intermitência, cf. Valerie Shaw, op. cit., p. 60: "um ritmo que alterna entre a descrição de ações cotidianas e cenas vividamente compostas. A rotina de Félicité [...] dá uma impressão de continuidade, mas volta e meia o fluxo de continuidades é interrompido e redirecionado por um evento dramático"; cf. ainda pp. 59 e 61.
23. Albert Thibaudet, *Gustave Flaubert* (Paris: Gallimard, 1982), p. 197. Ou, como diria uma das burguesas provincianas e abelhudas de *Thérèse Desqueyroux*: "*sans les domestiques, on ne saurait jamais rien. Heureusement qu'il y a les domestiques*". Cf. François Mauriac, *Thérèse Desqueyroux* (Paris: Grasset, 1985), p. 60.

1793. Algo assim já acontecia em *Madame Bovary*, onde o ponto de vista de Emma punha limites à desenvoltura do narrador; mas nada na escala extrema de *Um coração simples*. Basta comparar a riqueza da cena da chegada do casal Bovary a Yonville — onde já os esperam Léon, Homais, Hyppolite e companhia — à rápida sucessão de vinhetas à medida que a nova criada da sra. Aubain trava conhecimento com as outras personagens: Robelin, Liébard, Bourais, o marquês de Grémanville aparecem apenas durante o breve instante em que ela lhes abre a porta nas noites de carteado. De efeito análogo é o encolhimento de cenas inteiras, por obra do pretérito imperfeito — como esta, tão diferente de uma recepção do casal Dambreuse na *Educação sentimental*:

> Todas as quintas-feiras, os íntimos da casa vinham jogar uma partida de *boston*. Félicité deixava prontas as cartas e os aquecedores. Chegavam às oito em ponto e se retiravam antes de soarem as onze.[24]

A mesma prerrogativa reserva a Félicité alguns (poucos) momentos de distensão mediterrânea,[25] apesar do clima normando, como nos banhos de mar em Trouville. A técnica de difusão temporal que já vimos em funcionamento serve aqui a um propósito diferente, a dilatação do momento fugaz: Flaubert parcela iterativamente a tela descritiva, novamente por meio de verbos e marcações de tempo ("à tarde", "quase sempre", "outras vezes", "nos dias em que fazia muito calor") que mesclam à imagem estática certo ritmo dissoluto:

> Nos dias em que fazia muito calor, não saíam do quarto. A claridade ofuscante lá de fora projetava barras de luz entre as ripas das venezianas. Nenhum ruído na cidadezinha. Embaixo, na calçada, ninguém. Esse silêncio difuso aumentava a tranquilidade das coisas. Ao longe, os martelos dos calafates vedavam as quilhas, e uma brisa pesada trazia o cheiro do piche.[26]

---

24. *Três contos*, p. 20; *Trois Contes*, p. 47.
25. Cf. Victor Brombert, *Flaubert par lui-même* (Paris: Seuil, 1971), pp. 155-6.
26. *Três contos*, p 22; *Trois Contes*, p. 53.

Este é um dos poucos momentos em que cessa a faina de Félicité, produzindo-se o efeito tão admirado por Proust: "o que era ação torna-se impressão".[27] A vila à beira-mar aparece para o leitor apenas na medida em que se deixa apreender da penumbra do quarto, por um sentido ou outro: há o calor, a luz ofuscante, o silêncio, o martelar, o cheiro de piche. A sintaxe é elíptica ("Nenhum ruído na cidadezinha. Embaixo, na calçada, ninguém."), a sinestesia não cede lugar a um quadro panorâmico do lugar e o narrador só intervém para recolher a força poética e evocativa do momento na grande frase, tão rara no autor: "Esse silêncio difuso aumentava a tranquilidade das coisas."

De volta a Pont-l'Évêque, calma assim só se encontra durante as aulas de religião de Virginie, que Félicité acompanha "desfrutando da frescura das paredes e da tranquilidade da igreja". As visitas à igreja dão vazão à sensibilidade da criada, mas sua visão paradisíaca é posta entre parênteses pelo narrador: "Ela *acreditava* ver o paraíso" (grifo meu). De resto, também a glória dessas ocasiões é um tanto empanada por ser de segunda mão: Félicité aprende o catecismo sem compreender uma só homilia do padre e, por mais que desmaie, não faz bonito no dia da primeira comunhão, pois quem desfila pela igreja na primeira comunhão é Virginie — que aliás não é filha sua ("Com que tremor ela ajudou *a mãe* a vesti-la!" (grifo meu). No dia seguinte, de volta à igreja vazia, o mistério da Eucaristia perde todo o esplendor: "Recebeu-a devotamente, mas não experimentou as mesmas delícias". Por meio de seu narrador, Flaubert não deixa de anotar as marcas da exclusão.

De qualquer modo, o conto definitivamente não é pródigo de momentos assim. Levado ao extremo, o lugar central conferido à perspectiva de Félicité leva à indistinção de tudo que escapa a seu campo de visão, sempre mais estreito. A narrativa se extingue junto com a vida:

> Depois os anos se escoaram, todos parecidos e sem mais episódios que o retorno das grandes festas: Páscoa, Assunção, Todos os Santos. Acontecimentos íntimos marcavam uma data, à qual mais tarde se

---

27. Marcel Proust, "À Propos du Style de Flaubert", in *Contre Sainte-Beuve, suivi de Pastiches et Mélanges* (Paris: Gallimard, 1971), pp. 587-8; sobre iteração descritiva, cf. Debray-Genette, op. cit., p. 171.

fazia menção. Assim, em 1825, dois vidraceiros caiaram o vestíbulo; em 1827, um pedaço do teto, caindo no pátio, por pouco não matou um homem. No verão de 1828, foi a vez da sra. Aubain de oferecer o pão bento; Bourais, por essa época, ausentou-se misteriosamente; e os velhos conhecidos pouco a pouco se foram: Guyot, Liébard, a sra. Lechaptois, Robelin, o tio Gremanville, paralisado havia tempo.[28]

Mesmo a queda dos Bourbon em 1830 só interessa por trazer um novo subprefeito à cidadezinha, acompanhado de sua família, de um negro e, sobretudo, de um papagaio. As lacunas histórico-narrativas persistem, e a próxima indicação exata que temos é o mês de março de 1853, quando morre a sra. Aubain. A data, precisa, não deixa de conferir eloquência à omissão de 1848, dos massacres de junho do mesmo ano ou do golpe de Estado de Napoleão III em 1851. Depois da morte da patroa, "muitos anos se passaram", até que, sabe-se lá quando, mas certamente "depois da Páscoa", Félicité começa a expectorar sangue.

Proust foi dos primeiros a destacar essas grandes lacunas narrativas em que o tempo conta apenas como passagem.[29] No romance de 1869, o mais famoso desses *blancs* prepara as cenas finais em que Frédéric e Deslauriers fazem o balanço de suas vidas, "do que tivemos de melhor", quando se lê sobre Frédéric:

Viajou.
Conheceu a melancolia a bordo dos vapores, as frias madrugadas sob as tendas, o pasmo das paisagens, a amargura das simpatias interrompidas.
Voltou.[30]

No romance, a passagem do tempo e o esfacelamento progressivo do mundo pessoal são simbolizados materialmente pelo leilão

---

28. *Três contos*, p. 39; *Trois Contes*, p. 65.
29. Proust, op. cit., p. 595: "sem sombra de transição, a medida do tempo passando subitamente a quartos de hora, a anos, a décadas".
30. *L'Éducation sentimentale* (Paris: Flammarion, 1985), p. 510. Henry James tinha apreço especial pela frase "*Il connut la mélancolie des paquebots*" (cf. op. cit., p. 234), mas Nabokov não o perdoou: leia-se a paródia do trecho em *Lolita*, parte 2, capítulo 1 ("*We came to know — nous connûmes, to use a Flaubertian intonation — the stone cottages under enormous Chateaubriandesque trees* [...]").

dos objetos do casal Arnoux, semelhante à dispersão do mobiliário caseiro quando da morte da sra. Aubain. Teremos ocasião para comentar essa confluência, mais uma vez inesperada, entre o romance e o conto. Mas note-se, por ora, que as lacunas da história e da História têm a mesma força mimética que observamos a propósito do mandamento de brevidade: à margem do mundo, mas sempre sob seu peso, a vida de Félicité tem mais furos que fios, e não por omissão do narrador.[31] O mesmo vale para o ritmo intermitente e até ofegante que notamos antes: o fio narrativo *e* o curso da vida ameaçam se romper a cada novo episódio, a cada nova morte.

3. Se isso não acontece, o mérito é todo de Félicité. Vimos que a sequência de infortúnios não devia exibir grandes conexões causais. Como a carta à sra. Des Genettes estabelecia, a narrativa das catástrofes sucessivas devia ser organizada paralelisticamente, como reiteração monótona ("*à son tour*"). Mas como tratar a transição de um episódio a outro?

Como já se observou, há no conto toda uma rede de antecipações oblíquas, por meio das quais um elemento menor ou acidental de certo episódio é reexplorado e amplificado num episódio posterior[32] — ou, para dizê-lo nos termos já clássicos de Boris Tomachévski: certos motivos que inicialmente parecem "livres" vêm ocupar papel central no andamento da narrativa, como motivos "associados" (ou "conexos").[33]

31. Carlo Ginzburg sugeriu o valor mimético desse *blanc* da *Educação sentimental* em "Decifrar um espaço em branco", in *Relações de força* (São Paulo: Companhia das Letras, 2002). Por sua vez, a passagem ecoa um episódio mais extenso — o idílio de Fontainebleau — em que Frédéric igualmente se ausenta do palco dos grandes eventos históricos; cf. a respeito a análise exemplar de Dolf Oehler, *Ein Höllensturz der Alten Welt* (Frankfurt: Suhrkamp, 1988), parte II, capítulo VII.
32. R. Debray-Genette comparou essa rede de referências à figura retórica da anadiplose, que faz repetir o último termo ou membro de um verso no começo do seguinte. Cf. op. cit., pp. 272 e 275. Não é difícil perceber que se trata de uma continuação do programa estruturalista de analisar a narrativa como se fosse uma oração longa. Cf. Roland Barthes, "Introduction à l'analyse structurale des récits", in *Oeuvres complètes*, v. II (Paris: Seuil, 1994), p. 77. Com isso, contudo, perde-se tanto a experiência do tempo, a *durée*, que cede lugar ao tempo mensurável da métrica, como também o papel ativo de Félicité no entrelaçamento dos episódios e no prosseguimento da trama.
33. Em seu ensaio "Temática", in D. O. Toledo (Org.), op. cit., pp. 174-5. A aplicação dessas noções ocorreu-me através da leitura do capítulo 4 ("Between Narration and Dialogue") de Robert Alter, *The Art of Biblical Narrative* (Nova York: Basic Books, 1981); há tradução brasileira, *A arte da narrativa bíblica* (São Paulo: Companhia das Letras, 2007).

O procedimento é comuníssimo e muitas vezes tem sabor mecânico, como em relatos policiais mais convencionais, que tantas vezes dependem da súbita importância adquirida por algo ou alguém que até então parecia de pouca monta para o leitor. Assim, o touro que Félicité afugenta reaparece, transmutado, na imagem do dragão que são Miguel abate na igreja; o *reposoir* e a procissão final de Corpus Christi são prefigurados em duas outras ocasiões; o atlas de Bourais em que Félicité procura localizar Victor faz eco ao de Paul e Virginie, que a criada conservará zelosamente; o sobrinho tem uma primeira aparição muito apagada ao lado da mãe aproveitadora, para depois vir preencher a vaga que Virginie abre; finalmente, Lulu é protagonista de uma longa série de antecipações: anunciado por nada ou ninguém menos que o Paracleto — a pomba do Espírito Santo — na igreja de Pont-l'Évêque, o papagaio entra em cena apenas como membro do séquito do novo prefeito, para chegar à apoteose por obra de Félicité e de Fellacher, o empalhador — apoteose equívoca, prenunciada pelos cavalos içados para os navios no cais de Honfleur: "as luzes se cruzavam e ela pensou que estava louca ao ver cavalos pelo céu."[34]

Ora, uma análise feita nesses termos, por mais útil que seja, corre o risco de não discernir um aspecto singular do modo compositivo de *Um coração simples*, a saber, o fato de que tudo isso só funciona por obra e graça de Félicité. Senão, voltemos a uma passagem do conto, semelhante à enumeração da carta à sra. Des Genettes, exceto pela diferença crucial de que tudo se dá agora *no âmbito da memória e do ponto de vista da protagonista*. Félicité avista o porto de Honfleur pela primeira vez após a partida de Victor:

> [...] então uma fraqueza a deteve; e a miséria da infância, a decepção do primeiro amor, a partida do sobrinho, a morte de Virginie, como ondas de uma maré, voltaram de uma só vez e, subindo-lhe à garganta, sufocavam-na.[35]

É nela, "*lui montant à la gorge*", que os elementos do conto, de outro modo dispersos, afinal convergem, é por meio de Félicité que

---

34. *Três contos*, p. 31; *Trois Contes*, p. 58.
35. Ibidem, p. 46; Ibidem, p. 71.

chegam a se enlaçar numa trama coesa. Ao substituir uns pelos outros, ela termina por associar uns aos outros, e o faz, insisto, de seu próprio ponto de vista, movida por sua persistente "necessidade de amar".[36] Depois da partida de Paul para o colégio, a comunhão de Virginie "veio distraí-la"; quando Virginie por sua vez parte para o convento, Félicité pede à patroa permissão para trazer Victor para junto de si, novamente "para 'se distrair'"; mais tarde, mortos Victor e o Père Colmiche, chega Lulu: "Nesse dia, teve uma grande alegria". Seu coração democrático trata igualmente todos os elos da sequência, sem as distinções e as diferenças de classe tão caras à sra. Aubain: a patroa não gosta de ver Virginie e Victor ("um grumete, um qualquer") unidos sem distinções pela saudade de Félicité, ao passo que, para esta, "as duas crianças tinham importância igual; *um elo de seu coração as unia, e seus destinos deviam ser os mesmos*".[37]

Contribui para tanto "o pequeno círculo de suas ideias", que lhe proíbe grandes abstrações, que a faz penar para compreender o Espírito Santo ("não era somente um pássaro, mas também um fogo e, outras vezes, um sopro") mas que igualmente é a chave para sua intensa adesão afetiva a todas as criaturas vivas e singulares ao redor. Por obra de sua limitação intelectual (tradicionalmente, um elemento de caracterização cômica e mesmo grotesca), a devoção de Félicité não terá como não ser idólatra — mas também não terá como ser meramente dogmática ou decorosa, não se distinguirá substancialmente da devoção amorosa que vota a Théodore, Victor ou Virginie. As consequências para os rumos do conto serão decisivas, pois, para poder figurar entre os amores da criada, o Espírito Santo deverá curvar-se, ele também, às limitações ou, por outra, *aos termos de Félicité*, submetendo-se à cadeia associativa que o levará do pássaro à pomba e desta ao papagaio.

Penúltimo na série de mortes, Lulu empalhado representa a última tentativa, da parte de Félicité, de deter os estragos do tempo. Sua assunção não será descomplicada e exigirá algum malabarismo da parte de sua dona. Como já vimos, tudo começa na igreja local,

36. Expressão de P.-M. de Biasi, em sua introdução aos *Trois Contes*, p. 25.
37. *Três contos*, p. 33 (grifo meu); *Trois Contes*, p. 60.

onde a protagonista "contemplava sempre o Espírito Santo, e observou que tinha alguma coisa do papagaio"; mais tarde

> a semelhança pareceu-lhe ainda mais manifesta numa imagem de Épinal, representando o batismo de Nosso Senhor. Com suas asas de púrpura e seu corpo de esmeralda, era realmente o retrato de Lulu.[38]

O lugar da metamorfose será o quartinho de empregada, o único aposento que Flaubert não descrevera na seção inicial, com seu ar "ao mesmo tempo de capela e de bazar, tantos eram os objetos de culto e as coisas heteróclitas que continha",[39] parada final de "todas as velharias que a sra. Aubain não queria mais". Anônimos ("rosários, medalhas, várias Virgens") ou individualizados ("a caixa revestida de conchas que Victor lhe dera", "o atlas com gravuras", "o chapeuzinho de pelúcia!"), arrancados a seus lugares naturais, onde tinham sentido e função, os objetos acumulam-se lado a lado, em proximidade heterogênea. Recolhendo todos os restos e espelhando o resumo inicial,[40] o quartinho funciona como ponto nodal da narrativa, que aí decidirá sua sorte: por meio de Lulu, Félicité deverá catalizar todos os ecos e correspondências latentes e dispersos pelo quarto e pelo conto. Não é pouca coisa: páginas antes, na granja de Geffosses, a sra. Aubain rendia-se ao passado, "acabrunhada pelas lembranças".

Na sequência, Félicité compra uma imagem de Épinal representando o batismo de Cristo e a traz para o quarto:

> Tendo comprado a imagem, pendurou-a no lugar do conde de Artois, de modo que, com um só olhar, ela os via [Lulu e a imagem] juntos. Os dois se associaram em seu pensamento, o papagaio santificado por essa relação com o Espírito Santo, que se tornava mais vivo a seus olhos, e inteligível.[41]

---

38. *Três contos*, p. 48; *Trois Contes*, p. 73.
39. Para se ter uma ideia da natureza desses "objetos religiosos", convém dar uma olhada no capítulo 9 de *Bouvard et Pécuchet*.
40. Cf. G. Penzkofer, op. cit., p. 229.
41. *Três contos*, p. 48; *Trois Contes*, p. 73.

Ela "nota" uma semelhança que precisa da proximidade — "no lugar", "juntos" — para se afirmar. Cada vez que a nova identidade de Lulu for ameaçada, a contiguidade virá em seu socorro: "E Félicité rezava, fitando a imagem, mas de tanto em tanto se virava de leve para o pássaro." Com o tempo, a substituição será total: Félicité contrai

> o costume idólatra de fazer as orações ajoelhada diante do papagaio. Por vezes, o sol que entrava pela lucarna batia em seu olho de vidro e fazia jorrar um grande raio luminoso, que a levava ao êxtase.[42]

Em outras palavras, a identificação metafórica se opera por via metonímica. Não se trata de um processo simples — ao menos não nas obras de Flaubert, onde a profusão e a contiguidade dos objetos está sempre à beira da dispersão ou da acumulação não comunicante: já citei os episódios emblemáticos do leilão dos objetos de sra. Aubain e do casal Arnoux, mas a observação poderia ser estendida inclusive a detalhes estilísticos.[43] Ademais, a transfiguração metafórica de Lulu é alvo do comentário velado do narrador, que marca sua distância por meio do discurso indireto e indireto livre: é sempre Félicité (e não ele) que constata, "em seu pensamento", as semelhanças e transformações do papagaio, que é "realmente" idêntico ao Espírito Santo — assim como antes, na igreja, ela "acreditava ver o paraíso".

Contudo, a transfiguração completa de Lulu em Paracleto só se dá na procissão de Corpus Christi, quando a teimosia de Félicité garante a Lulu uma vaga em um dos altares de rua, para desgosto das paroquianas, pois o papagaio está longe de seu antigo esplendor ("os vermes o devoravam; uma das asas estava quebrada, a estopa escapava pela barriga"). Essa sequência final, justamente célebre como tour de force narrativo, exibe a mesma técnica de montagem do episódio da feira rural em *Madame Bovary*, com igual força cênica e gosto equívoco. De um lado, Félicité que agoniza; do outro, o cortejo dos fiéis. O controle do ritmo é prodigioso: a respiração da moribunda se

---

42. *Três contos*, p. 50; *Trois Contes*, pp. 74-5.

43. Maureen Jameson, "Métonymie et trahison dans *L'Éducation sentimentale*", in *XIXth Century French Studies*, v. 19, 1991, p. 566; Debray-Genette, op. cit., pp. 264-5; G. Penzkofer, op. cit., p. 231.

acelera aos sinais (sinos, tiros, gritos) da procissão que se aproxima, a narrativa alterna entre a agonia e a marcha, a sincronia é tão cuidada que, por um momento, as coisas parecem se inverter, como se agora a procissão devesse chegar ao altar junto à casa da sra. Aubain a tempo de prestar homenagem a Félicité ("Todos se ajoelharam. Fez-se um grande silêncio"), a tempo de permitir que a fumaça dos turíbulos ("os incensórios, com todo o ímpeto, deslizavam nas correntes") penetre no quarto na forma do vapor azul ("Um vapor de azul subiu pelo quarto de Félicité") que Felicité respira "uma sensualidade mística" e que serve de pano de fundo para a ascensão de Lulu:

> e, quando exalou o último suspiro, ela acreditou ver nos céus entreabertos um papagaio gigantesco, planando acima de sua cabeça.[44]

4. Da perspectiva inicial da narrativa, que nada até agora veio contradizer, a sequência final é o clímax grotesco e triste da via-crúcis que atravessa o conto. Félicité poderia fazer suas as palavras de Iaokanann, no terceiro dos *Três contos*: "Para que ele cresça, é preciso que eu diminua!". Tísica e quase idiota, ela pode se entregar sem mais sombra de dúvida à visão blasfema do papagaio, com a qual o narrador não quer se comprometer: "ela *acreditou* ver". Do mesmo modo — último e triste desencontro —, nunca perdemos de vista que os devotos de Pont-l'Évêque saem em procissão para cumprir um ato de piedade ritual, não para a apoteose de Lulu e muito menos por deferência a Félicité

Mas todo leitor de *Um coração simples* sabe ou sente muito bem que esse aspecto grotesco, por incontornável que seja, não esgota nem a cena nem o conto. Com efeito, à exceção de Félicité, de qual outro protagonista flaubertiano poderíamos dizer sem sombra de suspeita que "A bondade de seu coração se expandiu"? Não de Emma, não de Frédéric, certamente não de Sénécal; Bouvard e Pécuchet estão muito aquém ou além disso. Não desejaríamos para *A educação sentimental* ou para *Madame Bovary* um final diferente do que tiveram. Acompanhamos com interesse um tanto perverso

---

44. *Três contos*, p. 54; *Trois Contes*, p. 78.

a cena análoga no romance de 1857 — os famosos *comices agricoles* — em que grunhidos de porcos, confissões melífluas e discursos oficiais fundem-se numa identidade convincente; não sentimos dó ou piedade por Emma, pois sua sedução por Rodolphe é necessária à consumação de uma minuciosa fatalidade narrativa, ao cômputo final do livro: é o preço que Emma deve pagar para viver suas fantasias *e* ser heroína de um romance.

Ora, nós dificilmente nos conformaríamos com um final semelhante para o conto, na exata medida em que Félicité mantém, a despeito de tudo, o mesmo desprendimento, o mesmo desapego a si mesma, a mesma bondade imediata que o título anuncia. Algo na história escapa à corrupção de tudo, algo de rijo, terno e admirável que não se encontra em nenhum dos romances do autor e que vem à tona nas páginas finais do conto. Foi o que Flaubert decerto pressentiu ao escrever que "sobretudo é preciso terminar minha Felicidade de modo esplêndido!".[45] Mas não apressemos o andor: como, sem violência, introduzir esplendor numa história que manifestamente não se presta a um final feliz? Entender a cena final como uma apoteose da virtude *tout court*, como quiseram tantos leitores, implicaria romper a unidade da composição e diluir o teor do conto, que seria então um martirológio dos mais ortodoxos, em que o sofrimento ganharia justificação teológica como escola do desprendimento e da caridade.[46]

O problema para esse tipo de leitura redentora é que esse coração simples teima em escapar ao lugar-comum. Por obra da força mimética da narrativa, que está longe de servir a uma simples mania referencial, o perfil de Félicité é denso o bastante para não permitir saídas fáceis ao leitor. Embrutecida, ela é capaz das maiores abnegações. É também devota, mas seu fervor se expressa em termos eminentemente terrenos — o que, para complicar as coisas, parece *depurá-lo*. Parece virtuosa, mas seu desprendimento é imediato demais para se confundir com a prática de um mandamento. Uma vez admitidos a seu íntimo, não descobrimos ali a elevação propriamen-

---

45. Flaubert a Caroline, 7 ago. de 1876, in *Correspondance*, op. cit., v. v, p. 92.
46. Muitos jornais da época saudaram a "conversão" de Flaubert, a "elevação moral" dos contos, a exaltação da caridade e assim por diante; e mesmo um crítico tão arguto quanto Albert Thibaudet viu neles um "espírito religioso e cristão, esposado sincera e francamente". Cf. op. cit., pp. 192-3.

te moral com que talvez contássemos — apenas uma *"bonté"* que é quase uma obstinação. Lido com cuidado, o conto pede que nossa atenção se desvie das virtudes típicas e se volte para a figura à nossa frente, cujo destino singular demanda atenção para ser decifrado a fundo. Se não o fizermos, se nos deixarmos levar pelos contornos de uma mártir virtuosa, corremos o risco de terminar na incômoda companhia das "burguesas de Pont-l'Évêque", a quem interessavam apenas as virtudes de criada, as virtudes servis de Félicité.

Um exercício comparativo tornará mais claro este ponto. Outros escritores franceses do século XIX ocuparam-se com personagens afins, e ouso dizer que Félicité não se sairia muito bem em nenhum dos casos que conheço. Às mãos de Musset, teria seus amores tratados com certa condescendência de classe, como acontece com sua *Margot* (1850). Lamartine não hesitaria em transformá-la numa atleta da virtude, mas de uma virtude quase feudal, feita à medida do saudosismo contrarrevolucionário, como se dá em *Géneviève* (1850), livro que Flaubert leu e não poupou: "uma loucura elevada à idiotia!".[47] Mais para o fim do século, Félicité poderia ter acabado seus dias como mais um exemplar da teratologia fisiológica e moral, com nomenclatura científica e ressaibos pequeno-burgueses, tão ao gosto dos irmãos Goncourt (*Germinie Lacerteux*, 1867 ou *La Fille Elisa*, 1877) e mesmo de Zola (*Thérèse Raquin*, 1867, ou *Nana*, 1879). Talvez atribuíssem sua religiosidade a um distúrbio glandular e a diagnosticassem como neurose, como fez Paul Alexis em "La Religion" (1895), ou como histeria, caso da fervorosa irmã Humilité, protagonista de *L'Hystérique* (1885), romance que Camille Lemonier dedicou a J.-M. Charcot.[48] Em todos esses casos, a singularidade de sua figura se perderia irremediavelmente, dissolvida em um tipo médico ou moral.

Como personagem, Félicité é dotada de mais consistência que esses objetos de demonstrações sentimentais ou paracientíficas. Mais

---

47. Flaubert a Louis Bouilhet, 5 de jul. 1850, in *Correspondance*, op. cit., v. I, 647.

48. Cf. a respeito o excelente livro de David Baguley, *Le Naturalisme et ses genres* (Paris: Nathan, 1995), pp. 80-1; cf. ainda Maarten van Buuren, "Hystérie et littérature", in *Poétique* 100, 1994, e *The Tender Passion*, v. II de *The Bourgeois Experience, Victoria to Freud* (Nova York; Oxford: Oxford University Press, 1986), pp. 285-7. Sobre o gosto dos Goncourt pelo patológico, leia-se o capítulo XIX de *Mimesis*, de Erich Auerbach.

que isso, vimos que a composição do conto lhe reserva um lugar de destaque: não fosse o empenho — um tanto cego, é verdade — com que ela se aferra a suas afeições e tenta recolher os retalhos de sua vida, o conto não teria como avançar muito além da seção inicial. Por esse seu lugar *formal*, Félicité aproxima *Um coração simples* do grande romance realista. De um lado, sua tarefa consiste em conferir sentido a uma massa heteróclita de fatos num mundo que escapa largamente à sua compreensão ("o pequeno círculo de suas ideias estreitou-se ainda mais", "todos os seres funcionavam com o silêncio dos fantasmas"). Sabemos que sua "solução" tem algo de *rebaixado*, por onde se nota seu parentesco com as personagens do que Lukács chamou de "idealismo abstrato": correndo em pista mais estreita que a realidade, suas relações com seus semelhantes são marcadas pelo desencontro, e seu fracasso tem sempre algo de *grotesco*.[49] É claro que a aproximação deve ser cautelosa; afinal, Félicité não tem o ímpeto demoníaco com que os personagens de Balzac e Stendhal (além do Flaubert de *Madame Bovary*) penetram no âmago das sociedades contemporâneas para arriscar todas as suas cartas. Ainda assim, e resguardada a diferença de âmbitos, a semelhança é real e profunda.

Nessa mesma linha, a experiência do tempo em *Um coração simples* é diretamente tributária daquela que se configura exemplarmente em *A educação sentimental*. A respeito, ouçamos mais uma vez o jovem Lukács: na *Educação sentimental* "não se faz qualquer tentativa de superar, por algum processo de composição, a desintegração da realidade exterior em pedaços heterogêneos, quebradiços e fragmentários".[50] Cabe às personagens, na medida de suas capacidades, prover alguma moral à história; o narrador apenas acompanha o curso das coisas, pontuando tacitamente os esforços e os fracassos das personagens. É essa a famosa *impassibilité* flaubertiana — e, mais uma vez, nada disso soa estranho para quem acompanhou Félicité em sua faina de costurar os fios descosidos de sua vida.

Se não nos enganamos, isso quer dizer que ela está às voltas, como qualquer protagonista dos grandes romances do século XIX e

---

49. Lukács, op. cit., p. 84; trad. bras., op. cit., pp. 100-1.
50. Ibidem, p. 110; trad. bras., op. cit., p. 131. Lukács é citado a respeito por Walter Benjamin, "O narrador", in *Obras escolhidas* (São Paulo: Brasiliense, 1986), v. I, p. 212.

mesmo do xx, com a precária totalização do sentido problemático da vida num mundo em que esse sentido teima em não se declarar, muito menos realizar. Está na companhia, justamente, de Frédéric e Deslauriers, que se perguntam, na última cena da *Educação*, o que afinal tiveram de melhor na vida. Como no caso dos dois amigos, a "resposta" de Félicité tem algo de pífio (*"elle* crut *voir"*); mas já é algo mais do que o nada que cabe a uma personagem secundária como Dussardier — próximo a Félicité pela extração social e assassinado brutalmente no final do romance de 1869. Assim, mesmo o relativo fracasso da heroína, mesmo sua agonia equívoca no último parágrafo do conto revelam sua consistência afinal romanesca, se dermos crédito ao que Walter Benjamin escreve sobre o gênero:

> O leitor de romances procura realmente homens nos quais possa ler o '"sentido da vida". Ele precisa, portanto, estar seguro de antemão, de um modo ou de outro, de que participará de sua morte. Se necessário, a morte no sentido figurado: o fim do romance. Mas de preferência a morte verdadeira.[51]

5. Se esta leitura for razoavelmente correta, poderemos reservar a *Um coração simples* um lugar diverso daquele que Auerbach lhe concedia na linhagem da imitação séria da vida cotidiana e do realismo moderno. Ao contrário do que o crítico alemão sugeriu em *Mimesis*, o conto de Flaubert vai além da representação do *Quatrième État* por meio de personagens secundárias ou de figuras muito tipificadas. Muito pelo contrário, o conto é uma tentativa ousada e delicada de aliar, de um lado, a dureza da notação realista, avessa ao sentimentalismo, e, de outro, a empatia necessária à apresentação de uma personagem do povo "a partir de seus próprios pressupos-

---

51. Cf. "O narrador", op. cit., v. I, p. 214. Ainda sobre o leitor de romances, cf. o testemunho de Balzac em *Le Père Goriot* (Paris: Flammarion, 1966), p. 22: "Todavia, encontram-se aqui e acolá certos sofrimentos que a aglomeração dos vícios e das virtudes torna grandes e solenes: à sua visão, os egoísmos, os interesses se detêm e se apiedam; mas a impressão que colhem é como um fruto saboroso, prontamente devorado. [...] Assim farão os leitores que seguram este livro com as mãos alvas e se afundam numa poltrona macia, dizendo consigo: vamos ver se isto aqui é divertido".

tos" e, em alguma medida, também em suas próprias palavras. O resultado dessa aliança é literariamente notável. Em primeiro lugar, porque, em vez da figura meramente ancilar que parecia destinada a ser, Félicité acaba por se mostrar a nós como personagem complexa, irredutível a um clichê popularesco; porque, na arquitetura da narrativa, ela afinal ocupa o mesmo lugar de pivô que desempenham as grandes personagens do romance oitocentista; mas também porque essa promoção de Félicité está, por sua vez, a serviço de uma radical inversão das perspectivas que habitualmente presidem à figuração do conjunto da vida social. Reorganizar a fundo a matéria e a linguagem da narrativa, do ponto de vista de uma personagem baixa, quase muda, não é tarefa pequena, e implica perseguir um ponto de encontro fugidio entre o terrível silêncio de muitos e a mais alta arte literária de uns poucos. Tampouco é tarefa que se cumpra apenas com bons sentimentos, sejam estes piedosos ou militantes: não foram poucas as vezes, na história da literatura, em que esse encontro não se deu ou não deu mais que frutos equívocos. Não me parece ser este o caso de *Um coração simples*, esse conto magistral, escrito sob o signo do "direito ao Romance".

Resumo de aula:
"A causa secreta", de Machado de Assis
Ana Paula Pacheco

Assisti à aula de Davi Arrigucci Jr., a seguir resumida, no ano de 1995, num curso de Introdução aos Estudos Literários. Encontrei nela um momento decisivo do que costumávamos chamar de "formação". Por isso tentei relatá-la, sem intenção de reproduzi-la — o que seria impossível — praticando um gênero "híbrido" em que a voz do professor se mistura à da aluna. Entre anotações de caderno e memória afetiva, os equívocos e possíveis erros de leitura são evidentemente de minha lavra.

O conto "A causa secreta", de Machado de Assis, começa no meio de uma situação, *in medias res* — ensina o professor aos alunos do primeiro ano do curso de Letras. Por alguma razão decisiva, o enredo reconfigurou a ordem dos acontecimentos na narrativa. Machado de Assis começa por uma cena, detalhada, na qual cada personagem olha para uma direção diferente, de maneira que os olhos não se enfrentam.

"Garcia, em pé, mirava e estalava as unhas; Fortunato, na cadeira de balanço, olhava para o teto; Maria Luísa, perto da janela, concluía um trabalho de agulha. Havia já cinco minutos que nenhum deles dizia nada."[1]

A notação sobre o tempo arremata a atmosfera de um desconcerto silencioso. Cinco minutos podem demorar muito para passar. Antes do narrador, porém, falam os gestos das personagens. A aflição de Garcia, estalando as unhas, as mãos ainda trêmulas de Maria Luísa (mesmo depois de morta?), falam alto, e, no entanto, eles ainda estão ali. (Fortunato, mais à vontade, se balança, e é o único a não olhar para baixo.)

---

1. Machado de Assis, "A causa secreta", in *Contos: Uma antologia*, sel. e org. de John Gledson (São Paulo: Companhia das Letras, 1998), v. 2, pp. 287-97.

E por que será que o narrador não diz simplesmente, de modo resumido (em sumário), que as personagens não se olham? Por que escolhe *mostrá-las desviando* o olhar?

O fato de não se encararem aponta para um dado do enredo: algo constrangedor acaba de acontecer, embora não seja suficientemente constrangedor a ponto de interromperem o convívio, tampouco a ponto de o desconcerto transformar-se em discórdia.

O detalhamento que nos faz *vê-los sem se encararem* aponta, porém, para um dado mais profundo dessa narrativa, um dado estrutural. Por ora, já é possível dizer que a cena em que todos desviam os olhos inclui o olhar do leitor, que vê os detalhes.

Como dissemos, o constrangimento de Garcia e Maria Luísa após o horror diante da cena de tortura não chega a gerar discórdia: todos permanecem ali na sala após um comentário sobre a "coisa tão feia e grave", seguido de observações sobre a meteorologia, o bairro, a casa de saúde conduzida pelos dois homens. A duração da cena mimetiza a duração do mal-estar das personagens nela envolvidas (à exceção, talvez, de Fortunato). Também mimetiza sua gravidade aos olhos do narrador, que a guardou na memória, enquanto não havia chegado o tempo de narrar a história. Ou seja, o acontecimento foi sério, não apenas considerando-se nossos critérios morais, mas também segundo ângulos internos à narrativa. Ainda assim, todos se calam, por um tempo ou para sempre.

Há entre as personagens uma lei mais forte do que a indignação causada pela tortura de um ser indefeso? Um rato é um ser? — poderia se perguntar algum leitor à época de Machado.

A situação inicial apresenta um enigma a ser decifrado. A narrativa volta à origem da relação dos três, entre 1860 e 1861, e segue até a cena cronologicamente anterior à primeira. Nela, tem-se a célebre e lenta tortura de um rato pelo digníssimo esposo de Maria Luísa, proprietário da casa onde adentramos a narrativa. No entanto — enfatiza o professor — se a causa secreta fosse a tortura, vista algumas páginas depois, ela não seria secreta. Seria aparente. É preciso desentranhá-la, a causa, pela análise, decifrá-la separando o que na narrativa está junto, abrindo-a para ver por dentro. Por assim dizer (o professor improvisa uma feição cirúrgica), é preciso "decompor os caracteres, penetrar as muitas camadas morais, até apalpar o segredo desse organismo". Qual será a causa secreta, por detrás da causa aparente, isto é, por trás da perversão de Fortunato, da atração pelo sofrimento alheio, que o leva a ajudar um desconhecido na rua, a atravessar a cidade para ver um drama "cozido a facadas", a montar com Garcia uma casa de saúde? Ao contrário de Maria Luísa, Garcia permanece no escritório de Fortunado, vendo a cena. Esta decorre no compasso longo, muito longo, do torturador. (Um rato é um rato é um rato. É um rato?) Não se trata de propor uma leitura alegórica, mas de desconfiar das aparências, pensar relações de causa e consequência, inverter o senso comum, afinal, a narrativa começa pela inversão da ordem dos fatos. Será por acaso?

O enredo reconfigura a ordem cronológica colocando *os resultados* (inócuos) da tortura do rato no início da narrativa. A seguir, o narrador remonta à "origem da situação": Garcia tinha se formado em medicina em 1861, um ano antes da cena na sala. Em 1860 vira Fortunato pela primeira vez, à porta da Santa Casa. Um segundo encontro deu-se no teatro de S. Januário, perto da casa de Garcia, habitante da rua D. Manoel. A rua ficava "no lado perigoso da cidade", até onde "só os mais intrépidos ousavam estender os passos". Garcia acompanha as reações do desconhecido no teatro, depois, segue-o pelas ruas e o vê acordando cães com bengaladas. Após algumas semanas, reencontra-o em seu próprio prédio, socorrendo um empregado do arsenal de guerra, ferido por uma malta de capoeiras. Fortunato é impecável na ajuda ao desconhecido. Após alguns dias, porém, o desconhecido vai agradecer ao benfeitor e sai humilhado. Garcia, picado pela curiosidade analítica, não abandona Fortunato. Quer investigar as profundezas da alma humana, que é "um poço de mistérios".

Garcia muda-se para a rua de Matacavalos. Ali perto, encontra Fortunato algumas vezes e afinal este o convida para ir jantar em sua casa. Conhece Maria Luísa, sua esposa, que possuía "ambos os feitiços, pessoa e modos". Os dois homens decidem fundar uma casa de saúde. Garcia aceita após algum tempo e Maria Luísa, alma delicada, reprova o contato do marido com enfermidades humanas, mas nada fala. Fortunato dedica-se ao extremo. A comunhão de interesse estreia a amizade, Garcia passa a frequentar o casal diariamente e afinal se apaixona por Maria Luísa.

Fortunato começa a estudar anatomia e fisiologia, ocupa-se nas horas vagas em rasgar e envenenar gatos e cães. Muda o laboratório para casa, o que causa sofrimento à mulher. Maria Luísa pede ajuda a Garcia para falar com o marido, que cessa ou transfere suas experiências para outro lugar. A essa altura, a mulher mostra os primeiros sintomas de tísica.

O narrador chega enfim ao dia da cena inicial. Garcia chega para o jantar, Maria Luísa lhe conta de um rato. Garcia vai ao gabinete do amigo e assiste à tortura do bicho, dominando "a repugnância do espetáculo para fixar a cara do homem". Fortunato ri da fragilidade da esposa. Garcia se pergunta se ela não estaria exposta a algum excesso na companhia de tal homem. Em breve, a doença dela se agrava. Nos últimos dias, Fortunato dedica-se ao extremos, bebeu-lhe uma a uma as aflições.

Durante o velório de Maria Luísa, o marido flagra Garcia beijando o cadáver. Fica aturdido, assombrado. Entretanto, quando o vê desmanchando-se em lágrimas, Fortunato saboreia a dor moral do amigo.

FICÇÃO E REALIDADE

Do ponto de vista da narrativa, assim como do ponto de vista do perverso, a cena da tortura do rato é requintada: após lhe cortar duas patas, Fortunato mergulha o rato nas chamas, ligeiramente, para não matá-lo, depois corta a terceira pata, mergulhando-o de novo no fogo; corta devagar a última pata, e mais uma vez mergulha no fogo, depressa, o miserável — a esta altura ensanguentado, chamuscado, guinchando —, procurando salvar-lhe uns farrapos de vida. Em seguida, corta-lhe o focinho e mergulha pela última vez a criatura nas chamas, para afinal deixar cair o cadáver no prato. Novamente, como no início da narrativa, assistimos a uma cena, demorada nos detalhes (quando Garcia diz a Fortunato "Mate-o logo!", a "palavra justa", flaubertiana, que o escritor coloca na boca do proprietário é: "Já vai"). O que dizer das leis sociais de um convívio ao qual a violência não altera? E o que dizer da descrição, por Garcia, da cara de Fortunato durante a tortura? "Nem raiva nem ódio; tão somente um vasto prazer [...], como daria a outro a audição de uma bela sonata [...], *alguma coisa parecida com a pura sensação estética"* (grifo meu). Força de expressão?

O alcance da cena e seus resultados, ou a falta de consequências, não param por aí. Comecemos por quem a narra. Quando o narrador acompanha as personagens depois do "flagrante delito", não é menos decisivo o decoro social: "*Como* os três personagens aqui presentes estão agora *mortos e enterrados, tempo é* de contar a história sem rebuço" (grifos meus). Haverá semelhança ou cumplicidade entre o narrador e os três (uma primeira causa secreta)? O que tem a "pura sensação estética" com o sangue dos ratos? — indagavam os alunos.

PAUSA PARA COMENTÁRIO

Como poderemos interpretar esse narrador machadiano que ora nos deixa quase a sós nas cenas, olhando em silêncio os gestos das personagens, ora parece comprometido até a medula com o mundo narrado?

Qual o sentido de uma voz central, organizadora da narrativa, ou melhor, a quem pode corresponder essa voz, na segunda metade do século XIX brasileiro? Será o narrador uma mimese do proprietário, o único sujeito ali capaz de conduzir todos à sua volta?

As respostas só poderemos arriscar no final. Mas pensar nos gêneros pode nos ajudar a chegar a elas.

Mesmo quando em crise, eles nos servem de parâmetro — sobretudo se lembrarmos que a relação entre gêneros e formas não antecede, mas concentra, a experiência do mundo. Anatol Rosenfeld lembra que cada gênero significa uma visão de mundo, ou um modo de aproximação à sua matéria. Significa também uma ideia de subjetividade, ou de objetividade plenamente reconhecível. Como se sabe, a Épica caracterizou-se durante muitos séculos pela distância, para a qual contribuía a mediação de um narrador. Historicamente, isso correspondeu à concepção de uma realidade dada (não questionada), objetiva, que podia ser lida em seus detalhes. Um universo no qual aparência e essência não se opunham, ou como diria o teórico húngaro Georg Lukács, onde o mapa das estrelas indicava os caminhos palmilháveis na terra, e onde o fogo que arde na alma é da mesma essência do fogo das estrelas. Ulisses jamais se pergunta "Quem sou eu?", mas, sim, "Como faço para voltar para Ítaca?".

Deixando de lado o caráter mais ou menos idealizado dessas afirmações de Lukács, podemos nos perguntar qual o sentido da distância quando já não há certezas, verdades à mão e mesmo a onisciência fictícia está prestes a ser enterrada. "A causa secreta" nos leva a pensar em distância e aproximação quase o tempo todo, do mesmo modo como nos faz ver os olhos como um canal narrativo a ser analisado. Isto é, mesmo as técnicas podem estar comprometidas com a matéria.

Machado de Assis foi um escritor extremamente inovador, sob feições relativamente clássicas. Como demonstrou Roberto Schwarz em seus livros, Machado estava inventando — ao mesmo tempo que Henry James inventava, como se veem nos prefácios reunidos em *The Art of the Novel* — o narrador "em situação". Em primeira ou em terceira pessoa, trata-se de narradores capazes de subsumir, ou de submeter, a objetividade da épica a uma subjetividade (ainda quando ele seja apenas uma "voz"). O pulo do gato pode estar num tom, num conjunto de detalhes, nas direções do olhar, enfim, em algo capaz de revelar a atitude do narrador com relação ao narrado. A distância épica sempre foi um procedimento para que, enredando os fios do texto, o autor desse forma a uma verdade. A partir de Henry James e Machado, o narrador passa a fazer isso com muitos novos meandros e matizes. Sua verdade também passa a fazer parte de uma *relação* entre ele e a narrativa, a analisar.

ESPAÇOS, PERSONAGENS E "A ALMA HUMANA"

Voltemos aos elementos da narrativa, no caminho da análise. Por enquanto vimos um narrador discreto nas cenas, intruso ao comentar, respeitando, ou fingindo respeitar, o decoro social. Essa pode ser uma estratégia para revelar a dissimulação social no Brasil oitocentista, algo sem dúvida presente em "A causa secreta". Mas, mais uma vez, fosse a causa secreta a dissimulação social, mais ou menos generalizada entre proprietários e os seus (parentes, dependentes etc.), a causa já estaria desvendada ao final do primeiro parágrafo.

E os espaços do conto? Sala, teatro, casa de saúde — como se relacionam? Fortunato vai ao teatro de S. Januário, na rua D. Manoel, um lugar considerado perigoso naquela época. Ali perto moram as personagens mais pobres, Garcia, ainda estudante, e Gouveia, empregado no arsenal de guerra.

Garcia tinha reparado em Fortunato quando o viu à porta da Santa Casa, "fez-lhe impressão a figura", mas a teria esquecido não fosse o segundo encontro, no teatro de S. Januário, frequentado por poucos, pois "só os mais intrépidos ousavam estender os passos até aquele recanto da cidade". Enquanto Fortunato acompanha a peça com singular interesse, Garcia assiste ao curioso sujeito. O narrador parece rir silenciosamente quando se refere à peça: um dramalhão "cosido a facadas". Ademais, a peça sangrenta costura enfermaria e teatro, próximos aos olhos do perverso — para quem toda distância é possível, o que faz também da vida uma grande cena, a fruir — e relaciona dois bairros da cidade, vistos a princípio como não contíguos, remotamente pertencentes a um todo.

Nos arredores do teatro circulam "maltas de capoeira", grupos de pessoas consideradas violentas pela "sociedade". Fortunato e Garcia compartilham do senso comum, o narrador às vezes parece estar com eles. Curiosamente, porém, a violência que sai do palco e ganha as ruas é aquela praticada pelo próprio Fortunato, flagrado pelo olhar de Garcia. "Ia devagar, cabisbaixo, parando às vezes para dar uma bengalada em algum cão que dormia." Não há palavras para designar a covardia, assim como não há dúvida sobre o éthos, o modo de ser, de Fortunato. Estamos diante de um conto sobre a exceção monstruosa? A perversão sem mais?

O espanto do estudante Garcia prossegue quando, após algumas semanas, Fortunato volta ao bairro pobre e socorre o empregado do arsenal de guerra, servindo "de criado" para ajudar no curativo. Como juntar as duas figuras, a impiedosa e sádica à altruísta? E como entender o terceiro movimento, a resposta humilhante, o sarcasmo, no momento em que Gouveia vai agradecer a ajuda? Garcia, assombrado, não consegue unir as pontas do coração humano, quiçá "um poço de mistérios".

Na hipótese de estarmos diante de um conto sobre um homem monstruoso (o que ele também é), sobre a exceção à regra, os espaços seriam quase fortuitos, ficariam indiferenciadas suas determinações propriamente sociais. Fortunato transitaria como quem fareja sangue (afinal a razão pela qual monta, como sócio capitalista, a casa de saúde, com o médico recém-formado). Perderíamos, porém, o tensionamento presente entre a sala dos ricos e as ruas pobres, além de deixarmos de lado a importância do teatro como espaço de representação — nesse sentido, um lugar que concentra dilemas comuns ao palco e à literatura escrita. Maria Luísa e Fortunato moram em Catumbi, onde vivia a elite carioca. Em São Januário, bairro considerado perigoso, *ouvimos dizer* que há capoeiras violentos, ferindo outros homens livres pobres, e *vemos* um homem "de bem" (e de bens) ferindo bichos, criaturas insuspeitas de maldade, ainda por cima enquanto dormem. No mínimo, a narrativa mostra uma simetria social na violência do proprietário e dos capoeiras. Fortunato, porém, não parece temer a lei (que ele convoca, na figura do subdelegado, contra a malta de capoeiras); pelo contrário, transita muito à vontade, tanto em casa, onde não deve ser interrompido sob nenhum pretexto ("— Já vai"), como nas ruas próximas ao teatro, chutando cachorros, sem nem sequer olhar em volta.

E no teatro, o que vemos?

Vemos o interesse de Fortunato pela peça, mais do que vemos a própria peça. E mais do que o interesse dele, vemos o de Garcia, acompanhando cada olhar e movimento de Fortunato. Por assim dizer, o teatro é uma sociedade em extrato; Fortunato vê a parte que lhe interessa (o dramalhão violento, não a farsa), Garcia vê Fortunato, com minúcia e sem interferir, haja o que houver. Este, por sua vez, é o teatro que nós, leitores, vemos: o das relações entre Fortunato, Garcia e Maria Luísa, feito de palco e plateia, em correlação. A sala e as ruas calibram o teatro, tornando impossível entender a metalinguagem como alheia à experiência da realidade. Pelo contrário, o teatro social adentra e circunda o de São Januário, estendendo-se a representação, além do mais, aos espectadores. E como espaço de representação por excelência, o teatro convida à reflexão sobre os outros espaços e as personagens.

Convida também a pensar sobre o papel de cada personagem na representação social, já que há contiguidade entre palco, plateia, rua e salão. O trajeto de Garcia, morador na rua D. Manoel, depois na rua Matacavalos e logo coproprietário da clínica e habitué da residência do casal em Catumbi, responde em parte pelo silêncio constrangido e amigo, visto na cena inicial e noutras, a despeito das sensibilidades feridas.

Garcia, moralmente irrepreensível, Fortunato, um homem que, a despeito da educação e do dinheiro, verteu a retidão no seu contrário. Será verdade? Maria Luísa, a outra ponta, doente e frágil, do triângulo, "com modos que confinavam na resignação e no temor". Serão "naturais" as assimetrias e complementariedades entre as personagens?

JUNTANDO AS PONTAS ("O SEGREDO DE UM ORGANISMO")

A cena no teatro nos põe diante de nós mesmos, pois se somos levados a ver sobretudo a plateia, também estamos ali. (Na poltrona onde lemos, a violência sai da sala, toma a rua do bairro periférico e acorda cães, a bengaladas.)

O teatro, como se disse, coloca a questão da representação, do lugar dos atores e, principalmente, do olhar. Retoma-se, portanto, a primeira cena, da sala em Catumbi, onde víamos as personagens desviando o olhar. Em retrospecto, é palpável o modo como o narrador cedeu o foco, transferindo-o a Garcia depois de ressuscitar os três amigos. No teatro, e depois nas ruas, Garcia *assiste a* Fortunato. Também no episódio do vizinho ferido, com um misto de "repulsa ao mesmo tempo que de curiosidade", "não podia negar que estava *assistindo a* um ato de rara dedicação". Garcia nada fala, não emite juízo tampouco interfere, confuso sobre os insondáveis da alma humana. Dias depois, assombrado com o modo como Gouveia é humilhado, permanece *estudando* o "homem de Catumbi".

O narrador de terceira pessoa — onisciente e comprometido com o que vê — nos faz ver quase o tempo todo com os olhos de Garcia, um homem pobre (que morava no sótão) que consegue ascender *acompanhando* o proprietário. Já na cena dos cachorros, a realidade interroga a ficção: do ponto de vista ficcional, o narrador, distante, acompanha o ângulo de Garcia, ou melhor, nos faz acompanhar o ângulo de Garcia, que vê "por detrás com", *como se fosse* testemunha (não o é por não falar em primeira pessoa, mas o recorte do campo de visão é lateral e interior à diegese, como no caso de uma testemunha). Do ponto de vista da realidade, porém, Garcia é cúmplice. (Notas laterais da aluna: Alguém poderá observar que não era crime atacar cachorros, tampouco destroçar ratos. Também não era crime tratar pessoas como ratos, algo garantido por lei. Hoje mudamos, a lei "protege", mas não existe.)

O narrador nos explica: "Este moço possuía, em gérmen, a faculdade de decifrar os homens, de *decompor* os caracteres, tinha o amor da análise, e sentia o regalo, que dizia ser supremo, de *penetrar* muitas camadas morais, até *apalpar* o segredo de um organismo" (grifos meus). As orações coordenadas, talhadas ao limite, retomam o ritmo pausado do olhar e dão algum sentido outro para a agudeza; já os verbos frequentam um campo semântico que é do analista, mas bem poderia ser o de Fortunato dissecando o roedor.

A aposta interpretativa recusa a escolha do ângulo como um entre outros, ou um menos comprometido do que o do perverso. Por um lado, pode-se dizer que a escolha narrativa recai sobre um personagem "comum", moralmente retilíneo (ao menos à primeira vista); por outro lado, esse ângulo ratifica silenciosamente os movimentos de Fortunato, com ele se deslocando, inclusive no sentido de uma mobilidade social de exceção (Garcia melhora de vida), sem prejuízo do assombro no olhar. Vejamos.

Se retomarmos dos formalistas russos a importância da noção de estrutura, notaremos uma virada fundamental para a interpretação dessa narrativa. Por praticamente todo o tempo, a equação do foco seria a seguinte: vemos Fortunato se comprazer diante de formas diversas de sofrimento (cães, gatos, ratos, pessoas de outra extração social, havendo ainda um gozo subjacente às cenas, dado pela condição tísica de Maria Luísa), mas não vemos diretamente, e sim pelo filtro do olhar de Garcia. Mais ou menos assim: violência/sofrimento de outrem → o sádico → Garcia → o leitor.

Ao final da narrativa, porém, há uma inversão radical e somos postos em posição diversa: acompanhamos Fortunato sem intermediação quando ele nada faz, a não ser desfrutar da cena, *olhando*. (O desenho ficaria assim: violência/sofrimento de outrem → o sádico → o leitor.)

Fortunato saiu, foi deitar-se no sofá da saleta contígua, e adormeceu logo. [...] Caminhava nas pontas dos pés para não acordar a parenta, que dormia perto. Chegando à porta, estacou assombrado.

Garcia tinha-se chegado ao cadáver, levantara o lenço e contemplava por alguns instantes as feições defuntas. Depois, como se a morte espiritualizasse tudo, inclinou-se e beijou-o na testa. Foi nesse momento que Fortunato chegou à porta. Estacou assombrado; não podia ser o beijo da amizade, podia ser o epílogo de um livro adúltero. Não tinha ciúmes, note-se; a natureza compô-lo de maneira que lhe não deu ciúmes nem inveja, mas dera-lhe vaidade, que não é menos cativa ao ressentimento. Olhou assombrado, mordendo os beiços.

Entretanto, Garcia inclinou-se ainda para beijar outra vez o cadáver; mas então não pôde mais. O beijo rebentou em soluços, e os olhos não puderam conter as lágrimas, que vieram em borbotões, lágrimas de amor calado, e irremediável desespero. Fortunato, à porta, onde ficara, saboreou tranquilo essa explosão de dor moral que foi longa, muito longa, deliciosamente longa.

Fortunato olha "assombrado", como antes Garcia olhava — o adjetivo repete-se três vezes seguidas. Até não haver mais dúvida sobre o sofrimento amoroso do amigo. Então o olhar sobre a dor moral de Garcia vence qualquer outro sentimento ou ímpeto, ultrapassando até mesmo a vaidade arranhada pela traição dos supostos amantes.

Também nós assistimos calados à cena dolorosa, filtrados agora pelo perverso, com o qual nos identificamos enquanto lemos a magistral descrição da tortura moral de Garcia, concentrada por fim num advérbio combinado, de duração e gozo. Um clímax do estilo, de dar inveja em Flaubert: "[...] saboreou tranquilo essa explosão de dor moral que foi longa, muito longa, *deliciosamente longa*".

Está na estrutura do conto, assim como no Brasil de 1860, a causa secreta de uma sociedade fundada no roubo do trabalho e no assassínio, via de regra lento, dos trabalhadores escravos. Nesse sentido é possível enxergar que o conto mostra a causa perversa de toda a sociedade (ainda que o "homem preto" apareça de canto e apenas duas vezes, de passagem), desentranhada da exceção, que é Fortunato. O *mise en abîme* dos olhares condensa mais do que o fato instituído da escravidão, condensa o *modo* como ela formou a subjetividade brasileira, reservando a alguns o gozo, a outros, o sofrimento, a tortura.

Como a arte se coloca diante da violência por todos construída?

Quem já viu uma aula de Davi Arrigucci Jr. provavelmente teve a sensação de estar diante de um homem que nasceu formado, cheio de brilho, erudição e *anima* — uma ilusão frequente na cultura brasileira de exceção. Davi, que formou muitas dezenas de professores, parecia ter isso em mente ao dar suas aulas.

Misturada ao olhar da aluna, como disse, essa aula sobre Machado de Assis ficou guardada num caderno. Lembro de sair da sala meio deslumbrada, como quem olha diretamente para uma luz forte e em seguida, diante da opacidade do mundo presente, passa a enxergar muitos pontos negros. Penso que o efeito desse deslumbramento e seu contraste ajudou muitos alunos a enxergar com olhos críticos. Em mim, deixou também mais nítida a filiação de Davi a Antonio Candido, embora o professor mais velho tenha sido formado pela geração modernista e pela revolução de 1930, num tempo em que a cultura parecia ir junto com a perspectiva de formação do país. Desse ponto de vista comparativo, talvez o amor incondicional de Davi pela literatura, e pelo que ela ainda tem a ensinar, assim como seu ânimo incansável sejam quase um gesto de mágica. Para os que tiveram o privilégio de aprender com ele, aquele gesto em que o mágico tira a si mesmo de dentro de uma cartola.

Crítica como arte

Marcos Flamínio Peres

Quando ingressei no mestrado em Teoria Literária e Literatura Comparada na FFLCH-USP, conhecia meu orientador apenas através da leitura de suas críticas. Mas meu primeiro contato com um texto seu vinha de longe, quando cursava o ginásio (vá lá um termo fora de moda, mas de profunda ressonância pessoal) em uma cidadezinha no interior de São Paulo, perto da fronteira com Minas Gerais, conhecida por haver hospedado Euclides da Cunha entre 1898 e 1901. A distinção, porém, não garantia nenhuma vida cultural digna desse nome à pequena São José do Rio Pardo, e só restava ao jovem interessado em literatura adquirir as coleções de romances vendidas pelos correios e em bancas de jornal ou, então, aferrar-se aos suplementos culturais encartados nos grandes diários nacionais nos finais de semana. Foi através destes últimos que dei de cara com um texto à primeira vista denso demais para quem estava habituado a ler as grandes e fluidas narrativas do século XIX, Stendhal, Balzac e Flaubert à frente.

O "Ensaio sobre 'Maçã'", publicado no suplemento Folhetim da *Folha de S.Paulo* em abril de 1986, chamava a atenção por tratar de um poeta àquela altura consagrado pelas antologias escolares, relacionando-o, porém, com a representação pictórica, em particular uma natureza-morta de Cézanne. O que eu tinha diante dos olhos parecia algo muito diferente, um trânsito de duas mãos entre poesia e pintura que se amparava em uma abordagem baseada em impressão, comentário, análise e juízo crítico, ao mesmo tempo precisos e inspirados, e de que resultava uma sugestiva interpretação da sociedade brasileira. O ensaio teve um impacto profundo sobre minha percepção da literatura e acabaria sendo decisivo para que eu optasse por cursar Letras, três anos depois, na Universidade de São Paulo, no final dos anos 1980.

Lá, a exposição às teorias as mais diversas me abriu um mundo de novas referências e possibilidades, variando do então predominante Georg Lukács — tanto a vertente idealista quanto a marxista — e da psicanálise de Marthe Robert à então minguante influência dos formalistas russos e estruturalistas franceses. No entanto, com o passar do tempo aquelas chaves interpretativas, no mais das vezes tomadas em separado, acabavam por cair em um terreno movediço onde a literatura muitas vezes ameaçava soçobrar. Ao mesmo tempo, a ascensão galopante dos estudos culturais transformava contos, romances e poemas em um campo minado no qual o simples ato da leitura implicava um posicionamento politicamente comprometido, para o bem ou para o mal. Persistindo, embora um tanto desanimado, foi grande meu choque ao assistir a um curso de Davi Arrigucci Jr., já na pós-graduação, em que ele falava da necessidade de recuperar uma leitura "desarmada" para melhor se acercar das obras literárias. O resgate dessa impressão primeira, mesmo que buscada, como uma espécie de "crítica sentimental", (no sentido que Schiller atribui à "poesia sentimental"), representou uma lufada de ar, uma desintoxicação de tantas fórmulas prévias de aplicação estanque. Já então seu orientando, saí de suas primeiras aulas dedicadas à poesia modernista decidido a mudar meu projeto de pesquisa — à época, os hinos em louvor da natureza de Gonçalves Dias — para me dedicar a Murilo Mendes. No entanto, por insistência de Davi, voltei atrás e retomei minha ideia inicial — "já tem gente demais estudando Manuel Bandeira e Murilo Mendes" —, o que acabou se provando um grande acerto.

Bandeira, como se sabe, nutria forte apego à poesia de Gonçalves Dias, tanto que é dele a melhor edição disponível dos *Cantos*, em edição lançada em 1944 pela hoje extinta Companhia Editora Nacional. O que Davi provavelmente percebia é que o autor de "Vou-me embora pra Pasárgada", assim como o próprio Gonçalves Dias, estabeleceu diálogo intenso com a tradição da lírica em língua portuguesa, do Cancioneiro e de Camões até os nossos árcades. E, enquanto professor e formador de mancheia que era, ele via a necessidade de estender as vinculações da poesia modernista para além de sua perspectiva sincrônica (e já vou me desculpando pelo jargão, que Davi certamente não usaria).

Mas ocorreu que a primeira versão de minha dissertação de mestrado estava encharcada da leitura de um livro clássico sobre o período romântico, que era *O espelho e a lâmpada*, de Murray H. Abrams. A poderosa metáfora através da qual o crítico norte-americano interpretava a poesia egotista de Wordsworth ou o neoplatonismo de Shelley se apoderou de tal maneira deste leitor que a matéria-prima de que afinal é feito todo e qualquer texto, a linguagem, ficou inteiramente à deriva nessa versão preliminar. A importância da construção interna, das figuras de linguagem e de estilo, do equilíbrio tenso da métrica gonçalvina entre tradição e desmedida romântica — tudo isso só viria a aparecer em meu trabalho após as críticas e observações incisivas que Davi fez. É cristalina em minha lembrança o pouco caso do pesquisador inexperiente pela apóstrofe, figura que no entanto se revelaria decisiva para apreender a dimensão épica dos hinos à natureza do poeta maranhense. A descoberta do aspecto profundamente reflexivo de sua poesia resultou diretamente da intervenção crítica de meu orientador (que, anos depois, ressaltaria esse aspecto ambivalente nos versos de Drummond: "diálogo com a herança romântica baseado numa atitude profundamente antirromântica").[1] Mostrou-se rigoroso ao questionar meu descompromisso com o texto, mas também generoso ao estimular o viés especulativo que detectava no aluno. Do ponto de vista do estilo, procurou corrigir a natureza elíptica de minha escrita, que não trazia suficientemente à luz os sentidos subjacentes no poema.

Aquele ensaio isolado sobre Bandeira, que havia lido na adolescência tantos anos antes, resultaria no carro-chefe da obra magna que é *Humildade, paixão e morte*, cujas premissas orientaram decisivamente meu estudo de mestrado e minha atividade crítica, a saber: a necessidade do comentário como fator de integração crítica; a necessidade em "proceder dialeticamente, acumulando dificuldades a cada passo para melhor superá-las"; crítica como "desmontagem, contextualização e remontagem das partes (movimento com que se espera produzir o inteligível)"; "o reconhecimento do sentido

---

1. Davi Arrigucci Jr., "Drummond meditativo", in *O guardador de segredos: Ensaios* (São Paulo: Companhia das Letras, 2010), p. 19.

que tudo atravessa";[2] e "tensão entre o aspecto sensível da imagem e sua dimensão exemplar de arquétipo".[3] Tudo isso, porém, vazado no gênero ensaístico, feito de matéria mole de modo a permitir a escavação dos aspectos recônditos do poema ao mesmo tempo que apanha com desenvoltura os volteios da sensibilidade e em busca do entendimento. Nas suas palavras, o ensaio é "a forma crítica por excelência [...], indagador e tateante, inquisitivo em sua busca de compreensão mas suficientemente descontínuo e aberto para acolher em seu meio o insolúvel".[4]

Aqueles que foram alunos de Davi sabem da importância de Northrop Frye para sua concepção de crítica. Embora não haja produzido nenhum artigo específico sobre obras como *Anatomia da crítica* e *The Secular Scripture*, conceitos-chave como *mythos* (organização temporal) e *dianoia* (organização espacial), que Frye toma de empréstimo a Aristóteles, ou *displacement* (deslocamento) irrigam e dão sustentação aos ensaios de Davi. Por exemplo, quando desentranha o *mythos* sob a imagem da força do gesto encarnada no cacto, em Bandeira (em "O cacto e as ruínas"). Já o motivo do encontro, "tão velho como a literatura",[5] irrompe no contexto do sertão brasileiro em *Grande sertão: veredas*, de Guimarães Rosa (assim como, por exemplo, está tão presente em Balzac no encontro de Lucien Chardon com a Paris tentacular de *Ilusões perdidas*). Nesse ensaio notável, Davi revoluciona a leitura do *Grande sertão* ao propor que o aspecto central do romance não é o pacto com o diabo, mas, sim, o encontro de Riobaldo com Diadorim, que liga "o pequeno ao grande, o espaço restrito ao espaço amplo, em justaposição. O título é o encontro desses dois espaços".[6] Também se pode inferir dessa análise de Guimarães a polarização entre *forza* (violência) e *froda* (astúcia) que Frye aponta como elemento estruturador do modo romanesco. Outras definições de cariz aristotélico retomadas por Frye, como *sparagmos* (o destroçamento do corpo sacrificial), *hybris*

2. Idem, *Humildade, paixão e morte: A poesia de Manuel Bandeira* (São Paulo: Companhia das Letras, 1990), p. 17.
3. Ibidem, p. 35.
4. Ibidem, p. 15.
5. Idem, "Sertão: mar e rio de histórias", in *O guardador de segredos*, op. cit., p. 119.
6. Ibidem.

(desequilíbrio) e *nemesis* (restauração do equilíbrio) irrompem nos ensaios sobre Bandeira e Murilo Mendes. Apresentados e debatidos em sala de aula, seus tantos escritos mostram como as facetas do crítico e do professor confundem-se nele o tempo todo. Em uma passagem da "Introdução polêmica" que abre *Anatomia da crítica*, Frye destaca "a imensa importância de determinados elementos estruturais da tradição literária, tais como convenções, gêneros e o uso recorrente de imagens ou grupos de imagens",[7] que chamou de "arquétipos". Ora, é justamente a ênfase naquilo que conecta a literatura de épocas e lugares diversos o que atrai Davi em seu estudo sobre Borges: "ele reconhece que a tradição argentina é toda a tradição ocidental. E mais: que *'nuestro patrimonio es el universo'*".[8] É pela mesma razão que aproxima Rosa de Juan Rulfo: "nos dois escritores, o conto oral é a matriz épica que faz vibrar toda a tradição da vasta poesia narrativa".[9]

No entanto, ao privilegiar os "grandes princípios estruturais" da literatura (arquétipos), Frye tende a diminuir a importância da matéria-prima de que ela é feita, que é a linguagem. Exemplo disso é seu ataque aos New Critics norte-americanos. Embora prezasse a autonomia que atribuíam às obras, recriminava-os por verem os poemas como uma "textura contida nela mesma" e por não relacioná-los a outros poemas e, o que seria mais grave, a uma poética — ou seja, isolaram-se da "percepção do contexto".[10]

Davi, ao contrário de Frye, situa a exploração da linguagem no núcleo de sua empreitada crítica e, nesse aspecto, corrobora o que diz Cleanth Brooks, um dos estudiosos canônicos do New Criticism: "a linguagem da poesia é a linguagem do paradoxo",[11] e um paradoxo só se realiza efetivamente na materialidade da língua. Lança mão igualmente da estilística de Leo Spitzer e do *sermo humilis* de Erich

---

7. Northrop Frye, *Anatomia da crítica: Quatro ensaios* [1957], trad. de Marcus de Martini (São Paulo: É Realizações, 2014), p. 21.
8. Davi Arrigucci Jr., "Da fama e da infâmia", in *Enigma e comentário: Ensaios sobre literatura e experiência* (São Paulo: Companhia das Letras, 1987), p. 203.
9. Idem, "Fala sobre Rulfo", in *O guardador de segredos*, op. cit., p. 172.
10. Northrop Frye, *O caminho crítico: Um ensaio sobre o contexto social da literatura* [1971], trad. de Antônio Arnoni Prado (São Paulo: Perspectiva, 1973), p. 18.
11. Cleanth Brooks, *The Well Wrought Urn: Studies in the Structure of Poetry* (Nova York: Harocurt, Brace and World, 1947), p. 3.

Auerbach ao desvendar a mescla entre o baixo e o elevado na "representação da natureza padecente e da resistência moral ao sofrimento" na poesia de Bandeira, de que também recupera a "experiência da rua" e as "palavras comuns do dia a dia".

Mas, se Davi é atento tanto ao particular da obra literária que os New Critics propõem quanto aos arquétipos que a percorrem e estruturam, ele não deixa de lado a dimensão social e histórica impregnada na forma, algo que aprendeu com seu mestre Antonio Candido. Assim, não incorre no risco ora de isolar a obra de seu entorno extralinguístico, ora de subsumi-la no já conhecido. Exemplo dos mais significativos reside, uma vez mais, no "Ensaio sobre 'Maçã'". Ao final do poema de Bandeira, afirma Davi, a maçã deixa de ser um "objeto do olhar carregado de ressonâncias arquetípicas, clássicas e religiosas" para passar a ser "representada de forma realista, no espaço interior burguês".[12] Tal concepção do sublime humilde, segundo a qual "o valor mais alto é o que não se mostra ostensivamente",[13] resulta não apenas em uma poética mas também em uma ética: "Um sentido político democrático, pois supõe e descobre o valor no dia a dia do povo, entre os pobres".[14]

Gostaria de concluir com uma citação de Frye que, a meu ver, define plenamente o modo como o olhar de Davi se posiciona diante da literatura: "A presença da experiência incomunicável no centro da crítica sempre manterá a crítica como uma forma de arte, contanto que o crítico reconheça que a crítica sai dessa experiência, mas não pode ser construída sobre ela".[15]

12. Davi Arrigucci Jr., *Humildade, paixão e morte*, op. cit., p. 44.
13. Ibidem.
14. Ibidem.
15. Northrop Frye, *Anatomia da crítica*, op. cit., p. 141.

O corpo e os dias —
Sobre um livro de Max Martins[1]

Eliane Robert Moraes

Entre os grandes poetas brasileiros que se dedicaram à difícil tarefa de interrogar o tempo, Max Martins ocupa um lugar especial. Dono de uma "personalidade poética inclinada à reflexão", como propõe Davi Arrigucci Jr., o autor paraense enfrentou essa interrogação ao longo de uma extensa obra que expõe a "consciência resignada, lírica e perplexa diante do tempo que nos consome e da dimensão épica inalcançável da jornada infinita". Não surpreende, pois, que tal consciência se insinue com vigor desde seus primeiros títulos, e sobretudo em *Antirretrato*, onde já se esboça aquela "particularização poética do sentimento do fluxo universal das coisas" que o crítico considera central em *Caminho de Marahu*, de 1983.[2]

Publicado em 1960, o segundo livro de Max inaugura algumas linhas de força de sua lírica, que vão perdurar em toda a sua produção. Entre elas, ganha destaque a ênfase dada às relações entre tempo e corpo, articuladas em vários patamares que se implicam mútua e profundamente. O tempo e o corpo dos poemas, evidenciados em elaborada dimensão formal, estão aqui imbricados por completo com o tempo e o corpo do poeta, dando testemunho de seu obstinado empenho em pactuar palavra e experiência.

Chama particular atenção que, no conjunto de 28 poemas, três títulos aludam diretamente a datas — "No penúltimo dia do ano

---

1. Este texto, além de dialogar com escritos de Davi Arrigucci Jr., também faz eco às conversas que mantivemos em Belém, em junho de 2016, por ocasião do Colóquio Max Martins 90. Registro aqui meu agradecimento às professoras Mayara Ribeiro Guimarães e Tania Sarmento-Pantoja, da Universidade Federal do Pará (UFPA), pelo convite, e, sobretudo, ao poeta Age de Carvalho, a quem devo não só diversas sugestões mas também a incitação ao próprio texto.
2. Davi Arrigucci Jr., "A outra margem de Marahu", in Max Martins, *Caminho de Marahu* (Belém: Editora da Universidade Federal do Pará, 2015), p. 21.

de 1956", "1958", "1926/1959" — e diversos outros evoquem a tópica temporal, como é o caso de "Cidade outrora", "Passado", "No túmulo de Carmencita", "Na praia o crepúsculo" ou "Ciclo final". A rigor, mesmo quando não se anuncia no título, a interrogação sobre a brevidade da existência é de tal modo central no volume que não seria equivocado lê-lo como uma densa meditação poética em torno da ação do tempo sobre nossas vidas — e muito especialmente sobre a vida do poeta que o concebeu.

Cabe dizer, pois, que *Antirretrato* consolida aquela via autobiográfica que Benedito Nunes reconheceu como eixo da obra de Max desde sua estreia em 1952, com *O estranho*, já acatando "a ideia de poesia enquanto arte exigente e ao mesmo tempo exercício de vida".[3] Ou seja, para empregar uma expressão do crítico paraense, aqui também o leitor se defronta com aquela "encenação autobiográfica" que traduz uma forma muito singular de abordar a tessitura do tempo. Essa forma, diga-se logo, nada tem em comum com as abordagens ancoradas em conceitos idealizados ou abstratos, já que Max nunca deixa de convocar a concretude do corpo quando trata do tema, reiterando a "atitude antimetafísica e materialista" que Davi Arrigucci Jr. considera uma das marcas distintivas de sua lírica.[4]

Não por acaso, será precisamente essa tomada de posição pelo materialismo que vai oferecer uma potente chave para a compreensão do estranho título do segundo livro do escritor. Como, então, decifrá-lo? Por que *Antirretrato*?

Uma possível resposta sustentaria que o título se opõe à composição dos retratos, que, em sua acepção mais comum, supõe a fixação de determinado momento de uma individualidade. Ao capturar um flagrante, o retrato paralisaria o tempo, congelando uma de suas inumeráveis frações. A fisionomia e o corpo da pessoa retratada seriam então reduzidos a um único instante de sua existência, de modo a imobilizar o que é provisório por natureza e conferir a ilusão de permanência ao que é por excelência impermanente. Seria ainda o caso de se acrescentar que, assim concebido, o retrato representaria

---

3. Benedito Nunes, "Max Martins, mestre-aprendiz", prefácio a Max Martins, *Não para consolar: Poesia completa* (Belém: Cejup, 1992), p. 25.
4. Davi Arrigucci Jr., op. cit., p. 17.

uma espécie de negação da transitoriedade da vida, de que a matéria segue sendo a principal testemunha.

Ora, levando em conta tal hipótese, não seria possível ver *Antirretrato* como uma contrapartida dessa prosaica vocação dos retratos? Não se poderia depreender, no teatro autobiográfico de Max Martins, o intento de ensaiar outra maneira de capturar a própria imagem? Não estaria ele tentando compor diante do leitor uma figura menos estável, justamente por ser suscetível ao trabalho dos dias e às suas inexoráveis mutações?

De fato, esboça-se no livro um estranho retrato do poeta ou, melhor dizendo, um autorretrato que, ao invés de fixar sua imagem, opera rigorosamente no sentido inverso. Vistos em conjunto, seus poemas compõem uma série de figuras absolutamente instáveis que, ao evidenciar a provisoriedade de um corpo sujeito às transformações impostas pelos ciclos da vida, deixam ver sua própria e incontornável finitude.

Daí que o volume manifeste com vigor a "plena consciência da negatividade" e a "visão trágica diante da morte", características da poesia de Max que, segundo Arrigucci, conhecerão sua forma mais acabada vinte anos mais tarde, com a publicação de *Caminho de Marahu*.[5] Trata-se, pois, de um *negativo do retrato*, mas também, e principalmente, de um *retrato em negativo*.

"Max, magro poeta" compõe um dos mais significativos antirretratos do autor, não só no interior do volume, mas em toda a sua obra. A começar pela ambivalência do qualificativo "magro", que tanto supõe uma irônica e impiedosa avaliação da sua produção literária quanto a simples notação de uma característica física sua, a magreza. Em ambos os casos, porém, seja no corpo do poema ou no corpo do poeta, a palavra diz respeito ao que tende a secar, a perder o viço, a carne ou a substância vital, como se lê nas duas primeiras estrofes:

5. Ibidem, p. 22.

Max, magro poeta
na paz dos prados de aquarela
acaso amaste o lírio
colhido às pressas
entre teus sapatos?
Será que encontraste
em contraste com a flor
a ponta do punhal
dentro da flor?

Procura no teu bolso a bússola
e a âncora no teu peito
deste barco prestes a partir
de tua garganta.
Na quilha enferrujada,
na popa ressequida
descobrirás a ilha[6]

O poema coloca em cena uma tensão de contrários que se acentua a cada verso. Cada encontro implica um desencontro, tal como se lê na sugestiva aproximação da primeira estrofe, em que a forma verbal "encontraste" se associa à expressão "em contraste". Assim também ocorre com o lírio, brancura elevada e sublime, que é colhido às pressas em meio à baixeza dos sapatos, ou com a flor delicada que guarda um punhal dentro de si, e mais ainda com a majestosa luz do sol que não oculta a impiedosa corrosão do sal. Para confirmar a fatalidade de um destino que avança rumo à desintegração, o barco prestes a partir já deixa exposta a quilha enferrujada e a popa ressequida. Quanto ao poema, este ferve, equilibrando-se entre as forças opostas da composição e da decomposição.

Nada é fixo nesse notável autorretrato em que tudo está por um triz: o simples pouso inesperado duma asa de mosca pode se impor como alavanca de um ato de criação. Mas a ameaça da morte se mantém operante sem repouso, manifestando-se nas recorrentes metáforas do ressecamento que é atributo declarado do magro poeta.

6. Max Martins, *Não para consolar*, op. cit., p. 293.

Vale notar que a tensão de contrários expressa em "Max, magro poeta" se repõe na própria estrutura de *Antirretrato*, que, afora as exceções a serem examinadas adiante, expõe uma alternância entre os poemas de evocação do passado e os poemas de presentificação. Em geral, esses dois grupos diferem entre si pelo emprego dominante de tempos verbais, sejam as formas do pretérito nos primeiros, seja o presente do indicativo nos segundos.

A confirmar essa clivagem, de um lado estão os versos de veio francamente rememorativo como aqueles de "1958" ("Aérea tarde naufragava/ em chumbo/ e a rubra ponta das folhas/ se partia"), de "No túmulo de Carmencita" ("As tranças se soltaram no tempo/ e se perderam no espelho sem fim"), ou de "Home" ("O velho piano/ pianíssimo das cordas/ sem memória morria/ e acordava/ o gato cinza/ patas a cerzir luar"). De outro, não menos expressivos, estão os versos do presente, forma mantida até mesmo em alusões ao passado. É o que se lê em "Copacabana" ("Os sexos derramam-se na areia/ (conchas)/ furam as ondas/ (seios)/ baixam palpitam"), em "Variação do tema A" ("Meio-dia entre o macho/ a pino/ e a fêmea tensa/ ao meio/ O sol crispa seus raios/ estica-os/ enlaça/ e torce/ o torso todo/ do colo ao ventre/ entre peles-pelos"), ou no brevíssimo e extraordinário "Irene" ("Incapaz de praticar o amor, ligo as janelas/ e continuo o plano em que teu rosto/ traça no ar a primeira flor noturna./ Apenas lanças a sombra amável sobre o muro,/ fremem os candeeiros ao implícito gesto/ cor de aurora").

Ora, se tal distinção salta aos olhos já numa primeira leitura de *Antirretrato*, interessa observar que ela também deixa a descoberto um traço constitutivo da poética do escritor, a saber: os poemas que tendem à presentificação são notadamente aqueles que convocam de modo mais direto o corpo erótico. Ou, para ampliar a conclusão ao conjunto da sua produção, cabe dizer que sua poesia instaura uma relação de base entre o presente e o erotismo, sobretudo nos versos que trazem a matéria carnal ao primeiro plano, como se confirma nos melancólicos "Ciclo final" e "Tema A".

À exemplo de grande parte dos poemas de *Antirretrato*, a erótica de Max Martins é geralmente grave e quase sempre expressa em tonalidades noturnas. Daí, portanto, o interesse de se interrogar os inesperados versos de "O amor ardendo em mel", uma das raras vezes em que o autor se aventura pela expressão de um erotismo solar. Lê-se nos seus primeiros versos:

Morder! morder
o hímen adocicado
—frêmito de lâmina
entre duas coxas
do polo ao pólen.
E o apolo laminar morder
Morder os bicos dos figos
antes que murchos
antes dos dentes
sempre morder
e jamais sugar
da lua a sua ferrugem[7]

É digno de nota que este, o mais carnal poema do volume, se valha sem reservas do infinitivo, que se repõe sem exceção em todos os versos, para instaurar outra ordem temporal, que não mais diz respeito ao passado nem ao presente. Uma suspensão do tempo, por certo, na medida em que o gerúndio se circunscreve tão somente ao título para logo ser substituído por essa duração eterna que o infinitivo traduz. Morder, arder, sugar: o que se encena aqui é o ato em si, soberano, absoluto, que não mais se dobra aos limites dados pela duração.

Entende-se, então, o imperativo: "sempre morder/ e jamais sugar/ da lua a sua ferrugem". O poema não abre espaço para o trabalho de corrosão, tão evocado por Max, nem ao menos para aqueles "gozos da ferrugem" que se anunciam sombriamente em "Madrugada: as cinzas" (*Caminho de Marahu*) e que trazem consigo, segundo Arrigucci, "a percepção do prazer e ruínas confundidos".[8]

Diz Benedito Nunes, e com razão, que não é possível com-

7. Ibidem, p. 313.
8. Ibidem, p. 22.

preender o erotismo da lírica de Max sem se levar em consideração a cadeia negativa que liga a calcinação ao fenecimento e à corrosão, que "toma o vulto impessoal de implacável Destino".[9] Sob essa ótica, "O amor ardendo em mel" se configura como a exceção luminosa que confirma a regra, apontando o reverso do implacável fado humano e, talvez, a utopia mais secreta do poeta. Isso porque, no absoluto que o poema instaura, não há lugar para as ameaças ao encontro amoroso. Onde tudo arde, tudo é vida. De costas para a ferrugem, o amante celebra o brilho da lua, que nunca se apaga. A eternidade fica garantida pelos sucessivos jogos de ressonâncias e aliterações — polo/pólen/apolo, lâmina/laminar, somente/semente, figos/bicos, agora/aurora... — aos quais vem se acrescentar a onipresença do infinitivo que suspende de vez a ação do tempo. Eis a Pasárgada de Max.

Perfeita contrapartida de "O amor ardendo em mel" é o poema final do conjunto, intitulado "1926/1959". À doçura do gerúndio que se esparrama, sensual, no primeiro título, se opõe a glacialidade numérica do segundo, que vem dar conta do passado no presente, contabilizando os restos, as faltas e os silêncios. Aqui, tudo é pó e o corpo já não há. E mais:

E tudo é duro e seco e oco
O sexo enlouquecido
O osso agudo
Coberto de pó e de silêncios.[10]

Tudo é realmente duro e seco nessa paisagem árida, feita de pedra, de areia, de ossos, de cascas e cascalhos. Só os detritos sobrevivem à corrosão e nada, decididamente nada, nem mesmo a ferida, é capaz de arder. Onde outrora havia o mar, hoje só restam os búzios esburacados, a evocar as órbitas vazias dos rostos descarnados. Desenha-se aí a imagem da carcaça que jaz no horizonte de todo ser, para esboçar um novo e cruel retrato que se vale das figuras sombrias do "rato do deserto" e da "caveira de pássaro".

---

9. Benedito Nunes, op. cit., p. 36.
10. Max Martins, *Não para consolar*, op. cit., p. 318.

Muito mais do que em "Max, magro poeta", a morte impera nesse outro autorretrato que flagra o autor aos 33 anos. Impossível não remeter novamente à "encenação autobiográfica" de que fala Benedito Nunes, já que o poema faz alusão a datas importantes para o poeta: 1926, ano do seu nascimento, e 1959, quando terá terminado esse *Antirretrato* a ser publicado no ano seguinte.

Aos 33 anos de idade, Max Martins é um escritor maduro. O que lhe confere maturidade, além da impecável fatura de sua poesia, é sem dúvida a consciência profunda do passar dos dias que seus versos deixam exalar. Os 33 anos demarcam, portanto, o meio da vida do poeta.

Lembra Roland Barthes, ao falar de Proust, que o meio da vida de um homem não é evidentemente um ponto aritmético entre as datas de nascimento e morte. Se assim fosse, aliás, ele só poderia ser reconhecido pelos outros, e não pelo próprio sujeito que o enuncia, como fez Dante ao referir ao "*mezzo del camin di nostra vita*", estabelecendo os 35 anos como um marco decisivo em sua obra. Essa demarcação, ainda segundo o pensador francês, seria dada pelo momento em que o sujeito se dá conta da finitude, não de maneira intelectual (pois *sabemos* todos que vamos morrer), mas de maneira afetiva (quando *sentimos* que vamos morrer). O "sabíamo-nos mortais" é substituído então pelo "sentimo-nos mortais" e essa passagem, por vezes, está ligada a algum acontecimento decisivo (no caso de Proust, a morte da mãe, também na casa de seus trinta anos). Em suma, completa o crítico, "o meio da minha vida talvez nada mais seja que esse momento em que descobrimos que a morte é real, e já não apenas temível".[11]

Talvez se possa dizer que, para Max, tal tomada de consciência se urdiu lado a lado com seu projeto poético, que efetivamente já era maduro com *Antirretrato*. Nunca é demais repetir que o livro repercutiu um momento decisivo para ele, no qual a arte da poesia se consolidou como exercício de vida. Mais do que qualquer fato marcante de sua existência, portanto, foi o acontecimento literário que lhe franqueou o caminho para o entendimento sensível da finitude.

11. Roland Barthes, *O rumor da língua*, trad. de Antônio Gonçalves (Lisboa: Edições 70, 1987), p. 247.

Ao recusar as ilusões do retrato e se defrontar com os imperativos da "encenação autobiográfica", o poeta se viu diante da precariedade da condição humana — e da sua própria vida. Afinal, no horizonte de todo projeto autobiográfico jaz, invariavelmente, a morte.

Consciência da morte, ciência da matéria — talvez seja essa uma equação fundamental da poesia de Max, profundamente comprometida com a reflexão sobre a passagem dos dias. Para além de um simples domínio das formas verbais, portanto, sua poética contempla o acesso às comportas secretas do tempo, valendo-se da habilidade de desorganizar a sequência das horas, de reverter as durações, e sobretudo de subverter as cronologias. Tais são, de fato, os expedientes que o escritor emprega para ultrapassar a lógica ilusória da biografia, que segue a ordem matemática dos anos, e assim quebrar a carapaça do tempo.

Antirretrato funda um domínio temporal próprio que, daí em diante, será mais e mais explorado pelo autor, e com destreza cada vez maior. Nele, a verdade passional do corpo se sobrepõe à verdade aritmética dos relógios e dos calendários, tal como se vislumbra em "Cidade outrora", que traduz um dos melhores momentos do volume:

> *Os seios de Angelita: eis a cidade*
> *outrora curva sem princípio e bruma*
> *onde a aurora nascia dos parapeitos lusos.*
> *Nascimento, casamento e morte. O nome*
> *e os musgos sobem pelo peito.*
> *Salvo o jardim, somente a verdura*
> *perdura nestes jarros como sombras*
> *descendo dos ombros de Angelita*
> *levemente inclinados no poente — agora.*[12]

Neste caso, já não há mais a intenção de transitar do passado ao presente ou vice-versa. Os tempos se fundem uns aos outros, como aliás acontece com as palavras, que também se fundem e se

---

12. Max Martins, *Não para consolar*, op. cit., p. 294.

confundem. Basta ver a organização dos versos para se perceber a distância que os separa dos cortes bruscos, das descontinuidades da sintaxe e das quebras tão recorrentes nessa obra. "Cidade outrora" configura uma totalidade, cujos elementos tendem a se agregar pelo reiterado expediente das ressonâncias que, tal como ímãs internos, aproximam peito e parapeito, verdura e perdura, ombros e sombras, e sobretudo outrora e agora.

Há aí um encontro de temporalidades distintas que, ao invés de se anularem, se interpenetram como num ato amoroso. "Os seios de Angelita: eis a cidade/ outrora curva sem princípio e bruma": eis o passado no presente, o pretérito presentificado que desenha a insidiosa curva de um tempo circular, como que reinaugurando o eterno retorno. A existência inteira ali repousa — "nascimento, casamento e morte" —, deslindada numa frase mínima, tão simples e prosaica como os parapeitos lusos, pequenos fragmentos do passado tornados nascedouros da aurora.

Antes de tudo, o que o poema registra é um instante de alumbramento, que cabe perfeitamente na definição de Arrigucci: "Um momento de repentina revelação, de raiz erótica, pela qual as coisas se religam de outra forma, o mundo todo muda pelo impulso do desejo, se reordena sob o claro da luz transfiguradora, pela força da visão".[13] Trata-se, assim, da visão alumbrada dos seios de Angelita, que já aparecera em "Do poema da infância" no primeiro livro de Max, O estranho, em que se lê: "Angelita dos quadris morenos e peitos em embrião".[14] Seja uma só ou não, as duas criaturas se fundem na figura seminal esboçada em Antirretrato, que é, simultaneamente, ontem e hoje, mulher e cidade.

Escusado lembrar que o escritor retoma aí toda uma tradição da lírica moderna que consiste em ler a cidade como um corpo feminino. Como se sabe, pelo menos desde o século XIX essa é uma tópica recorrente na poesia europeia, com repercussões importantes entre nós, como essa do poeta paraense, que toma a anatomia femi-

---

13. Davi Arrigucci Jr., *Humildade, paixão e morte: A poesia de Manuel Bandeira* (São Paulo: Companhia das Letras, 1990), p. 152.
14. Max Martins, *Não para consolar*, op. cit., p. 322.

nina como medida de tempo e de espaço, e sobretudo como parâmetro do efêmero. Mais do que apagar as durações, importa-lhe agora colocá-las à prova da beleza, essa promessa de eternidade. O alumbramento dura um instante, mas esse instante é eterno — eis o paradoxo sensível sobre o qual se debruça o autor. O eu lírico, porém, não se dobra à epifania pois tem consciência de que "salvo o jardim, somente a verdura/ perdura nestes jarros como sombras". Tudo tende a ruir, tudo se inclina na direção das sombras, incontornável ameaça da descida. Mas a consciência do poente termina por ceder à experiência única de contemplar os "ombros de Angelita/ levemente inclinados no poente — agora". A notação do instante modifica, se não tudo, muita coisa, pois esse agora é a dimensão temporal de Eros. Ou, como lembra Benedito Nunes, "o erotismo é trânsito, passagem, tentativa de domação do tempo, eternização do instante, como sugere a imaginação do êxtase na obra de Max".[15]

Aqui já não se trata mais de um poeta que explora o incessante trabalho do tempo sobre o corpo. Numa notável reversão, que só os grandes criadores logram alcançar, Max Martins põe a descoberto, em apenas nove pequenos versos, o misterioso trabalho do corpo sobre o tempo.

---

15. Benedito Nunes, op. cit., p. 37.

No calor
da hora

A resenha encalacrada e outros assuntos[1]
Antônio Carlos de Brito (Cacaso)

Escrever uma resenha é como fabricar uma mercadoria e depois colocá-la em circulação para consumo anônimo. Na verdade, não conheço meu leitor, nada sei de suas taras e virtudes, não consigo imaginar com quantos paus costuma fazer sua canoa. Medito com meus botões: neste exato momento, que obscuras ideias ou que impulsos nobres percorrem a delicada alma de quem me lê? Ante o profundo silêncio creio ser possível, não obstante, um par de suposições.

Certamente estarei sendo injusto se imaginar que meu leitor não é versado em sortidas frivolidades, ou que não morre de curiosidade para saber da vida alheia. Afinal, somos todos humanos. Outrossim, creio não estar desabonando a verdade ao supor que, em questões de literatura, meu solicitado leitor não seja nenhuma sumidade. Não vejo, todavia, motivo para melindres, afinal existe por aí um bom par de doutores nas *belas-letras* que certamente roubam ao nosso sensível leitor a primazia em questões de ignorância literária. Mas voltemos à vaca fria.

A natureza que generosamente favoreceu o leitor com suficiente dose de bom senso não fez mais do que prepará-lo para certas ocasiões, em que o contato com assunto especializado requer atividade do espírito e inércia do corpo. Se o caro leitor neste momento pratica seu matinal teste de Cooper, ou espoja-se nos lençóis à espera do sono, peço a fineza de mudar de canal.

Aos gatos pingados que sobraram presto informações: a meta desta resenha é comentar o livro *O escorpião encalacrado*, de Davi Arrigucci Jr. Ao contrário do que os mais argutos estão supondo, não

1. Publicado originalmente em *Opinião* (Rio de Janeiro, n. 53, 9 nov. 1973), pp. 20-1.

se trata de monografia sobre insetos venenosos, mas sim de estudo crítico sobre o conjunto da obra do escritor argentino Julio Cortázar. Vejam a complicação arrumada: pretendo falar sobre um livro, que fala sobre uma obra, que pretende falar da realidade, e ainda espero que meu leitor forme, sobre as mal traçadas linhas que lê, sua própria opinião. Mas se observarmos atentamente, veremos que a enorme distância que separa os pontos extremos desta seleção (a realidade da qual parte Cortázar; e esta resenha, da qual parte o leitor) é apenas aparente. E por uma razão ao mesmo tempo simples e fundamental: é que a realidade da qual parte Cortázar é, virtualmente, a mesma na qual vive o leitor, e que não por coincidência é ainda *comum* ao autor do livro que devo comentar, e também a mim, que pretende fazê-lo. Ou seja: é porque existe um *mundo comum* a todos nós, produtos de nossa própria prática histórica, que podemos nos entender. As várias formas de linguagens, seja a ficção ou sua crítica, seja esta resenha ou qualquer conversa de rua, todas elas se referem, com mais ou menos mediações, à mesma realidade.

Vejamos, por exemplo, um ponto a partir do qual a experiência vivida mais imediata de meu leitor pode servir de perfeito fio condutor para introduzi-lo no tema "especializado" que trataremos. Sempre que qualquer indivíduo lê um romance ou entra em contato com outras formas de ficção, é levado a tomar posição e manifestar seu "gosto" pessoal por tais obras. Gostar ou não gostar, ou mesmo ficar indiferente, são modos de reagir que prefiguram, num nível ainda elementar e pré-teórico, um problema central da crítica artística: a questão do valor das obras.

Para comentar o livro de Davi Arrigucci Jr. mudarei de tom e de registro, fenômeno que pode ser interpretado com o *expediente técnico*. Antes do término da resenha solicitarei novamente a colaboração mais direta do leitor, com quem espero trocar algumas ideias.

A QUEM A OBRA PRESTA CONTAS

A obra literária, como qualquer outro produto humano, pode ser de boa ou de má qualidade, pode ser dotada de maior ou menor grau de autonomia etc. Como qualquer outro objeto que é fruto de construção, a ficção também esbarra com o inevitável problema do *valor*. A obra não está aí para ter sua existência meramente constatada ou descrita, mas, acima de tudo, está exigindo *interpretação*. Neutralidade diante de coisas desiguais, na ficção ou na vida, só é possível na imaginação de quem acha que é possível, mas fora dela não é.

Por outro lado, que critérios são estes que autorizam o crítico a emitir juízos de valor sem ser arbitrário? Se a obra literária é objeto construído, é de supor que a crítica trabalha nos limites dessa construção, no âmbito de sua *lógica interna*, pesquisando o grau de coerência e integração entre os elementos formadores daquele mundo ficcional. Em poucas palavras, o que interessa são os problemas de composição, ligados à estrutura da obra e sua autonomia.

Progredimos um pouco, mas chegamos num outro ponto de partida: pois, da ótica da interpretação do valor artístico, é precisamente aqui que os problemas começam. Com que ingredientes e materiais o escritor trabalha? Sua liberdade de inventar é absoluta, função de talento e arbítrio pessoais, ou sofre restrições do lado do próprio objeto literário? A quem presta contas a obra: às fixações de seu criador, à autoridade do crítico, ao gosto do leitor, ou a si mesma?

Se a interpretação de qualquer obra passa por todos esses pontos, a interpretação da obra de Julio Cortázar leva tais indagações às últimas consequências. A extrema complexidade de tal literatura coloca questões que são duros desafios para a crítica, exigindo dela que passe pelos mesmos riscos e relativizações por que passou seu próprio objeto. A nosso ver, o enorme mérito de Davi Arrigucci Jr. está em ter dado uma resposta crítica no alto nível exigido pela obra que analisa. Sobre a posição de *O escorpião encalacrado* nos quadros de nossa vida intelectual acadêmica falaremos mais tarde. Veremos agora o problema central colocado pela literatura de Cortázar à ficção moderna, para que por ele possamos medir o alcance e a profundidade que nos ocupa.

O PROBLEMA CENTRAL

A tradição experimental da arte moderna, somada ao radicalismo natural que daí emerge, tem revelado, em algumas de suas principais tendências, o que poderíamos entender como vocação a certo *niilismo estético.*

A chamada arte moderna carrega em seu ventre o veneno que dissolve, é como se sua estrutura fosse lentamente incorporando impulsos internos de autodestruição, e a fatalidade desse movimento, aparentemente, parece fugir ao controle dos próprios artistas.

É nesta tradição moderna que Davi Arrigucci Jr. vai situar o projeto de Cortázar, sua tentativa de expressar uma realidade inalcançável e plena:

> A exigência de se atingir o que as palavras não podem dizer acaba por exigir também a tematização do próprio ato de narrar, ou melhor, da sua possibilidade. É como se a narrativa se tornasse uma narrativa em busca de sua própria essência, centrando-se sobre si mesma. A narrativa de uma busca se faz uma busca da narrativa. Ao tematizar uma busca essencial, tematiza-se a si própria.[2]

Já não se trata apenas, como no romance tradicional, de contar o itinerário sem saída de um herói problemático, mas sim de uma *narrativa problemática*. Davi prossegue:

> Não é somente o herói que não consegue alcançar os valores autênticos ao fim da busca; a própria narrativa, enquanto linguagem da busca, titubeia quanto ao modo de indagar esses valores adequadamente, ou, pelo menos, apresenta como crítica essa investigação. Incorpora, por isso, a hesitação ambígua à sua técnica de construção: defrontando-se consigo mesma, encaracola-se, volta-se contra si própria. A linguagem criadora é minada pela metalinguagem. O projeto para construir transforma-se, paradoxalmente, num projeto para destruir. A poética da busca se faz uma poética da destruição.[3]

Este projeto rigorosamente radical, de *busca e rebelião* permanente diante das próprias possibilidades da narrativa, lança a obra de Cor-

---

2. Davi Arrigucci Jr., *O escorpião encalacrado: A poética da destruição em Julio Cortázar* (São Paulo: Perspectiva, 1973), p. 21.
3. Ibidem, p. 22.

tázar num labirinto dentro do qual sempre "voltam às voltas", onde o ponto de chegada repõe surpreendentemente as condições iniciais da partida, onde a progressão não progride. Acionando um poderoso arsenal de técnicas corrosivas, entre as quais a paródia, o efeito de dissonância, a fragmentação minuciosa da palavra, da sintaxe da frase, do texto inteiro e do próprio livro, a colagem de textos alheios, a exposição de um discurso teórico implícito que critica a ficção que o contém etc., tudo isso leva a obra de Cortázar a extremos de ambiguidades que a fazem oscilar entre a desintegração caótica e o mais completo silêncio.

O exame dessa atitude destruidora em face da linguagem permite situar amplamente a estirpe à qual pertence Cortázar, e que atravessa o romantismo, o simbolismo, para atingir o ápice da força demolidora com o dadaísmo e o surrealismo, e seus desdobramentos contemporâneos. Mas a evolução de nosso autor é bem diversa daquela que ocorre com os nomes mais típicos do experimentalismo moderno, Mallarmé e Joyce, que parecem conduzir suas obras de modo linear e progressivo rumo ao impossível, através de um crescente estilhaçamento da linguagem. Como nota Davi,

> [...] mesmo após uma radicalização do aspecto demolidor em *Rayuela*, voltam os poemas (até sonetos), em que se imbricam as metáforas e os contos fantásticos, ao lado de reflexões críticas e da própria meditação sobre a impossibilidade de se ir adiante. Cortázar mantém em permanente tensão os polos opostos que se digladiam na própria consciência criadora. A hesitação está no âmago da obra.[4]

Radical mas não suicida, Cortázar faz de seu projeto destruidor apenas um *meio*, sem dúvida sumamente problemático, para atingir uma forma superior de construção. Neste caso, quanto mais consequente for o autoquestionamento da narrativa, mais consequente será o resultado construído. Sem o risco da perfeição não se atinge a perfeição do risco. É dentro desta sistemática que Davi estuda os três momentos fundamentais da obra de Cortázar: o da destruição anunciada ("El perseguidor"), o da destruição visada ("Las babas del

4. Ibidem, p. 112.

diablo"), e o da destruição arriscada (*Rayuela*). Nesses três ensaios, verdadeiros modelos de análise literária, Davi explicita, respectivamente, certos procedimentos sem os quais não seria inteligível a poética de Cortázar: o jazz, a fotografia e a montagem.

Convém agora insistir no ponto central, exatamente aquele em que os textos de Cortázar e o de Davi correm perigos semelhantes. Como interpretar, do ponto de vista de uma *teoria* literária, o experimentalismo técnico ininterrupto que reside no ritmo das vanguardas modernas? Como salvar a obra de Cortázar sem que seja preciso fazer concessões de método?

ALGUNS PONTOS POLÊMICOS

O que pretendemos aqui é apenas chamar a atenção para certas dificuldades que surgem do lado da *conceituação* da literatura enquanto arte. Ao abrirmos o livro de Davi nos deparamos com algo surpreendente: onde estão aquelas intermináveis teorizações abstratas que são a marca registrada dos intelectuais brasileiros de agora? A novidade, e também o mérito, começam aqui: Davi não faz teoria da teoria, mas analisa obras. E é neste movimento essencialmente *prático*, sem o qual nenhuma teoria prova consistência, que expõe, implicitamente, sua visão orgânica da literatura. E os problemas que é chamado a resolver em Cortázar são semelhantes àqueles que evita em sua própria análise, os impasses da *metalinguagem*. No âmbito da ficção, qual a importância temática de tais impasses?

Se o projeto básico de Cortázar é inseparável de uma busca de revelação do real, e se tal revelação não se fez sem a "desautomatização" dos moldes enrijecidos da linguagem, então cabe indagar sobre dois problemas centrais e vinculados: as novas relações que a linguagem artística deve estabelecer consigo mesma, para que possa estabelecer relações novas e mais profundas com o real que pretende revelar. Se a linguagem não tem história autônoma e nem é fonte exclusiva das significações que elabora, isso é porque subjacente a ela, e relativizando-a, estão as significações *mutáveis*, pré-formadas pela história, e que são a matéria-prima natural de qualquer arte.

Ora, ao se lançar na aventura radical metalinguística, a tendência da literatura é perder sua função essencialmente *mediadora*, desligando-se da história para ir em busca de um sentido que o transcende, e desde o início inatingível. É justamente esta vertigem do inalcançável que realimenta a retomada cada vez mais radical do projeto, o que, no plano da composição, parece liberar a linguagem para a possibilidade de um experimentalismo sem freios.

A perda da dimensão imanente das significações e de sua dependência escrita do caráter autoproduzido da história humana impede o reconhecimento de que, subjacente ao projeto de "invenção permanente", pode estar se ocultando outro, aquele que tematiza a pura infinitude de um vazio em constante variação técnico-formal. No limite, o que está em discussão é a viabilidade de uma renovação radical, não *formalista*, das formas e técnicas artísticas de representação. Do ponto de vista das categorias estéticas, trata-se de uma tomada de posição mais firme em relação ao valor problemático da *alegoria* (forma abstrata de significar) enquanto princípio estruturador da forma artística.

A obra de Cortázar está no centro desses problemas, e achamos que talvez haja, em certos pontos da interpretação de Davi Arrigucci Jr., certa imprecisão a respeito. Por vezes temos a impressão de que o analista se deixou fascinar demais pelo texto que analisava, desta relação amorosa teria nascido certa cumplicidade capaz de interferir no julgamento. A enorme simpatia de Davi Arrigucci Jr. pela obra que estuda pode ser notada em seu próprio estilo, visivelmente inspirado na atmosfera criativa que emana da obra de Cortázar. Mas na raiz dessa simpatia está uma atitude positiva, que cada vez mais vai se tornando rara entre nossos analistas da literatura.

O MISTÉRIO DO RIO E DE SÃO PAULO

O leitor que me acompanhou até aqui está convidado a meditar sobre um tema que não deixa de ter o seu mistério. Vejamos: por que será que trabalho intelectual que se faz em São Paulo é tradicionalmente tão mais sério, em todos os sentidos, do que aquele que vinga no Rio? Pelo menos no âmbito acadêmico isto me parece uma verdade desconcertante: um ensaio do gabarito de *O escorpião encalacrado* dificilmente poderia ter sido feito no Rio, onde o estilo de reflexão intelectual que predomina tem outras características.

Ficando apenas no nível da constatação, já que as razões explicativas estão fora do alcance desta resenha, seria possível enumerar ao acaso alguns sintomas dessa diferença. Primeiro noto, no livro de Davi, uma atitude que me parece modelar: o absoluto respeito e atenção pela autonomia da obra que analisa, subordinando a tarefa crítica ao trabalho paciente e minucioso de interpretação e explicitação de seus significados.

A concepção que prevalece nos meios acadêmicos cariocas é bem outra: a teoria é quase sempre reificada, passando a se bastar a si mesma, e as obras literárias são como que apenas toleradas, um fardo de que a teoria se deve desfazer na primeira oportunidade. O importante é a teoria de cada um: as obras são *usadas* crescentemente apenas como *casos ilustrativos*, meras referências que servem para exemplificar a onipotência autossuficiente das teorias. O leitor que quiser ver com os próprios olhos pode consultar qualquer exemplar da *Revista de Cultura Vozes*.

Outro ponto que é notável no livro de Davi, altamente erudito e bem informado, é a ausência radical de qualquer concessão ao modismo intelectual, vício que na ilustração carioca é coisa crônica e de rotina. Correlata desta atitude de Davi é a ausência de preconceitos e a completa independência intelectual com que incorpora à análise, sob controle rigoroso, as diversas contribuições de autores e teorias com quem não se identifica totalmente.

No prefácio escrito por Antonio Candido lemos o seguinte: "É curioso que no método de análise usado aqui não haja marca nenhuma da corrente mais em moda até bem pouco, o estruturalismo". Na serenidade dessa constatação não deixa de haver certa ponta de ironia, pois Davi solicita, sempre que precisa, as ideias de Roland Barthes, Claude Bremond, Lévi-Strauss etc., mas apenas na hora certa e para as finalidades específicas a que servem. Esta atitude é praticamente inexistente no Rio, onde prevalece feroz campeonato entre grupos teóricos rivais, cada um representando religiosamente a seita epistemológica a que pertence, geralmente com sede na França. Um pequeno teste de cultura geral para distrair meu leitor: quem é o representante de Jacques Lacan no Rio? E o de Althusser? E o de Greimas? E o de Foucault? E debaixo desse clima muda-se de ideias como quem muda de gravata.

Mas nunca será demais recordar que Davi Arrigucci Jr. faz parte de uma equipe de estudiosos e pesquisadores que se formou sob a orientação intelectual segura e incomparável de Antonio Candido, sem nenhum favor nosso maior nome em assuntos de história e teoria literárias. Também não é demais antecipar a publicação próxima de uma tese sobre Machado de Assis, de um ex-assistente de Antonio Candido, Roberto Schwarz, e que é dos ensaios de interpretação literária mais vigorosos já produzidos no Brasil. Caro leitor: quais seriam os motivos que explicam o modismo e superficialismo da vida intelectual carioca? Para concluir, vejamos um fato interessante. Quando passou pelo Brasil, Cortázar deu uma entrevista para o jornal *Opinião*.[5] Perguntado sobre suas relações com a crítica literária, respondeu:

> Aqui no Brasil há um jovem chamado Davi Arrigucci, de São Paulo, que escreveu uma tese de doutorado sobre meus livros, que tem um título muito bonito em português. Fiquei fascinado porque é um livro maravilhoso. Não é um livro de elogio, é um livro de crítica, é uma tentativa de buscar as direções, as linhas de força de toda a minha obra. Porque eu escrevo um livro após o outro, sem pensar no anterior nem no que virá. Ele, como crítico muito inteligente, faz síntese, tem uma mentalidade sintética e me mostra coisas que eu não podia suspeitar. Neste sentido, a crítica me é muito útil.

5. Abel Silva, "Cortázar no Brasil: entrevista. O absurdo otimista", *Opinião* (Rio de Janeiro, n. 15, 12 fev. 1973), p. 6.

Crítico à vista[1]

José Guilherme Merquior

Esfregue os olhos, leitor: temos livro de crítica, no duro: *Achados e perdidos*, de Davi Arrigucci Jr. O gênero se tornou tão raro que é preciso saudar o acontecimento, praticamente único ao lado do recente *O pai de família*, de Roberto Schwarz. Que alívio ler uma crítica feita de autênticos *ensaios* (e alguns diálogos, ensaios orais)! Ó plúmbeas teses em livro que vossos autores e autoras dizem sisudas por serdes "sérias": se sois tão chatas e arrevesadas, é porque eles não sabem escrever, nem têm nada a dizer, embora não se pejem de publicar! Por vossa causa, a vera crítica virou sapo-cururu, murmúrio quase inaudível no fundo do rio das letras. Tanto mais louvor merece essa quase quinzena de textos, escritos desde 1966 (e incluindo alguns deliciosos pastiches de Manuel Bandeira e uma não menos saborosa e perspicacíssima página sobre as crônicas também algo bandeirianas de Rubem Braga). O todo me parece situar o autor na primeira fila dos nossos intérpretes da coisa literária, alguém a ser colocado entre a eminência de um Antonio Candido e a sutileza de um Alexandre Eulálio.

De resto, o hispano-americanista em Davi já era bem conhecido, desde o seu belo estudo sobre Cortázar, *O escorpião encalacrado*. Fiel a esses começos, o autor aborda agora o conjunto da ficção hispano-americana dos últimos quarenta anos, e ainda encontra tempo para cuidar despreconceituosamente de pelo menos um poeta moderno, o controvertido Pablo Neruda. Davi organiza o rico manancial da nova narrativa da América hispânica em três grandes raças estilísticas, distintas mas nem sempre separadas: romancistas de apropriação

---

1. Publicado originalmente em *Jornal do Brasil*, 5 jan. 1980. Recolhido em José Guilherme Merquior, *As ideias e as formas* (Rio de Janeiro: Nova Fronteira, 1981).

da oralidade (Vargas Llosa, Roa Bastos, Juan Rulfo); poetizadores da ficção por meio de uma exacerbação de processos retóricos (Asturias, Carpentier, Lezama Lima, García Márquez, o Ernesto Sabato de *Sobre héroes y tumbas*); enfim, mestres da ironia e da paródia no interior da própria narrativa, como Borges, Cortázar, Cabrera Infante. Somente essa maneira de encaminhar a análise dessas três direções ficcionais já constitui não pequeno avanço crítico. Não sei, porém, se concordo com Davi no tocante à apreciação de Cortázar, valorizado por ele como o ápice da radicalidade nessa ilustre galeria. Será exato que, na obra do autor de *Rayuela*, o risco do jogo narrativo, esse constante roçar a dissolução da literatura, apresenta, *em termos globais*, algo realmente superior ao mero malabarismo virtuosístico? Serão os emblemas da visão humana de Cortázar — os famas e cronópios e *tutti quanti* — suportes suficientes de qualquer aprofundamento da literatura como sonda moral?... Ou será que se pede pouco, nesse plano, a Cortázar, talvez devido a uma consciente complacência com um talentoso epígono de Borges que, ao contrário do mestre, esposa um anarco-esquerdismo de bom tom? Em todo caso, é difícil superar, diante de muitos de seus textos, a impressão de superficialidade — de pensamento tanto ou quanto de expressão.

Não que eu deseje enquadrar Cortázar, nem quem quer que seja, no espartilho de alguma definição ideológica pretensamente mais "crítica". Ao contrário: seria o primeiro a reconhecer, como Arrigucci, que o realismo social pode muito bem brotar — como no Valle Inclán de *Divinas palabras* — de uma visão religiosa. Mas é que a "radicalidade" cortazeriana me parece muito mais de forma que de conteúdo — e hoje me confesso mais frio do que nunca ante o grau de formalismo e esteticismo absorvido por muito da poética difusa que preside a novelística hispano-americana do "boom". Aliás, Cortázar à parte, o próprio Davi se apressa a pôr as coisas na justa medida ao sugerir que García Márquez não chega a ser grande literatura, apesar da imensa badalação em torno dos *Cem anos de solidão*. Badalação excessiva, quando excelentes ficcionistas, como os uruguaios Onetti e Felisberto Hernández, permanecem na sombra do favor do público e dos estudiosos.

Em seu prefácio, o crítico se declara partidário da fusão de referência histórico-social e análise estilística (e merece parabéns por seu desassombro ao fazer o elogio dos *numes tutelares* de Tia Estilística, prestimosa dama torpemente escarnecida por grande número dos ignaros devotos da estruturalice *et caverna*). No corpo do livro, a síntese histórico-formal se torna bastante efetiva, a começar pelas observações sobre a relação entre defasagem na mudança de estilos artísticos, da matriz europeia para a América Latina e as resultantes mesclas estilísticas nesta última (tipificadas pelo "modernismo" Belle Époque). É como se Davi delineasse uma teoria irmã das "ideias fora do lugar" de Roberto Schwarz: a teoria dos *estilos* fora do lugar.

Mas o núcleo teórico de *Achados e perdidos* são reflexões em torno do porquê da *alegoria* nas letras latino-americanas de hoje. Aqui, às vezes, a referencialidade social da análise tende a ficar meio abstrata (o que significa "a amplitude da história do capital"?); mas a caracterização é certamente iluminadora. Ela toma de Walter Benjamin e Lukács a ideia de que o *símbolo* corporifica a totalidade histórica, enquanto a *alegoria*, estrutura mental religiosa numa época já sem crença, fragmenta esse nexo, e só alude a totalidades de conteúdo vazio. Só que Lukács *condenava* o alegórico, e com ele a literatura moderna; Davi a justifica pelo momento histórico, especialmente em regiões onde, como na América Latina, a modernidade ainda é modernização e, portanto, convive e colide com tempos diversos e antagônicos, turvando a vista do processo global.

A partir daí é que o autor, em diálogo solto com outros críticos do sul (diálogo esse, a meu ver, destinado a comandar por um bom tempo o debate sobre o tema), passa a sopesar nossa última ficção. Registra uma vontade *mimética* no romance brasileiro dos anos 1970, retomando, depois da enfática estatização de Guimarães Rosa, os impulsos documentais de nossa tradição narrativa, consideravelmente menos inclinada ao fantástico do que *las letras hermanas*. A ideia da mitigação do fantástico entre nós recorre num ensaio sobre um dos nossos poucos bons contistas do gênero, Murilo Rubião. Mal resisto à tentação de aproximá-la de um tema de Sérgio Buarque de Holanda em *Visão do paraíso*: o motivo das "atenuações plausíveis" a que os escritores coloniais luso-brasileiros, em contraste com seus equivalentes hispânicos, costumavam submeter o ímpeto visionário da literatura do Eldorado. Parecemos pouco dotados para fantasticar tanto o absurdo quanto a utopia...

Mas Davi tem suas dúvidas acerca do nível de realização desse retorno ao mimético, com frequentes recursos à imitação da prosa de jornal, mas, a rigor, veículo nem sempre adequado de modernas alegorias. Em geral, ele acha o padrão desse tipo de escrita bem inferior ao do modernismo. Se desse defeito certamente escapam Paulo Emílio Sales Gomes ou Renato Pompeu, ou ainda, em posição mais representativa da mencionada volta ao mimético, um Antonio Callado, sagazmente lido numa perspectiva de passagem do personagem-símbolo (*Quarup*) à construção mais alegórica (*Reflexos do baile*), dele não fica isento o Paulo Francis de *Cabeça de papel*.

Davi aponta com justeza as deficiências desse romance intelectualmente ultrapretensioso, no qual o "estilo trator" agride até os personagens, sem lograr plasmá-los acima da mera singularidade e contingência. Francis replicou a essas objeções perfeitamente civis com ataques pessoais da maior grossura, dirigidos contra Davi, Antonio Candido e Roberto Schwarz. Canastrão do articulismo nacional (do articulismo e não do ensaísmo: ele não tem a menor ideia do que seja ensaio), espécie de intelectual para intelectualoides, Francis vive injuriando o que ele não tem condições de compreender, e escrevinha com uma teutônica sem-gracice, que não lhe consente sequer a estética do insulto — quanto mais chegar à sola dos pés da cultura, da sensibilidade, em suma, da validez dos que ele tenta atingir. Nosso Arrigucci é o vinho de outra pipa. Um senhor crítico escritor, desses que não se fazem mais. Faz tempo, outro crítico professor (mas nada escritor) de São Paulo decretou, do alto do seu formalismozinho subparisiense, que "o crítico é o seu método". Que nada; quem tem razão é o velho T. S. Eliot: "Só existe um método: ser muito inteligente". Nesse sentido, Davi é um crítico eliotiano, e *Achados e perdidos*, um pequeno grande livro de crítica.

Quem é o narrador[1]

Silviano Santiago

Depois de um indispensável livro sobre Julio Cortázar (*O escorpião encalacrado*, 1973) e de uma série de ensaios que demonstrava pleno poder sobre a criativa palavra crítica (*Achados e perdidos*, 1979), Davi Arrigucci Jr., professor de teoria da literatura na USP, retorna às livrarias com uma nova coleção de ensaios. Trata-se de *Enigma e comentário*, cujo subtítulo é duplamente esclarecedor das intenções do crítico: *Ensaio sobre literatura e experiência*. A palavra "ensaio", colocada no singular, frisemos, não é erro tipográfico. Apesar de reunir ensaios publicados entre 1981 e 1987, a eles acrescentando dois inéditos, e apesar de os ensaios terem sido escritos para situações diversas (suplemento cultural, revista especializada, conferência etc.), a coleção deles acaba por compor harmoniosamente um longo e único ensaio, radical na seleção de textos a serem analisados e obsessivo na compreensão metodológica da literatura. A espinhal dorsal mais aparente do livro é um outro ensaio, "O narrador", de Walter Benjamin. Neste, como se sabe, Benjamin lançava-se à aventura de compreender o narrador "primitivo". Seus protótipos são o marinheiro e o lavrador. São estes que, anonimamente, intercambiavam com interlocutores, também anônimos, histórias do além-mar e histórias da tradição local, dando à atividade de narrar uma dimensão artesanal, comunitária e utilitária.

Segundo Benjamin, o narrador "primitivo" sofreu dois sucessivos revezes a partir do século XVI, de tal modo que a atividade a que se dedicavam chega completamente descaracterizada aos nossos dias. Hoje "a arte de narrar está em vias de extinção". O primeiro golpe foi-lhe dado pela invenção da imprensa. Com o livro, aboliu-

---

1. Publicado originalmente em *Leia*, São Paulo, out. 1987, p. 45.

-se o intercâmbio de histórias entre homens experientes, já que o narrador passava a se comunicar pela escrita de um indivíduo isolado e que não mais recebia nem dava conselhos. O jornalismo foi o segundo golpe: pela narração passava-se não mais experiências ao leitor, mas informação, e esta já chegava acompanhada da interpretação do fato. Se o primeiro revés abole os interlocutores e torna o leitor refratário aos conselhos do narrador (e vice-versa), o segundo retira do leitor a liberdade de interpretar.

Apesar dos dois rudes golpes, a investida crítica de Davi — como a de alguns outros colegas seus da Universidade de São Paulo — é a tentativa de resgate do narrador "primitivo" nas obras da modernidade e, em particular, do nosso modernismo. Afirma Davi, adiantando a sua tese:

> Nos últimos cinquenta anos, que nos afastam do ensaio do pensador alemão (Benjamin), a literatura latino-americana de modo geral e a brasileira em particular têm demonstrado a persistência de formas que nascem mais ou menos ligadas à tradição da narrativa oral. É mesmo este um terreno dos mais fecundos, onde surgiram algumas de suas obras mais complexas e originais. O narrador continua nos contando histórias, apesar de tanta desconfiança moderna com relação à narrativa e seus modos de ilusão.

A escrita crítica de Davi, além de radical nos cortes e obsessiva na orientação, é abrangente quando isola um detalhe, é límpida quando disseca complexos mecanismos textuais, é erudita sem se ater a múltiplas e longas citações, é formal quando compreende o processo social. Como dar conta aqui — nesta curta resenha — do que existe de abrangência, complexidade, erudição e historicidade no ensaio de Davi, se essas características se dão no concreto da escrita pelo seu oposto? Impossível. Contentemo-nos por ora com ter anunciado não só os recortes que faz na literatura latino-americana, mas também a persistência metodológica, já que para tarefa mais subterrânea seria preciso revirar o livro pelo seu avesso. Ou seja: ser longamente explicativo.

De qualquer maneira, é lúcida e moderna a maneira como Davi, pela sua análise estilística, articula em todos os ensaios "o aspecto social" com o "formal", retomando com criatividade e originalidade a lição do mestre Antonio Candido, que aconselha "averiguar como a realidade social se transforma em componente de uma estrutura literária, a ponto de ela poder ser estudada em si mesma; e como só o conhecimento desta estrutura permite compreender a função que a obra exerce". Escolhendo Manuel Bandeira como exemplo, pode-se ver como a sua "atitude humilde", incorporando uma relação existencial com a pobreza, uma opção pelas miudezas do cotidiano e uma preferência pela dicção coloquial, não é apenas um tema da sua poesia. Trata-se antes de "um valor ético de base, um modo de ser exemplar" que se converte "num princípio formal de estilo".

Seria injusto e perigoso interromper a resenha neste ponto. Deixaríamos de compreender e comentar a outra face da moeda que Davi nos apresenta de maneira bem mais sutil durante todo o livro e que se desmascara no último ensaio: quem é o "narrador" de um livro de ensaios? Pode ser ele semelhante ao narrador primitivo, ou terá de travestir-se em roupagem metafórica para o exercício da semelhança? De que "experiência" extrai ele a sua escrita crítica? Como se dá a "transposição simbólica" dessa outra experiência no texto?

Para responder a essas perguntas, Davi se vale do mestre de todos nós nas "aventuras de leitor": o argentino Jorge Luis Borges. É ele quem alerta Davi para essa aventura de ordem intelectual, a leitura, "*actividade posterior a la escribir; más resignada, más civil, más intelectual*". Escrita e leitura se entrecruzam em Borges, assim como se entrecruzam em toda atividade criadora e crítica, revelando para nós o enigma fundamental da literatura. É dessa forma que Davi lança para nós a figura do "comentador", ele próprio, ao mesmo tempo ensaísta e narrador. É o comentador quem "desdobra uma incógnita inicial, mediante um discurso racional feito de conjeturas sobre o significado do enigma, sem que possa esgotá-lo".

De modo algum poderíamos roubar do leitor o ardor da defesa que Davi faz da leitura, seu resgate para o campo da "experiência"; também seria impossível retraçar em rápidas pinceladas o percurso do seu raciocínio final. Preferimos propor ao leitor de Davi e ao nosso alguns versos de Drummond, em "Biblioteca verde".

Dessa forma, estaremos lamentando a ausência do nosso poeta maior no raciocínio crítico de Davi e, ao mesmo tempo, prestando-

-lhe uma homenagem póstuma. Leiamos uma estrofe de "Biblioteca verde", na qual a rede metafórica deslinda a experiência da leitura aos olhos infantis:

> *Mas leio, leio. Em filosofias*
> *tropeço e caio, cavalgo de novo*
> *meu verde livro, em cavalarias*
> *me perco, medievo; em contos, poemas*
> *me vejo viver. Como te devoro,*
> *verde pastagem. Ou antes carruagem*
> *de fugir de mim e me trazer de volta*
> *à casa a qualquer hora*
> *num fechar de páginas.*

No corpo a corpo do menino leitor com o enigma do livro, no jogo de alteridade indispensável para enfrentar o mistério dos homens e do mundo, tanto esforço intelectual quanto aprendizagem, tanto desgaste emocional quanto alegrias são transportadas *metaforicamente* para o universo medieval das intermináveis cavalgadas. O menino convive com os livros assim como o homem medieval convivia com os cavalos na sua experiência pelo desconhecido. Deixemos a palavra final para Davi, propondo-lhe, no entanto, uma glosa gênero "achados e perdidos":

> De algum modo, Borges e Drummond nos fazem remontar com frequência à atmosfera de encanto e sedução da biblioteca aos olhos do menino — situação primordial onde se geram suas ficções e seus poemas entretecidos nos textos lidos e relidos, e de onde partem, como para Dom Quixote, suas aventuras rumo aos mistérios do mundo.

Crítica de passagem[1]

Beatriz Sarlo

A relação Borges-Cortázar é uma das grandes questões da literatura argentina moderna. Borges foi, de alguma forma, o precursor de Cortázar. Porém, Cortázar não veio para substituí-lo. Borges tornou possível Cortázar, ainda que Cortázar combinasse poéticas (como o surrealismo e o romantismo) que Borges repudiava. O que ambos têm em comum não esconde suas diferenças. Na verdade, diferem mais profundamente do que se assemelham. Essas ideias, que a crítica tem retomado muitas vezes, são vistas de uma perspectiva nova no livro *O escorpião encalacrado*, de Davi Arrigucci Jr.

Arrigucci propõe uma solução original para as diferenças entre Borges e Cortázar, dando uma contribuição considerável para o debate estético. O argumento é complexo, porém, ao mesmo tempo, possui a instantânea nitidez de um golpe de vista que capta as coisas no seu movimento. Arrigucci compara dois contos, "O tema do traidor e do herói", de Borges, e "Instruções para John Howell", de Cortázar. Poder-se-ia dizer dois contos idênticos e que são, porém, radicalmente diferentes pela relação entre o narrador e o narrado. Com efeito, Borges narra à distância e, ainda que o seu narrador careça do saber totalizante do narrador tradicional, de qualquer forma apresenta os acontecimentos da ficção de fora e, quase, de longe. Cortázar, em contrapartida, narra numa terceira pessoa que potencializa ao máximo a grande invenção de Flaubert: o discurso indireto livre, que apresenta uma voz interna à personagem mediante um "ele" que tem a ressonância de um "eu".

---

1. Publicado originalmente em *Folha de S.Paulo* (*Jornal de Resenhas*, n. 10, trad. de Yanet Aguilera, 1 jan. 1996), p. 13.

Na verdade, o discurso indireto livre, como trabalho da subjetividade e de sua deriva experiencial, é profundamente alheio à literatura de Borges. E, ao contrário, é completamente afim à perspectiva de Cortázar, que jamais quis se separar da subjetividade, mesmo que fizesse detonar as formas tradicionais da personagem de ficção. O discurso indireto livre é uma das marcas características do tom cortazariano e é uma das ausências mais deliberadas da literatura de Borges. Isso não tinha sido dito antes, da maneira contundente como o diz Davi Arrigucci Jr.

Daqui poderia surgir — ainda que ele não complete este movimento — uma teoria das diferenças entre Cortázar e Borges, que permitiria pensar de que modo Cortázar se afasta violentamente de Borges pelo caminho em que a literatura costuma exercer suas violências: a mudança das formas que, por sua vez, tem que ver com a diferença na percepção dos sujeitos, a desigual confiança no poder da paixão, do desejo e da sensibilidade. Borges prescinde da proximidade subjetiva e só confia na distância da literatura — daí seu narrador exterior aos fatos narrados. Cortázar encontra na subjetividade — no erotismo, em formas pulsionais do bebop e do surrealismo — a única maneira de arrebentar o nó de inadequação e de falsidade que comprime a literatura. Borges, como bom agnóstico, não pensava em termos de inadequação e falsidade. Cortázar, em contrapartida, denuncia sem cessar a falsidade do clichê instalado como obstáculo cotidiano que nos separa de uma verdade que poderia estar, ainda que não inteiramente, em alguma parte.

A inteligência dessa anotação crítica não é o único mérito do ensaio de Davi Arrigucci Jr. As consequências que extrai da tese central, que dá título ao livro, desdobram-se no capítulo final em que, a partir de *Rayuela* (*O jogo da amarelinha*), caracteriza o modo da ficção cortazariana como "atomização caleidoscópica do relato em partículas recombináveis segundo diferentes direções de leitura". Nesta frase brevíssima de um livro extenso, encontro uma das definições mais precisas da disposição dos materiais literários na escrita de Cortázar. Efetivamente, ali está a fragmentação que torna possível a colagem, a combinatória, que abre as portas do acaso e impõe o aleatório sobre o causal, e a pluralidade hermenêutica, que é uma das condições básicas de uma literatura que mostra sua qualidade incompleta, sua produção incessante e nunca fixa de sentidos.

Para chegar a esta frase, Arrigucci apresentou uma armação muito complexa de hipóteses que se repetem, se imbricam e se sucedem em espirais e amplificações. Essa armação sustenta a qualidade ensaística de *O escorpião encalacrado*, que propõe um desenho — uma figura, diria Cortázar — caracterizado pelo entrelaçamento duma mesma linha intensa de argumentação: a saber, que a literatura de Cortázar apresenta os instrumentos de seu próprio questionamento, isto é, que se trata de uma literatura que se critica e se observa a si mesma no processo de escrita. O escorpião morde a própria cauda: o ácido da crítica vanguardista à instituição literária e aos limites da escrita corrói o próprio texto no qual se atacam a instituição literária e seus modelos de escrita não reflexiva.

Num percurso que passa pelas vanguardas, e especialmente pelo surrealismo e pelo dadaísmo, o ensaio de Arrigucci chega ao maneirismo, no qual se encontra essa representação em espelho da literatura, esse espelho que reflete outro espelho, essas caixas chinesas da obra dentro da obra, que nos remetem — afirma Arrigucci, e nisto segue Arnold Hauser — à experiência da alienação, à visão de si como se eu fosse outro, ao questionamento de toda realidade pelo seu reflexo. No jogo, na dissolução dos gêneros, na crítica ao estereótipo, nas metáforas que comunicam literatura e jazz, Cortázar busca a superação de um dilema: a literatura fixa sentidos, e assim impede o desdobramento de uma autenticidade de conhecimento que, numa continuação dos românticos e dos surrealistas, tem que ver com a destruição de toda fixidez de sentido. Cortázar, afirma Arrigucci, busca uma expansão do conhecimento pelas vias duma violação dos costumes literários preexistentes, um forçar os limites da literatura, uma liberação da energia transracional do saber poético. A empresa literária é, em si mesma, uma busca de verdade, uma deslocação para fora. E isto, acredito, é uma das distâncias mais claras entre Borges e Cortázar: em Borges não há esta pretensão e não há também um ponto para o qual a literatura deva tender para fora de si mesma. Arrigucci não sublinha esta diferença, porque sua própria empresa crítica me parece mais próxima à de Cortázar que à de Borges. Como escreveu Antonio Candido, em seu prólogo de 1973, Arrigucci se coloca na perspectiva de uma "adesão simpática". Seu ensaio, em muitos aspectos, tem essa qualidade porosa que ele encontra nas ficções de Cortázar: essas pontes, galerias e túneis pelos quais se passa de um mundo a outro, de um tempo a outro. A porosidade do livro de Arrigucci se desdobra magnificamente na liberdade extrema com a qual organiza a leitura dos textos cortazarianos sem se ater à ordem da cronologia. Opera sobre a obra de Cortázar (excluindo 62 — *Modelo para armar*, um romance, em minha opinião, mais importante do que se acredita) como se fosse um hipertexto gigantesco, que se percorre, depois de um estalido, nas direções mais diversas. Esta liberdade na organização de seus materiais, esta crítica de passagem entre um relato e outro de diferentes livros ou diferentes épocas, distancia o ensaio da aridez acadêmica. Arrigucci, que conhece as precisões da teoria, escreve sobre Cortázar com uma vibração que sempre nos comove na melhor crítica.

Recorte e minúcia[1]

Flora Süssekind

Se o livro mais recente de Davi Arrigucci Jr., *O cacto e as ruínas*, se apresenta como uma espécie de díptico em torno das relações entre história e natureza, resistência e destruição, modernismo brasileiro e vanguardas europeias, poesia e outras artes, talvez seja possível considerar, ao lado dos ensaios sobre Manuel Bandeira e Murilo Mendes nele incluídos, um outro, sobre Cruz e Sousa, publicado também em 1997, na revista *Poesia Sempre*, e converter esse tríptico virtual em material privilegiado para se examinar o modo peculiar a Arrigucci de apreender as relações entre literatura e história e dar forma à experiência histórica no seu método ensaístico.

À primeira vista, a ênfase no histórico, no seu caso, pode parecer descabida. Sobretudo em se tratando de três análises cerradas de textos singulares — "O cacto", de Manuel Bandeira; "As ruínas de Selinunte", de Murilo Mendes; "Olhos do sonho", de Cruz e Sousa —, sem maiores pretensões generalizadoras ou panorâmicas. No que parecem evidenciar, aliás, uma escolha de Arrigucci. Pois, ao longo de sua produção crítica, há bem poucos panoramas, tematizações de vastas extensões temporais ou exercícios de periodização. Mesmo "Jornal, realismo, alegoria: o romance brasileiro recente", "Tradição e inovação na literatura hispano-americana", incluídos em *Achados e perdidos*, e "Fragmentos sobre a crônica", de *Enigma e comentário*, são, na verdade, panoramas involuntários. Os dois primeiros se apresentam na forma de diálogo com outros críticos; o texto sobre a crônica é resultado de uma entrevista de jornal, depois reescrita pelo crítico.

---

1. Publicado originalmente em *Folha de S.Paulo* (*Jornal de Resenhas*, n. 36, 14. mar. 1998), pp. 1-2.

E, se não faltam visões gerais do trabalho de determinados autores, como os artigos sobre Pablo Neruda e Juan Rulfo, os dois ensaios sobre Murilo Rubião, os dois sobre Rubem Braga ou o texto sobre Bandeira incluído em *Os pobres na literatura brasileira*, é preferencialmente no sentido do exame de um texto em particular que Arrigucci orienta sua perspectiva crítica.

O que já se evidencia em seu primeiro artigo sobre Cortázar, de 1966, a rigor um comentário sobre *Bestiário*, que se transforma, porém, na breve análise de um único texto, "Casa tomada". Num movimento semelhante ao que emprestaria, anos depois, ao estudo de "O perseguidor", função capital na estruturação de todo *O escorpião encalacrado*. Ou ao que o levaria a optar por uma forma de estruturação descontínua em *Humildade, paixão e morte*, estudo da poesia de Bandeira pautado, à exceção do capítulo sobre *Itinerário de Pasárgada*, na análise particular de apenas oito poemas.

EXERCÍCIO DE APROXIMAÇÃO

No que se refere a esse descarte do panorâmico, há um caso verdadeiramente exemplar — o do seu abandono de um estudo geral sobre a literatura brasileira moderna —, relatado por Arrigucci na revista *Magma*:[2] "Houve um artigo famoso, que eu não consegui fazer, um panorama da literatura brasileira deste século para aquela *História da civilização brasileira*, a parte que Boris Fausto dirigiu depois de Sérgio Buarque de Holanda", conta Arrigucci. "Ele me pediu que fizesse toda a literatura moderna brasileira até os dias de hoje. Ele pediu e eu prometi. Mas quem fez foi Guilhermino César, a meu pedido desesperado, depois de mil adiamentos. Boris Fausto até hoje ri de mim por causa disso, porque não consegui fazer." E se, no contexto da entrevista, o caso serve a Arrigucci como demonstração da existência de um tipo de "inspiração", de "um componente do desejo, um componente do imaginário" na escrita crítica, parece, de fato, exemplar de sua compreensão do histórico

2. Entrevista a Neide Luzia de Rezende e Airton Paschoa, *Magma* (São Paulo, FFLCH-USP, DTLLC, n. 4, nov. 1997).

não como sinônimo de contínuo diacrônico, de chave interpretativa, de molde para uma perspectiva totalizadora, mas de dimensão que "se sedimenta na forma".

No caso do seu método crítico propriamente dito, numa tensão entre recorte, particularização, de um lado, e minúcia, explicação detalhada, precisa, completa, sem deixar lacunas, de outro. A opção por um parcelamento da análise, voltada para determinada seção ou detalhe particular de uma obra, mais do que descarte de uma visão de conjunto, parece apontar, no caso de Arrigucci, para a crítica como exercício de aproximação, para a consideração sobretudo dos elementos concretos do texto, do "fazer concreto" do escritor. Daí o aspecto descritivo que assumem com frequência os seus ensaios, aproximando-se por vezes de uma forma peculiar de *ekphrasis*, de representação verbal bastante acurada, não exatamente de algum tipo de representação visual, mas de poemas dotados de configuração ou efeito plástico, que o crítico procura remontar "a partir do detalhe concreto" selecionado.

AS RUÍNAS

Não é de estranhar, portanto, a intensificação do diálogo de Arrigucci, nesse seu movimento de particularização analítica, com a crítica de arte, nítido desde as contribuições dos estudos de Meyer Schapiro e Charles Sterling sobre a natureza-morta para a sua reflexão sobre o poema "Maçã", de Bandeira, ou desde a aproximação entre Nava e Calder que orientaria "Móbile da memória", de 1987. E que, em *O cacto e as ruínas*, se manifesta tanto nas referências explícitas a Lessing, Winckelmann, Herbert Read, Worringer ou Giulio Carlo Argan, quanto na atenção à figuração do cacto pela arte moderna brasileira e latino-americana, contrastada à de Bandeira no seu poema.

E ainda no simples fato de ter sido extraído de uma consideração de Murilo Mendes sobre a pintora Vieira da Silva o dado central para a explicação de sua poética como baseada "numa arquitetura da memória".

Na crítica de Arrigucci, a operação de recorte não se limita, porém, ao seu método de abordagem do literário, mas estende-se da tematização reiterada das ruínas (de "Borges e Quevedo: a construção do nada", ao estudo sobre Murilo Mendes em *O cacto e as ruínas*) ao sujeito dividido, fragmentado, como no ensaio sobre "Boi morto", de Bandeira; da interpretação das enumerações empregadas por Pedro Nava, da estrutura em mosaico de *Reflexos do baile*, de Antonio Callado, ou do emprego da montagem e da parataxe por Bandeira em "Alumbramento", à redução do corpo humano a um único segmento — os olhos — no poema de Cruz e Sousa analisado em 1997. E se, como observa Daniel Arasse no seu estudo, de 1992, sobre o detalhe na pintura, tanto seria possível privilegiar o seu aspecto icônico — enquanto parte de uma figura ou conjunto — quanto o pictural — como marca daquele que o traçou —, talvez, observando a própria escrita crítica de Arrigucci, se possa compreender também esse "princípio de recorte" como meio tanto de inscrição oblíqua do histórico, de visualização das "articulações entre o geral e o particular", quanto de autoconscientização expressiva, tensão entre saber e arte, por parte do ensaísta.

DETALHE PICTURAL

A própria opção, como forma de expressão, pelo ensaio, e não pelo panorama histórico, por exemplo, já funciona, nesse sentido, como "detalhe pictural", traço característico do crítico. Também uma espécie de detalhamento em abismo, de explicação do texto em todas as suas minúcias, característica das análises de Arrigucci, se parece funcionar em sentido inverso, como esforço de totalização, ao seu método metonímico, ao seu recorte do literário em "fragmentos significativos", aponta, na verdade, para um exercício de figuração da própria experiência de leitura, para uma espécie de multiplicação do detalhe, de deslocamento sucessivo da atenção a cada novo elemento analítico, de ênfase, via leitura, na materialidade da escrita. Minúcia que, enquanto rastro de uma experiência literária particular, já aponta, no método ensaístico de Davi Arrigucci, para uma das formas, nele reiteradas, de condensação do histórico no detalhe. A que se poderia acrescentar a bela apropriação da estrutura figural, trabalhada por Auerbach, no modo como Arrigucci relaciona, quase imperceptivelmente, os ensaios sobre Bandeira e Murilo Mendes ao comentário sobre "Olhos do sonho", de Cruz e Sousa. Pois se, a rigor, próximos apenas pela abordagem detalhada, característica a Arrigucci, os três ensaios parecem ligados por uma tensão entre prefiguração ("Cruz e Sousa prepara e antecipa os temas e a linguagem de vasto setor de nossa lírica moderna") e realização (a "poética do assombro" de Murilo Mendes; a apropriação e "superação" da "mescla parnasiano-simbolista" por parte de Bandeira à época de "O cacto"), semelhante àquela que define a estrutura figural para Auerbach. Parecem sugerir, igualmente, em Arrigucci, em sintonia com o seu método metonímico de análise, uma figuração historiográfica fragmentária, pautada na contiguidade contrastante de dois momentos, dois recortes literários que, nessa montagem ensaística, se redimensionam mutuamente e historicizam o gesto crítico que os relacionou.

PAULO PASTA
Retrato de Davi Arrigucci Jr., carvão sobre papel, 2017

Bandeira, Murilo e as artes plásticas[1]

Paulo Pasta

Lidos os ensaios de Davi Arrigucci Jr. em *O cacto e as ruínas: A poesia entre outras artes*, dou-me conta de que me encontrei com a mesma carga poética que recebo lendo um livro de poesia. Em nada sua análise nos afasta do núcleo de emoção dos poemas; antes, a reafirma. Mas não poderia ser de outro modo para quem se concentra tão firmemente na maneira pela qual os poetas encontram o tom, casando-o com o sentido, fazendo da forma da emoção a forma das palavras. Ele lembra, nesse aspecto, o próprio Manuel Bandeira do *Itinerário de Pasárgada*, que faz ver, ali, uma das prosas mais bonitas de nossa literatura. O texto de Davi, parece-me, guarda muito desse jeito simples, mas *completo*, do poeta, mimetizando, assim, um pudor recolocado com cuidadosa precisão.

Essa forma da escrita — moldada pela poesia — tem correlato na forma material do livro, também ele cuidadoso na sua "modesta grandeza", visualmente pensado nos detalhes, vestido de acordo para acolher e desdobrar os dois poemas tratados, eminentemente visuais.

Esses poemas são "O cacto", de Manuel Bandeira (1925), incluído em *Libertinagem*, e "As ruínas de Selinunte", de Murilo Mendes, do seu livro *Siciliana* (1954-5).

O autor — como ele gosta de dizer — faz deles leitura cerrada. No caso de Manuel Bandeira, essa concentração é ainda maior, torna-se quase um acirramento. O fato é que Davi, desde *Humildade, paixão e morte: A poesia de Manuel Bandeira*, vem mostrando ser um dos críticos que melhor leram e entenderam o poeta, repondo o seu legado com voz própria e afinadíssima. O ensaio sobre "O cacto" ao mesmo tempo completa, de certa maneira, esses estudos e os potencia.

---

1. Publicado originalmente em *O Estado de S. Paulo*, Caderno 2, 26 Jul. 1997, pp. 4-5.

À pergunta feita por Gilda e Antonio Candido de Mello e Souza no prefácio de *Estrela da vida inteira* — sobre de onde viria a poesia em Bandeira (um mistério), tamanha a sua simplicidade —, Davi se mantém fiel até o fim.

Ele — tenho a impressão — acompanha o poema com erudição rara, mas nos acompanha ao mesmo tempo. De que outra maneira proceder diante dessa poesia que parece pedir desculpas por ser poesia, a ocultar o trabalho com tamanha poda? (Nesse sentido Murilo Mendes é mais "poeta", usa com mais largueza os recursos da lira, inclusive permitindo-se errar mais.)

A leitura cerrada, porém, nunca se transforma em um esquartejamento, pois o autor não perde a medida nem a relação com o todo. Antes, ele se aproxima de uma amplificação máxima do pormenor, principalmente na leitura de "O cacto", como já disse. Nas "Ruínas", Davi mantém o voo mais alto, o que lhe dá mais inspiração, e, à análise, o sentimento de apreensão emocionada.

As leituras dos poemas são autônomas, mas o livro possui forte unidade. É como se existisse uma leitura suspensa sobre a outra, virtualidade constituída pelo tangenciamento entre os poemas, que se tocam e permitem analogias de forma e conteúdo. Muito acertadamente, Davi escreve no ensaio sobre Murilo Mendes: "a analogia sempre foi o meio de se buscar a unidade do plural"; como também: "a analogia parece uma solução instantânea para o problema formal, pois permite descobrir, num átimo, uma imprevista harmonia em meio do desconcerto geral das coisas". Deixo claro, no entanto, que o livro não força esse efeito, não o utiliza como um recurso construtivo objetivado: ele o deixa aparecer naturalmente, o que nos coloca concretamente diante de uma nova e imprevista harmonia.

O primeiro ensaio traz o Manuel Bandeira da maturidade, "pronto para ser livre", com as marcas profundas de sua lírica, principalmente no manejo magistral do verso livre. No Brasil, como ensina Davi, se ele não é o pioneiro nesse uso, é o poeta que justifica plenamente sua existência.

Nesse poema, desde o primeiro momento, o que chama a atenção é o caráter emblemático, a par da simplicidade de construção. Podado no seu discurso lírico, ele voluntariamente se reduz às palavras essenciais do assunto. Esse caráter emblemático está na raiz metafórica do poema: desde o princípio se confere forma humana ao conteúdo natural. Da natureza, passamos à história: segundo o autor, "o cacto é primeiro gesto e drama; depois, gesta e história; por fim, um exemplo de beleza e resistência moral", desdobrando-se em várias dimensões articuladas, encenando a tragédia humana "no plano mítico da natureza, no da arte europeia, no da realidade brasileira (no sertão e na cidade) e no próprio plano pessoal".

A maneira pela qual é conduzida a análise nos mostra esse drama construído desde dentro, pelas palavras.

A tensão dessa história de morte do cacto não é só "literária". Manuel Bandeira realiza entre a forma do poema e seu assunto uma "adequação mimética", em que "a mais alta emoção como que brota da secura: condizente com o cacto, a forma despojada tende a imitar a natureza do objeto". Principalmente sob esse aspecto, o ensaio de Davi se apresenta na sua grandeza: capaz de cotejar com virtuosismo gênese poética e forma estrutural, abrindo para nós o poema nos seus mais imprevistos conteúdos e relações. Ele finaliza mostrando também o poema como uma fábula de beleza moral, o que permitiu ao poeta, humanizando o seu objeto, realizar a difícil conjunção harmônica entre ética e estética.

Outro poema de Manuel Bandeira, anterior e menos contundente que "O cacto", mas que, parece-me, também toma como tema um elemento da natureza, humanizando-o, é "A mata" (1921). Enquanto "O cacto" é morte, "A mata" é presságio. A mata torna-se metáfora do coletivo, enquanto o cacto, como mostra o autor, é exílio, tema caro à poesia brasileira. Exílio que seria o do próprio Bandeira, vivendo em terra estranha, sofrendo a morte dos seus, principalmente a de seu pai, conteúdo esse também entrevisto em "O cacto" e desentranhado por Davi, mas apenas assinalado, talvez porque lido "no nível da psicologia profunda do poeta".

No outro ensaio, o autor faz, na introdução (para mim uma revelação), um estudo emocionado desse lugar estranho que Murilo Mendes ocupa na poesia brasileira, chamando para ela contradições tão nossas como aquelas entre espiritualidade e sensualismo, humor e seriedade, coloquialismo e erudição etc. Essa introdução, parece-me, é na verdade uma síntese crítica do poeta, visto como aquele que, dentre os nossos grandes, ocupa o "lugar do assombro", de quem praticou "uma arte de extremos".

No seu livro *Siciliana*, Murilo Mendes alcançou finalmente uma unidade rara, resolvendo melhor a questão formal — o que foi, talvez, o seu maior problema. Fazendo um recorte mais decidido no espaço e no tempo e uma escolha precisa do assunto dos poemas, ele alcançou manter-se em contato direto com a sua força geradora, e essa dificuldade com a forma tornou-se menos pressentida.

A construção de "As ruínas de Selinunte", nesse aspecto, é notável: o poeta pratica a mesma adequação mimética apontada em Bandeira, ajustando a emoção ao lugar que a inspirou, tornando interior e exterior adequados, conferindo "aparente inevitabilidade e poder de convencimento à forma artística, que se sente então como perfeitamente realizada".

O poema é dividido em duas estrofes: a primeira, quase pura descrição das ruínas gregas de Selinunte, e, a segunda, uma reflexão sobre a condição humana, baseada na observação dessa imagem. Com a primeira estrofe, o poeta constrói uma espécie de "pictograma", de onde retira o sentido moral dessa "figura emblemática" contida na segunda.

Enquanto em "O cacto" partimos da natureza para a história, na imagem das "Ruínas", "desmanchada em pedras, a história se transforma em paisagem". As imagens que o poema usa realizam uma transposição: retiradas do contexto natural, elas passam a "exprimir, como um exemplo, a medida do homem e de seu destino na natureza". Transformam-se assim as ruínas em "teatro do mundo", onde o homem — repetindo o ciclo de morte da natureza — encena o seu destino trágico.

Como "O cacto", a poesia de Murilo Mendes também é imagética. Além de tentar reconhecer visualmente um lugar, é a sua própria visualidade que nos chama a atenção: "a opacidade da linguagem é tal que dá na vista, ressaltando a visualidade do poema, antes que o sentido".

Esse drama seria então, antes de tudo, desenhado na própria sintaxe (materializado nela) e plasticamente construído por palavras, "como módulos no espaço". Davi faz, a partir disso, uma análise imprevista do poema, inclusive mostrando um Murilo mais construtivo que surrealista. Esse seu modo de ler, permeando significado e construção, acho que é das coisas mais bonitas que sua leitura pode ensinar.

Assim, é também de modo natural e internamente motivado que surge outro aspecto importante das análises, que não mencionei — a correspondência entre os poemas e as artes plásticas. Para Manuel Bandeira são invocados Tarsila do Amaral e Lasar Segall; para Murilo Mendes, este que praticou um surrealismo difuso, "tocado de ouvido por um mineiro", Marc Chagall ("à moda da casa"), e, também pela profunda amizade que os uniu, Ismael Nery.

Fiquei pensando na possibilidade de uma operação inversa: será que a pintura desses artistas (excetuando Chagall, por motivos óbvios) nos remeteria à poesia desses autores? De uma maneira pronta, direta, acho difícil.

Claro está que uma tentativa como essa de Davi, de aproximar ambas as áreas, é rara entre nós e, antes de tudo, enriquece muito nossa prática cultural. Mas, voltando à questão, será que Manuel Bandeira, posto par a par com alguns de seus contemporâneos em artes plásticas, encontraria neles algo como um real espelho do que faz sua superior qualidade? Com alguns isso seria possível, com outros, não. São vários os porquês disso, e penso que o próprio Davi nos fornece a chave para apontar a principal causa.

Essas duas imagens — o cacto e as ruínas — usadas pelos poetas não se constituem, nos poemas, apenas em tema (estaríamos aí mais próximos de uma ideia parnasiana de forma), ou em simples detonadoras de epifania; antes, elas *engendram* a forma de maneira a torná-la também sentido. Como revela o autor, elas se materializam na sintaxe do poema, dotando-o daquela *forma*, digamos, íntegra, percebida no seu mais amplo significado.

Com a maioria das obras dos pintores citados não ocorre algo parecido: essa questão seria um dos principais pressupostos da modernidade e, aqui no Brasil, no princípio, foram poucos os artistas plásticos com faro suficiente para chegar lá. Tarsila do Amaral e alguns de seus companheiros de geração procuraram, naquele momento do modernismo, uma matriz brasileira, uma forma capaz daquela utopia de comunicação com o país (Lasar Segall também, quando, ainda estrangeiro, busca aqui, num primeiro instante, uma imagem que nos denuncie e, no seu caso, à nossa sofrida condição). Tudo isso, que nesses artistas estava também impregnado de uma vontade de arte nacional, em Ismael Nery ganharia um influxo mais subjetivo, menos social, que não o livraria, porém, de sofrer igualmente dessa "fraqueza" formal, digamos assim.

Essas formas transpostas originalmente do cubismo, do expressionismo e do surrealismo obtiveram em algumas experiências literárias melhor resolução. Enquanto na maioria desses pintores elas foram usadas iconograficamente, de modo apenas temático e até formalista, denunciando uma transposição rasa, em alguns poetas tiveram outro empuxo, uma maturação maior.

Estes passaram por uma intensa experiência com a linguagem e puderam, assim, revelar um sentido mais autêntico e atemporal. Não é por outra razão, acho, que Manuel Bandeira rejeitou um de seus poemas, considerado por ele muito "pau-brasil".

Nesse aspecto, o artista brasileiro que a leitura do ensaio sobre Bandeira mais me lembrou foi Oswaldo Goeldi. Na sua obra também não existe lugar para trocadilhos irônicos com o país (feitos na tentativa de dar a este algum sentido), como aquele "abençoada terra", tão cínico, que Bandeira extirpou de "O cacto", deixando apenas "terra". Se existe ironia (e existe), esta não deve ser "enxertada", mas constitutiva, livrando a obra de uma temporalidade e de uma espacialidade presas exclusivamente ao efêmero.

Como Goeldi, Bandeira também não precisa que nada "abrasileire" a sua poesia. Eles são brasileiros *inevitavelmente*, a despeito de qualquer localismo e apelo ao nacional. Ambos falam do ponto de vista de quem não encontra mais lugar — são uma espécie de exilados —, lidam com o presente com estranhamento, à revelia das imagens que os provocam, quaisquer que sejam.

Goeldi também tem relação com Bandeira na potência que coloca em seus meios expressivos. O que vemos — a imagem — é algo que não se dissocia da maneira pela qual foi feito: xilogravura e imagem procuram equivalência na sua poética comovente. Outro exemplo disso é Guignard: o difuso de suas paisagens é também o difuso de sua matéria e pincelada, ambas amalgamadas para construir o sentido.

Volpi é outro pintor do período (só que amadurece mais tarde) cuja lembrança me ocorre ao pensar nessas questões. Aquele enxugamento promovido na poesia por Bandeira, como também a procura de uma estruturação interna simples para a imagem — além de uma aposta no singelo, ocultando o difícil trabalho da elaboração — são alguns dos pontos de encontro entre os dois artistas.

No caso de "O cacto", quando Bandeira usa de figuras da cultura universal e europeia (Laocoonte e Ugolino) para operar a construção da visualidade e do sentido daquela imagem, faz lembrar, para mim, o uso que Volpi faz da cultura pictórica da renascença italiana, também aqui revista em função de sua poética particular. Agem assim, os artistas, como filtros de poderosa personalidade, evitando em ambas as obras uma influência fácil e rasa, coisa que comprometeu tantas obras de nossos pintores que passaram apenas superficialmente pelo cubismo e surrealismo.

Variando um pouco esse mesmo aspecto — e correndo o risco de generalizar ainda mais —, lembro-me de Iberê Camargo falando a respeito da pintura de Portinari: "A forma para ele seria um boneco de engonço, de que se torcem e se aumentam pernas, braços etc., à mercê de um capricho, e não o nascimento autêntico da expressão". Ele aí não está falando de outra coisa que não dessa sensação de impostura nascida de uma formalização pouco integrada, da pouca consciência do fenômeno de expressão, dificuldade tão nossa e também entrevista por Davi em Murilo Mendes: "para uma poesia assim, o problema que se coloca, desde logo e agudamente, é a questão da integridade da forma: como soldar os elementos díspares no todo acabado, que é o corpo de palavras do poema".

Murilo Mendes e Manuel Bandeira possuem maneiras muito diferentes de tratar dessa questão. O segundo teve maior sucesso talvez por ter sabido se limitar mais.

De todo modo, no Brasil, a literatura teve difusão relativamente maior e, a despeito das dificuldades que nos atingem em todas as áreas, possui história e cultura mais fortes que as artes plásticas. Esse fato, para um artista que luta com a sua condição, não quer dizer pouco (muito da nossa dificuldade formal pode vir daí). O fato é que, de lá para cá, nossa arte caminhou nessa direção, melhorou, tentou transformar engonços em formas, querendo inclusive aprender com nosso passado recente.

Essas questões relativas à forma são complexas, e basta qualquer inflexão, um tangenciamento casual, para mudar a direção do enfoque, e já por isso é evidente que eu não conseguiria esgotá-las. Nada mais fácil do que deixá-las sair de foco. Coisa muito diferente é o que ocorre neste livro de Davi Arrigucci Jr., que as tem todas nas mãos e lhes segue o fio, sem baralhamento, até o fim. E, como de hábito, ele o faz de modo tão completo que comentá-lo é sempre arriscar-se a transformar muito em muito pouco.

Coração partido: ensaios de primeira linha sobre a poesia de Drummond[1]

Modesto Carone

A grande dificuldade para fixar algo abrangente e sólido a respeito de *Coração partido*, notável livro de crítica e conhecimento de causa sobre Carlos Drummond de Andrade, que em 2002 nos legou Davi Arrigucci Jr., professor emérito da Universidade de São Paulo, é o nível de excelência analítica, estilística e profundidade intelectual — mais a firmeza dialética que imprimiu nessa obra. Não tenho dúvidas, depois de várias leituras, que ela veio para ficar, honrando a melhor tradição ensaística da literatura brasileira e numa lição sobre o que é a poesia a partir do nosso maior lírico (no sentido alemão de *Lyriker* e *Dichter*) contemporâneo.

A tentação, aqui, é reunir um mosaico de citações do próprio Davi, à la Walter Benjamin, que sonhou um dia compor um livro só de citações, superando o *Origem do drama barroco alemão*, marcado exemplarmente por cerca de seiscentas delas. Nesse caso, o *eu* resenhista some do mapa para, talvez, reaparecer bem longe, como aquele que as selecionou e juntou.

O livro foi lançado em setembro de 2002, no superlotado restaurante Martín Fierro, na Vila Madalena, onde Davi o autografou para os numerosos amigos, leitores e admiradores. Para não incorrer numa falsa modéstia, pois somos amigos e colegas de longa data, o autor me deu uma bela, firme e afetuosa dedicatória, em que o *coração* do título se repete. Divagando um pouco, considero que essa metáfora, desgastada ao longo de anos a fio, recuperou a força expressiva que Heine lhe conferiu ("*Herz, oh mein Herz*"), do mesmo modo, aliás, que Drummond e seu crítico. Aqui se esboça, a

---

1. Versão ampliada do texto publicado originalmente na orelha do livro *Coração partido: Uma análise da poesia reflexiva de Drummond* (São Paulo: Cosac Naify, 2002).

meu ver, a circularidade da obra, que vai do *coração* do título à última palavra do volume, rastreando a *cifra* também revigorada por Drummond. É bem possível que não exista acaso tanto na poesia como na crítica que a promove.

Voltando a 2002, o ano do lançamento do livro, dispus-me a escrever sua *orelha*. Sempre julguei que a tarefa fosse fácil, mas evidentemente estava enganado. Pois no curto espaço reservado a ela, o resenhista estava diante de uma súmula, pondo em relevo o que era essencial na obra, o que, no caso, não cabe em poucas linhas. A conclusão a que cheguei é que a *orelha* pode ser considerada um *gênero*, dadas as exigências a que precisa se submeter. Foi tendo isso em mente que decidi reproduzi-la e adaptá-la ao minucioso ensaio de Davi (uso a palavra "ensaio" no sentido adotado por Antonio Candido em "Críticos", que consta deste volume: uma escrita derivada do jornalismo literário, fluente, mas, ao contrário deste, embasada na erudição universitária, que nosso maior crítico e historiador da literatura ressalta no trabalho de Arrigucci).

O texto que escrevi, naquela época, foi o melhor que pude fazer, corrigindo agora a "gralha" da penúltima linha (*a* coração, ao em vez do artigo masculino). Bem ou mal, o restante permanece, com a satisfação adicional de poder comemorar o septuagésimo aniversário do crítico paulista, autor do excepcional *Coração partido:*

"Poucas vezes Drummond tem sido posto no lugar que lhe cabe no panorama internacional da poesia moderna", afirma Davi Arrigucci Jr. no início deste ensaio escrito com a garra habitual. Lembra em seguida que um destino semelhante ainda persegue a obra de Machado de Assis. Pelo tom afirmativo, que resume uma experiência estética e histórica, é possível deduzir o alcance de *Coração partido*: é como se, depois de se aprofundar na poesia de Manuel Bandeira e Murilo Mendes, faltasse ao crítico paulista o desafio de enfrentar o poeta brasileiro que, mais do que qualquer outro, "nos falou mais de perto, de nós mesmos". O empreendimento já seria árduo sem o esforço suplementar de uma avaliação do aspecto essencial da *poesia reflexiva* de Drummond. Isso significa que em sua lírica, moderna e universal, se entretecem reflexões e sentimentos a partir de uma matéria pessoal e localizada. Ela avança, pelo recurso meditativo, através de uma subjetividade onde o mundo exterior se internalizou e virou lirismo. Como esclarece Adorno — a quem este livro remete muitas vezes —, o exame qualitativo da obra de arte reclama o conhecimento de suas articulações internas tanto quanto da sociedade fora dela. Assim, é natural que o trabalho exegético de Davi adote um viés imanente, superando a dicotomia entre forma e conteúdo. Afinal, ele mesmo sustenta que "dar forma ao sentido é a razão da existência dos artistas".

Teoricamente assentada em fontes seguras e no conhecimento de causa, além de movida pela vontade de dizer tudo, a intenção de Davi vai no sentido de acompanhar toda a trajetória do poeta — apontando a sua unidade — através de um pequeno repertório de peças: "Poema de sete faces", "No meio do caminho", "Áporo" e "Mineração do outro". A análise dos poemas é fina e firme — um exercício consistente de "fantasia exata". É nela que o Drummond lírico emerge indissociável do meditativo, confirmando a noção atualizada da poesia como forma de conhecimento. Mas seria muito pouco, aqui, falar em habilidade técnica do crítico (que obviamente existe), uma vez que o lance de agudeza, no caso, é a descoberta da trama de articulações, realizada em grande estilo com fervor e consciência de risco — além das surpresas, que são muitas, e acertam o coração e a mente do leitor de Carlos Drummond de Andrade.

A intangível perdiz[1]

Bento Prado Jr.

Quem abre *Ugolino e a perdiz*, a novela de Davi Arrigucci Jr., sabendo que o autor é crítico e historiador erudito da literatura, pode ser desencaminhado, de início, pela epígrafe com os versos de *A divina comédia* no pórtico do livro. Há pelo menos dois Ugolinos no grande poema, um no inferno e outro no purgatório, mas é claro que é o infernal que habita a imaginação de Arrigucci. Mas evitemos o equívoco a que somos convidados: Dante está presente, é claro, no horizonte, mas de maneira muito indireta, que tira sua substância da passagem por São João da Boa Vista, no interior paulista, próxima de Minas Gerais, e de uma prática da linguagem que tangencia a escrita de nossos maiores escritores, Manuel Bandeira, Guimarães Rosa e Carlos Drummond de Andrade. Como esses autores, Arrigucci traz para a escrita o falar popular e sertanejo, guardando seu frescor em seu novo e trabalhado enquadramento estilístico.

Comecemos por diferenciar os Ugolinos. O nosso não tem muito do trágico Ugolino della Gherardesca, do canto 33 do "Inferno", já nacionalizado por Manuel Bandeira, que o trouxera para nosso Nordeste no poema "O cacto", minuciosamente comentado por Davi Arrigucci Jr. em *O cacto e as ruínas*. Não falta nem sequer bonomia ao Ugolino de São João de Boa Vista, longe das caatingas e da tragédia, circulando satisfeito com frequência por intrincados matagais. É, certamente, personagem nada trivial: decorou versos de Dante, é artista na construção sofisticada de seus vitrais (seu nome completo é Ugolino Michelangeli), é inventivo contador de histórias, chega quase à condição de "filósofo", "paradóxico" no rastrear o significado das palavras. Mas é sobretudo *caçador*, condição inseparável da de

---

1. Publicado originalmente em *Folha de S.Paulo*, Mais!, 18 jan. 2004, p. 3.

narrador interrogativo, já que "para ele, rastrear o significado de uma palavra não deixava de ser um forma de caçar".

RECORTES DO MUNDO

Desde o início percebemos que, a despeito do horizonte geográfico e social bem definido, não estamos diante de uma narrativa realista, à maneira do romance regionalista. O narrador adverte, já na primeira página, depois de traçar o perfil de Ugolino: "[...] e o que conto, sem tirar nem pôr, são suas exatas palavras. Infelizmente ele já não vive e não pode confirmar a veracidade desta história". Sem que um olhar objetivante sobrevoe geografia e sociedade, elas não deixam de aparecer das diversas perspectivas dos personagens, implicadas nas maneiras pelas quais seus usos da linguagem recortam diferentemente o mundo. Mas nem por isso deixam de brilhar às vezes, na narrativa, as chamas do inferno dantesco, com o fulgor e a explosão dos tiros na caçada. Mais ainda, algo como uma certa "cosmoteologia" sertaneja (semelhante à "demonologia" de *Grande sertão: veredas*), que remete tanto à *Divina comédia* como à "Máquina do mundo", de Drummond.

Já sabemos que há uma ligação interna entre caça e narrativa. O que temos de descobrir é como uma fratura há de romper a bela circularidade entre a caça e sua narrativa. Mesmo antes da crise em que se encerra a novela, já se adivinha o grão de angústia que habita o prazer da caça: "O caçador é o que ele caça [...]. Com a caça, se acabava o caçador". Mas sempre será possível narrar a caça que ficou perdida no passado com seu caçador e tão pálida quanto ele. Aí ainda temos um presente vivo, mesmo que o caçador esteja morto. Mas e se a caça for inatingível? Estaremos condenados à pura literatura, fora da vida.

Tal parece ser um dos sentidos da novela. Com efeito, Joãozinho e Ugolino conseguem, mediante discreta ameaça ao fazendeiro Aquilino, permissão para caçar em suas terras, depois da notícia de que lá fora vista coisa tão rara nos últimos tempos, uma magnífica perdiz, não uma perdiz dentre outras, mas, de algum modo, A Perdiz. Com seu saber, Ugolino elabora táticas sucessivas para caçá-la, tendo como pano de fundo uma espécie de topologia (não exatamente uma "geometria"), definida pelos termos da *circunferência* e de seu *centro*.

Com efeito, a astúcia da ave é a de se esconder, imóvel, dos caçadores que a cercam ou de voar numa órbita que transcende o raio dos tiros possíveis. Depois de malograr em seu projeto de enganar a perdiz, supostamente escondida e camuflada, imobilizando-se ele próprio no centro do círculo, para aí surpreendê-la, Ugolino concebe a suprema astúcia: cercá-la por todos os lados, como faz o polvo com suas presas. Quatro caçadores e dois cães, "dezesseis pernas e seis cabeças", um polvo gigantesco dotado de 22 tentáculos, isso sim, seria uma arma infalível. Mas é nesse momento que a topologia é transformada radicalmente, para os olhos atônitos, numa cosmologia em que se invertem as posições da circunferência e de seu centro, como na *visão beatífica* dos versos do "Paraíso" inscritos em epígrafe da novela.

O voo da perdiz percorre um círculo infinito, como na definição de Deus por Nicolau de Cusa: aquele círculo infinito que tem seu centro em todas as partes, que não tem exterior e que, portanto, nenhum tiro, nem sequer nenhuma reta pode tocar, tanger ou tangenciar. Lembremos: *"E'si distende in circular figura,/ in tanto che la sua circunferenza/ sarebbe al sol troppo larga cintura"*.[2] É "cabisbaixo" (como o caminhante de estradas pedregosas, de Drummond, de "mãos pensas", após a visão metafísica da "Máquina do mundo") que Ugolino, depois de iluminado pela luz da intangível perdiz, que em seu voo circunscreve o mundo, abandona a caça e se resigna a apenas contar histórias, à literatura.

---

2. Dante Alighieri, *A divina comédia*. "Paraíso", canto 30, vv. 103-105: "Era tão vasta a circular figura/ que ultrapassava na circunferência/ do próprio Sol a amplíssima cintura" (trad. de Cristiano Martins).

Inéditos
e recobrados

Thirteen Ways of Looking at a Blackbird

Wallace Stevens

I

Among twenty snowy mountains,
The only moving thing
Was the eye of the blackbird.

II

I was of three minds,
Like a tree
In which there are three blackbirds.

III

The blackbird whirled in the autumn winds.
It was a small part of the pantomime.

IV

A man and a woman
Are one.
A man and a woman and a blackbird
Are one.

V

I do not know which to prefer,
The beauty of inflections
Or the beauty of innuendoes,
The blackbird whistling
Or just after.

Treze modos de olhar para um pássaro-preto[1]

Tradução de Davi Arrigucci Jr.

I

Entre vinte montanhas de neve,
O único movente
Era o olho do pássaro-preto.

II

Eu estava entre três ideias
Feito uma árvore
Em que há três pássaros-pretos.

III

O pássaro-preto revoava no vento de outono.
Era uma pequena parte da pantomina.

IV

Um homem e uma mulher
São um.
Um homem e uma mulher e um pássaro-preto
São um.

V

Não sei mesmo qual preferir:
A beleza das inflexões
Ou a das alusões,
O pássaro-preto assobiando
Ou só depois

1. Tradução publicada originalmente em *Estudos Avançados* (São Paulo, USP, v. 11, n. 30, ago. 1997), pp. 416-9.

VI
Icicles filled the long window
With barbaric glass.
The shadow of the blackbird
Crossed it, to and fro.
The mood
Traced in the shadow
An indecipherable cause.

VII
O thin men of Haddam,
Why do you imagine golden birds?
Do you not see how the blackbird
Walks around the feet
Of the women about you?

VIII
I know noble accents
And lucid, inescapable rhythms;
But I know, too,
That the blackbird is involved
In what I know.

IX
When the blackbird flew out of sight,
It marked the edge
Of one of many circles.

X
At the sight of blackbirds
Flying in a green light,
Even the bawds of euphony
Would cry out sharply.

VI
O gelo recobria a longa janela
De rudes cristais.
A sombra do pássaro-preto
Passava de lá para cá.
A sensação
Traçou na sombra
Uma causa indecifrável.

VII
Ó finos homens de Haddam,
Por que imaginais pássaros dourados?
Acaso não vedes o pássaro-preto
Rondando os pés
das mulheres tão perto?

VIII
Sei de nobres cadências
De ritmos lúcidos, inescapáveis;
Mas, sei também
Que o pássaro-preto
Está envolvido no que sei.

IX
Quando voou a se perder de vista,
O pássaro-preto marcou a margem
De um de muitos círculos.

X
À vista dos pássaros-pretos
Voando na luz verde,
Até as alcoviteiras da eufonia
Gritariam de espanto.

XI

He rode over Connecticut
In a glass coach.
Once, a fear pierced him,
In that he mistook
The shadow of his equipage
For blackbirds.

XII

The river is moving.
The blackbird must be flying.

XIII

It was evening all afternoon.
It was snowing
And it was going to snow.
The blackbird sat
In the cedar-limbs.

XI
Ele andava por Connecticut
Num carro de vidro.
Uma vez ficou varado de medo;
Foi que tomou
A sombra da carruagem
Por pássaros-pretos.

XII
O rio vai fluindo
O pássaro-preto deve ir voando.

XIII
Era noite a tarde toda.
Estava nevando
E ainda ia nevar.
O pássaro-preto sentou
No galho do cedro.

O valor oculto na simplicidade[1]
Entrevista de Davi Arrigucci Jr. a Augusto Massi e João Moura Jr.

A publicação de uma obra como *Humildade, paixão e morte: A poesia de Manuel Bandeira* não é moeda corrente na vida literária brasileira. Esse livro levanta problemas que não se circunscrevem apenas à poesia de Bandeira, mas abre espaço para discussões mais amplas em torno do comentário, da análise e da interpretação literária. Por isso, o objetivo desta entrevista foi esmiuçar ao máximo questões que abordam desde a gênese da obra até aspectos particulares da construção de um estilo ensaístico. Através da conversa, procuramos oferecer ao leitor um itinerário de leitura, contextualizando diferentes aspectos que envolvem a formação do crítico, o diálogo que trava com diversas correntes da crítica contemporânea e os vínculos históricos que o unem à tradição literária brasileira.

Esperamos ter desentranhado, à força de muito papo, alguma fonte escondida, um enigma esquivo, ou certo cronópio desgarrado.

AUGUSTO MASSI: Que critérios você utilizou para a seleção de poemas analisados no livro?

Como eu conhecia Manuel Bandeira havia muitos anos, o lia desde a adolescência, fui acumulando leituras de diversos poemas. Depois, dei vários cursos sobre ele na Faculdade de Filosofia, Letras e Ciências Humanas da Universidade de São Paulo, na graduação e na pós-graduação, sempre analisando muitos poemas. Os poemas que acabei estudando eram fundamentais para a construção do li-

---

1. Entrevista publicada originalmente em *Novos Estudos Cebrap* (São Paulo, n. 30, jul. 1991), pp. 175-90.

vro. Ali não estão todos os poemas de que gosto mais, embora ache que todos valham a pena. São poemas fortes, conforme o modo de ser de cada um; quer dizer, são poemas muito diversos. Usei nove poemas e o *Itinerário de Pasárgada*, todos muito representativos de momentos de Bandeira e fortes também como qualidade estética. Alguns deles, penso que são dos melhores que Bandeira escreveu: "Maçã", "Poema tirado de uma notícia de jornal", "Poema só para Jaime Ovalle", "Canção das duas índias". Eu gosto demais do "Cantiga", que não é só um poema que serve ao fito do livro, de mostrar como há um contato entre a lírica e a música, ou entre erotismo e morte, mas acho também um poema forte, pela complexidade surpreendente no modo de ser tão simples. E alguns poemas centrais, que são os poemas sobre a morte: "Profundamente", "Boi morto" e "Consoada". Havia outros de que eu gostava muito e que pensei bastante em introduzir no livro. Por exemplo, pensei muito no "Momento num café", que é um grande poema. Pensei também em colocar "O cacto". Pensei na "Canção da Parada de Lucas", de que gosto muito: muito enigmático. Também a "Preparação para a morte". E há poemas que estão difusamente presentes como "Tema e voltas". Enfim, há uma série de poemas que estão ali lembrados todo o tempo de forma oblíqua, não direta, mas são poemas fundamentais no conjunto da obra e também para o livro.

Mas os poemas que escolhi, penso que são essenciais para a arquitetura do livro. Os três primeiros porque são poemas representativos do estilo maduro de Bandeira: "Maçã", "Poema só para Jaime Ovalle" e "Poema tirado de uma notícia de jornal". Houve um momento — como é um trabalho muito longo e durou muitos anos — em que me apareceu clara a estrutura do livro. E aí tive de cortar alguns poemas, por exemplo, a "Última canção do beco" e o dístico sobre o Beco, que comecei a estudar e deixei de lado, porque seriam repetitivos com relação ao que disse sobre o "Poema só para Jaime Ovalle". Mas os três primeiros permitem que a gente avalie o que é o estilo maduro de Bandeira, em três formações linguísticas do mais alto nível. Então eu os escolhi, pois permitiam que eu designasse, na primeira parte do livro, o que eu concebia por estilo humilde. Eram três poemas da humildade em que essa questão aparecia de maneira ostensiva. "Maçã" se prestava essencialmente ao problema, que acho central, de que o maior valor aparece de forma oculta em Bandeira. Era um poema que, além de relacionar a obra com a vertente da pintura, exibia realmente os traços de uma poética, de uma ética, da atitude do poeta diante da arte e da vida. Então me pareceu um poema essencial. Provavelmente não é dos poemas mais falados de Bandeira, mas está sempre presente para quem gosta do poeta; e não é daqueles relegados a um segundo plano. Alfredo Bosi, por exemplo, falou desse poema em *O ser e o tempo da poesia*. No caso do "Poema só para Jaime Ovalle", que é um dos que mais gosto e é dos mais difíceis de explicar, era um poema que continha um desafio, como "Cantiga" e "Poema tirado de uma notícia de jornal", poemas absolutamente simples, que têm uma carga enorme de poesia e que você não sabe explicar de onde vem. Eu precisava tratar disso, eram poemas que continham um desafio essencial para quem quisesse dizer em que consistia a poesia de Bandeira. Então eu os escolhi com esse fito. Digamos que esses poemas permitem construir uma visão de Bandeira como um todo. O livro pretende isso, e esses poemas me servem. "Alumbramento", por exemplo, é um poema que não está ostensivamente dentro do estilo moderno do poeta, mas era fundamental dizer algo sobre a poesia inicial e eu queria dizer alguma coisa da forma como eu sentia essa poesia inicial. Ela sempre é vista dentro de um quadro parnasiano-simbolista ou pós-simbolista, e, de fato, boa parte da obra inicial, tanto de *A cinza das horas* como de *Carnaval* e até de *O ritmo dissoluto*, entra nessa configuração. Mas há um elemento moderno diferente que também está ali, e "Alumbramento" me permitiu analisar isso, inclusive a tendência a formar uma espécie de assemblage, uma tendência já para a montagem que ali está, e o jogo que ele estabeleceu com a tradição. Assim, me pareceu um poema fundamental para ler a tradição e como esta foi lida pelo poema. Penso que Bandeira foi um dos poetas que leu mais fundo a tradição de lírica em nossa língua, o que significa torná-la viva para o presente.

Um dos paradoxos deste livro é como analiso a relação entre a complexidade e a simplicidade. Eu tinha a pretensão de dialetizar a relação entre o simples e o complexo, que é um dos movimentos essenciais do livro, que perpassa o livro todo. "Cantiga" é justamente um poema que se presta muitíssimo bem a isso, para você ver a alta qualidade de um poema absolutamente simples. Esse poema era essencial porque nele a simplicidade, fruto de uma simplificação, aparece de forma contundente. Digamos que há uma multidão de coisas atrás que resulta naquilo. Como meu livro trabalha com as mediações da lírica, com os problemas da contextualização — ou seja, eu parto do pressuposto teórico de que a contextualização muda a interpretação, ela é um elemento essencial à interpretação —, então a simplicidade absoluta que há ali torna "Cantiga" um dos poemas mais significativos. Penso que a análise se enriquece com isso: você pegar uma coisa em que parece que não há nada e mostrar que há muitíssimo, que aquilo ali é fruto de um trabalho enorme e que contata com muitos aspectos que são essenciais para o universo inteiro de Bandeira e como é que ali aparece de forma poderosa o trabalho que ele realizou de depuração e de simplificação da forma. Então, vamos dizer que a escolha dele para mim era básica, e a ligação com a lírica no sentido mais puro, de *Lied*, de poesia essencial, também aparecia.

Já "Canção das duas índias", que foi analisado, e muito bem, por Gilda de Mello e Souza e Antonio Candido, e do qual eu tinha uma opinião diferente a partir de certo ponto — opinião que também entrava na economia de meu livro —, é um poema que exatamente pelo grau da complexidade, quase ostensiva, chama de imediato a atenção do analista. Entretanto, para mim, ele entrava num contexto um pouco diferente do apresentado na introdução de Gilda e Antonio Candido à *Estrela da vida inteira*. Ele serviu inclusive para contrastar com "Cantiga", não apenas por esse lado ostensivo, mas também pelo modo do tratamento do amor e da morte.

Na última parte, eu precisava de três poemas que tratassem da morte e que me permitissem compor o que eu queria dizer. Tentei dialetizar a construção dessa parte final do livro a partir de três cenas. Eu queria que a primeira parte fosse narrativa; que a segunda parte tratasse da teoria da lírica e, portanto, fosse muito pontual e breve; e que a terceira parte fosse propriamente dramática, que incorporasse esse movimento das cenas de Bandeira que são tão marcantes. Há um elemento narrativo e também dramático unido ao lírico. Portanto, na terceira parte, eu precisava de três poemas que falassem da morte para me dar a configuração total do livro. Aí pensei numa cena que tratasse a morte no passado, caso de "Profundamente"; uma cena que tratasse a morte no presente, caso de "Boi morto"; por fim, uma cena da morte no futuro, ou seja, como encarar a morte que vem mesmo, e "Consoada", por ser um encontro imaginário com a morte, se prestava perfeitamente a isso. Além do mais, as duas visões iniciais da morte se opunham fortemente, abrindo passagem para a terceira, que as retoma e supera. Então esses três serviriam, mas eu poderia ter substituído. Pensei muito em falar sobre "A morte absoluta", sobre "Momento num café" e outros poemas dentre os muitos que tematizam a morte. Esses, para o meu gosto, batiam muito, serviam muito para o que eu pretendia. E, no momento em que ficou claro o esquema do livro, se esclareceu também para mim a escolha desses poemas. Se me perguntarem se são todos os melhores poemas de Bandeira, direi que não, que não são, que há muitos outros poemas de que gosto, que são tão bons ou melhores até que alguns deles, não que todos, mas que seriam substituíveis por outros. Mas eu não diria, sobre esses outros, coisas muito diferentes, além do que os que escolhi me permitem dizer aquilo que eu pensava. Então há uma adequação à economia do livro, um critério de qualidade e, ao mesmo tempo, algo que seja muito funcional e representativo para o arco do ensaio como um todo. Penso que todos eles são defensáveis de qualquer um desses pontos de vista.

JOÃO MOURA JR.: Você abre o livro com um ensaio sobre "Maçã" e fecha com outro sobre "Consoada". Em ambos aflora a tese central de William Empson em *Some Versions of Pastoral*, para quem, simplificando, a questão da pastoral seria justamente a de colocar o complexo no simples. Em "Maçã", a relação com a natureza-morta torna essa aproximação ao gênero mais ou menos clara. Já no caso de "Consoada", lê-lo como um poema pastoral soa um tanto quanto heterodoxo, como, aliás, são os exemplos de pastoral para Empson (romance proletário russo, *Alice no país das maravilhas* etc.). Em certo sentido, então, toda a poesia de Bandeira não seria mais uma versão de pastoral?

Não sei se toda. Seria provavelmente exagero generalizar tanto, sem determinar a particularidade da relação. É preciso considerar que existe uma proximidade muito grande entre a elegia e a pastoral, a poesia bucólica. Está nas origens da poesia, desde a poesia grega, e a passagem é muito sutil, a partir até do dístico elegíaco, que servia a uma coisa e outra. O dístico elegíaco, como se sabe, era uma forma de verso e não propriamente de poema; depois se passa a algo mais amplo na história da poesia ocidental. A questão da elegia se abre até numa atitude meditativa. Coleridge falava da elegia como uma atitude meditativa do poeta, o que dá um alto grau de generalidade a essa forma. No caso de Bandeira, como o traço estilístico básico é a questão da simplicidade natural, então a proximidade com esse tipo de poesia é muito grande, pela própria atitude do poeta e pelo mecanismo de simplificação que ele usou. Digamos que o corte moderno foi muito por via da simplificação, e a questão da simplicidade natural leva imediatamente ao acercamento a formas da lírica. Então, eu não diria que fosse toda a poesia de Bandeira. O modo como armei o livro, inclusive, quer dizer isso, mostra que Bandeira lê muito profundamente a tradição brasileira, e nisso penso que encontrei um ponto de contato com a tese de Antonio Candido na *Formação da literatura brasileira*, do início do sistema literário a partir do neoclassicismo, da poesia arcádica. Como a tendência de Bandeira é para uma simplicidade desse tipo, quando a gente lê os poemas neoclássicos às vezes se lembra imediatamente da tradição moderna. O próprio Antonio Candido é levado a isso: quando ele analisa "Uma aldeia falsa", do Tomás Antônio Gonzaga, chega a comparar com a simplicidade de Bandeira no "Poema só para Jaime Ovalle". Penso que esse modo de ser da poesia de Bandeira se articula com a tradição funda da lírica em nosso meio. Eu não digo que toda a poesia brasileira venha daí; decerto a vertente barroca é forte e aparece em tantos grandes poetas e também aflora no modernismo, como, aliás, já se mesclava aos neoclássicos. Mas o outro lado é, certamente, o arcádico. E esse lado da construção de Bandeira pela simplificação contata com esse foco inicial da pastoral. Eu descobri isso intuitivamente, de repente. Não pensei que fosse dar nisso. Inclusive, em "Maçã" não pensei, a princípio, que fosse dar no motivo da poesia bucólica, quer dizer, quando analisei o poema, o fiz por outras questões mais ligadas à poética teórica e a essa atitude de esconder o valor. Não propriamente à questão da pastoral e à relação com a tradição histórica. Quando fui examinar, descobri no processo da análise que era um motivo recorrente da tradição da poesia ocidental ligada à poesia bucólica, mas também encontrava base concreta e particular na tradição histórica da poesia brasileira. Isso só reforçou as ideias que eu tinha sobre a simplificação.

No caso de "Consoada", também não sabia de antemão; tanto um como o outro são poemas de difícil análise. Em "Consoada", os elementos são muito heterodoxos, segundo a convenção tradicional do gênero. Mas penso que esses traços estão presentes e são decisivos para a configuração formal do poema. Há um lado de Bandeira que se representa muito bem nisso e tem que ver com elementos centrais do estilo moderno dele. Nos dois extremos, penso que o artifício que é a pastoral, que também está presente em "Maçã", permite uma proximidade com a questão central, no caso a morte, e me dá o arco inteiro do sentido na poesia dele. Isso me serviu, portanto, de modo notável, e espero que tenha dado equilíbrio ao livro.

A.M.: E a questão do humor bandeiriano?

A questão do humor só aparece indiretamente através da ironia trágica. Eu penso que esse é um dos aspectos que é forte na poesia de Bandeira e que aparece no livro de forma discreta. Ele poderia ser mais enfatizado. Mas eu não tive a pretensão de esgotar todos os aspectos. Ao contrário, fiz uma escolha do poeta que me interessava mais, embora, do ângulo escolhido, visasse a abrangência do todo. A questão do *sense of humour*, grande parte da poesia de circunstância vem daí, de uma postura diante da imediatez. De modo que é possível você estudar Bandeira dando ênfase maior do que eu dei a essa questão. A "Balada das três mulheres do sabonete Araxá", por exemplo, é um poema de humor já bastante falado e que está ostensivamente dentro dos procedimentos modernos e modernistas. Falar dele seria chover no molhado. Ele já havia sido razoavelmente tratado na fortuna crítica de Bandeira, e também as coisas que nele eram mais essenciais apareciam nos outros de forma mais oblíqua, e eu preferi o lado oblíquo. De qualquer forma, porém, penso que mesmo os poemas bandeirianos mais próximos da vertente do poema-piada modernista deixam por fim, na boca, o "acre sabor" característico do poeta e creio que, no mais fundo, acabam por entrar também na perspectiva adotada no ensaio. Basta pensar no poema "Pneumotórax".

J.M.: Antonio Candido já observou, no prefácio a *O escorpião encalacrado*, que, no método de análise utilizado, não havia "marca nenhuma da corrente em moda até bem pouco, o estruturalismo". No livro sobre Bandeira podemos observar esta mesma ausência de preocupação em seguir os métodos em voga — sejam eles a estética da recepção, o desconstrucionismo, a interpretação psicanalítica etc. — em prol de um método mais abrangente, antidogmático, capaz de incorporar as contribuições da estilística e do *new criticism*, assim como da crítica sociológica ou do próprio estruturalismo. Lembro-me de que João Alexandre Barbosa, resenhando um livro de José Guilherme Merquior na extinta revista *Argumento*, decretou: "o crítico é o seu método". Você concorda com essa afirmação? Como definiria o seu método?

Bom, a questão do método é uma questão delicada e complexa. Certamente não podemos fazer nada sem um caminho. A palavra "método" significa caminho, quer dizer, você tem que escolher um caminho. A minha questão básica é a questão de integrar o mais possível, sem deixar nada de fora, numa visada totalizante, partindo do modo de ser da obra, inserida em uma situação histórica concreta. Quer dizer: há um esforço dialético. Isso não significa algo eclético, em que possa entrar de tudo, mas significa que eu tenho uma ordem que nasce da especificidade do objeto, mas visando à totalidade, o que implica as relações entre a obra e seu contexto histórico particular, exigindo uma posição precisa em cada caso. O primeiro movimento é de adequação ao objeto. Isso não significa que eu vá sacrificar tudo que estudei de teoria literária, de correntes críticas, em função desta adequação. Mas essa adequação é um movimento anterior ao da escolha de um caminho propriamente já balizado. Vamos dizer que o primeiro movimento é o do leitor, de adequação pela leitura. De entrega e de prazer. Essa é uma questão essencial para mim.

Em segundo lugar, esse movimento da leitura tem que levar em conta o caráter histórico do objeto. Acredito que a literatura, como todas as coisas produzidas pelo homem, seja coisa histórica. Nem sempre a concepção de poesia que se tem em determinado período será a de outro período. Digamos que a poesia muda com o tempo. Quando eu me acerco a um determinado objeto, tenho essa questão de como enfrentá-lo em sua particularidade para entendê-lo. E aí o fator histórico se coloca como uma das balizas.

A outra questão é a da linguagem interna, que, de alguma forma, tem que ver com o contexto histórico, mas que, no movimento da formalização, da estruturação, escolhe um caminho e o organiza também. Há uma formação linguística aí, que é o poema enquanto objeto de palavras.

Retomando, há o movimento do leitor, há a questão daquela linguagem precisamente como está ali configurada e há um contexto de que aquela linguagem se alimenta, mas sem se reduzir inteiramente a ele. Então, a questão é ler de forma mais inclusiva possível, e no meu modo de me postar tentei visar a totalidade, havia uma pretensão — para usar uma palavra pedante — holística, de abarcar o todo.

Agora, quanto a essa ideia de totalidade, sou muito aristotélico. Leio e releio a *Poética* e ela está presente em várias das tendências críticas contemporâneas, com as quais mantive contato. Por exemplo, a ideia dos *new critics* de que o poema forma um *"whole"* é uma ideia que se poderia rastrear em Aristóteles, e decerto não há novidade em afirmá-lo, pois a noção de unidade da obra é reconhecidamente aristotélica. Na estilística, a contribuição é mais variável. Num grande leitor como Leo Spitzer, que leva muito em consideração a linguagem e o contexto histórico social, a preocupação da estrutura é difusa e problemática. Embora eu o admire muito, noto, como outros já notaram, que ele quase nunca passa pela relativa autonomia da estrutura. Então, vamos dizer que, através da semântica histórica ou da análise de ideologia, ele aponta traços de estilo e tende a interpretá-los num contexto mais amplo, sem passar por um momento que é propriamente o momento da estrutura. Ele me serve muito como leitor de minúcias e como leitor de um vasto quadro cultural histórico-literário e histórico-social. Eu bebi muito em seus estudos de estilo; durante anos o li sobretudo pela formação da literatura espanhola, da crítica estilística espanhola. Dei bastante ênfase a um tipo de leitura como a dele, mas relevo muito, distingo muito o momento da estrutura, o que não é particularmente marcado em Spitzer.

A preocupação com a análise estrutural, em um sentido sem dúvida diverso dos estruturalismos, é mais acentuada em Erich Auerbach, cuja preocupação com os níveis de estilo, com a linguagem interna e o contexto social passa por uma ideia de estrutura, como todo acabado, mais delimitada. E por uma firme e precisa concepção da história, de forma mais organizada, incorporada à visão crítica e não apenas como quadro de referência. Em Spitzer as coisas se explicam sem que a concepção da história seja tão internalizada e substancial como no caso de Auerbach, que, aliás, cobra isso dele. Além de eu sentir mais afinidade com Auerbach nesse aspecto, existem afinidades bem maiores, pelo fato de ele ter lidado com o *sermo humilis* e eu ter talvez descoberto, no caso de Bandeira, um tratamento moderno que se poderia dar a essa questão do *sermo humilis*. Quer dizer, ele me serviu como uma fonte crítica importante, não apenas do método, do modo de ler e do modo de encaminhar as questões do ponto de vista histórico, mas também porque na crítica dele existe uma formulação a respeito de um tipo de escritor e de estilo que também era reveladora para mim por circunstâncias particulares da obra do Bandeira. Como tive formação linguístico-filológica marcante, a minha tendência natural é incorporar esses traços. Tanto Spitzer, Auerbach, quanto os espanhóis, embora tenham se detido na análise miúda do texto, são muito ligados à visão dos contextos, em função da dimensão filológica.

Antonio Candido, no prefácio que você cita, deve ter falado um pouco com ironia, porque certamente havia muita leitura dos estruturalistas no meu livro, mas não se filiava, não dependia essencialmente dela nem pretendia ser uma aplicação. Também li bastante o *new criticism*, mas me atraiu menos. Gosto muito das análises de R. P. Blackmur, de Cleanth Brooks, de Kenneth Burke, de William K. Wimsatt, mas não diretamente; os contatos são mais indiretos ou através do Aristóteles ou de coisas que vi por outro caminho e neles o contexto desaparece demais para o meu gosto.

Enfim, esses teóricos me forneciam os elementos da análise rigorosa do texto e da coisa de fora do contexto. Depois o próprio Antonio Candido, apesar de não ter vínculos diretos propriamente com a estilística, lança mão constantemente da análise de traços de estilo. Por exemplo, no ensaio sobre Pedro Nava, "Poesia e ficção na autobiografia", em vários momentos ele utiliza elementos que são da crítica estilística, mas não determinada. E certamente ele terá lá também sua admiração por esses dois grandes críticos da estilística, Spitzer e Auerbach. Mas em Antonio Candido há sobretudo o peso da tradição brasileira, uma visão da história literária e a adoção de um ponto de vista histórico, nutrido com nossa tradição crítica. Creio que aprendi muito aí. Levei sempre em consideração essa perspectiva crítica, embora possa não ter feito o melhor uso dela. A grande contribuição de Antonio Candido é o inter-relacionamento de um saber interno e um saber externo.

Também li muito Benjamin e Adorno no final da década de 1960 e começo da de 1970, e eles pesaram muito, não só indiretamente, como postura, mas porque a questão da articulação é muito adorniana na minha crítica. É incrível como lendo, relendo alguns ensaios, e sobretudo a *Teoria estética*, ele, a todo momento, por causa da profundidade com que viu a questão da vanguarda, me dava elementos, mesmo falando de coisas muito distantes. Porém, como há um grau de generalidade muito forte do pensamento estético, os comentários que ele faz, aqueles rodopios em cima dos grandes conceitos da arte moderna e da relação entre a estrutura estética e a heterogeneidade, o problema da articulação, o problema dos materiais na arte moderna, todos esses elementos eram questões que se colocavam de forma contundente para mim, que estava tratando de um poeta ligado à vanguarda modernista. Já Walter Benjamin entrou muito, não só pela beleza da construção do ensaio em si, por certa afinidade interior, mas pela questão da noção de experiência. Eu levei anos para conseguir um conceito, uma verdadeira categoria, que me permitisse articular os vários elementos que estavam em jogo. Meditei bastante sobre ensaios de Benjamin, nos quais essa questão aparece com muito relevo, não só em "O narrador", que é da metade da década de 1930, mas também no "Experiência e pobreza" e mesmo no livro das passagens, que li em italiano. Como eu estava falando de um poeta em que a transposição do mundo da experiência para o mundo da arte é decisiva, o conceito de Benjamin me serviu.

A questão do método é portanto extraordinariamente complexa porque não está divorciada da trajetória intelectual do crítico. Ela tem de ser um produto dessa trajetória. É também o resultado de uma longa experiência. Não saberia dizer exatamente o peso que tiveram a estilística, a crítica literária brasileira — através de Mário de Andrade, Antonio Candido, Augusto Meyer, Álvaro Lins — e o *new criticism*, eu sei que elas se integraram num tipo de visão da literatura. Penso que, nesse sentido, o método nesse caso é o estilo do crítico, ou seja, é ainda uma vez o homem, a pessoa que se formou nessas leituras. É um modo de ler. Talvez pudesse simplesmente me esquivar, citando Brás Cubas: "Que isto de método, sendo como é, uma cousa indispensável, todavia é melhor tê-lo sem gravata nem suspensórios, mas um pouco à fresca e à solta, como quem não se lhe dá da vizinha fronteira, nem do inspetor de quarteirão".

Agora vocês vejam, no livro, desde as primeiras linhas, há algo que é muito forte, algo que é desconcertante e que provavelmente é chocante para um Antonio Candido, que acha que essas análises são muito heterodoxas, de certo ponto de vista. Considerando o que ele sempre ensinou e as coisas que escreveu, a ênfase que eu dei ao comentário é excessiva. Ele pediria talvez mais imanência, maior prudência em não exagerar na penetração. Mas tentei justamente enfatizar o comentário para quebrar a imanência. As análises que faço não são apenas demonstrativas, não querem servir de exemplo de como se deveria fazer uma análise; fazem parte de um movimento geral da interpretação. Para conseguir esse movimento eu precisava, de algum modo, sair das estruturas singulares dos poemas e passar para essa ideia geral, pois eu estava interessado em problemas humanos mais vastos que estavam configurados naquela obra, articulados justamente com a relação entre experiência e literatura. E para realizar essa passagem eu precisava de um caminho que acumulasse as dificuldades e de alguma forma as transcendesse. Provavelmente, se eu fosse ler estritamente um poema, eu não precisaria do arsenal de elementos que utilizei. Mas para dizer as coisas que eu tinha a dizer eu precisava. Digamos então que eu assumi o risco de ir além da autonomia estética porque eu precisava dizer coisas que estavam ligadas a isso, mas que não se reduziam apenas a essas estruturas singulares. O interesse que a gente tem na poesia é que ela é capaz de dizer naquela particularidade coisas muito vastas. Então eu tinha que, através do mecanismo da contextualização e do comentário crítico, conseguir passagens para dizer o geral na máxima generalidade que cabia no caso. Com isso se cria uma grande maleabilidade do comentário, porque ele, num primeiro momento, levanta todos os elementos pertinentes e outros que sejam harmonizáveis com aqueles primeiros elementos. O comentário não se limita a dar conta daquilo que esclareça aquela estrutura, mas serve à compreensão geral do universo de Bandeira. O comentário tende a extrapolar, mas conscientemente. Ele entra não porque eu não sabia onde parar, eu sei perfeitamente onde parar, mas não podia. Eu precisava dizer uma coisa que vai além. Estava interessado em outra coisa.

Como eu defendo esse ir além nos termos da interpretação? Nós sabemos que uma interpretação é válida quando ela contém elementos adequados, ela precisa se adequar ao objeto, ela não pode conter elementos que sejam inadequados. Então, um dos pontos é a *adequação* ao objeto. É uma regra de pertinência de quais elementos você está manipulando; esses elementos têm que estar dados, não podem ser inventados. Outro ponto é a *abrangência*. Você tem que construir na sua leitura um texto que coloque a curva toda de exclusividade do objeto. Se tenho uma interpretação diferente da sua, e a minha é mais inclusiva, ou seja, ela contém mais elementos do objeto do que a sua, a minha tem mais possibilidades de ser mais válida. Quer dizer, a abrangência, a exclusividade, é um critério da interpretação ao qual não posso fugir. O terceiro ponto é a coerência. Uma interpretação só é válida quando é coerente, tem que criar uma estrutura verossímil, ou seja, internamente sustentável. Ela tem de ser em si mesma coerente.

Certamente, dentro desses elementos todos que eu mobilizo para criar essa estrutura coerente da leitura, uns são mais enfatizados do que outros, quer dizer, toda interpretação é arbitrária e seletiva. Vocês podem me perguntar: Será que neste verso o poeta quis dizer isso? Você não está indo além da intenção? Eu responderei: provavelmente. Fui muitas vezes além da intenção. Os *new critics* se referiam (Wimsatt trata disso precisamente) ao que chamavam de "falácia intencional", ou seja, quando se está interpretando, nunca se sabe ao certo qual é a intenção. Eu tenho de ler a intenção que está expressa no texto, a intencionalidade que faz parte daquela estrutura, não a intenção que um autor, como pessoa empírica, pudesse ter tido a respeito daquele texto. Se fôssemos dar conta apenas da intenção explícita do autor reduziríamos a literatura a pó de traque, a páginas de uma revista que pensa saber o que se deveria ver e, lamentavelmente, não se cansa de afirmá-lo.

J.M.: José Guilherme Merquior, assim como, até certo ponto, o próprio Antonio Candido no prefácio, criticaram, em *O escorpião encalacrado*, a capacidade de extrair "uma riqueza talvez maior do que o texto possui", para usar as palavras do segundo. Há quem sinta o mesmo com relação a sua leitura de Bandeira, visto por muitos, como você mesmo sublinha, como um poeta menor. Haveria aí uma interferência das preferências subjetivas do crítico na objetividade das análises?

Qualquer crítica de excesso depende de um juízo de valor final, que já passou pelo objeto. Se você valoriza menos determinado autor, toda mobilização de erudição, de capacidade de análise, enfim, todo o arsenal de conhecimentos mobilizado poderá parecer inadequado. A discrepância do juízo condiciona certamente a aceitação dos conhecimentos que o crítico pode mobilizar para entender determinado objeto. No caso de Julio Cortázar, visto por Merquior, isso estava em questão.

No caso de Bandeira, desde o começo grandes críticos e poetas perceberam muito do seu valor. Mas, como eu me detive mais longamente, decerto aparecem mais elementos do que, por exemplo, quando se explica a questão do estilo humilde através do franciscanismo, como é o caso de Álvaro Lins e, em parte, de Adolfo Casais Monteiro. Penso que essas explicações são até certo ponto pertinentes, mas não são inteiramente adequadas, porque elas confundem coisas, não explicam o materialismo e outros aspectos importantes da obra. Eu precisava lidar com algo que desse conta do estilo humilde à São Francisco de Assis, mas que opusesse a isso o materialismo do poeta e a dimensão propriamente formal do problema.

Acho que também pesa o fato de no Brasil ser rala a tradição de trabalhos extensos e detidos sobre um poeta. Além disso há outros preconceitos, pré-juízos mesmo, que estão ligados à poesia em geral e que podem levantar a suspeita de um excesso de meios. Há, por exemplo, o lado espontaneísta da poesia. Muita gente pensa que poesia é fruto de uma inspiração, de um momento forte, repentinamente aparecido e ponto-final. Assim, qualquer explicação poderia desnaturalizar ou destruir aquilo. A crítica estilística teve de enfrentar esse problema desde o início. O próprio Leo Spitzer discute essa questão. Em *Linguística e história literária* ele faz toda uma nota para esclarecer que o fato de estar explicando e levantando tantos elementos não vai diminuir a poesia, que, ao contrário, é um ato de amor, que aprofundará a leitura e a percepção do poético. Então, há um certo movimento, um pré-juízo que considera a poesia apenas o resultado espontâneo de um movimento intenso da alma, e, portanto, qualquer elemento de compreensão e de explicação do texto literário não adiantará nada para você captar o que está ali dito. Eu penso que isso é uma espécie de negação da crítica literária e de todo o esforço racional de compreensão. No caso do Bandeira isso ainda se acentua mais, em função do tipo de poesia que ele pratica, que pode dar a impressão de ser ingênua, puramente espontaneísta. Basta ler duas ou três linhas do *Itinerário de Pasárgada* para ver diante de que poeta se está, um homem extremamente culto, que sabe do que está falando e que se esforçou durante anos para conseguir a técnica que o distingue como grande artista. Uma coisa é você usar materiais simples, ingênuos ou naïfs e outra é você ser um poeta ingênuo. É o mesmo que Oswald de Andrade nos poemas de *Pau-Brasil*. Ele queria ser ingênuo entre aspas, mas isso é um projeto de obra. Isso mostra que não devemos ter nenhuma ilusão a respeito do valor do espontaneísmo. Por mais que a poesia seja fruto do inconsciente, de um momento alumbrado, como é o caso de Bandeira, até certo ponto, isso não quer dizer que o resultado formal seja um resultado simplista. Ao contrário, mesmo a poesia obtida num momento de transe depende de um trabalho formal que não vem com o transe. A técnica não é tudo na arte, ela é um meio, mas é um meio decisivo. No caso de Bandeira, essa simplicidade natural à qual ele tendeu desde o princípio, mesmo quando os poemas eram metrificados, pode levar a crer que era um poeta ingênuo. Puro equívoco: é um dos homens que leu a fundo a tradição, que sabia toda a técnica do verso metrificado, conhecia a história da poesia ocidental, tinha grande domínio da lírica portuguesa, alguém que tinha estudado e se preparado muito para o seu ofício. Todo esse lento aprendizado é um dos traços da humildade na obra de Bandeira. Ele aprendeu muito com essa dificuldade de se chegar à obra acabada.

Enfim, de um lado você tem a pouca tradição de se fazer trabalhos complexos sobre um poeta, de outro você tem uma valorização diferente do poeta que pode aumentar ou diminuir o arsenal crítico utilizado na compreensão da obra, de outro ainda, uma concepção geral da poesia que ela seja fruto espontâneo de um momento intenso. No caso da objeção de Antonio Candido, decerto nada disso pesa, mas uma divergência metodológica, que tem a maior relevância, a qual, no entanto, assumi pelo que eu tinha de buscar, no caso, com meu ensaio. Penso que era uma questão de escala, como ele mesmo assinalou em certa ocasião.

J.M.: A leitura de Bandeira em *Humildade, paixão e morte* me dá a impressão de uma espiral em que a análise, interpretação e comentário dos diversos poemas vão contribuindo, em círculos cada vez maiores, para a compreensão da obra toda do poeta. Por outro lado, a própria maneira pela qual o livro foi organizado — como uma reunião de ensaios interligados e que, no entanto, podem ser lidos independentemente uns dos outros — lhe dá um caráter inconcluso. Gadamer, num ensaio sobre o círculo hermenêutico, diz que o "movimento da compreensão sempre vai do todo à parte e desta novamente ao todo. A tarefa é expandir em círculos concêntricos a unidade do significado compreendido. Harmonizar todos os particulares com o todo é a cada etapa o critério da compreensão correta". Em que medida o modo como seu livro foi organizado e o seu aspecto inconcluso têm a ver com a questão do círculo hermenêutico?

Este é justamente o critério da coerência da interpretação. O problema do círculo hermenêutico é que você tem de entrar através de uma relação significativa. Depois de ler, reler o poema muitas vezes, em geral você dá num ponto, num nexo que você sente como uma relação significativa. Digamos que você tem uma intuição vaga do todo e alguns detalhes, entre os quais um ou outro que pareçam realmente um nexo muito expressivo. A técnica consiste nisso: você se entrega ao poema, lê, relê, de repente você fixa num ponto que permite que aquela totalidade obscuramente percebida pela intuição comece a se aclarar a partir desse detalhe particular. O movimento então é cada vez mais de esclarecer o todo a partir da ligação desse detalhe particular com outros detalhes particulares que se harmonizem com ele, de forma a você ter a expansão do significado até essa totalidade pressentida obscuramente no início. E se esse movimento é bem-feito, se você entrou corretamente, cada vez mais se aclara o todo e cada vez mais você encontra detalhes que o sustentam. Digamos então que o problema do círculo hermenêutico é não o deixar se converter num círculo vicioso.

O risco é você, ao entrar no círculo, criar uma fantasmagoria e ficar confirmando-a numa espécie de jogo narcísico entre o sujeito e esse objeto fantasmagórico. Quais os critérios para você escapar disso? Os critérios são da ordem da objetividade. Procurar a objetividade na linguagem e na história, parâmetros que você tem para não incorrer na criação de uma fantasmagoria. A linguagem e a história é que te dão os elementos que te permitem corrigir os desvios da intuição. Tudo isso é uma tarefa extremamente delicada. O círculo hermenêutico, o círculo da interpretação, é decisivo num tipo de crítica como essa, que desde o começo se pretende como hermenêutica. E o que eu estou fazendo é um tipo de interpretação. O problema é sempre aumentar o número de particulares, passar ao todo e do todo voltar à confirmação nas partes. Penso que o livro tem esse movimento.

Quando a leitura não é de uma estrutura pequena, mas uma coisa ampla, como o universo lírico de um poeta, requer paciência para você não queimar etapas, o que também depende de um aprendizado do crítico. Uma das tendências é você ir com muita sede ao pote e arriscar já verdades gerais sem que tenha a base particular fortemente assentada. O risco é o crítico acabar reproduzindo ideologias feitas e armadas que não passam pelo reconhecimento do caráter novo da forma. Porque o que é decisivo é que o crítico seja capaz de ler a forma nova. No caso do poema "Maçã", já de início, tentei explicitar isso, mostrando que, a partir de certo momento da leitura, já era possível fazer uma série de generalizações, mas que, feitas naquele momento, elas levariam à aceitação de lugares--comuns da opinião corrente. Você acaba caindo em generalizações que são dados do contexto ideológico da época e que você reforça através daquela leitura. Enquanto o reconhecimento da forma como alguma coisa que revela um conhecimento novo obriga o leitor a se deter naquilo e, inclusive, ir contra as ideias cunhadas pela tradição ou que são dadas como opinião corrente. É isso que faz o interesse da forma verdadeiramente nova e o papel realmente de conhecimento da arte deriva desse ponto. Você acaba lendo uma novidade. Contra o quadro do simplesmente dado. O esforço crítico deve ser carreado nessa direção.

A.M.: Isso não estaria relacionado à sua desconfiança da leitura psicanalítica?

Justamente. Os grandes analistas da psicanálise têm para mim um interesse extraordinário porque são grandes leitores. Freud é, decerto, um leitor absolutamente espantoso. Acontece que quando você tem um sistema muito acabado como a psicanálise, em que os dados finais já são reconhecidos pela doutrina, uma das tendências é você ler o objeto artístico em função desses resultados finais. Certamente podem ser inúmeras e até infinitas as variantes da combinatória no interior da estrutura, mas o resultado a que vai chegar o jogo de variantes é já reconhecido de antemão. Você tende a acabar sempre em complexo de castração, numa imagem edipiana etc. Eu tenho uma enorme desconfiança quanto a isso, pois tira grande parte da força enigmática da forma e de seu poder de abrir para o conhecimento. Muito embora eu reconheça que foi enriquecedor o contato com a psicanálise sob muitos aspectos. Esse livro está perpassado por conceitos que vieram da psicanálise, mas não creio que seja um livro de crítica psicanalítica.

Isso também poderia ser colocado em relação ao marxismo. Este é justamente um dos pontos da minha discussão com o Roberto Schwarz, ou talvez dos modos de entender a contribuição crítica do marxismo. A vantagem, no caso do marxismo, é que a dialética não tem fórmula pronta. Você precisa reconhecer a particularidade a cada passo e pensar em cada situação. Embora a gente saiba que os interesses materiais tenham que ser considerados e os problemas gerais da estrutura social sejam balizas para uma leitura dependente do marxismo, há um grau maior de liberdade, a meu ver, quando a dialética é praticada com total força, quando é um processo de conhecimento que leva em consideração o detalhe e a totalidade, e a posição do espírito diante da objetividade. O fato de ser uma crítica de base histórica também me aproxima mais desta vertente do que da psicanálise. Também não diria que minha crítica é uma crítica marxista, mas eu bebi muito nos críticos que dependeram largamente do marxismo. Eu sou levado a reconhecer que, por mais que a estrutura seja formal, enigmática, uma totalidade intensiva dada ali, ela não se explica em si mesma. Qualquer movimento do conhecimento tem que de alguma forma transpor esse limite. Por isso é que a abertura à análise social me parece decisiva. Meus comentários vão muito nesse sentido.

J.M.: Me parece que, em São Paulo, a melhor tradição crítica, aquela que engloba um Antonio Candido, um Roberto Schwarz, um Alfredo Bosi, você, se caracteriza pelo que eu chamaria um saudável empirismo, em que as especulações teóricas surgem como o resultado de análises concretas e não têm aquele ar de coisa desencarnada, como parece ocorrer com frequência, por exemplo, entre os estudiosos de literatura radicados no Rio de Janeiro. O que você acha?

Uma das expressões que o Antonio Candido firmou durante a vida dele toda foi uma espécie de "paixão do concreto". Ele pensou em escrever a certa altura da vida um ensaio com esse título. Ele nos passou muito isso, sobretudo a perspectiva relativística, ou relativa, própria do conhecimento histórico. Ou seja, toda crítica de base histórica tende a relativizar o ponto de vista e, por mais sistemática que seja, reconhece no objeto concreto um "momento decisivo", para falar nos termos dele. Digamos então que essa preocupação empírica de reconhecer a singularidade das formas é decisiva. No caso do estruturalismo, a minha incompatibilidade era que as noções de estrutura eram esquemas gerais. A estrutura nunca é dada empiricamente, ela não se confunde com a forma acabada. Ela é uma estrutura a ser construída a partir de determinadas relações estruturais que, estas sim, são dadas no objeto. A minha tendência, ao contrário, é ficar no plano da leitura e do leitor crítico a partir da leitura e reconhecer o momento privilegiado que é a estrutura acabada. Eu não posso prescindir de uma noção de estrutura, ou de forma, porque isso me levaria ao tipo de risco que eu sinto um pouco na crítica de Spitzer, conforme assinalei. Penso que há uma mediação que deve ser reconhecida, que é o limite da estrutura. E essa estrutura é dada empiricamente. Ela é uma estrutura acabada de signos e está dada ali. Isso faz com que eu leve em conta a pertinência desse momento de reconhecimento da forma. E não apenas no objeto, mas também no ensaio penso que isso é importante. Eu vejo o ensaio como uma forma. Inclusive as partes do ensaio não são o ensaio todo, ele diz alguma coisa maior no todo do que na mera soma das partes. Eu penso o ensaio como uma forma que se alimenta muito do objeto a que se refere e depende muito desse momento mimético, digamos assim, com relação ao objeto. Mas também na forma do ensaio julgo que devemos reconhecer um momento decisivo da análise. Ele não é uma passagem direta, não é uma rede, uma grade direta que permita simplesmente passar de um lado a outro. Ele tem um limite e este é um dado da forma. No Rio de Janeiro, meio que as preocupações foram outras e, por certo, o modelo crítico de Antonio Candido pesou muito menos.

A.M.: Até agora você falou de elementos constantes e permanentes em sua visão crítica. Gostaria que você comentasse, traçando um paralelo entre *O escorpião encalacrado* e o livro sobre Manuel Bandeira, o que mudou na sua concepção crítica.

É difícil dizer isso porque penso muito na continuidade e nas coisas que me atraíram. Eu estou escrevendo para ver se entendo, este é o móvel da minha escrita. Por que estudei Manuel Bandeira? Por que estudei Cortázar? Isso para mim é obscuro. Eu escrevi para ver se entendia. Eu não consigo resolver inteiramente isso. Este é um ponto delicado. Há um momento de insolubilidade, de limite, que estava no livro anterior e está neste.

Tenho a impressão de que a linguagem é mais simples agora do que era, resultado de um aprendizado, de um esforço. Uma das diferenças já está dada na andadura da prosa crítica, que era muito mais retorcida. No livro sobre Cortázar já havia uma busca de clareza, mas isso se acentuou.

Naquele livro o movimento crítico está muito em função do movimento de autorreconhecimento da obra. Ou seja, o texto sobre o Cortázar acompanha muito o movimento interno da própria obra do autor, de pôr em xeque o próprio código de que ele está se servindo. Nesse sentido, o livro estava muito debruçado sobre a própria linguagem, sobre as espirais e labirintos que formavam a própria linguagem, as volutas, está muito marcado por esse movimento do dobrar-se da consciência sobre si mesma. No caso do Bandeira, o movimento do dobrar-se da consciência sobre si mesma é um dobrar-se da consciência sobre o objeto novo do conhecimento e sobre si mesma, objetivando-se na experiência. Sob esse aspecto, o mundo entra mais. No caso de Cortázar, há um movimento que vai desse desespero da obra literária em si mesma para uma espécie de abertura para uma literatura impura, que é muito nítida na evolução dele, vamos dizer, que cada vez mais se abre para uma impureza do mundo. O que é evidente nos últimos livros, menos realizados que os primeiros, como o *Livro de Manuel* etc. O *jogo da amarelinha* é o momento extremo da tensão, em que há a vontade de destruir a literatura em função de alguma coisa de que ela não dá conta, ao mesmo tempo que há um debruçar-se interno da linguagem sobre si mesma, que acaba sendo aniquilador. Mas, posteriormente, há um espraiar-se no mundo, uma tentativa de incorporação daquilo que está acontecendo na história mais imediata, e com isso a obra vai ficando cada vez mais impura, se pensarmos nos termos mallarmeanos: não uma transposição do fato ao ideal, mas cada vez mais a incorporação do fato ao movimento idealizador, que é o movimento da radicalidade da linguagem sobre si mesma. No caso do Bandeira há a noção de experiência, que é difícil de explicar. Ela só se mostra no concreto do acontecer. O próprio Adorno comenta esse problema quando se refere à noção de experiência em Hegel, o conteúdo de experiência da filosofia de Hegel. A assimilação do vivido se faz sobre o objeto que aparece como objeto novo e que representa um dobrar-se da consciência sobre si mesma, mas ao mesmo tempo o dobrar-se sobre essa coisa que é de fora e entra e que se incorpora a cada passo à medida que o tempo passa.

J.M.: Não é só uma certa teoria que, no Brasil, de um tempo para cá, dá a impressão de desencarnada. Também boa parte da poesia posterior ao modernismo dá essa impressão, seja a da geração de 45 — com seu esteticismo exacerbado —, seja a dos concretos e seus epígonos — com sua insistência na metalinguagem. Uma das características que vejo em seu livro sobre Bandeira é como que uma busca de reavivar valores poéticos que pareciam estar se perdendo, entre eles um maior contato do poeta com o mundo a seu redor. O que você pensa disso?

Eu reconheço no modernismo um momento forte, mas não só forte esteticamente, um momento forte da vida da gente, da vida intelectual, cultural e do país como um povo vivo que está querendo descobrir a sua história. Eu quis passar essa complexidade e mostrar como ela estava na forma dos poemas. Na concepção de poesia do modernismo, passar por isso é decisivo, porque sem isso nós poderíamos ter até um jogo estético ou um jogo radical e formal sem ter aquelas coisas que estavam ali e que me interessam mais do que as outras. Nisso há também um juízo de valor implícito, porque a minha aderência àquilo é maior do que a outros momentos, porque ali eu sinto que a complexidade nasce em grande parte desse jogo entre aquela particularidade estética que é a forma da obra literária e a totalidade da vida. É nesse movimento que a literatura se enriqueceu e é tão alta.

Querido Davi
Cartas de Julio Cortázar

Laura Hosiasson

Julio Cortázar e Davi Arrigucci Jr. se conheceram em São Paulo, em 1973, quando o escritor veio ao Brasil pela primeira vez. Cortázar vinha com o firme propósito de encontrar o autor de *O escorpião encalacrado: A poética da destruição em Julio Cortázar*, cujos originais havia recebido pelas mãos de Haroldo de Campos, um ano antes, em Paris. Cortázar ficara impressionado com a agudeza da leitura desse jovem e desconhecido crítico brasileiro. Em uma carta de setembro de 1973, não traduzida aqui, ele escreve a Haroldo: "Nem preciso lhe dizer que encontrar Davi Arrigucci é um de meus maiores desejos, pois ontem de noite terminei de ler sua tese e ainda não consigo me repor do espanto diante de tanto saber aliado a tamanha sensibilidade; mas essas são coisas que direi eu mesmo a ele, com quem pretendo falar *largo y tendido*". Um ano depois, ele escreveria em carta a Davi, comentando seu livro de contos *Octaedro*: "sei que muitos destes contos confirmam muitas de suas intuições do *Escorpião*".

Os dois voltaram a se encontrar durante o ano sabático que Davi passou em Paris, entre 1975 e 1976. Nesse período e agora com o tempo a seu favor, estreitaram uma amizade que tinha nascido fácil e profunda, desde o primeiro momento. Andaram pelas ruas da cidade, jantaram e beberam juntos, foram a museus, ao teatro e ao cinema. As afinidades eram muitas: o gosto pelos livros, a erudição e uma mesma capacidade de gozar a vida em seus ínfimos detalhes.

Da correspondência entre os dois, entre 1974 e 1979, restam apenas sete cartas de Cortázar a Davi. Várias outras parecem ter se perdido, embora certas alusões mostrem que os dois ficaram longos períodos em silêncio ("Você deve estar pensando que sou um ingrato"). Mas o tom amoroso e confidencial das palavras de Cortázar mostra como o afeto entre eles foi profundo. As cartas escritas a má-

Julio Cortázar e Davi Arrigucci Jr. lendo as provas de *Valise de cronópio*, do autor argentino, na sede da editora Perspectiva, em São Paulo, em 1973. Foto de Lúcio Gomes Machado.

quina em papel finíssimo, guardadas cuidadosa e amorosamente por Davi em seus respectivos envelopes, também finíssimos, timbrados e selados, falam de uma época em que o correio era caro e "a grana era curta", e fazia-se o possível para comprimir tudo em uma folha só. Nas palavras de Cortázar combinam-se a admiração pelo crítico e tradutor com o apelo ao amigo de confiança, a quem se recorre como confidente e em quem se reconhece um par. Há alusões a momentos difíceis, tanto para ele como para Davi, e paira em todas essas cartas uma percepção amarga da vida que se redime por lampejos de felicidade: "[...] o sol [...] um sorriso na rua [...] uma mulher". Nesses momentos pode-se reconhecer a pegada do alter ego, Horácio Oliveira, de *O jogo da amarelinha*. Há também várias alusões ao engajamento político de Cortázar, a partir dos anos seguintes ao golpe no Chile, em 1973, quando estava com Ugné Karvelis, sua segunda companheira, que parece ter exercido grande influência em sua opção pela militância.

A aguda percepção do outro em Cortázar transparece a cada passo, por exemplo, quando ele diz que adivinha em Davi a mesma dificuldade que ele tem de conversar diretamente sobre seus sentimentos, "não somos homens confessionais"; e consegue perceber também traços profundos do amigo longínquo, "te conheço".

Estas cartas falam de uma amizade que se baseia na afinidade intelectual, na mesma voracidade afetiva e sensorial que certamente define, ao menos em parte, ambos os personagens.

Paris, 21 de abril de 1974

Meu querido Davi:

Você deve estar pensando que sou um ingrato, e que me esqueço dos amigos.

Não é verdade. Minha vida tem sido complicada e difícil nestes últimos tempos, porque aqui em Paris trabalha-se muito em favor do Chile e não tenho tido nenhum tempo de folga. Com um grupo de pessoas, estamos preparando um livro, uma espécie de *dossier noir* que será publicado pela Gallimard e que contém muita documentação sobre o acontecido no Chile; como pode imaginar, esse tipo de trabalho significa ter que dedicar a maior parte do tempo disponível para reunir, traduzir e selecionar materiais, e assim os meses se passaram sem que pudesse pensar em literatura ou poesia; apenas, de vez em quando, consegui escutar alguns dos meus discos para tentar preservar algum contato com as coisas belas.

Quando terminei e me preparava para descansar um pouco, chegou-me um convite do tribunal Russell para ir a Roma como membro do júri na sessão em que foram examinados os problemas da violência e da tortura em quatro países latino-americanos. Isso significou mais um novo e penoso trabalho, do qual acabo de sair, doente e cansado; de volta em Paris encontrei o volume de *Prosa do observatório*. E agora encontro um momento livre para lhe agradecer, Davi, para abraçá-lo muito estreitamente, e para lhe dizer que sua tradução me parece esplêndida, com uma fidelidade e um ritmo que apesar de minha ignorância do português consigo sentir e valorizar com infinita alegria.

A edição, além do mais, é muito bonita, e lhe peço, por favor, que o diga a todos os amigos da editora Perspectiva que trabalharam com tanto carinho e perfeição para ter feito deste livro *a thing of beauty*, em seu aspecto gráfico. Poucos dias antes, justamente, tinha chegado a edição de bolso de *Lumen*, de Barcelona, que não resiste à comparação. Imagine então como me sinto feliz com a amizade de todos vocês, e muito especialmente diante do admirável trabalho que você fez, mais uma vez.

O exemplar de O *escorpião encalacrado* chegou também e já nem sequer me lembro se lhe escrevi para agradecer; provavelmente não o fiz pelas razões que acima explico, mas também quero que saiba que esse livro conta enormemente para mim e continua me parecendo uma indagação profunda e muito bela de minha obra. Sei bem que em São Paulo fui incapaz de lhe falar em detalhe de seu estudo; não sei me expressar verbalmente, por deformação profissional, provavelmente, e só diante do papel minhas ideias ou sensações se tornam coerentes. Penso que você ficou desapontado com o pouco que consegui dizer então, mas sei que irá compreender. Sua dedicação aos meus livros em todos os níveis, de pesquisa ou tradução, é para mim uma das mais altas recompensas que a vida já me deu. Uma amizade como a sua, feita de sensibilidade e lucidez, é preciosa para mim.

Não sei quando voltaremos a nos ver, mas tomara seja logo. Mande-me umas linhas com seus planos e trabalhos para não perdermos o contato. Minhas melhores lembranças a todos os amigos de São Paulo, com quem fui tão feliz e me senti tão à vontade. Ugné[1] abraça também a todos, e eu lhe mando, com mais um abraço, minha admiração e carinho,

Julio

---

1. A escritora lituana Ugné Karvelis, segunda mulher de Cortázar, trabalhava na editora Gallimard.

Paris, 13 de janeiro de 1977

Querido Davi:

Creio que sua carta cruzou com uma lembrança de Ano-Novo que lhe mandei no início deste mês, coisa que me alegra porque quando as cartas se cruzam é como se dois pássaros se encontrassem no céu e trocassem uma rápida mensagem antes de continuar seu voo.

Sua carta me deu grande tristeza, ao mesmo tempo, porque eu não suspeitava que você tivesse estado tão perto de Cley [sic].[2] Talvez tenhamos falado dele alguma vez, mas a verdade é que você e eu temos conversado finalmente muito pouco, por desgraça; não somos homens confessionais, e basta-nos a amizade e o afeto. Mas compreendo de sobra o golpe que deve ter sido para você ter sabido da morte de Cley através de mim, embora ao mesmo tempo prefiro que tenha sido assim, através de um amigo, e não como uma notícia qualquer.

É muito bonito, muito seu, tudo que me conta de Cley. Acredito que você teria sabido escrever muito melhor essa homenagem que senti o dever de publicar no Brasil, que tão duro e amargo foi com esse grande urso, esse profundo e delicado cronópio, embrulhado num corpo desengonçado (assim são quase sempre os ursos e os cronópios, você sabe bem). Gostaria de destacar somente um detalhe do meu texto que você terá compreendido, mas que talvez provoque mal-entendidos em outras pessoas. Quando me refiro a sua peça de teatro *Cromossomos*, o texto em português utiliza uma frase afirmativa, e dá a impressão de que com essa obra Cley melhorou sua situação pessoal no Brasil, quando na verdade aconteceu tudo o contrário, como digo no original em espanhol. É um detalhe, mas queria que você soubesse, por mim e por Cley.

Entristece-me muito, Davi, que você esteja tão desanimado e triste. Compreendo perfeitamente e, claro, não preciso fazer comentários epistolares, mas gostaria que soubesse que aqui tem um

---

2. Clay Gama de Carvalho, jovem dramaturgo brasileiro, suicidou-se em 1977. Na ocasião, Cortázar publicou um texto em sua homenagem, com o título "Para uma imagem de Clay", no jornal *Movimento*, São Paulo.

amigo que aguarda melhores notícias suas, de trabalho e de vida pessoal. Sei que a vida é pesada nessas latitudes, algo disso soube na minha última viagem e através de tantas coisas que leio e vou sabendo através de amigos. Não reprove meu silêncio, porque também minha vida é difícil, viajo demais por razões que nada têm a ver com meus gostos mais profundos, você sabe bem; há dias em que sinto a boca amarga, vontade de que tudo vá pro diabo, e eu primeiro. Mas depois olho para o sol, encontro um sorriso na rua, gosto de uma mulher, essas coisas que de supetão me dizem que estou vivo e que só vai ser uma vez. Então volto para casa e escrevo ou escuto discos ou faço amor ou brinco com uma criança, e penso que no fim valeu a pena ter estado um tempo neste sujo e danado planeta.

Basta de filosofia barata, você merece coisas melhores, mas é minha única forma de colocar uma mão no seu ombro e lhe dizer, amigo, lhe mostrar o quanto sinto saudade e gosto de você.

Um grande abraço,
Julio

Deyá, Baleares, 18 de julho de 1979

Querido Davi:

Por aqui passaram o Giba[3] e um amigo dele, mas eu estava de saída para uma viagem nesse preciso momento, de modo que me deixaram sua carta e o disco de Caetano e ficamos de voltar a nos ver dentro de um tempo. Muito obrigado pelos presentes, porque também chegou seu livro em que mais uma vez você explora o mundo dos cronópios, com seu talento e humor de costume. Não li por inteiro porque em português avanço lentamente, mas pelo que vi me pareceu muito interessante; com relação ao "malandro", como você o chama, espero conhecê-lo muito melhor no meu retorno, porque nosso encontro foi um perfeito encontro de cronópios, ele que chegava e eu que saía, de forma que tudo se limitou a dar-nos as mãos, sorrir muito e anotar telefones para o futuro.

Estou bem, depois de uma fase longa e difícil, que foi como me afundar num interminável poço do qual finalmente acredito ter saído *a riveder le stelle*. Em Montreal conheci uma moça de origem norte-americana,[4] mas completamente convertida à civilização francesa (começando pela língua, claro); ela mora comigo em Paris e somos muito felizes, escrevemos contos e romances em duas máquinas elétricas separadas apenas por dois metros, rimos muito e nos amamos. Pode ver que se lhe conto tudo isto, eu que não sou nem um pouco confessional, é porque sei que isso lhe dará alegria e porque o conheço como um amigo sincero. Espero que, de sua parte, sua vida seja o que você merece, e embora eu saiba que peço demais, os cronópios não se intimidam com essas coisas.

O disco do Caetano me pareceu irregular (como sempre com seus discos), mas os melhores momentos são formidáveis. Pena que não imprimiram as letras, porque nas músicas "subentendidas" escapam-me referências que sem dúvida lhes dão todo seu significado; quando voltar a encontrar o "malandro" vou pedir para ele traduzi-las,

3. O jornalista paulista Gilberto Vasconcellos.
4. A fotógrafa canadense Carol Dunlop, terceira e última mulher de Cortázar.

e assim poder saboreá-las melhor. Eu, de minha parte, tenho me divertido nestes últimos tempos escrevendo letras para uns tangos de um argentino que vive em Paris; talvez gravem um disco e, nesse caso, vou mandar em seguida para você ver o que acontece...

Bom, Davi, volto aos milhões de tarefas (extraliterárias, já sabe, *hélas*) que me esperam do lado da máquina. Dê-me notícias quando tiver um tempo, e volte a Paris se puder, o vinho continua sendo bom, apesar da influência norte-americana.

Um grande abraço,
Julio

Profunda empatia
Carta de Sebastião Uchoa Leite

Os organizadores

Amigos velhos mas de poucos encontros — mercê da distância entre Rio e São Paulo, Sebastião Uchoa Leite e Davi Arrigucci Jr. nunca deixaram de se estimar e sobretudo de se ler. A prova está nesta carta de 1984 em que Sebastião comenta dois ensaios de Davi ("O humilde cotidiano de Manuel Bandeira", de 1983, e "Encontro com um narrador: Julio Cortázar", de 1984); saúda o método crítico de Davi, que não deixa de guardar semelhança com seus próprios movimentos de poeta; e toca de raspão no tema do "ocultamento", tão importante para ambos: anos mais tarde, em 2000, Davi dedicaria um ensaio à poesia do amigo, sob o título de "O guardador de segredos".

Rio de Janeiro, 31 de outubro de 1984

Caro Davi:

Gostei bastante do reencontro e das conversas no Carlino e na sua casa (revisita ao "local do crime"). Disso falarei um pouco mais adiante.

Antes quero falar da ótima impressão que me deixaram os seus dois textos, sobre Cortázar e sobre Bandeira. Achei, ambos, com uma bela escrita e emocionalmente críticos. Aproveito a oportunidade pra lhe dizer que, relendo, vez por outra, o seu texto crítico sobre a minha tradução de LC [Lewis Carroll], sempre achei-o a única verdadeira resenha crítica que saiu na época, além de admirar a maneira como você escreve. Quero falar disso. Você se coloca numa empatia profunda com o objeto da sua crítica. No início engana porque parece que vai ser uma série de observações ligeiras. É o seu modo de evitar o tolo discurso acadêmico, cheio de empáfia, que anda por aí. Sempre antipatizei com isso (talvez eu mesmo tenha resvalado, aqui e ali, mea-culpa, por insegurança) por me parecer semelhante a outros tipos de discurso, como o da publicidade, por exemplo, ou qualquer outro "discurso de convencimento" igual ao discurso da autoridade, que odeio.

Ao ler o seu texto sobre Cortázar julguei que há nele algo dessa estratégia. Parece, a princípio, uma conversa amena, íntima, em que você fala da figura singular do homem Cortázar. Estamos, pensa o leitor, diante de um discurso emotivo. Engano. De repente você despenca na corrente de complexidades da obra. Estamos envolvidos dentro do *Maelström*. É a técnica crítica. No seu caso, a técnica da aranha, que vai envolvendo aos poucos essa desejada vítima, o leitor. Não há dúvida de que é uma técnica de sedução. Não tenho nada contra, tenho é inveja (no bom sentido, se existe) dos sedutores. O seu perfil-síntese de Cortázar é perfeito. Não só do narrador, porque você visou flagrar a identidade do artista em tudo o que ele fez ou foi.

A mesma técnica percorre o texto sobre Bandeira, embora dessa vez você se limite a determinado aspecto temático. Mas a escrita é curiosamente isomórfica ao tema: a simplicidade, a pobreza, o despojamento. Parece tudo muito simples, pensa o "leitor hipócrita".

Não é. Resulta que você dá a entender que o poeta Bandeira excede esse tema. É que ele é a forma do poeta. Você transmite a ideia de que o tema não pode ser tratado dentro dos limites impostos pelo texto. Há mais, muito mais, o que dizer, porque Bandeira pobre é, na verdade, riquíssimo. Pobre/rica, essa obra toda é um oximoro, parece você dizer. Havendo tanto o que dizer (lembrei-me de tantos poemas relacionados com o tema) você optou por um corte transversal, um corte metonímico. O texto tem o poder da sugestão, de insinuar que há panos para excessivas mangas. Deu-me a impressão de que Bandeira não queria se dar muita importância, prestando tributo às suas fontes (pequeno-românticas e pequeno-simbolistas) sem muitos pudores (ao contrário da atitude de pudor permanente que você flagra muito bem, na poética do recolhimento, na poética do quarto). Como se as fontes, as formas, os temas, tudo parecesse aquém do grande poeta que foi. Uma técnica de ocultamento diversa, até oposta, da de outros poetas. Ocultamentos herméticos como o de Mallarmé e outros. Mas isso é outra conversa. Aguardo com curiosidade o seu longo ensaio sobre o poeta, que espero logo venha à luz.

No geral, o que me parece comum aos dois textos é a sua preocupação de flagrar a identidade, a coerência interna da obra, ainda que, no caso de Cortázar, pela multiplicidade das suas atitudes e realizações textuais, isso termine desembocando num complexo jogo de contrários. Não vou dizer que tudo entre nós é acordo. Temos coisas comuns e descomuns. Linguagens e linhagens em contrastes, às vezes até em oposição. Mas nos aproximamos em várias, por diferentes frestas, Cortázar e Bandeira, por exemplo, ou Lester Young e Billie Holliday, se quiser. [...]

Já enchi demais o saco. *"All this fiddle"*, como dizia Miss Moore. Diga a Lúcia[1] que estou muito curioso pelo trabalho dela sobre Oshima. Li o que ela fez sobre Herzog e gostei muito.

Abraço amigo do Sebastião

---

1. Lúcia Nagib, crítica de cinema, então esposa de Davi Arrigucci Jr.

Viagem[1]

Davi Arrigucci Jr.

O casarão vinha de outros tempos e aparecia de repente, enfiado no escuro do mato. Chegava-se por uma estradinha de terra que serpenteava em curvas secas e sempre voltava, repetida em zigue-zagues. Mais adiante se estirava, alvacenta, em longo areal, rodeada de barbas-de-bode empoeiradas, até mudar, sumida por uma baixada. Ao lado, a capoeira virava mato alto, ao pé de um riacho de águas rasas que saíam do escuro, clareavam alegres na passagem, perdendo-se de novo na sombra.

As Areias era a fazenda aonde queríamos chegar. Eu ficava o tempo todo olhando pela janela, enquanto meu pai dirigia o Mercury 51 para atender o chamado. Era o sempre igual, até o chiado dos pneus no cascalho na saída da água. Aí começava o diferente: o frio das altas árvores, o casarão.

Eu tinha de ficar no carro, à espera. Meu pai ia ver o doente, carregando a maleta de couro com instrumentos e remédios. Não se cansava nunca, trabalhando o tempo todo, sem perder o ânimo, mesmo que fosse dia de Natal ou passagem de ano. Eu ficava só olhando. Enjoado, às vezes descia para espiar um ninho de coruja num buraco de cupim à beira da estrada: penas, ossos, pedrinhas soltas na entrada do buraco, aquela mesmice. Voltava para o carro. Ligava o acendedor de cigarros e sapecava rodinhas em brasa no avesso do tapete, que era um couro de bezerro zebu. Sentava na direção, bancava o chofer, bestava um tempo, cismando. De vez em quando olhava para o arvoredo: algum barulhinho, um pio de juriti ou nhambu, os grilos trepidando no capim, os sapos ecoando no brejo perto. Era de tarde: a boca da noite se abria, engolindo tudo na escuridão. Para o lado do casarão, quase que nem olhava. Ele é que parecia olhar para o meu lado: os res-

---

1. Publicado originalmente em *Ficções* (Rio de Janeiro, 7Letras, n. 6, nov. 2000).

piros do porão, olhões vazados onde se contava que viviam os loucos da família, trancafiados.

Naquele dia, fiz como sempre, mas me cansei, acabei adormecendo. A cabeça branca de meu pai subia a escada curva, com a maleta na mão, até o copiar lá em cima: as janelas cinzentas fechadas, ervas de passarinho sobre as telhas, ninhos de pardais nos caibros, caixas de marimbondo estufadas sob as abas do telhado...

Meu pai me contou tudo, depois. Subiu e entrou. Passou um tempo grande batendo lá dentro, clamando pelo ó de casa! Era o que fazia na visita aos doentes. Mas ali tudo era imenso, vazio. A voz se perdia naquele fim de mundo. Altas paredes de adobe, limpas, inchadas, despidas, com raros retratos em moldura grossa de madeira, olhares de outro tempo, móveis esparsos, uma roca de fiar, um piano ilhado num canto da sala de visitas, o corredor gelado que se abria para portas altíssimas de cômodos inalcançáveis.

Ficou sozinho na sala onde um relógio em forma de oito tinha parado, espiando o corredor sem fim. Nada, o oco do silêncio. Nenhum sinal de gente. Andou pra lá e pra cá; esfregou as mãos, num gesto costumeiro. Resolveu ir embora; já se voltava para a porta, quando percebeu uma luz que vinha do fundo do corredor.

Era um velho alto, magro, de rosto comprido, maçãs ossudas, queixo em riste com a barbicha pontiaguda, nariz aquilino, lábios fininhos, feição imprecisa, fugidia na pouca luz. Não soube distinguir quem era, embora parecesse conhecido. Vestia um camisolão branco até os pés descalços, esquálidos. Caminhava devagar com uma longa vela numa das mãos, um livro na outra, e falou claro, pausado, olhando fixo para meu pai:

— O senhor é nascido ou aparecido?

Ao sair às pressas, sem se voltar, meu pai ouviu apenas um chacoalhar de ossos. Lembrou-se da rua das Marrecas, onde escondera, para espanto da dona da pensão, o esqueleto destinado aos estudos de medicina na velha Faculdade da Praia Vermelha, no Rio de sua mocidade.

Muitos anos depois, numa noite de insônia, deixei de lado o livro e reatei em pensamento a viagem. Queria saber por que aquela triste figura tinha aparecido para o pai, incansável médico do interior, e não para o filho, metido, desde pequeno, em caraminholas literárias — tortuosas, inúteis.

O que significa isso?[1]

Davi Arrigucci Jr.

1

Enquanto voltava do interior, na direção de São Paulo, pensei, temeroso, que talvez fosse a última vez que vira meu pai com vida.

Sob a névoa densa, a estrada congestionada, apesar do adiantado da hora, engarrafava os pensamentos, apertava o nó do peito, já opresso por dias seguidos de angústia.

Nuvens pretas se acumulavam à direita, sobre a Serra do Japi. De longe, o clarão da cidade tornava o céu fantasmagórico. De vez em quando, a claridade aumentava; o farol da torre do Morro do Jaraguá perfurava o escuro com sua lança de luz.

A noite anterior não havia sido fácil. Ele não tinha comido quase nada; a enfermeira não conseguia sequer virá-lo na posição certa; recusara-se com violência, brigando além da conta e dizendo palavrões, como nunca dissera antes. A respiração, entrecortada, se tornava cada vez mais custosa; a própria tosse, sem força, não dava conta do muco espesso, acumulado em meses seguidos de padecimento na cama; nas costas, nas pernas emagrecidas, formavam-se escaras.

Jamais pude imaginar que o sofrimento se tornasse a rotina de dias e noites e nunca tinha sentido na carne a obrigação de percorrer esse caminho tão frequentado.

As empregadas, durante o dia, tentavam de tudo para ajudar, mas o tudo ainda era pouco. Para além de suas ocupações normais, haviam se transformado em enfermeiras. Shirley, a mais velha, tinha mais de vinte anos no trabalho e tomava conta da casa como uma verdadeira governanta, inteiramente dedicada aos cuidados do casal

---

1. Publicado originalmente em *Folha de S.Paulo* (*Jornal de Resenhas*, n. 100, 11 out. 2003), pp. 1-2.

de velhos, agora transtornados pela doença. Mas a rotina da doença tinha exigências próprias, e ela fazia a roda da casa andar no ritmo. Toda vez que chegava, eu perguntava a ela pela cor da urina. A hematúria vinha de muitos meses. Minha mãe, temendo o pior, habituara-se a dizer que estava até clarinha, que não sabia como, mas estava melhor; Shirley respondia, com precisão, que ainda tinha, que ele estava sempre lá.

Todo esse tempo, havíamos convivido com o sangue, o novo agregado da família. E por mais que se fizesse, ele estava sempre lá. Minha irmã, nervosa, já não podia sequer olhar; não suportava vê-lo, mas constatava, a contragosto, sua presença inevitável a cada vez que o pai saía do banheiro.

O estado dele se agravara demais nas últimas semanas; mesmo os pequenos intervalos entre as viagens amiudadas deixavam perceber o quanto o mal progredira irremediavelmente. A toda chegada, mais uma pequena derrota, e o renovado problema.

Dessa vez, ele tardou um pouco em reconhecer-me, até que exclamou, de forma comovente, alçando-se um pouquinho com enorme esforço: "É o meu filho querido!". E voltou a recostar a nuca, deixou tombar de lado a cabeça toda branca, desgarrando-se de novo do que estava à sua volta.

Fiquei paralisado diante dele, cravado ali de pé, as mãos estúpidas, sem saber o que fazer.

O antigo consultório abrigava-o agora com o aconchego de um quarto de doente. Tinha o corpinho diminuído, as órbitas muito cavadas sob a testa alta, os traços do rosto demarcados pela longa enfermidade, a feição espiritualizada pela magreza, cansada da luta, os olhos azuis perdidos na claridade do ar seco e escaldante da manhã sanjoanense, de que ele gostava tanto.

Nessas horas era difícil dizer com precisão a cor dos olhos dele: o azul se diluía em cinza pálido, longe dos tons celestes; podiam se mostrar glaucos ou grises, desmaiados; ou assumir, vistosos, até o verde-mar do Rio, conforme dizia de brincadeira, como se o italianinho do interior tivesse retido no olhar a vista da bela cidade aonde fora estudar medicina, apesar de todas as dificuldades dos pais para sustentá-lo fora. Lá vivera tempos felizes, e a felicidade também pode deixar marcas.

Sentia-me mal de não poder exprimir com precisão o matiz exato da cor dos olhos dele; talvez tivesse só perdido tempo, dedicando-me à tarefa vã de lidar com palavras, para desgosto dele, cuja vontade expressa era de ter-me visto formado médico. Mas tudo isso ficava agora sem sentido; eram apenas palavras. Tinha se tornado impossível não carregar comigo na volta a funda e dolorosa impressão que tivera na chegada. Disso, porém, não conseguia falar.

Afinal consegui reagir, fui procurar minha mãe e meus amigos dentro da casa; o ramerrão da doença encarregou-se de empurrar o dia.

Mas, durante a noite, no quarto em cima do consultório, não pude pegar no sono. Ouvia o tempo todo os gemidos de meu pai, o vaivém da enfermeira, o passinho inquieto de minha mãe que não arredava pé da beira da cama onde ele jazia cada vez mais extenuado.

Foi então que me dei conta de como os ruídos da cidade eram outros. Eu estranhava tudo e, sobretudo, a brutalidade dos novos ruídos. O que eu tinha a ver com isso? Quando aí morava, as madrugadas eram tranquilas. Os latidos, espaçados, soavam distantes; havia grilos e horizonte na noite, em cujo bojo as coisas ficavam ressoando: cavavam poços dentro da gente. Seria mera nostalgia da roça, de outro tempo?

Não havia caminhões e motos subindo a rua em zoada, nem juízes de faroeste, corruptos, degradados em donos de boteco, azucrinando a paciência dos vizinhos com a barulheira infernal. Dava para pensar e repensar, e de tudo o que se passava algo ficava; depositava-se no fundo, permanecia vivo como pedaço de vida que era de fato, e podia ser retomado depois, quem sabe.

Não havia esses cães furiosos, como se o quarto estivesse acuado por raivosa matilha. Mesmo o quarto não era aquele; debruçava-se sobre a rua, onde se ouviam os passos longamente. De raro em raro, vinha a conversa dos bêbados, passavam retardatários, e aos poucos os sons se perdiam na distância. Os latidos não interrompiam a toda hora o sono. Não reinava este constante sobressalto.

Só de vez em quando um chamado aflito quebrava o silêncio. Era o apelo desesperado de palmas e gritos dos que buscavam o médico: o ressoo se alongava pelo corredor adentro, do lado esquerdo da casa, como um funil por onde escoavam as vozes. O médico descia, as coisas se aclaravam, por fim se resolviam, e voltava a paz.

O médico estava sempre ali, à disposição, atento no escuro, auscultando o que perturbava o coração da noite.

Tudo parecia localizável e próximo, até os chamados que vinham da roça em busca de socorro no meio da madrugada. As fazendas de contrato que meu pai era obrigado a atender, fosse que hora fosse.

Uns eram da Fazenda Santa Helena ou do Matão; outros da Lagoa Formosa, do Rio Claro ou da Santa Inês; pelo sotaque, esse era italiano da Laje; não, espanhol, batateiro da serra, ou gente de mais longe, pela insistência da batida, a urgência nervosa do alarido. Na área iluminada da casa, acabavam por se desfazer da carga de desespero; à espera do médico, quedavam ruminando as desgraças meio adormecidos, como bois de baba curta, depois de muito andar.

Logo, porém, tudo se tranquilizava, integrava-se à vida corriqueira. Não havia a solidão dos raros minutos de silêncio, a pura dor, como desta vez. Dava para ler cada som impresso na pele da noite, que não era a pantera negra, sedenta de sangue, e acabava sempre dormindo em paz, coberta de estrelas.

O mundo pequeno tinha mudado muito, acompanhando o grande. O fio de minha história familiar estava se rompendo ruidosamente. Cada ruído ameaçava; podia fazer parte de uma noite sem fim.

E já a luz leitosa atravessava a escuridão, onde se ocultava a outra cidade a que eu não conseguia chegar.

2

Por um bom tempo, numa lombada, meu carro permaneceu parado atrás de um Peugeot branco, que parecia perpetuamente imóvel. Na janela traseira se viam os pés de uma criança. Logo despontou a cabecinha loira de uma menina. Pouco depois, outra. No escuro, decerto se multiplicavam.

Na fila do lado direito, os vidros enfumaçados de uma caminhonete preta não deixavam ver nada. A máquina parada era meramente uma coisa, sem nada de humano. Tinha algo de lúgubre. A espera, comprida demais como a fila, ia ficando insuportável.

A custo pude retomar o movimento. Na curva seguinte, ladeira abaixo, aos pés do Jaraguá — mil olhos luminosos serpenteavam rumo ao vulto negro do morro que se delineava sob o piscar da torre —, vi que ainda não dava para acelerar. Mas, um pouco adiante, sim, e afundei o pé na reta desimpedida. Numa curva além, no entanto, uma vibração no volante obrigou-me a diminuir a marcha e a buscar o acostamento. O céu estava quase amarelo com as luzes projetadas do posto do outro lado da pista, e começava a chuviscar. Revisei os pneus e nada encontrei que explicasse a trepidação. Retomei a marcha, com a estrada já inteiramente livre, ganhando velocidade num instante. E de novo me dirigia rumo a meus próprios pensamentos.

Mas não rodara três quilômetros, a vibração recomeçou forte; de repente, com um estouro, o carro se desgovernou, derrapando para a direita; num giro de segundos, rodopiou, deu um cavalo de pau, indo parar fora da estrada, por sorte sem capotar.

Num dos pneus dianteiros abrira-se uma assustadora rosa metálica. Fiquei observando-a aturdido, com o coração aos pulos, ao sair do carro e do susto. A chuva engrossara, logo estaria molhado até os ossos. Como não tinha visto essa estranha flor ainda em botão, quando desci para examinar as rodas? Não havia notado nada de anormal. Mas agora, os fios amarelos da tela metálica esfiapada, saídos como puas do pneu estripado, espinhavam a mão.

Parecia demais para um dia só, para quem já se achava ferido por dentro, atolado em preocupações sem saída. Mas o certo é que tivera muita sorte de escapar intacto. A chuva fria era o de menos pelo calor que eu sentia dentro do peito.

Tratei de ajeitar o carro em posição de trocar o pneu, ainda trêmulo da descarga nervosa. Não era nada fácil; não achava um ponto firme onde apoiar o macaco. Os parafusos da roda, apertados com máquina, teimavam em não desatarraxar; punha toda a força, e nada. Tive de jogar todo o peso do corpo, curvando-me sobre a haste da chave de roda, para conseguir.

Estava completamente molhado de chuva e suor; tinha as mãos pretas e enlameadas dos pneus; doíam-me as costas pela posição e pelo esforço. Ao endireitar o corpo senti uma pressão maior do lado esquerdo; lembrava o começo das cólicas de rim de que padecera no passado. Só faltava essa.

Por fim, o pneu estava trocado, e pude continuar a viagem que parecia não acabar nunca.

3

Cheguei exausto. Caí na cama, sem sequer desfazer a mala. Por volta das três, despertei com forte dor de cabeça: da nuca as pontadas se irradiavam pelas costas. O incômodo no rim persistia. Então me levantei, tomei um analgésico e me deitei novamente. Comecei a sonhar.

No sonho — sonho e realidade eram exatamente a mesma coisa —, acordei com vontade de urinar. Levantei-me, atravessei a sala de jantar, caminhando no escuro.

Ao chegar, porém, à porta do banheiro ouvi uma voz metálica e exaltada que vinha da entrada do apartamento. Estava sozinho em casa, o que podia ser?

No fim do corredor, ficava a porta da rua; defronte dela, a sala de entrada e esta, separada pela vidraça de uma ampla porta corrediça, dava para a área de fora, onde havia um pequeno jardim. Era evidente que a voz vinha de dentro do apartamento: parecia entabular uma conversa cujo sentido me escapava, embora os sons fossem límpidos e tivessem o timbre metálico que me chamara a atenção desde o primeiro instante.

O que significa isso? — pensei, lúcido e atônito ao mesmo tempo. O terror me gelava, me fazia suar frio.

Prossegui, porém, decidido a enfrentar fosse o que fosse. Sentia a necessidade profunda e imperativa de ver o que era. Continuei, perplexo, pelo corredor às escuras, enquanto um fio de suor percorria minhas costas. Tinha a sensação de estar diante do caos, mas sabia ao certo, com total convicção, que era preciso esclarecer isso. E avancei, transido de medo.

No meio do corredor, tive mais uma vez a certeza de que o vozerio vinha da sala da frente e de que a porta da rua devia permanecer perfeitamente trancada como a deixara. Era além, de mais do fundo, que procedia o barulho cortante.

Quando cheguei no limiar da porta da sala, estaquei, cravado de pavor.

A poltrona da esquerda estava fora do lugar, muito mais afastada, perto da vidraça do jardim. O restante parecia encontrar-se como de costume, mas todo o ambiente havia mudado; era outro, transfigurado por uma claridade jamais vista. Banhada pela luz fantasmal, desenvolta tal como uma atriz na ribalta, mexendo bracinhos de porcelana, sentadinha na poltrona feito uma anã de pernas pendentes, achava-se uma boneca vestida como criança com um babadouro branco bordado de vermelho. Falava sem cessar com outra, parada de pé na sua frente: uma réplica muda, cujo rosto eu não podia divisar. Distinguia, entretanto, a boquinha loquaz, e, por momentos, vi com perfeita nitidez, em contraste com o fundo escuro, rebrilharem dentinhos de aço; as pontas afiadas como lanças formavam uma fieira em forma de serra.

Senti, uma vez mais, a necessidade absoluta de me aproximar. Queria constatar de perto a existência, que eu sabia obviamente absurda, dessas pequenas criaturas da noite.

Mas, ao me aproximar, desvaneceram-se diante de mim por completo. E só divisei lá fora o contorno da pitangueira que tomava forma com a primeira luz da manhã.

Voltei em voo cego, cambaleando pelo corredor. Acendi a luz do banheiro, e, ao primeiro jato, vi no fundo do vaso dois filetes de sangue vivo que dançavam em meio a um líquido cor-de-rosa.

Disparei, com asco e horror, a descarga.

Clementino Yasbek e Américo Casellato, São João da Boa Vista, s.d.
Foto de Mary Lafer.

Receita de cozinheiro[1]

Davi Arrigucci Jr.

Américo Casellato nasceu em Araras, mas só em São João da Boa Vista, anos mais tarde, pôs à prova sua arte. Foi homem inquieto, de muitos instrumentos e notável independência: ex-seminarista e latinista de primeira; professor e diretor de ginásio; criador de porcos, novilhos e passarinhos; fazedor de vasos artísticos; melômano apaixonado por música de câmara; enxadrista; leitor de Graham Greene e de romances policiais; estudioso de filosofia e teologia; pescador bissexto; apreciador de cigarros de palha, de eventuais charutos cubanos ou condenado a um inevitável Pullman; pai de seis filhos; colecionador de orquídeas e borboletas; linguista amador ou ciclista nas horas vagas. Torturava-o, como se pode inferir dessa insólita lista, uma intensa necessidade de expressão e falava todo o tempo com o apoio do gesto, desabrochando ao prosear como uma de suas raras e estranhas orquídeas. Por isso talvez, foi de tudo um pouco. Acima de tudo, porém, e tudo integrando em plano mais alto, pairou o extraordinário cozinheiro. Bem-aventurados aqueles que o conheceram por isso.

Homem de espírito, Casellato sabia comer bem. Praticava esse ato com a ciência minuciosa, refinada e lenta de quem saboreia sem pressa, resgatando a forma sensual e o gosto de cada alimento, deliciando-se até o último pedacinho, buscando o prazer de cada coisa a seu tempo, como reza o Eclesiastes. Declinava, assim, o detalhe antes de casá-lo com o todo (nisto seguindo ainda a lição da escolástica), sem desmerecer de minúcia alguma do tempero, distinguindo cada fina erva, cada especiaria, para só então unir, orquestrando no paladar a harmonia culinária que lhe falava ao céu da boca e ao espírito. Era sempre o último a acabar de comer.

---

1. Publicado originalmente em *Jornal da Tarde*, Divirta-Se, 11 ago. 1996, p. 11C.

Especialista nessa distinta ciência das misturas, entregou-se um belo dia a compô-las barrocamente, com engenho e arte, para a glória das panelas e o júbilo dos amigos. Foi de fato um cozinheiro de mão cheia, e como mandava Brillat-Savarin, primou pela exatidão. Um cozinheiro deve ser exato. Mas deve também abrir-se ao que vai além dos limites, nos momentos exacerbados de paixão. Casellato de vez em quando vagava além, se arriscava em regiões inefáveis, seguindo a fantasia de um poeta sem palavras ou os acordes de não sei que música insondável. Deixava-se levar então como num sonho e, por vezes, nos fazia sentir, no entremeio labiríntico dos sabores, alçados ao sublime, os fugidios acordes dos *Concerti Grossi* de Corelli, que amava e sabia ajustar ao espírito elevado dos Barolo, dos Gattinara e de outros vinhos encorpados do norte da Itália, eflúvios de seus tempos de seminarista em Roma.

A sua era uma cozinha forte. Era dado às massas e às carnes, aos molhos densos, sem renunciar aos exotismos dos miúdos pouco frequentados, das caças e dos pratos raros. Era fácil imaginá-lo tangendo qualquer dos feitos gastronômicos da literatura: algum peixe pomposo de Alejo Carpentier; um paradisíaco suflê de mariscos de Lezama Lima; um anho pascal com arroz de caçoila à Eça de Queirós; acepipes baianos de Jorge Amado; a feijoada opípara de Pedro Nava; o lombo essencial de Rubem Braga. Tinha uma queda pelos pernis e lombos, queda explicável no ambiente de São João, pela proximidade de Minas, onde reina o porco, esse animal totêmico dos mineiros, como observou Nava.

Se foi em Poços de Caldas, na década de 30, que o velho Braga conheceu o encanto de Minas na mais fina flor da espiritualidade suína que lhe aconteceu manducar entre torresmos trigueiros e um tutu honesto, foi do lado de cá da divisa que vi florescer o mais poderoso e gentil dos pernis, digno da fome do gordo Obelix e da moça mais delicada, assim a meiga e branca Otacília: o pernil transcendente à maneira de Américo Casellato, que só por acaso escapou à fina memória de "*cocina y bodega*" de Alfonso Reyes.

Tudo começava no dia anterior, na escolha da peça precisa e no preparo a ponta de faca, que deixava o bicho mapeado com a textura estriada do mármore, uma vez removida toda a gordura excedente, logo recortada em pequenos cubos, salgados, apimentados e devolvidos a alguns dos múltiplos orifícios cavados dos dois lados da perna carnuda. Nos mesmos e nos demais, depositava ainda, com equilíbrio e certo gosto da simetria, azeitonas verdes e recheadas de lascas de pimenta vermelha dedo-de-moça e, com parcimônia, algum dente de alho inteiro. Depois, o todo era esfregado com a mistura do tempero mineiro — sal, alho, cebola, cheiro-verde e pimentão, tudo na exata medida. E era então banhado numa vinha-d'alhos homérica, onde o roxo do mar de Volos surgia dos restos de vinho tinto, guardados com cuidado para a ocasião, a fim de se combinar com o vinagre e o caldo do limão-cravo, formando a base líquida em que ia se reunir e combater a noite toda uma saraivada de outros temperos com força épica: as lanças verdes do alecrim, os escudos do louro, os dardos rubros da malagueta, os bólidos da pimenta-preta, as clavas dos cravos, as salsas e cebolinhas repicadas a faca e o cominho pulverizado pela maça do pilão. Desse mar picado íntegro e suculento o pernil saía para dourar-se por quatro horas de forno manso, regado a cada passo e lambuzado pela borra do fundo, depois salvada e desfeita das matérias grassas em molho purificado para recombinar com o vinho do Porto e voltar candente à molheira final, pronto para encher a alma. E Casellato renascia com a obra, sem os óculos tartaruga invariavelmente perdidos, sem a camisa que evitara o suadouro, arfante e vermelho do esforço, feliz e livre como nunca, embora enredado nos gestos que tentavam exprimir aquele novo feito, cuja nobreza ia agora experimentar com a calma de sempre, mastigando devagar, compassando com os goles do vinho, entremeando com dois dedos de prosa, sempre o último e, para nossos olhares ternos de comensais agradecidos, o primeiro.

Esse homem que sabia como a velha gramática latina de Salomon Reinach, que trazia de cor toda a sintaxe latina de Ernout e Thomas e dominava a tradução com a perícia de um Jean Marouzeau, foi um mestre, para além do latim. Como ele por dentro consistia é difícil saber. Talvez tenha deixado uma receita simples de como ser livre, guardada na saborosa memória de sua arte.

João Luiz Lafetá e Davi Arrigucci Jr. às margens do rio São Francisco,
perto de Pirapora, Minas Gerais, s.d.
Fotos de Lúcia Nagib.

Da exatidão misteriosíssima do ser[1]

Davi Arrigucci Jr.

Certa vez imaginei que João Luiz Lafetá escrevia como andava: leveza, graça aérea, incisiva exatidão. Sua prosa tendia à sobriedade do bico de pena e se casava perfeitamente ao recorte dos perfis, à sutileza do traço analítico, ao contorno das sínteses históricas. É que parecia mover-se, sem quebra da postura hierática, sobre um invisível monociclo que pedalava, delicado e preciso, com miúda tenacidade, sempre no rumo certo.

Não me dera conta de que essa imagem de sonho já o punha à distância, preparado para a partida, perdendo-se, tão jovem ainda, na direção da clareza impossível que parecia atrair seu espírito apolíneo. Adivinhar diante do hermético é tarefa de Apolo, e debruçar-se sobre o escuro da noite, à procura do pássaro amarelo, como no "Rito do irmão pequeno", era uma vocação para ele, leitor de Mário de Andrade; decifrar imagens noturnas, viajar na noite. Com prudência mineira, Lafetá estava preparado. Na literatura, na vida social e na política, ele via claro onde outros nada viam — era esta a força e a finura de seu espírito crítico, que fascinava a quantos o escutavam ou liam — e queria ver mais em si mesmo, enredando-se em labirintos inextricáveis. Levou os últimos anos enredado, até que à beira da morte, em meio ao desconcerto e a tanta dor, voltou à luz antiga e disse, com límpida serenidade, que já era tempo de partir, que já havia andado a maior parte do caminho, que afinal tudo fizera para ser feliz.

Esse homem tão fino e discreto tinha a paixão das tensões dramáticas, dos grandes desgarramentos e dos conflitos interiores, mas em face deles se mantinha calmo e contido, ardente e frio, querendo

---

1. Publicado originalmente em *Folha de S.Paulo*, Mais!, 28 jan. 1996, p. 7. O título deste texto é um verso do poema "Rito do irmão pequeno (VI)", de Mário de Andrade.

entender. Não é à toa que sua visão crítica se fixou em imagens e momentos históricos de dilaceramento. Assim, nas tensões entre o projeto estético da vanguarda modernista e o projeto ideológico que as mudanças históricas trouxeram nos anos 1930. Ou em Mário de Andrade, que, múltiplo e contraditório, encarnava tudo o que o desafiava: os homens partidos em tempos de vida partida; as imagens herméticas de uma alma escusa e a consciência aberta à expansão e à participação; irreconciliáveis inclinações entre a autonomia e a função social da arte. Por ver claro em meio ao turbilhão, Lafetá foi também um extraordinário orientador de seus alunos, harmonizando como poucos as tarefas do professor com as do crítico e do historiador da literatura. E, por isso, sua breve existência, desejosa de nitidez, foi das mais produtivas e marcou com seu brilho a vida de todos nós: "Só um desejo de nitidez ampara o mundo…".

Decerto custa muito a um país tão pobre como o nosso perder uma figura como a dele. Não teremos mais o grande livro sobre Graciliano Ramos, que estava prometido desde o admirável ensaio sobre *São Bernardo*, "O mundo à revelia". Nem é preciso insistir nas afinidades que o ligavam ao modo de ser do velho Graça, à sua busca de equilíbrio entre o psicológico e o social. Muitas outras coisas não teremos, e dele nos habituamos a esperar somente o melhor. Para os que acham que a crítica é de todas as matérias inventadas pelo homem a mais improdutiva, não vale a pena argumentar; para os que pensam, ao contrário, que nela reside uma faculdade central de nosso espírito e uma condição de toda liberdade humana, a história é outra. Para estes, João Luiz Lafetá será sempre exemplo e inspiração, diante do mais difícil: com a mesma dignidade com que soube viver e ensinou a morrer.

Dúzia
de treze

Cacaso, Davi e os "versinhos fazendeiros"

Os organizadores

Em setembro de 1987, às vésperas de partir para a Bahia, onde esperava avançar no projeto de um poema sobre Canudos, Cacaso escrevia em carta a Davi Arrigucci Jr.: "Lembro de você, sempre. E, sempre que lembro, tomo como exemplo. Você foi uma das maiores descobertas da minha vida". E justamente essa experiência de descoberta parecia a ponto de se renovar: Cacaso prometia ler, uma vez na Bahia, os ensaios reunidos por Davi em *Enigma e comentário*, livro que acabava de sair. Mas desde já se entusiasmava: "Aliás, acho que quase tudo na vida se reduz a isso: enigma e comentário. Todo objeto é enigma. Todo pensamento é comentário". A carta trazia ainda notícias da esposa Rosa e da filha Paula, uma digressão sobre dentistas e uma referência a um depoimento de Cacaso sobre Manuel Bandeira — paixão comum a soldar a amizade entre o poeta e o crítico. No meio disso tudo, uma menção passageira: "Estou te mandando, finalmente, os versinhos fazendeiros. Espero que ainda dê tempo".

"Versinhos fazendeiros"? O título não consta das obras publicadas de Cacaso. E a que circunstância se referem os votos de que "ainda dê tempo"? A resposta está num calendário promocional para o ano de 1988, publicado e distribuído pelo Grupo Galvani, uma empresa de fertilizantes da região de São João da Boa Vista. Rodolfo Galvani, dono da empresa e colega de colégio de Davi em São João da Boa Vista, pedira que ele cuidasse da edição do calendário, que devia girar em torno da Fazenda Morro Alto, em Santa Cruz das Palmeiras, na mesma região. A fazenda era atravessada por três rios, e os dois colegas frequentavam esse *locus amoenus* desde a mocidade. Iam pescar, passear e prosear com Silvano, o faz-tudo do lugar.

495

Cacaso, meados da década de 1980.
Fotógrafo não identificado

Davi deu tratos à bola e o calendário foi tomando forma. Gabriela de Oliveira — Biela —, velha amiga e neta do proprietário da fazenda, tratou de ilustrar com desenhos as folhas do calendário. Davi convidou Cacaso a escrever um poema breve para cada mês do ano agrícola, ao passo que ele mesmo assinava um perfil de Silvano, personagem real que o terá preparado para o encontro futuro com as criaturas de Guimarães Rosa. Para completar, o perfil vinha acompanhado de dois retratos de Silvano por Alfredo Nagib, também de São João da Boa Vista.

Os poemas chegaram a tempo de integrar o calendário. Mas o tempo, que é traiçoeiro, fez mais uma das suas: Cacaso faleceu nos últimos dias daquele mesmo ano de 1987, sem chegar a ver estampados os poemas. Os "versinhos fazendeiros" alcançam agora a sua segunda edição, sempre na companhia de Biela, Alfredo e Davi.

Carta a Davi Arrigucci Jr.

Cacaso

Rio de Janeiro, 27 de setembro de 1987

Davi querido,

Recebemos seu livro, que está alinhadíssimo. A capa é uma beleza. Peguei o livro e tive vontade de ter feito um livro assim. Vou levá-lo comigo pra Canudos, pra onde eu vou a partir de quarta-feira. Vamos todos. Rosa e Paulinha[1] ficam em Salvador, e eu sigo pra Canudos. Lá, devo passar uns sete ou dez dias, conhecendo, pesquisando. Entre uma ou outra notícia do Conselheiro, vou ler seu livro. O problema do Conselheiro é o mesmo: enigma e comentário. Mais enigma que comentário. Aliás, acho que quase tudo na vida se reduz a isso: enigma e comentário. Todo objeto é enigma. Todo pensamento é comentário. Estamos aqui agora, a Paulinha e eu. A Rosa saiu, foi num caruru. É que hoje é dia de São Cosme e São Damião, e neste dia os baianos fazem caruru. São dez horas da noite. Está querendo nascer dente na Paulinha, e ela reclama muito. Não é para menos. Dente, no Brasil, é um problema. O país no mundo que tem mais dentistas é o Brasil. Mais que a União Soviética e os Estados Unidos juntos. E é também o país que mais tem dentes cariados. O problema é que os dentistas não se encontram nunca com os dentes cariados. E ambos prosperam sem parar. Assim é o país. E a Paulinha já sacou. Por isso, reclama. Estive aí em São Paulo na quinta passada, cheguei de manhã e voltei de tarde. [...] Davi, outro dia contei, durante um show gravado e filmado, o meu encontro com o Manuel Bandeira. O meu

---

1. Rosa Emilia Dias, então esposa de Cacaso, e Paula, filha do poeta.

desencontro. Segunda-feira (amanhã) vou buscar o vídeo. Um dia veremos juntos. Estou te mandando, finalmente, os versinhos fazendeiros. Espero que ainda dê tempo. O disco da Rosa ficou pronto. Está pra lá de bonito. Estive aí, na quinta, pra assinar o contrato do filme de Canudos. Assinei e voltei. Davi, estou me sentido hoje como há quinze anos atrás. Quinze ou dezessete. Certos dias, sinto-me forte, seguro de mim, confiante. Outros, fico fraquinho, tenho angústias juvenis, até infantis. Estou nesse passo. Ando precisando dos amigos. E ando querendo ser amigo. Lembro de você, sempre. E, sempre que lembro, tomo como exemplo. Você foi uma das maiores descobertas da minha vida. Uma inteligência. Uma risada. Um carinho. Muitas saudades. Beijo na Lúcia,[2]
do amigo,
Cacaso.

2. Lúcia Nagib, crítica de cinema, então esposa de Davi Arrigucci Jr.

Silvano

Davi Arrigucci Jr.

Ao Dino e à memória de seu Joaquim

Já nem sei quando foi que o conheci. Faz muito tempo. E quase nenhum. É que penso muito nele, e o pensamento da gente sabe inventar voltas só para chegar mais perto de quem se gosta, não importa a distância. Além disso, toda manhã posso revê-lo ao lado da minha escrivaninha, sentado na varanda da Fazenda Morro Alto, suspenso na foto que está fixada a sua imagem, já fora do tempo, numa instantânea eternidade.

Ali está como sempre: enrolando calmamente o cigarro de palha; duro e seco de carnes como se fosse um pau. Chamava-se Silvano e de fato havia nele, conforme a origem de seu nome, qualquer coisa de selva, de mato, de árvore — homem talhado em madeira de lei. Os veios estão ainda à mostra, mas escondidos nos braços, recobertos pela camisa de mangas compridas, infalivelmente abotoadas nos punhos. E se pode ver bem o perfil de pássaro, assustado e tranquilo ao mesmo tempo. O nariz é ligeiramente recurvo e em ponta feito bico de papagaio. A face é encovada, com maçã saliente, e predominam os ângulos e as linhas bruscas na abertura da boca, no queixo ossudo, na curva da orelha, no recorte das rugas e da barbela do pescoço. Está atento, à escuta, interrogativo, com a boca um pouco aberta, fixando os óculos pretos em algum interlocutor lateral com quem conversa. A sombra tapa uma das lentes, como ele mesmo teve de fazer depois da operação de catarata, de modo que espia como um velho pirata desajeitado em terra firme, ele não se desgrudava da canoa de pesca onde decerto viveu muitos dos melhores momentos de sua longa vida. A magreza, com os ossos pontudos, está à vista sob a roupa larga e frouxa e, mesmo na posição em que se acha, se percebe o velho alto e desempenado que ele era, terminando nas botinas tão grandes, mas achatadas e tão humildes,

Silvano Monaco na Fazenda Morro Alto, perto de Santa Cruz das Palmeiras, São Paulo, década de 1970.
Foto de Mary Lafer.

cruzadas sob o banco de ripas em que parece esculpido. Presas no gesto habitual de enrolar o cigarro, as mãos estão apenas pousadas por um instante, antes de voarem de novo ao som da fala: os dedos grossos e toscos acabam de repente, escondendo as palmas calejadas e todo o trabalho que tiveram, mas nesse momento de ócio e repouso guardam ainda a graça delicada e irrequieta de pés de menina, ou de rolinha, no esbranquiçado leitoso e encardido da cor da pele, em que grudou tanta poeira de terra roxa, lavada e deslavada anos a fio. Silvano, o Velho — o Veio, está ali de corpo inteiro; só falta falar.

Assim madrugava todo santo dia. Sempre já pronto, depois do café e de manducar algum pedaço de pão amanhecido ou resto de comida na cozinha enorme da fazenda, disposto para o cigarro e a conversa, quer dizer, para suas histórias, para os casos que sabia contar tão bem. Silvano Mônaco foi muitas coisas na vida — pau para toda obra, mas gostava mesmo de pesca e de prosear. Era no cerne, um contador de casos, um narrador. Sua arte, tão velha e anônima quanto o homem, era a de contar histórias.

Contava com vagar e serenidade o muito que sabia da natureza, dos homens, da vida. Tinha passado por muita coisa quase sem sair do lugar, o Morro Alto, e observava tudo miudinho. Os casos iam brotando como que do chão e se emendavam uns nos outros com a naturalidade das águas de um rio, do rio que tanto amava. E por eles, ele próprio ia, deslizando, hábil canoeiro de olhar calmo, claro e profundo, na busca dos grandes dourados que pescou a vida toda e que logo nadavam em outras águas, as de outras tantas histórias. O ouvinte, encantado, se deixava arrastar pelo efeito daquela prosa mansa, fisgado pelo domínio do velho pescador de histórias, que parecia seguir com a fala o movimento soberano dos grandes peixes do rio.

Falava de tudo com um agudo senso de humor, reforçado pela mistura da fala caipira com um leve sotaque italiano, provavelmente acentuado por anos de convivência diária com sua mulher, a extraordinária Assumpta, uma graça de italiana, gorda e pândega. Silvano nasceu na Fazenda Santa Maria do seu Quinzito do Jaú, perto de São João da Boa Vista; com oito ou nove anos já estava na Fazenda da Laje e foi ali ou no Alegre, no caminho entre São João e Águas da Prata, que conheceu a companheira de tantos anos. Contava sempre como a tinha encontrado, recém-chegada da Itália,

Silvano Monaco na Fazenda Morro Alto, perto de Santa Cruz das Palmeiras, São Paulo, década de 1970.
Fotos de Alfredo Nagib.

e como gostou dela de repente, fugindo pouco tempo depois para casar. As coisas logo se ajeitaram e, em 1921, já moravam no Morro Alto onde viveram felizes toda uma longa existência, até que um dia, já na década de 70, a Veia, como a chamava carinhosamente, se foi, deixando-o amargar noites de tristeza e solidão naquela fazenda tão grande. Ali foi empregado e pobre a vida toda, mas nunca lhe faltou nada, como sempre dizia: criou bem os filhos e por mais de meio século conviveu em perfeita harmonia patriarcal com pelo menos cinco gerações da família do seu Christiano Ozório de Oliveira, o fazendeirão de incontáveis fazendas e desmedido poder. Dele se recordava bem Silvano, dos seus tempos de mocidade: "Ele andava tudo de branco. Até o guarda-chuva era branco. Chapéu panamá, roupa, tudo de linho. Guarda-chuva branco, porca miséria!". É impossível não se lembrar sempre de Silvano.

Ainda agorinha o revi, renascido como um velho menino nos desenhos de Biela. Retorna do passado como que por encanto, rodeado de densa aura de poesia da infância. Reconheço as feições e cada gesto seu, assim como cada detalhe concreto do mundo que habitou e incorporou em suas histórias, tudo apanhado com sutileza pelo traço sensível e preciso da desenhista. O velho narrador, que tão profundamente tocou a menina que ele viu crescer, volta colorido e vivo por amor da arte da mulher que tampouco pode esquecê-lo. E volta transfigurado para dar curso a suas narrativas, para reatar o fio da memória que nos enlaça a todos que o escutamos um dia. Vem contar por imagens e poesia a história da fazenda onde viveu e onde tive a felicidade de conhecê-lo e de sentir fundo o seu dom da amizade. Na roda dos dias e das lembranças entra também Cacaso, autor dos versos que doravante seguem as andanças de Silvano pelo tempo afora. O poeta não o conheceu, mas soube dele por seus casos, sobretudo por uma de suas narrativas: a história exemplar de sua própria vida, que esse velho narrador soube plantar com boa mão na terra que amou.

Versinhos fazendeiros

Cacaso

GABRIELA OLIVEIRA.
Historinha do Silvano, 1982-1986, aquarela e bico de pena, 15,5 × 23 cm.
Coleção particular.

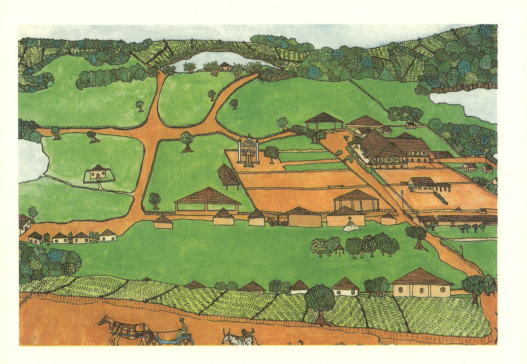

DETALHE DA FAZENDA

E louva a Deus que vou louvar
o dia matinal
a fruta no pomar
a roupa no varal

Louvar a chuva de criar
a água de beber
o tempo de viver
a terra de plantar

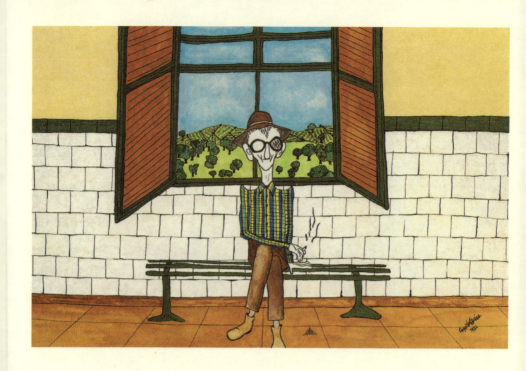

SILVANO

Rede de cipó de sardinha
porta de alçapão ceva de rolinha
bolha de sabão sopa de letrinha
bucha de balão papo de cozinha

NA COZINHA

Quando vi anoiteceu
sem querer fiquei sozinho
o adeus que ela me deu
foi adeus de passarinho

O TERREIRO DE CAFÉ

Já bate a correnteza
bate asa no sertão
o boi puxando o carro
o candeeiro a direção

COLHEITA DO ALGODÃO

Na rabeira vem o carro
e na frente vem os bois
a saudade vem no fim
mas o fim só vem depois

CORTE DE CANA

Num desvio da estrada
vi um pé de flor-de-lis
o trabalho é da enxada
do problema é o xis

FESTA DE SÃO JOÃO

Pipa de papel de seda
que subiu no vento
e que foi embora

Beijo de maracujá
cintura de pilão
quero ver você me achar
dentro do meu sertão

O PREPARO DO SOLO

Cuidar do pé de milho
que demora na semente
meu pai me disse meu filho
noite fria tempo quente

MÊS DE ASSOMBRAÇÃO

Soluço do arvoredo
risada de assombração
de noite eu tenho medo
de dia não tenho não

PESCARIA

Contavam que naquele rio tinha muitos
afogados. Olhava as águas com respeito.

Um passarinho cantou tão triste
tão sozinho
um outro respondeu espera já vou
aí já vou aí já vou aí

TEMPO DE ADUBAR

Pra refazer o trabalho
pra semear a minha vida
já bate a cancela
bate o tempo do pilão
já bate o atabaque
rebatendo a imensidão

TEMPO DAS ÁGUAS

Ribeirão virou riacho
eu falu purqui eu vi
passarim vuandu baixu
é chuva que evém aí...

QUEM QUISER QUE CONTE OUTRA

Todo objeto é enigma
Todo pensamento é comentário.

Bibliografia resumida

LIVROS

O escorpião encalacrado: A poética da destruição em Julio Cortázar. São Paulo: Perspectiva, 1973; 2. ed. São Paulo: Companhia das Letras, 1995.

[Edição em espanhol: *El alacrán atrapado: la poética de la destrucción en Julio Cortázar.* Trad. de Romeo Tello Garrido. Cidade do México; Fondo de Cultura Económica; Unam; Guadalajara: Universidad de Guadalajara, 2002.]

Achados e perdidos: Ensaios de crítica. São Paulo: Pólis, 1979; reunido em *Outros achados e perdidos.* São Paulo: Companhia das Letras, 1999.

[Reúne: "Prefácio esquisito", "Estranhas presenças" (Suplemento Literário d'*O Estado de S. Paulo*, out. 1966); "Escorpionagem: o que vai na valise" (prefácio de *Valise de cronópio.* São Paulo: Perspectiva, 1974); "A teia de Deus e do Diabo" (Suplemento Literário d'*O Estado de S. Paulo*, 1966), "Contorno da poética de Neruda" (*Argumento*, Rio de Janeiro, Paz e Terra, n. 2 1973); "O mágico desencantado ou as metamorfoses de Murilo" (prefácio de *O pirotécnico Zacarias.* São Paulo: Ática, 1974); "O baile das trevas e das águas" (*Opinião*, Rio de Janeiro, fev.

1977); "Jornal, realismo, alegoria: o romance brasileiro recente" (entrevista/debate com Davi Arrigucci Jr., Carlos Vogt, Flávio Aguiar, Lúcia Teixeira Wisnik e João Luiz Lafetá. *Ficção em debate e outros temas.* São Paulo: Duas Cidades; Campinas: Unicamp, 1979. Coleção Remate de Males, 1); "Tradição e inovação na literatura hispano-americana" (*Revista de Letras*, São Paulo, Centro Acadêmico de Estudos Literários da FFLCH-USP, 1970); "Guimarães Rosa e Góngora: metáforas" (*Clavileño*, São Paulo, Instituto de Cultura Hispânica de São Paulo, 1967); "Borges e Quevedo: a construção do nada"; "Alice para adultos" (com outro título em *Gazeta Mercantil*, jan. 1978; e em *Remate de Males*, Campinas: Unicamp, n. 1, 1980); "Uma noite na tevê: *Lua Cambará*" (*Leia Livros*, São Paulo, n. 5, out. 1978); "Onde andará o velho Braga?"; "Achados e perdidos".]

Enigma e comentário: Ensaios sobre literatura e experiência. São Paulo: Companhia das Letras, 1987.

[Reúne: "O humilde cotidiano de Manuel Bandeira" (*Os pobres na literatura brasileira.* Org. de Roberto Schwarz. São Paulo: Brasiliense, 1983); "Braga de novo por aqui" (prefácio de *Os melhores contos de Rubem Braga.* São Paulo: Global, 1985); "Fragmentos sobre a crônica" (ensaio escrito a partir de uma entrevista a Leão Serva, *Folha de S.Paulo*,

5 out. 1985, Ilustrada; e publicado em número especial do *Boletim Bibliográfico*, São Paulo, v. 46, n. 1-4, Biblioteca Mário de Andrade da *Folha de S.Paulo*, 1985; e em *Folha de S.Paulo*, 1 maio 1987, Folhetim); "Móbile da memória" (posfácio de Pedro Nava. *Baú de ossos*. São Paulo: Companhia das Letras, 2012); "Pedaço de conversa (Resposta a Antonio Callado)" (versão revista de fragmento de um diálogo com Callado em 16 set. 1985 na FFLCH-USP. *I Encontro de crítica textual: o manuscrito moderno e as edições*. São Paulo: FFLCH-USP, 1986); "Gabeira em dois tempos" (a partir de dois ensaios anteriores: "Recompor um rosto". *Discurso*, São Paulo, Liv. Ed. Ciências Humanas, n. 12, 1980; e "As viagens de Gabeira". *Folha de S.Paulo*, 6 set. 1981, Folhetim); "Minas, assombros e anedotas (Os contos fantásticos de Murilo Rubião)" (*Seminário de Ficção Mineira II. De Guimarães Rosa a nossos dias*, Belo Horizonte, Conselho Estadual de Cultura de Minas Gerais, 1983; *Folha de S.Paulo*, 23 jan. e 30 jan. 1983, Folhetim; e *Suplemento Literário de Minas Gerais*, 23 mar. 1987); "Juan Rulfo: pedra e silêncio" (*Folha de S.Paulo*, 19 jan. 1986, Folhetim); "Encontro com um narrador: Julio Cortázar (1914-1984)" (*Novos Estudos Cebrap*, São Paulo, n. 9, jul. 1984); "Literatura, exílio e utopia" (*Leia Livros*, São Paulo, ano VI, n. 60, ago. 1983); "Da fama e da infâmia (Borges no contexto literário latino-americano)" (*Boletim Bibliográfico*, São Paulo, Biblioteca Mário de Andrade, v. 45, n.1/4, jan.-dez. 1984, ed. em 1986); "Enigma e comentário (Epílogo)".]

Humildade, paixão e morte: A poesia de Manuel Bandeira.
São Paulo: Companhia das Letras, 1990; 2. ed. 2003.

O cacto e as ruínas: A poesia entre outras artes.
São Paulo: Livraria Duas Cidades, 1997; 2. ed. São Paulo: Duas Cidades; Ed. 34, 2000.
[Reúne: "A beleza humilde e áspera" e "Arquitetura da memória".]

Outros achados e perdidos.
São Paulo: Companhia das Letras, 1999.
[Reúne o livro *Achados e perdidos* e uma segunda parte intitulada "Outros (1988-1999)", com os textos: "A noite de Cruz e Sousa" (*Poesia Sempre*, Biblioteca Nacional do Rio de Janeiro; e *Silêncios e luzes: sobre a experiência psíquica do vazio e da forma*. Org. de Luís Carlos Uchôa Junqueira Filho. São Paulo: Casa do Psicólogo, 1998); "A extinta música" (*Folha de S.Paulo*, 20 abr. 1991, Letras); "Agora é tudo história" (prefácio de José Paulo Paes. *Melhores poemas*. São Paulo: Global, 1998); "Alexandre, leitor de Borges"; "Conversa entre fantasmas" (conferência proferida durante a Semana Brito Broca, ago. 1991, na Unicamp; reescrito e publicado em *Folha de S.Paulo*, 24 ago. 1991); "Movimentos de um leitor" (*Folha de S.Paulo*, 23 nov. 1991, Letras; *Dentro do texto, dentro da vida*. Org. de Maria Angela D'Incao e Eloísa Faria Scarabotolo. São Paulo: Companhia das Letras; IMS, 1992; e *Conjuntos: teorías y enfoques literários recientes*. Org. de Alberto Vital. Cidade do México: Universidad Autónoma de México; Xalapa: Universidad Veracruzana, 1996); "A figura do crítico"; "Coisas breves" (*Jornal de Resenhas*, São Paulo, n. 12, 8 mar. 1996); "Obras do acaso" (*Jornal de Resenhas*, São Paulo, n. 14, 10 maio 1996; e introdução ao conto "Terpsícore", de Machado de Assis. São Paulo: Boitempo, 1996); "Borges ou do conto filosófico" (*Jornal de Resenhas*, São Paulo, n. 1, 3 abr. 1995; e prefácio de *Ficções*. 6. ed. São Paulo: Globo, 1995); "O que é no mais fundo" (*Folha de S.Paulo*, 28 ago. 1994, Mais!; e posfácio de *Balança, Trombeta e Battleship ou O descobrimento da alma*. Org. de Telê Ancona Lopes. 2. ed. São Paulo: IMS; IEB, 1994); "Entre amigos"

(*Jornal de Resenhas*, São Paulo, n. 7, 2 out.
1995; e prefácio de Murilo Mendes. *Recordações de Ismael Nery*. São Paulo: Edusp, 1996); "O sequestro da surpresa" (*Jornal de Resenhas*, São Paulo, n. 37, 11 abr. 1998); "O sumiço de Fawcett" (*Folha de S.Paulo*, 2 fev. 1997, Mais!; e posfácio de Antonio Callado. *O esqueleto na lagoa verde: ensaio sobre a vida e o sumiço de coronel Fawcett*. São Paulo: Companhia das Letras, 2010); "Tudo é exílio" (*Jornal de Resenhas*, São Paulo, n. 44, 14 nov. 1998); "*Céu, inferno*" (orelha de Alfredo Bosi. *Céu, inferno*. São Paulo: Ática, 1988); "Relato de um certo Oriente" (orelha de Milton Hatoum. *Relato de um certo Oriente*. São Paulo: Companhia das Letras, 1989); "Retrovar" (orelha de Rubens Rodrigues Torres Filho. *Retrovar*. São Paulo: Iluminuras, 1993); "As armas secretas" (orelha de Julio Cortázar. *As armas secretas*. Rio de Janeiro: José Olympio, 1994); "Ficções" (orelha de Jorge Luis Borges. *Ficções*. São Paulo: Globo, 1995); "Algaravias" (orelha de Waly Salomão. *Algaravias*. São Paulo: Ed. 34, 1996); "Aspectos do romance" (orelha de E. M. Forster. *Aspectos do romance*. São Paulo: Globo, 1998); "Entrevista" (entrevista com Neide Luzia de Rezende e Airton Paschoa. *Magma*, São Paulo, FFLCH-USP, DTLLC, n. 4, 1997).]

Coração partido: Uma análise da poesia reflexiva de Drummond. São Paulo: Cosac Naify, 2002.

Ugolino e a perdiz. São Paulo: Cosac Naify, 2003.

O rocambole. São Paulo: Cosac Naify, 2005.

La literatura en Brasil e Hispanoamérica: Antología de ensayos. Cidade do México: Universidad Autónoma de México, 2009.

[Reúne "Fragmentos sobre a crônica"; "O que é no mais fundo"; "Drummond meditativo"; "O sequestro da surpresa"; "Guimarães Rosa e Góngora: metáforas"; "Movimentos de um leitor"; "Jornal, realismo, alegoria: o romance brasileiro recente"; "Tradição e inovação na literatura hispano-americana"; "Contorno da poética de Neruda"; "Juan Rulfo: pedra e silêncio"; "Borges e Quevedo: a construção do nada"; "Da fama e da infâmia"; "Borges ou do conto filosófico"; "Escorpionagem: o que vai na valise".]

O guardador de segredos: Ensaios. São Paulo: Companhia das Letras, 2010.

[Reúne: "Prefácio"; "Drummond meditativo" (*O Estado de S. Paulo*, 12 jul. 2007, Caderno 2; e posfácio de Carlos Drummond de Andrade. *Poema de sete faces*. São Paulo: Companhia das Letras, 2011); "João Cabral: o trabalho de arte" (*O Estado de S. Paulo*, 26 set. 2007, Caderno 2); "A luz de São Luís" (Prêmios Príncipe Clauss 2002; e *Gazeta Mercantil*, São Paulo, 16 nov. 2007); "O silêncio e muitas vozes" (*Jornal de Resenhas*, São Paulo, n. 51, 12 jun. 1999); "A poesia de Roberto Piva. O mundo delirante" (posfácio de Roberto Piva. *Obras reunidas*. *Estranhos sinais de Saturno*. São Paulo: Globo, 2008, v. 3); "A poesia de Roberto Piva. O cavaleiro do mundo delirante" (prefácio de Roberto Piva. *Paranoia*. São Paulo: IMS, 2009); "Nota sobre Cecília" (prefácio de Leila V. B. Gouvêa. *Pensamento e lirismo puro na poesia de Cecília Meireles*. São Paulo: Edusp, 2008); "O guardador de segredos" (*Jornal de Resenhas*, São Paulo, n. 63, 10 jun. 2000); "O sertão em surdina" (*Literatura e Sociedade*, São Paulo, FFLCH-USP, DTLLC, n. 5, 2000; e *Jornal de Resenhas*, São Paulo, n. 74, 12 maio 2001);

"O cerco dos ratos" (posfácio de Dyonelio Machado. *Os ratos.* São Paulo: Planeta, 2004; e *Folha de S.Paulo*, 6 jun. 2004, Mais!); "Sertão: mar e rios de histórias" (*O Estado de S. Paulo*, 27 maio 2007, Suplemento Especial "*Grande sertão: veredas* 50 anos"); "Tempo de espera" (posfácio de Ronaldo Correia Brito. *Faca: contos.* São Paulo: Cosac Naify, 2003); "Curiosidades indiscretas" (posfácio de Felisberto Hernández. *O cavalo perdido e outras histórias.* São Paulo: Cosac Naify, 2006); "Quando dois são três ou mais (Borges, Bioy, Bustos Domecq)" (prefácio de Jorge Luis Borges e Adolfo Bioy Casares. *Crônicas de Bustos Domecq e novos contos de Bustos Domecq.* São Paulo: Globo, 2010; e *Variaciones Borges*, Pitsburgo, n. 33, 2012); "Fala sobre Rulfo" (versão reescrita de entrevista aos professores Walter Carlos Costa e Rafael Camorlinga. *Fragmentos.* Florianópolis, UFSC, n. 27, jul.-dez. 2004); "Gilda: o senso da forma" (*Gilda, a paixão pela forma.* Org. de Sergio Miceli e Franklin de Matos. Rio de Janeiro: Ouro sobre Azul, 2007); "A imaginação andarilha" (versão reescrita de uma conferência, revista e transcrita em *Marlyse Meyer nos caminhos do imaginário.* Org. de Jerusa Pires Ferreira e Vilma Arêas. São Paulo: Edusp, 2009; e *Jornal de Resenhas*, São Paulo, n. 2, maio 2009); "Questões sobre Antonio Candido" (*Literatura e Sociedade*, São Paulo, FFLCH-USP, DTLLC, n. 11, 2009); "Em busca do sentido (Entrevista)" *Revista Brasileira de Psicanálise*, São Paulo, v. 39, n. 1, 2005); "Cadáver com batatas e molho inglês" (versão revista e modificada de artigo publicado na revista *Estudos de Cinema*, São Paulo, PUC; Educ; Fapesp, n. 3, 2000).]

ORGANIZAÇÃO DE LIVROS

Julio Cortázar. *Valise de cronópio.* São Paulo: Perspectiva, 1974.

[Organização com Haroldo de Campos. Tradução com João Alexandre Barbosa. Prefácio: "Escorpionagem: o que vai na valise".]

Rubem Braga. *Os melhores contos de Rubem Braga.* São Paulo: Global, 1985.

[Organização e prefácio: "Braga de novo por aqui".]

José Paulo Paes. *Melhores poemas de José Paulo Paes.* São Paulo: Global, 1998.

[Organização e prefácio: "Agora é tudo história".]

Erich Auerbach. *Ensaios de literatura ocidental.* São Paulo: Ed. 34, 2007.

[Organização com Samuel Titan Jr.]

PREFÁCIOS, POSFÁCIOS E
APRESENTAÇÕES NÃO RECOLHIDOS

Cleusa Rios Pinheiro Passos.
*Outro modo de mirar: Leitura
dos contos de Julio Cortázar.*
São Paulo: Martins Fontes, 1986.
[Prefácio.]

Sandra Nitrini. *Poéticas em
confronto: Nove, novena e o novo
romance.* São Paulo: Hucitec;
Brasília: Instituto Nacional
do Livro; Fundação Nacional
Pró-Memória; Minc, 1987.
[Apresentação.]

Luiza Franco Moreira. *Mulheres
de branco: Realismo e ironia
em* The Great Gatsby *de Scott
Fitzgerald.* São Paulo: Edusp, 1991.
[Prefácio.]

Miriam Moreira Leite. *Retratos
de família.* São Paulo: Edusp, 1993.
[Prefácio.]

Fábio de Souza Andrade.
*O engenheiro noturno:
A lírica final de Jorge de Lima.*
São Paulo: Edusp, 1997.
[Prefácio.]

Alfredo Bosi. *Céu, inferno:
Ensaios de crítica literária e
ideológica.* 2. ed. São Paulo: Duas
Cidades; Ed. 34, 2003.
[Apresentação.]

Lillian Ross. *Filme.* São Paulo:
Companhia das Letras, 2005.
[Posfácio: "Mutilações de guerra".]

Lúcia Nagib. *A utopia no cinema
brasileiro.* São Paulo: Cosac Naify,
2006.
[Prefácio.]

Robert Louis Stevenson. *Clube do
suicídio e outras histórias.* Trad.
de Andrea Rocha. São Paulo:
Cosac Naify, 2011.
[Seleção e apresentação: "A poesia da
circunstância".]

Manuel Bandeira. *Estrela da
tarde.* São Paulo: Global, 2012.
[Prefácio: "Por fim, mais luz".]

Max Martins. *Caminho de
Marahu.* Belém: Editora da
Universidade Federal do Pará,
2015.
[Prefácio: "A outra margem de Marahu".]

CAPÍTULOS DE LIVROS, ENSAIOS E ARTIGOS NÃO RECOLHIDOS

"Um caçador do impossível". *Abre Alas*, n. 1, 1979.

"Lejana". *Confluencia*. Org. de Raúl Antelo. Buenos Aires: Centro de Estudios Brasileños, 1982.

"O tradicional e o moderno em Guimarães Rosa". *Tradição e ruptura* [Curso da Funarte], Rio de Janeiro, 1985.

"Poemas da humildade; poemas da paixão e poemas de preparação para a morte". *Semana Comemorativa do Centenário de Manuel Bandeira*, Brasília: INL; MEC, 1986.

"Sobre Guimarães Rosa". *Curso sobre a gente brasileira*. São Paulo: Instituto de Estudos Brasileiros, 1987.

"Romance e experiência, *Grande sertão: veredas*". *Semana Guimarães Rosa*, Salvador: Universidade Federal da Bahia; Academia Baiana de Letras, 1987.

"Leituras francesas de Manuel Bandeira". *Relações culturais França-Brasil: influências e confluências*. Org. de Leyla-Perrone Moisés. São Paulo: Instituto de Estudos Avançados, 1991.

"O mundo misturado: romance e experiência em Guimarães Rosa". *Novos Estudos Cebrap*, São Paulo, n. 40, nov. 1994. [Republicado em: *América Latina: Palavra, literatura e cultura*. Org. de Ana Pizarro. São Paulo: Fundação Memorial da América Latina; Campinas: Unicamp, v. 3, 1995; e em João Guimarães Rosa. *Grande sertão: veredas*. São Paulo: Compainha das Letras, 2019.

"Teoria da narrativa: posições do narrador". *Jornal de Psicanálise*, São Paulo, v. 31, n. 57, set. 1998.

"A beleza humilde e áspera" e "Poema desentranhado". *Manuel Bandeira. Libertinagem/Estrela da manhã*. Org. de Giulia Lanciani. México: Allca xx; Fondo de Cultura Económica, 1998, v. 1.

"Alexandre, leitor de Borges". *Remate de Males*, Campinas, Unicamp, número especial, 1999.

"A figura do crítico". *Homenagem a João Luiz Lafetá*. São Paulo: Nova Alexandria, 1999.

"Borges e a experiência histórica". *Borges no Brasil*. Org. de Jorge Schwarz. São Paulo: Unesp; Imprensa Oficial, 2001.

"Architecture de la mémoire". *Pleine Marge (Cognac)*. Trad. de Maria Lucia Blumer. Paris, v. 1, n. 41, jun. 2005.

"Orides Fontela: o pássaro, o sangue, o espelho". *Jandira: revista de literatura,* Juiz de Fora, n. 2, 2005.

"Saudades de João Alexandre". *Alexandre Barbosa: o leitor insone.* Org. de Plínio Martins Filho e Waldecy Tenório. São Paulo: Edusp, 2007.

"A lógica particular e concreta das palavras" [discurso de agradecimento por ocasião da outorga do título de professor emérito na Faculdade Filosofia, Letras e Ciências Humanas da Universidade de São Paulo]. *Novos Estudos Cebrap,* São Paulo, n. 91, nov. 2011.

"O difícil desafio: a busca poética de Max Martins". *Max Martins em colóquio: estudos de poesia.* Org. de Age de Carvalho e Mayara R. Guimarães. Rio de Janeiro: 7Letras, 2019.

ARTIGOS PUBLICADOS EM PERIÓDICOS NÃO RECOLHIDOS

"Autor criou poética da busca e do improviso" [sobre Julio Cortázar]. *O Estado de S. Paulo,* ago. 1984. Caderno 2.

"Do sublime oculto" [sobre o poema "A maçã", de Manuel Bandeira]. *Folha de S.Paulo,* 1986. Folhetim.

"Manuel Bandeira: a poesia sem pose". *Jornal da Tarde,* São Paulo, 15 out. 1988. Caderno de Sábado.

"Mario de Andrade — 100 Anos" [sobre "Será o Benedito!"]. *O Estado de S. Paulo,* fev. 1993. Cultura.

"Torres Filho volta à mais pura lírica" [sobre *Retrovar,* de Rubens Rodrigues Torres Filho]. *O Estado de S. Paulo,* out. 1993. Cultura.

"Arte da amizade" [sobre Murilo Mendes e Ismael Nery]. *Jornal de Resenhas,* São Paulo, 2 out. 1995.

"Da exatidão misteriosíssima do ser" [homenagem a João Luiz Lafetá]. *Folha de S.Paulo,* 28 jan. 1996.

"Receita de cozinheiro". *Jornal da Tarde*, São Paulo, 11 ago. 1996.

"No mínimo, poeta" [sobre José Paulo Paes]. *Revista Cult: revista brasileira de literatura*, n. 22, maio 1999.

"Borges e a experiência histórica". *Folha de S.Paulo*, 12 dez. 1999. Mais!

"Mestizo y paradójico Guimarães Rosa". *El País*, Madri, 2000. ABC Cultural.

"Viagem" [ficção]. *Ficções*, Rio de Janeiro, 7 Letras, n. 6, nov. 2000 ["Le Voyage", trad. de Geneviève Vilnet. *La Nouvelle Revue Française*, Paris, n. 573, abr. 2005].

"O que significa isso?" [ficção]. *Jornal de Resenhas*, São Paulo, 11 out. 2003.

"Pescando em águas turvas". *Bravo!*, São Paulo, n. 81, 2004.

"A coerência em aparente desalinho" [sobre Felisberto Hernández]. *O Estado de S. Paulo*, 6 jul. 2006. Cultura.

"Pensamento e drama mesclam lirismo não puro" [sobre Carlos Drummond de Andrade]. *O Estado de S. Paulo*, 12 jul. 2007. Cultura.

"Criação literária como trabalho consciente de construção" [sobre João Cabral de Melo Neto]. *O Estado de S. Paulo*, 26 set. 2007. Cultura.

"Sobre Roberto Schwarz". *O Estado de S. Paulo*, 14 out. 2007.

"Misteriosa entrega e mudança de si mesmo" [sobre Julio Cortázar]. *piauí*, São Paulo, n. 58, jul. 2011.

"Borges na esquina rosada". *piauí*, São Paulo, n. 67, abr. 2012.

"O amor em seus abismos: a poesia erótica de Max Martins". *piauí*, São Paulo, n. 99, dez. 2014.

TRADUÇÕES

Julio Cortázar. *Prosa do observatório*. São Paulo: Perspectiva, 1985.

____. *Valise de cronópio*. São Paulo: Perspectiva, 1993.

Wallace Stevens. "Treze modos de olhar para um pássaro-preto". *Estudos Avançados*, São Paulo, USP, v. 11, n. 30, ago. 1997.

Joseph Conrad. "O Negro do Narciso" [prefácio]. *Ficções*, Rio de Janeiro, 7Letras, n. 5, 2000.

Rubén Darío. "A larva". *Contos de horror do século XIX*. Org. de Alberto Manguel. São Paulo: Companhia das Letras, 2005.

Felisberto Hernández. *O cavalo perdido e outras histórias*. São Paulo: Cosac Naify, 2006.

Jorge Luis Borges. *Ficções*. São Paulo: Companhia das Letras, 2007.

____. *Outras inquisições*. São Paulo: Companhia das Letras, 2007.

____. *Antologia pessoal*. Tradução de Davi Arrigucci Jr. com Heloisa Jahn e Josely Vianna Baptista. São Paulo: Companhia das Letras, 2008.
[Tradução com Heloisa Jahn e Josely Vianna Baptista.]

Jorge Luis Borges. *O Aleph*. São Paulo: Companhia das Letras, 2008.

____. *O informe de Brodie*. São Paulo: Companhia das Letras, 2008.

____. *O livro de areia*. São Paulo: Companhia das Letras, 2009.

____. *História universal da infâmia*. São Paulo: Companhia das Letras, 2012.

____. "Homem da Esquina rosada". *piauí*, São Paulo, n. 67, abr. 2012.

ENTREVISTAS E DEPOIMENTOS
NÃO RECOLHIDOS

"Davi Arrigucci fala de Bandeira" [entrevista concedida a Alfeu Ruggi da Agência Estado]. *Linha d'Água*, São Paulo, USP, n. 5, 1986.

"A poética de Bandeira, segundo Arrigucci Jr." [entrevista concedida a Eduardo Maretti]. *O Estado de S. Paulo*, 9 ago. 1990. Caderno 2.

"A estrela de Davi" [entrevista]. *A Cidade*, Ribeirão Preto, out. 1990.

"O itinerário do crítico" [entrevista sobre *Humildade, paixão e morte*]. *Leia: uma revista de livros, autores e ideias*, São Paulo, n. 144, out. 1990.

"Bandeira aprendiz da morte" [entrevista concedida a Ana Maria Cicaccio sobre o livro *Humildade, paixão e morte*]. *Jornal da Tarde*, São Paulo, out. 1990. Caderno de Sábado.

"Um poeta dividido entre o bar e a casa" [entrevista concedida a Yudith Rosenbaum sobre *Humildade, paixão e morte*]. *O Globo*, Rio de Janeiro, out. 1990. Livros.

"O valor oculto na simplicidade" [entrevista concedida a Augusto Massi e a João Moura Jr.]. *Novos Estudos Cebrap*, São Paulo, n. 30, jul. 1991.

"Davi Arrigucci e o modernismo" [entrevista concedida a Flávio Aguiar sobre *O cacto e as ruínas*]. *Brasil Agora*, São Paulo, n. 9, fev. 1992.

"Prof. Davi Arrigucci Jr.: o percurso de um intelectual" [entrevista concedida a Beatriz Castilho Pinto]. *Gazeta de São João*, São João da Boa Vista, 20 nov. 1993.

"Davi Arrigucci lança livro sobre Bandeira e Murilo Mendes" [entrevista concedida a Francisco Costa sobre *O cacto e as ruínas*]. *Jornal da Tarde*, São Paulo, 16 abr. 1997.

"Davi Arrigucci Jr. autografa livro de ensaios sobre poesia: *O cacto e as ruínas*" [entrevista concedida a João Moura Jr.]. *O Estado de S. Paulo*, 17 abr. 1997.

"O senhor da crítica e da cicatriz" [entrevista sobre *O cacto e as ruínas*]. *Zero Hora*, Porto Alegre, 10 maio 1997. Segundo Caderno.

"O precursor de Guimarães Rosa" [entrevista sobre *Tropas e boiadas*, de Hugo de Carvalho Ramos]. *O Popular*, Goiânia, 21 maio 1997.

"A graça da miscelânea" [entrevista concedida a Augusto Massi sobre *Outros achados e perdidos*]. *Folha de S.Paulo*, 8 maio 1999.

"Fragmentos do discurso crítico" [entrevista concedida a Rosane Pavan]. *Gazeta Mercantil*, São Paulo, 9-11 jul. 1999.

"As pedras de Drummond" [entrevista concedida a Fabrício Carpinejar sobre *Coração partido*]. *Jornal do Estado*, Curitiba, ano 3, n. 30, out. 2002. Rascunho.

"O sentimento como razão" [entrevista sobre o livro *Coração partido*]. *Continente: Multicultural*, Recife, n. 22, out. 2002.

"Davi Arrigucci fala sobre Drummond" [entrevista concedida a Flávio Moura]. *Trópico (on-line)*, 2002.

"Escritor sai de 'inferno astral'" [entrevista sobre Julio Cortázar]. *Folha de S.Paulo*, 24 set. 2004. Ilustrada.

"Na trama dos fios, tessituras poéticas" [entrevista sobre a obra de Orides Fontela]. *Jandira: revista de literatura*, São Paulo, n. 2, 2005.

Depoimento sobre Jorge Luis Borges. *Revista E*, São Paulo, Sesc, abr. 2005.

"Sobre a interpretação: entrevista com Davi Arrigucci Jr.". *Revista Brasileira de Psicanálise*, São Paulo, v. 39, 2005 (recolhida em *Literatura e Sociedade*, São Paulo, FFLCH-USP, DTLLC, n. 10, 2007).

"Para Arrigucci, cronista foi um fino observador" [depoimento a Eduardo Simões]. *Folha de S.Paulo*, 5 abr. 2006. Ilustrada.

"Crítico protesta contra a 'morte' precoce de livros" [depoimento]. *Folha de S.Paulo*, 17 jul. 2006. Ilustrada.

"A argúcia do coração" [entrevista concedida a José Maria e Silva]. *Jornal Opção*, Goiânia, 24 nov. 2006.

"Voz de Bandeira redefine sua poesia" [depoimento a Sylvia Colombo]. *Folha de S.Paulo*, 2 dez. 2006. Ilustrada.

"A leitura como uma forma da felicidade" [entrevista concedida a Walther Castelli Júnior]. *Remate de Males*, Campinas, Unicamp, v. 2, n. 27, 2007.

"Inéditos expõem buscas literárias de Cortázar" [depoimento a Sylvia Colombo]. *Folha de S.Paulo*, 6 set. 2008. Ilustrada.

"Entrevista con Davi Arrigucci Jr." [entrevista concedida a Luiz Jackson, Fernando Pinheiro Filho e Gustavo Sorá]. *Prismas (Bernal)*, Córdoba (Argentina), v. 13, n. 2, jul.-dez. 2009; republicada em *Tempo Social*, São Paulo, v. 23, n. 2, 2011.

ÁUDIO

CD. João Guimarães Rosa:
7 episódios de *Grande sertão:
veredas* nas vozes de Antonio
Candido, Davi Arrigucci Jr.
e José Mindlin. Coleção
Ler e Ouvir 1, São Paulo 1997.

Esta obra foi composta em Minion
por Raul Loureiro e impressa em
ofsete pela Gráfica Bartira sobre papel Pólen Soft
da Suzano S.A. para a Editora Schwarcz
em novembro de 2021

A marca FSC® é a garantia de que a madeira utilizada na fabricação do papel deste livro provém de florestas que foram gerenciadas de maneira ambientalmente correta, socialmente justa e economicamente viável, além de outras fontes de origem controlada.